Bibliotheca Sanskrita-No. 37

कौटिलीयं अर्थशास्त्रम्

The Arthasastra of Kautilya

Edited by

R Shama Sastri

Low Price Publications

First Published 1909

Reprinted in **LPP** 2012

R Shama Sastri (1868-1944)

ISBN 10: 81-7536-544-7
ISBN 13: 978-81-7536-544-5

Published by
Low Price Publications
A-6, Second Floor, Nimri Commercial Centre,
Ashok Vihar Phase-IV, Delhi 110 052
Phone: 011 27302453 Fax: 011 47061936
e-mail: info@Lppindia.com
website: www.Lppindia.com

Printed at
Salasar Imaging Systems
Delhi

PRINTED IN INDIA

Government Oriental Library Series.

[*Edited under the supervision of Mr. A. Mahadeva Sastri, B.A., M.R.A.S., Curator, Govt. Oriental Library, Mysore.*]

BIBLIOTHECA SANSKRITA—NO. 37.

कौटिलीयं अर्थशास्त्रम्

THE

Arthasastra of Kautilya

EDITED BY

R. SHAMA SASTRI, B.A.,

Librarian. Govt. Oriental Library, Mysore.

MYSORE:

PRINTED AT THE GOVERNMENT BRANCH PRESS,

1909.

CHIEF EDITOR'S NOTE.

It is with no small diffidence that I allow the present volume to go forth as a number of the Mysore Government Oriental Library Series, the edition being based on a single manuscript of the text and a second one containing only a gloss on a very small section of the work. My only excuse for sending forth the volume at all is a long-cherished desire to make known, to the scholars engaged in the study of the ancient Sanskrit Literature in its bearing on Indian History specially and on historical research generally, the existence of what seems to be the oldest and most elaborate and systematic work extant on the *Arthasàstra*,—the social and civil polity of the ancient Hindus,—which will surely throw a flood of light on the material, moral, social and political condition of the ancient Hindus during the four or five centuries preceding the Christian Era. There is ample evidence to shew that Chànakya *alias* Vishnugupta's Arthasàstra, known also as *Dandaniti*, with which this work is identified, has been the basis of many a a shorter treatise on the subject, including the *Nitisàra* of Kàmandaka. While venturing to publish such an important work edited from a single manuscript, I cherish a hope that, if any scholar should own a manuscript of the whole work or even of its part, he will be so kind as to place it at my disposal for a short time, so that all the better readings it may contain may be noted in the supplementary part which, among other things will contain a full index and a glossary of technical terms.

Mysore,
20th March 1909.

A. Mahadeva Sastri,
Curator, Govt. Oriental Library.

उपोद्घातः.

इह तावद्विष्णुगुप्तश्चाणक्य इति च विख्यातोऽर्थशास्त्रप्रवीणः कौटिल्यो नाम ब्राह्मणः क्रिस्ताब्दारम्भात्पूर्वं वत्सराणां चतुर्थे शतके नन्दवंशमुन्मूल्य चन्द्रगुप्तमभिषिषेचेति विष्णुपुराणात् ज्ञायते.—

"महापद्मः; तत्पुत्राश्चैकं वर्षशतमवनीपतयो भविष्यन्ति नवैव. तान्नन्दान्कौटिल्यो ब्राह्मणस्समुद्धरिष्यति. तेषामभावे मौर्याश्च पृथिवीं भोक्ष्यन्ति. कौटिल्य एव चन्द्रगुप्तं राज्येऽभिषेक्ष्यति. तस्यापि पुत्रो बिन्दुसारो भविष्यति. तस्याप्यशोकवर्धनः" इति विष्णुपुराणे चतुर्थांशे चतुर्विंशाध्याये स्पष्टमभिहितं दृश्यते.

क्रिस्ताब्दारम्भात्पूर्वं द्वासप्तत्यधिकशतद्वयपरिमिते वर्षे समारूढराज्यसिंहासनेन चद्रगुप्तपौत्रेणाङ्गीकृतबौद्धविज्ञानेनाशोकवर्धनेन भरतखण्डचक्रवर्तिना ये प्रत्युप्तबौद्धधर्माज्ञाशिलास्तम्भा न्यखानिषत तेऽद्यापि दरीदृश्यन्ते. अशोकपितामहश्चन्द्रगुप्तोऽपि क्रिस्ताब्दारम्भात्पूर्वं सप्तविंशत्यधिकशतत्रयपरिमितेषु वर्षेषु राज्यं चकारेति पाश्चात्यराजचरित्रादपि बाढं ज्ञायते. तस्यैतस्य चन्द्रगुप्तस्य सचिवः कौटिल्यः प्राचीना-

चार्यविरचितान्यर्थशास्त्राणि सङ्क्षिप्यैकमिदं षट्सहस्रग्रन्थपरिमितमर्थशास्त्रं[1] प्रणिनायेत्येतस्मादेवार्थशास्त्रादिव दण्डिविरचिताद्दशकुमारचरितादपि स्पष्टमाकल्यते—

"अधीष्व तावद्दण्डनीतिम्. इयमिदानीमाचार्यविष्णुगुप्तेन मौर्यार्थे षड्भिः श्लोकसहस्रैस्सङ्क्षिप्ता. सैवेयमधीत्य सम्यगनुष्ठीयमाना यथोक्तकर्मक्षमेति" इति दशकुमारचरितेऽष्टम उच्छ्वासे चन्द्रगुप्तोपदेशायैवेदमर्थशास्त्रं कृतमिति दण्डिना विशदीकृतम्. एवं च—"सर्वशास्त्राण्यनुक्रम्य प्रयोगमुपलभ्य च। कौटिल्येन नरेन्द्रार्थे शासनस्य विधिः कृतः" इत्यध्यक्षप्रचारे दशमेऽध्याये प्रयुक्तो नरेन्द्रशब्दो मौर्यचन्द्रगुप्तमेवाभिदधातीति भाति.

ये चार्थशास्त्रविषया दण्डिना "इयत ओदनस्य पाकायैतावदिन्धनम्" इत्यारभ्य "प्राहसीत्प्रफुल्ललोचनः प्रमदाजनः[2]" इत्यन्तेन ग्रन्थजालेन प्रमदाजनहास्यास्पदतां नीतास्तेऽप्येतदर्थशास्त्रगता एवेत्यधस्ताद्दर्शितटिप्पण्यां बाढमाकलयितुं शक्यते—

(1) "इयत ओदनस्य पाकायैतावदिन्धनम्"	(1) "काष्ठपञ्चविंशतिपलं तण्डुलप्रस्थसाधनम्"-- अधि. II, अध्या. 19.

---

[1] प. ६ अर्थशास्त्रम्. [2] अष्टम उच्छ्वासे.

(2) "कृत्स्नमायव्ययजातमह्नः प्रथमेऽष्टमे भागे श्रोतव्यम्."

(2) "दिवसस्याष्टमे भागे रक्षाविधानमायव्ययौ च शृणुयात्"

अधि. I, अध्या. 19.

(3) "चत्वारिंशच्चाणक्योपदिष्टानाहरणोपायान्सहस्रधाऽऽत्मबुद्ध्यैव विकल्पयितारः."

(3) "तेषां हरणोपायाश्चत्वारिंशत्... ..—"

अधि. II, अध्या. 8.

(4) "द्वितीयेऽन्योन्यं विवदमानानां तृतीये स्नातुं भोक्तुं च चतुर्थे हिरण्यप्रतिग्रहाय."

(4) "द्वितीये पौरजनपदानां कार्याणि पश्येत्. तृतीये स्नानभोजनं सेवेत. स्वाध्यायं च कुर्वीत. चतुर्थे हिरण्यप्रतिग्रहमध्यक्षांश्च कुर्वीत."

अधि. I अध्या. 19.

(5) "भुक्तस्य च यावदन्धःपरिणामस्तावदस्य विषभयं न शाम्यत्येव."

(5) "अग्नेर्ज्वालाधूमनीलता.. ......इति विषयुक्तलिङ्गानि."

अधि. I, अध्या. 20.

अपि च "किं वा तेषां साम्प्रतं येषामतिनृशंसप्रायोपदेशनिर्घृणं कौटिल्यशास्त्रं प्रमाणं, अभिचारक्रियाक्रूरैकप्रकृतयः पुरोधसो गुरवः, पराभिसन्धानपरा मन्त्रिणः उपदेष्टारः, नरपतिसहस्रोज्झितायां लक्ष्म्यामासक्तिः, मारणात्मकेषु शास्त्रेष्वभियोगः, सहजप्रेमार्द्रहृदयानुरक्ता भ्रातर उच्छेद्याः"[1] इति कादम्बर्यां बाणेनापि कौटिलीयार्थशास्त्रे

[1] P. 109. Kadambari Bombay Education Society's Press.

कण्टकशोधनाद्यधिकरणेषु प्रतिपादिता दूष्यवधाद्युपायास्स्पष्टं निन्दिता दृश्यन्ते. पुरातनप्रसिद्धश्रीहर्षादिराजास्थानेषु माननीयपदवीमारूढैः बाणादिभिः विद्वद्भिः कृतैषैव निन्दाऽर्थशास्त्रोपदेशधिक्काराय कारणमभूदिति स्पष्टमवगम्यते. अतश्च यान्यर्थशास्त्राणि "मानवाः", "औशनसः", "बार्हस्पत्याः", "विशालाक्षः", "पिशुनः", "वातव्याधिः" इति कौटिल्येन तत्तद्ग्रन्थकृन्नाम्नाऽनूदितानि तान्युत्तरकालिकविद्वद्भिर्धिक्कृतानि खिलान्यासन्निति बाढं सुवचम्.

किं च—क्रिस्ताब्दारम्भात्पूर्वमुत्तरं वा भरतखण्डमपहाय बलिद्वीपमाश्रितवद्भिरार्यजनैः यः कामन्दकीयनीतिसारो नाम राजनीतिग्रन्थः सङ्गृहीतोऽद्यापि बलिद्वीपे दृश्यत इति श्रूयते तस्मिन्नीतिसारे ग्रन्थादौ,

"नीतिशास्त्रामृतं धीमानर्थशास्त्रमहोदधेः।
समुद्दध्रे नमस्तस्मै विष्णुगुप्ताय वेधसे" ॥

इति वदता कामन्दकेनापि कौटिलीयार्थशास्त्रमेतदेव बाढं परिज्ञातपूर्वमासीदिति न कोऽपि सन्देहः.

किंच—"ततो धर्मशास्त्राणि मन्वादीन्यर्थशास्त्राणि चाणक्यादीनि कामशास्त्राणि वात्स्यायनादीनि" इति पञ्चतन्त्रे कथामुखे वदन् पञ्चतन्त्रकर्ताऽपि कौटिलीयार्थशास्त्रे कृतपरिचयोऽभूदिति स्पष्टमवगम्यते.

यच्च नन्दिसूत्रनामके जैनग्रन्थे—

"खमए अमच्चपुत्ते चाणक्के चेव थूलबद्देय।"[1]

(क्षपकः अमात्यपुत्रः चाणक्यश्चैव स्थूलभद्रश्च) इति क्षपकामात्यपुत्रचाणक्यस्थूलभद्राणां पारिणामिकीबुद्धिं दृष्टान्तद्वारेण विशदीकृत्य "भारहं रामायणं भीमासुरक्कं कोडिल्लियम्"[2] इति भारतरामायणभीमासुरीयककौटिलीयकानि मिथ्याशास्त्रत्वेन निर्दिष्टानि, तत्र कौटिलीयशब्देनैतदेव चाणक्यकृतमर्थशास्त्रमभिप्रेतमिति बाढं सुवचम्.

यच्च यशोधरमहाराजसमकालेन सोमदेवसूरिणा नीतिवाक्यामृतं नाम नीतिशास्त्रं विरचितं तदपि कामन्दकीयमिव कौटिलीयार्थशास्त्रादेव सङ्क्षिप्य सङ्गृहीतमिति तद्ग्रन्थपदवाक्य शैलीपरीक्षायां निस्संशयं ज्ञायते.

मल्लिनाथसूरिणाऽपि रघुवंशे सप्तदशसर्गे एकोनपञ्चाशश्लोकव्याख्याने षट्सप्ततितमश्लोकव्याख्याने च, तथाऽष्टादशसर्गे पञ्चाशश्लोकव्याख्याने चार्थशास्त्रीयपारिभाषिकशब्दाभिधेयप्रमाणतया कौटिलीयार्थशास्त्रपङ्क्तिरुदाहृता दृश्यते.

अतश्च क्रिस्ताब्दारम्भादा च क्रिस्ताब्दानां पञ्चदशशतकादर्थशास्त्रमिदं विद्वद्भिः कृतपरिचयं प्रथितमासीदिति स्पष्टम्.

---

[1] प. 133 नन्दिसूत्रम्.

[2] प. 391 नन्दिसूत्रम्.

यच्चैतदर्थशास्त्रस्य याज्ञवल्क्यस्मृतिव्यवहारकाण्डस्य चेतरस्मृत्यसाधारणमानुपूर्वीसाम्यं तत्र तत्राधस्तनटिप्पण्यामत्र ग्रन्थे प्रदर्शितं तत्रेयमाशङ्का प्रसरति, किमिदमर्थशास्त्रं याज्ञवल्क्यस्मृत्युत्तरकालिकमथवा सैव स्मृतिरेतदर्थशास्त्रोत्तरकालिकी, आहोस्विदेतद्ग्रन्थद्वयमप्युभयसाधारणग्रन्थान्तरानुरोधि? इति

तत्र "युक्तकर्मणि चायुक्तस्य"[1] इति राज्यकार्येऽनधिकृतस्य राज्याधिकृतकार्यकरणे दण्डविधानपरमर्थशास्त्रवाक्यं, "अयोग्यो योग्यकर्मकृत्" इत्ययोग्यस्य शूद्रादेर्योग्यब्राह्मणादिकर्मकरणे दण्डः इत्यर्थान्तरे प्रयुञ्जानस्स्मृतिकर्ता प्रायेण चाणक्योत्तरकालिक एव स्यादिति भाति. किं च "शापथवाक्याभियोगमनिसृष्टं कुर्वतः"[1] इति राजाननुज्ञातस्य प्रमाणपूर्वकं चोरादिवाक्यकर्मपरीक्षायां दण्डविधायकमर्थशास्त्रवाक्यं, "अयुक्तं शपथं कुर्वन्" इत्यनुचितशपथकरणे दण्डविधानपरत्वेन स्मृतौ व्यत्यस्तं दृश्यते. तथा "पाणिपाददन्तभङ्गे कर्णनासाच्छेदने प्राणविदारणे चान्यत्र दुष्टव्रणेभ्यः"[2] इति दुष्टव्रणोद्भेदनिमित्तान्यनिमित्तककरादिच्छेदने प्राणविदारणे च दण्डविधायकमर्थशास्त्रवाक्यं "करपाददतो भङ्गे छेदने कर्णनासयोः । मध्यो दण्डो व्रणोद्भेदे मृतकल्पहते तथा ।" इति व्रणोद्भेदेऽपि दण्डविधायकपरत्वेन स्मृतौ व्यत्यस्तं दृश्यते. एते चान्येऽपि व्यत्यस्त-

---

[1] प. 197 अर्थशास्त्रम्.   [2] प 195 अर्थशास्त्रम्.

विषयाः यथावदर्थाज्ञानमूलका वा स्वोत्प्रेक्षामूलका वेति याज्ञवल्क्यीयत्वेनाधुनोपलभ्यमानायास्स्मृतेरुत्तरकालिकत्वं स्पष्टयन्ति.

अथापि चाणक्यात्पूर्वं न धर्मशास्त्राण्यासन्निति वक्तुं न शक्यते, यतः "शास्त्रं विप्रतिपद्येत धर्मन्यायेन केनचित् । न्यायस्तत्र प्रमाणं स्यात्तत्र पाठो हि नश्यति[1]॥" इति न्यायविरुद्धस्य धर्मशास्त्रवचनस्य स्वमूलश्रुतिपाठाज्ञानमूलकत्वेन त्याज्यतां वदता कौटिल्येन स्वकालेऽपि धर्मशास्त्रसत्ता स्पष्टमभ्युपगता दृश्यते याज्ञवल्क्यस्मृतावपि "अर्थशास्त्रात्तु बलवद्धर्मशास्त्रमिति स्थितिः" इति चाणक्योक्तिविपरीतमेवोक्तं दृश्यते. अतश्च याज्ञवल्क्यस्मृतिकर्तुः कालेऽर्थशास्त्रमासीदिति चाणक्यस्य काले च धर्मशास्त्रमासीदिति च सिद्धम्. परं तु चाणक्यस्य कालेऽधुनोपलभ्यमानं याज्ञवल्क्यधर्मशास्त्रं नासीदिति भाति. न ह्येककाल एव व्रणोद्भेदोऽपराधोऽनपराध इति च गृह्यते. नाप्येककाल एव युक्तायुक्तशब्दौ राज्याधिकृतानधिकृतपरत्वेन योग्यायोग्यपरत्वेन च प्रयुज्येते. अतश्च चाणक्यकालिकं धर्मशास्त्रमधुनातनाद्याज्ञवल्क्यधर्मशास्त्रादन्यदेवासीदिति भाति. एवमत्र ये पुनर्मानववार्हस्पत्यौशनसा भिन्नाभिप्रायास्तत्रतत्र कौटिल्येन परामृष्टाः न तेऽधुनोपलभ्यमानेषु तत्तद्धर्मशास्त्रेषु दृश्यन्त इति कौटिल्यपरामृष्टानि तानि शास्त्राण्यन्यान्येवेति बाढं सुवचम्.

---

[1] प. 150. अर्थशास्त्रम्.

यत्तु न कोऽपि ग्रन्थकर्ता स्वनामनिर्देशपूर्वकं स्वाभिप्रायं व्यनक्तीत्यधुनातनसम्प्रदायमुररीकृत्य केचित्पाश्चात्यविद्वांसः "इति बादरायणः", "इत्याह बोधायनः", "नेति कौटिल्यः", इति निर्दिष्टबादरायणबोधायनादिनामानो ग्रन्था न बादरायण-बोधायनादिकृता इति मन्यन्ते तत्प्राचीनार्यविद्वत्सम्प्रदायानवबोधमूलकमेव । पराभिप्रायनिराकरणपूर्वकं स्वाभिप्रायप्रकटनं ही ग्रन्थकृतामस्मच्छब्दप्रयोगेण वा स्वनामनिर्देशेन वा कर्तुं शक्यते अहन्ताबोधकास्मच्छब्दप्रयोगोऽहन्तात्यागे बद्धमानसेभ्यो भरत-खण्डीयावृद्धेभ्यो नाद्यापि रोचते अतश्च स्वनामनिर्देशेनैव स्वा-भिप्रायप्रकटनमनुल्लङ्घनीयमासीत्. तथा च "इति कौटिल्यः" इत्यनेकशोऽत्रार्थशास्त्रे प्रयोगे दृश्यमानेऽपि नेदमर्थशास्त्रं कौटि-ल्यकृतमपि तु तच्छिष्यकोटौ केनचिद्विरचितमिति न युक्तं वक्तुम्. अतश्च—

"येन शास्त्रं च शस्त्रं च नन्दराजगता च भूः ।
अमर्षेणोद्धृतान्याशु तेन शास्त्रमिदं कृतम्"[1] ॥

इतीदंशब्दप्रयोगोऽस्य ग्रन्थस्य चाणक्यकृतत्व एव युज्यते.

किंच—मन्वादिस्मृतीनां भिन्नकर्तृतायां न केवलं मन्वादि-बोधितत्वेन चाणक्येन परामृष्टानामभिप्रायाणामधुनोपलभ्यमा-नासु तासु स्मृतिष्वभाव एव कारणमपि तु "एतद्वोऽयं भृगुः शास्त्रं श्रावयिष्यत्यशेषतः" इति मानवीयं वचनं, या-

[1] अधि. XV, अध्या I.

ज्ञवल्क्यस्मृतेस्तु "याज्ञवल्क्यशिष्यः कश्चन प्रश्नोत्तररूपं याज्ञवल्क्यप्रणीतं धर्मशास्त्रं सङ्क्षिप्य कथयामास यथा मनुप्रोक्तं भृगुः" इति विज्ञानेश्वरवचनं च कारणं दरीदृश्यते. कौटिलीयार्थशास्त्रविषये तु न तादृशं कारणं दृश्यत इतीदमर्थशास्त्रं कौटिल्यकृतमेवेति सुवचम्.

अर्थशास्त्रापेक्षया धर्मशास्त्रस्य प्राबल्याभ्युपगमे च कारणानि न दुरूहानि. गूढचारमुखाद्दूष्यज्ञानं, दूष्यवधोपायाः, परस्परद्वेषनिमित्तं, विवाहबन्धमोचनं, प्रोषितभर्तृकाणां मृतभर्तृकाणां च स्त्रीणां पुनर्विवाहः, ऋतुमत्यास्स्वयंवरणं, दुर्भिक्षोपद्रवनिवारणाय धनिकानां वमनं कर्शनं वा, औपनिषादिकाधिकरणोक्ताः काणकुष्ठादियोगाः, इत्यादयोऽर्थशास्त्रोपदिष्टाः निखिलजनद्विष्टा उपायाः धर्मशास्त्रकारैर्दूरीकृता इति भाति.

यथा ग्रीक्जनाः भरतखण्डीयराज्यनीतिमवर्णयन् तथैवात्रार्थशास्त्रे प्रतिपादिता राजनीतिरिति 'विन्सेंट् स्मित्' नाम्ना पाश्चात्यविदुषा स्वीयभरतखण्डचरित्रे समुल्लिखितं दृश्यते. अतश्चास्यार्थशास्त्रस्य प्राचीनता बाढं परिदृश्यते.

कोशान्तरानुपलम्भात्तालपत्रेषु ग्रन्थाक्षरैर्लिखितामेकामेव मूलमातृकां, द्वितियाधिकरणाष्टमाध्यायादारभ्य अधिकरणसमाप्तिपर्यन्तमुपलब्धां भट्टस्वामिकृतां प्रतिपदपञ्चिकानाम्नीं व्याख्यां च परीक्ष्यैतद्ग्रन्थमुद्रणं साधितम्.

Mysore,
5th November 1908.

R. SHAMA SASTRY.

विषयानुक्रमणिका.

—o—

कौटिलीयं

अर्थशास्त्रम्.

विनयाधिकारिकं–प्रथमाधिकरणम्.

ॐ नमश्शुक्रबृहस्पतिभ्याम्.

पृथिव्या लाभे पालने च यावन्त्यर्थशास्त्राणि पूर्वाचार्यैः प्रस्थापितानि प्रायशस्तानि संहृत्यैकमिदमर्थशास्त्रं कृतम् । तस्यायं प्रकरणाधिकरणसमुद्देशः—

विद्यासमुद्देशः । वृद्धसंयोगः । इन्द्रियजयः । अमात्योत्पत्तिः । मन्त्रिपुरोहितोत्पत्तिः । उपधाभिश्शौचाशौचज्ञानममात्यानाम् । गूढपुरुषोत्पत्तिः । गूढपुरुषप्रणिधिः । स्वविषये कृत्याकृत्यपक्षरक्षणम् । परविषये कृत्याकृत्यपक्षोपग्रहः । मन्त्राधिकारः । दूतप्रणिधिः । राजपुत्ररक्षणम् । अवरुद्धवृत्तम् । अवरुद्धे वृत्तिः । राजप्रणिधिः । निशान्तप्रणिधिः । आत्मरक्षितकम् ॥ इति विनयाधिकारिकं प्रथमाधिकरणम् ॥

जनपदविनिवेशः । भूमिच्छिद्रविधानम् । दुर्गविधानम् । दुर्गनिवेशः । सन्निधातृचेयकर्म । समाहर्तृसमुदयप्रस्थापनम् ।

आक्षपटले गाणनिक्याधिकारः । समुदयस्य युक्तापहृतस्य प्रत्यानयनम् । उपयुक्तपरीक्षा । शासनाधिकारः । कोशप्रवेश्यरत्नपरीक्षा । आकरकर्मान्तप्रवर्तनम् । अक्षशालायां सुवर्णाध्यक्षः । विशिखायां सौवर्णिकप्रचारः । कोष्ठागाराध्यक्षः । पण्याध्यक्षः । आयुधागाराध्यक्षः । तुलामानपौतवम् । देशकालमानम् । शुल्काध्यक्षः । सूत्राध्यक्षः । सीताध्यक्षः । सुराऽध्यक्षः । सूनाध्यक्षः । गणिकाऽध्यक्षः । नावध्यक्षः । गोऽध्यक्षः । अश्वाध्यक्षः । हस्त्यध्यक्षः । रथाध्यक्षः । पत्त्यध्यक्षः । सेनापतिप्रचारः । मुद्राऽध्यक्षः । विवीताध्यक्षः । समाहर्तृप्रचारः । गृहपतिवैदेहकतापसव्यञ्जनाः प्रणिधयः । नागरिकप्रणिधिः ॥ इत्यध्यक्षप्रचारो द्वितीयमधिकरणम् ॥

व्यवहारस्थापना । विवादपदनिबन्धः । विवाहसंयुक्तम् । दायविभागः । वास्तुकम् । समयस्यानपाकर्म । ऋणादानम् । औपनिधिकम् । दासकर्मकरकल्पः । सम्भूयसमुत्थानम् । विक्रीतक्रीतानुशयः । दत्तस्यानपाकर्म । अस्वामिविक्रयः । स्वस्वामिसम्बन्धः । साहसम् । वाक्पारुष्यम् । दण्डपारुष्यम् । द्यूतसमाह्वयम् । प्रकीर्णकानि ॥ इति धर्मस्थीयं तृतीयमधिकरणम् ॥

कारुकरक्षणम् । वैदेहकरक्षणम् । उपनिपातप्रतीकारः । गूढाजीविनां रक्षा । सिद्धव्यञ्जनैर्माणवप्रकाशनम् । शङ्कारूपकर्माभिग्रहः । आशुमृतकपरीक्षा । वाक्यकर्मानुयोगः । सर्वाधिकरणरक्षणम् । एकाङ्गवधनिष्क्रयः । शुद्धश्चित्रश्च दण्डकल्पः । कन्याप्रकर्म । अतिचारदण्डः ॥ इति कण्टकशोधनं चतुर्थमधिकरणम् ॥

दाण्डकर्मिकम् । कोशाभिसंहरणम् । भृत्यभरणीयम् । अनुजीविवृत्तम् । समयाचारिकम् । राज्यप्रतिसन्धानम् । एकैश्वर्यम् ॥ इति योगवृत्तं पञ्चममधिकरणम् ॥

प्रकृतिसम्पदः । शमव्यायामिकम् ॥ इति मण्डलयोनिष्षष्ठमधिकरणम् ॥

षाड्गुण्यसमुद्देशः । क्षयस्थानवृद्धिनिश्चयः । संश्रयवृत्तिः । समहीनज्यायसां गुणाभिनिवेशः । हीनसन्धयः । विगृह्यासनम् । सन्धायासनम् । विगृह्य यानम् । सन्धाय यानम् । संभूय प्रयाणम् । यातव्यामित्रयोरभिग्रहचिन्ताक्षयलोभविरागहेतवः । प्रकृतीनां सामवायिकविपरिमर्शः । संहितप्रयाणिकम् । परिपणितापरिपणितापसृताश्च सन्धयः । द्वैधीभाविकास्सन्धिविक्रमाः । यातव्यवृत्तिः । अनुग्राह्यमित्रविशेषाः ।

मित्रहिरण्यभूमिकर्मसन्धयः । पार्ष्णिग्राहचिन्ता । हीनशक्तिपूरणम् । बलवता विगृह्योपरोधहेतवः । दण्डोपनतवृत्तम् । दण्डोपनायिवृत्तम् । सन्धिकर्म । सन्धिमोक्षः । मध्यमचरितम् । उदासीनचरितम् । मण्डलचरितम् ॥ इति षाड्गुण्यं सप्तममधिकरणम् ॥

प्रकृतिव्यसनवर्गः । राजराज्ययोर्व्यसनचिन्ता । पुरुषव्यसनवर्गः । पीडनवर्गः । स्तम्भवर्गः । कोशसंगवर्गः । बलव्यसनवर्गः । मित्रव्यसनवर्गः ॥ इति व्यसनाधिकारिकमष्टममधिकरणम् ॥

शक्तिदेशकालबलाबलज्ञानम् । यात्राकालाः । बलोपादानकालाः । सन्नाहगुणाः । प्रतिबलकर्म । पश्चात्कोपचिन्ता । बाह्याभ्यन्तरप्रकृतिकोपप्रतीकारः । क्षयव्ययलाभविपरिमर्शः । बाह्याभ्यन्तराश्चापदः दूष्यशत्रुसंयुक्ताः अर्थानर्थसंशययुक्ताः । तासामुपायविकल्पजास्सिद्धयः ॥ इत्यभियास्यत्कर्म नवममधिकरणम् ॥

स्कन्धावारनिवेशः । स्कन्धावारप्रयाणम् । बलव्यसनावस्कन्दकालरक्षणम् । कूटयुद्धविकल्पाः । स्वसैन्योत्साहनम् । स्वबलान्यबलव्यायोगः । युद्धभूमयः । पत्त्यश्वरथहस्तिकर्माणि । पक्षकक्षोरस्यानां बलाग्रतो व्यूहविभागः । सार-

गुल्फबलविभागः । पत्त्यश्वरथहस्तियुद्धानि । दण्डभोगमण्डलासंहतव्यूहनम् । तस्य प्रतिव्यूहस्थापनम् ॥ इति साङ्ग्रामिकं दशमधिकरणम् ॥

भेदोपदानानि । उपांशुदण्डः ॥ इति संवृत्तमेकादशमधिकरणम् ॥

दूतकर्म । मन्त्रयुद्धम् । सेनामुख्यवधः । मण्डलप्रोत्साहनम् । शस्त्राग्निरसप्रणिधयः । वीवधासारप्रसारवधः । योगातिसन्धानम् । दण्डातिसन्धानम् । एकविजयः ॥ इत्याबलीयसं द्वादशमधिकरणम् ॥

उपजापः । योगवामनम् । अपसर्पप्रणिधिः । पर्युपासनकर्म । अवमर्दः । लब्धप्रशमनम् ॥ इति दुर्गलम्भोपायस्त्रयोदशमधिकरणम् ॥

परघातप्रयोगः । प्रलम्भनम् । स्वबलोपघातप्रतीकारः ॥ इत्यौपनिषदिकं चतुर्दशमधिकरणम् ॥

तन्त्रयुक्तयः ॥ इति तन्त्रयुक्तिः पञ्चदशमधिकरणं शास्त्रसमुद्देशः ॥

पञ्चदशाधिकरणानि सपञ्चाशदध्यायशतं साशीति प्रकरणशतं षट्श्लोकसहस्राणीति ॥

सुखग्रहणविज्ञेयं तत्त्वार्थपदनिश्चितम् ।
कौटिल्येन कृतं शास्त्रं विमुक्तग्रन्थविस्तरम् ॥

इति कौटिलीयेऽर्थशास्त्रे विनयाधिकारिके प्रथमाधिकरणे राजवृत्तिः प्रथमोऽध्यायः.

१. प्रक. विद्यासमुद्देशः.

आन्वीक्षकी त्रयी वार्ता दण्डनीतिश्चेति विद्याः ।

त्रयी वार्ता दण्डनीतिश्चेति मानवाः—त्रयीविशेषो ह्यान्वीक्षकीति ।

वार्ता दण्डनीतिश्चेति बार्हस्पत्याः—संवरणमात्रं हि त्रयी लोकयात्राविद इति ।

दण्डनीतिरेका विद्येत्यौशनसाः—तस्यां हि सर्वविद्यारम्भाः प्रतिबन्धा(द्धा) इति ।

चतस्र एव विद्या इति कौटिल्यः । ताभिर्धर्मार्थौ यद्विद्यात्तद्विद्यानां विद्यात्वम् ।

साङ्ख्यं योगो लोकायतं चेत्यान्वीक्षकी ।

धर्माधर्मौ त्रय्याम् । अर्थानर्थौ वार्तायाम् । नयानयौ दण्डनीत्यां बलाबले चैतासां हेतुभिरन्वीक्षमाणा लोकस्योपकरोति, व्यसनेऽभ्युदये च बुद्धिमवस्थापयति, प्रज्ञावाक्यक्रियावैशारद्यं च करोति—

प्रदीपस्सर्वविद्यानामुपायस्सर्वकर्मणाम् ।
आश्रयस्सर्वधर्माणां शश्वदान्वीक्षकी मता ॥

इति विनयाधिकारिके प्रथमेऽधिकरणे विद्यासमुद्देशे आन्वीक्षकीस्थापना द्वितीयोऽध्यायः.

सामर्ग्यजुर्वेदास्त्रयस्त्रयी । अथर्ववेदेतिहासवेदौ च वेदाः। शीक्षा कल्पो व्याकरणं निरुक्तं छन्दोविचितिर्ज्योतिषमिति चाङ्गानि ।

एष त्रयीधर्मश्चतुर्णां वर्णानामाश्रमाणां च स्वधर्मस्थापनादौपकारिकः ।

स्वधर्मो ब्राह्मणस्याध्ययनमध्यापनं यजनं याजनं दानं प्रतिग्रहश्चेति ।

क्षत्रियस्याध्ययनं यजनं दानं शस्त्राजीवो भूतरक्षणं च ।

वैश्यस्याध्ययनं यजनं दानं कृषिपाशुपाल्ये वणिज्या च ।

शूद्रस्य द्विजातिशुश्रूषा वार्ता कारुकुशीलवकर्म च ।

गृहस्थस्य स्वकर्माजीवस्तुल्यैरसमानर्षिभिर्वैवाह्यमृतुगामित्वं देवपित्रतिथिभृत्येषु त्यागश्शेषभोजनं च ।

ब्रह्मचारिणस्स्वाध्यायोऽग्निकार्याभिषेकौ भैक्षव्रतत्वमाचार्ये प्राणान्तिकी वृत्तिस्तदभावे गुरुपुत्रे सब्रह्मचारिणि वा ।

वानप्रस्थस्य ब्रह्मचर्यं भूमौ शय्या जटाऽजिनधारणमग्निहोत्राभिषेकौ देवतापित्रतिथिपूजा वन्यश्चाहारः ।

परिव्राजकस्य संयतेन्द्रियत्वमनारम्भो निष्किञ्चनत्वं सङ्गत्यागो भैक्षमनेकत्रारण्यवासो बाह्यमाभ्यन्तरं च शौचं सर्वेषामहिंसा सत्यं (शौच)मनसूयाऽऽनृशंस्यं क्षमा च ।

स्वधर्मस्स्वर्गायानन्त्याय च । तस्यातिक्रमे लोकस्सङ्करादुच्छिद्येत—

तस्मात्स्वधर्मं भूतानां राजा न व्यभिचारयेत् ।
स्वधर्मं संदधानो हि प्रेत्य चेह च नन्दति ॥

व्यवस्थितार्यमर्यादः कृतवर्णाश्रमस्थितिः ।
त्रय्या हि रक्षितो लोकः प्रसीदति न सीदति ॥

इति विनयाधिकारिके प्रथमेऽधिकरणे विद्यासमुद्देशे त्रयीस्थापना तृतीयोऽध्यायः.

—※—

कृषिपाशुपाल्ये वणिज्या च वार्ता; धान्यपशुहिरण्यकुप्यविष्टिप्रदानादौपकारिकी । तया स्वपक्षं परपक्षं च वशीकरोति कोशदण्डाभ्याम् ।

आन्वीक्षकीत्रयीवार्तानां योगक्षेमसाधनो दण्डः । तस्य नीतिर्दण्डनीतिः ; अलब्धलाभार्था, लब्धपरिरक्षणी, रक्षितविवर्धनी, वृद्धस्य तीर्थेषु प्रतिपादनी च ।

तस्यामायत्ता लोकयात्रा । तस्माल्लोकयात्रार्थी नित्यमुद्यतदण्डस्स्यात् ।

न ह्येवंविधं वशोपनयनमस्ति भूतानां यथा दण्ड इत्याचार्याः ॥

नेति कौटिल्यः । तीक्ष्णदण्डो हि भूतानामुद्वेजनीयः । मृदुदण्डः परिभूयते । यथार्हदण्डः पूज्यः । सुविज्ञातप्रणीतो हि दण्डः प्रजा धर्मार्थकामैर्योजयति । दुष्प्रणीतः कामक्रोधाभ्यामज्ञानाद्वानप्रस्थपरिव्राजकानपि कोपयति, किमङ्ग पुनर्गृहस्थान्? अप्रणीतो हि मात्स्यन्यायमुद्भावयति । बलीयानबलं हि ग्रसते दण्डधराभावे । तेन गुप्तः प्रभवतीति ॥

चतुर्वर्णाश्रमो लोको राज्ञा दण्डेन पालितः ।
स्वधर्मकर्माभिरतो वर्तते स्वेषु वर्त्मसु ॥

इति विनयाधिकारिके प्रथमेऽधिकरणे विद्यासमुद्देशे
वार्तास्थापना दण्डनीतिस्थापना च चतुर्थोऽध्यायः.

विद्यासमुद्देशस्समाप्तः.

२. प्रक. वृद्धसंयोगः.

तस्माद्दण्डमूलास्तिस्रो विद्याः ।

विनयमूलो दण्डः प्राणभृतां योगक्षेमावहः ।

कृतकस्स्वाभाविकश्च विनयः । क्रिया हि द्रव्यं विनयति नाद्रव्यम् । शुश्रूषाश्रवणग्रहणधारणविज्ञानोहापोहतत्त्वाभिनिविष्टबुद्धिं विद्या विनयति नेतरम् ।

विद्यानां तु यथा स्वमाचार्यप्रामाण्याद्विनयो नियमश्च ।

वृत्तचौलकर्मा लिपिं सङ्ख्यानं चोपयुञ्जीत ।

वृत्तोपनयनस्त्रयीमान्वीक्षकीं च शिष्टेभ्यः, वार्तामध्यक्षेभ्यः, दण्डनीतिं वक्तृप्रयोक्तृभ्यः ।

ब्रह्मचर्यं चाषोडशाद्वर्षात् । अतो गोदानं दारकर्म च ।

अस्य नित्यश्च विद्यावृद्धसंयोगो विनयवृद्ध्यर्थं, तन्मूलत्वाद्विनयस्य ।

पूर्वमहर्भागं हस्त्यश्वरथप्रहरणविद्यासु विनयं गच्छेत् । पश्चिममितिहासश्रवणे । पुराणमितिवृत्तमाख्यायिकोदाहरणं धर्मशास्त्रमर्थशास्त्रं चेतीतिहासः ।

शेषमहोरात्रभागमपूर्वग्रहणं गृहीतपरिचयं च कुर्यात् । अगृहीतानामाभीक्ष्ण्यश्रवणं च ।

श्रुताद्धि प्रज्ञोपजायते प्रज्ञया योगो योगादात्मवत्तेति विद्यासामर्थ्यम् ॥

विद्याविनीतो राजा हि प्रजानां विनये रतः ।
अनन्यां पृथिवीं भुङ्क्ते सर्वभूतहिते रतः ॥

इति विनयाधिकारिके प्रथमेऽधिकरणे
वृद्धसंयोगः पञ्चमोऽध्यायः.

६ ३. प्रक. इन्द्रियजयः.

विद्याविनयहेतुरिन्द्रियजयः कामक्रोधलोभमानमदहर्षत्यागात्कार्यः । कर्णत्वगक्षिजिह्वाघ्राणेन्द्रियाणां शब्दस्पर्शरूपरसगन्धेष्वविप्रतिपत्तिरिन्द्रियजयः शास्त्रार्थानुष्ठानं वा । कृत्स्नं हि शास्त्रमिदमिन्द्रियजयः ।

तद्विरुद्धवृत्तिरवश्येन्द्रियश्चातुरन्तोऽपि राजा सद्यो विनश्यति—यथा दाण्डक्यो नाम भोजः कामात् ब्राह्मणकन्यामभिमन्यमानस्सबन्धुराष्ट्रो विननाश । करालश्च वैदेहः ।

कोपाज्जनमेजयो ब्राह्मणेषु विक्रान्तः, तालजङ्घश्च भृगुषु ।

लोभादैलश्चातुर्वर्ण्यमत्याहारयमाणः, सौवीरश्चाजबिन्दुः ।

मानात् रावणः परदारानप्रयच्छन्, दुर्योधनो राज्यादंशं च ।

मदाद्दम्भोद्भवो भूतावमानी हैहयश्चार्जुनः ।

हर्षाद्वातापिरगस्त्यमत्यासादयन्, वृष्णिसङ्घश्च द्वैपायनमिति ।

एते चान्ये च बहवः शत्रुषड्वर्गमाश्रिताः ।
सबन्धुराष्ट्रा राजानो विनेशुरजितेन्द्रियाः ॥
शत्रुषड्वर्गमुत्सृज्य जामदग्न्यो जितेन्द्रियः ।
अम्बरीषश्च नाभागो बुभुजाते चिरं महीम् ॥

इति विनयाधिकारिके इन्द्रियजये अरिषड्वर्गत्यागः.

षष्ठोऽध्यायः.

तस्मादरिषड्वर्गत्यागेनेन्द्रियजयं कुर्वीत । वृद्धसंयोगेन प्रज्ञां, चारेण चक्षुः, उत्थानेन योगक्षेमसाधनं, कार्यानुशासनेन स्वधर्मस्थापनं, विनयं विद्योपदेशेन, लोकप्रियत्वमर्थसंयोगेन, हितेन वृत्तिम् ।

एवं वश्येन्द्रियः परस्त्रीद्रव्यहिंसाश्च वर्जयेत्. स्वप्नलौल्यमनृतमुद्धतवेषत्वमनर्थसंयोगं च । अधर्मसंयुक्तमनर्थसंयुक्तं च व्यवहारम् ।

धर्मार्थाविरोधेन कामं सेवेत न निस्सुखस्स्यात् । समं वा त्रिवर्गमन्योन्यानुबन्धम् । एको ह्यत्यासेवितो धर्मार्थकामाना[मा]त्मानमितरौ च पीडयाति । 'अर्थ एव प्रधानः' इति कौटिल्यः—अर्थमूलौ हि धर्मकामाविति ।

---

1 "नृपस्य ते हि सुहृदस्त एव गुरवो मताः । य एनमुत्पथगतं वारयन्त्यनिवारिताः ॥" इति कामन्दकः.

मर्यादां स्थापयेदाचार्यानमात्यान्वा । य एनमपायस्थानेभ्यो वारयेयुः,[1] छायानालिकाप्रतोदेन वा रहसि प्रमाद्यन्तमभितुदेयुः ॥

सहायसाध्यं राजत्वं चक्रमेकं न वर्तते ।
कुर्वीत सचिवांस्तस्मात्तेषां च शृणुयान्मतम् ॥

इति विनयाधिकारिके इन्द्रियजये राजर्षिवृत्तं सप्तमोऽध्यायः. इन्द्रियजयस्समाप्तः.

४. प्रक. अमात्योत्पत्तिः.

"सहाध्यायिनोऽमात्यान् कुर्वीत दृष्टशौचसामर्थ्यत्वात्" इति भारद्वाजः। ते ह्यस्य विश्वास्याः भवन्तीति ॥

नेति विशालाक्षः । सहक्रीडितत्वात् परिभवन्त्येनम् । ये ह्यस्य गुह्यसधर्माणस्तानमात्यान कुर्वीत—समानशीलव्यसनत्वात्; ते ह्यस्य मर्मज्ञभयान्नापराध्यन्तीति ॥

"साधारण एष दोषः" इति पराशरः—तेषामपि मर्मज्ञभयात्कृताकृतान्यनुवर्तेत ॥

यावद्भ्यो गुह्यमाचष्टे जनेभ्यः पुरुषाधिपः ।
अवशः कर्मणा तेन वश्यो भवति तावताम् ॥

य एनमापत्सु प्राणाबाधयुक्तास्वनुगृह्णीयुस्तानमात्यान् कुर्वीत । दृष्टानुरागत्वादिति ॥

नेति पिशुनः—भक्तिरेषा न बुद्धिगुणः । सङ्ख्यातार्थेषु कर्मसु नियुक्ता ये यथाऽऽदिष्टमर्थं सविशेषं वा कुर्युस्तानमात्यान्कुर्वीत । दृष्टगुणत्वादिति ॥

नेति कौणपदन्तः—अन्यैरमात्यगुणैरयुक्ता ह्येते । पितृपैतामहानमात्यान् कुर्वीत, दृष्टापदानत्वात् ते ह्येनमपचरन्तमपि न त्यजन्ति सगन्धत्वात् । अमानुषेष्वपि चैतत् दृश्यते—गावो ह्यसगन्धं गोगणमतिक्रम्य सगन्धेष्वेवावतिष्ठन्ते इति ॥

नेति वातव्याधिः । ते ह्यस्य सर्वमवगृह्य स्वामिवत्प्रचरन्तीति । तस्मान्नीतिविदो नवानमात्यान्कुर्वीत; नवास्तु यमस्थाने दण्डधरं मन्यमाना नापराध्यन्तीति ॥

नेति बाहुदन्तीपुत्रः—शास्त्रविददृष्ट[1]कर्माकर्मसु विषादं गच्छेत्। अभिजनप्रज्ञाशौचशौर्यानुरागयुक्तानमात्यान्कुर्वीत । गुणप्राधान्यादिति ॥

सर्वमुपपन्नमिति कौटिल्यः—कार्यसामर्थ्याद्धि पुरुषसामर्थ्यं कल्प्यते । सामर्थ्यतश्च—

विभज्यामात्यविभवं देशकालौ च कर्म च ।
अमात्यास्सर्वे एवैते कार्यास्स्युर्न तु मन्त्रिणः ॥

इति विनयाधिकारिके अमात्योत्पत्तिः अष्टमोऽध्यायः.

---

[1] मातृकाकोशे "शास्त्रविदुष्ट" इत्यपि पठितुं शक्येत.

५. प्रक. मन्त्रिपुरोहितोत्पत्तिः.

जानपदोऽभिजातः स्ववग्रहः कृतशिल्पश्चक्षुष्मान् प्राज्ञो धारयिष्णुर्दक्षो वाग्मी प्रगल्भः प्रतिपत्तिमानुत्साहप्रभावयुक्तः क्लेशसहश्शुचिर्मैत्रो दृढभक्तिश्शीलबलारोग्यसत्त्वसंयुक्तः स्तम्भचापल्यवर्जितस्संप्रियो वैराणामकर्तेत्यमात्यसम्पत् ।

अतः पादार्धगुणहीनौ मध्यमावरौ ।

तेषां जनपदमवग्रहं चाप्य[प्त]तः परीक्षेत—समानविद्येभ्यः शिल्पं शास्त्रचक्षुष्मत्तां च; कर्मारम्भेषु प्रज्ञां धारयिष्णुतां दाक्ष्यं च; कथायोगेषु वाग्मित्वं प्रागल्भ्यं प्रतिभानवत्त्वं च; आपद्युत्साहप्रभावौ क्लेशसहत्वं च; संव्यवहाराच्छौचं मैत्रतां दृढभक्तित्वं च; संवासिभ्यश्शीलबलारोग्यसत्त्वयोगमस्तम्भमचापल्यं च; प्रत्यक्षतः संप्रियत्वमवैरित्वं च ।

प्रत्यक्षपरोक्षानुमेया हि राजवृत्तिः । स्वयंदृष्टं प्रत्यक्षम्, परोपदिष्टं परोक्षम् । कर्मसु कृतेनाकृतावेक्षणमनुमेयम् ॥

अयौगपद्यात्तु कर्मणामनेकत्वादनेकस्थत्वाच्च देशकालात्ययो मा भूत् इति परोक्षममात्यैः कारयेदित्यमात्यकर्म ।

पुरोहितमुदितोदितकुलशीलं षडङ्गे वेदे दैवे निमित्ते दण्डनीत्यां च अभिविनीतमापदां दैवमानुषीणां अथर्वभिरुपायैश्च प्रतिकर्तारं कुर्वीत । तमाचार्यं शिष्यः पितरं पुत्रो भृत्यस्स्वामिनमिव चानुवर्तेत ।

ब्राह्मणेनैधितं क्षत्रं मन्त्रिमन्त्राभिमन्त्रितम् ।
जयत्यजितमत्यन्तं शास्त्रानुगमशस्त्रितम् ॥

इति विनयाधिकारिके मन्त्रिपुरोहितोत्पत्तिः.
नवमोऽध्यायः.

---

६. प्रक. उपधाभिश्शौचाशौचज्ञानममात्यानाम्.

मन्त्रिपुरोहितसखस्सामान्येष्वधिकरणेषु स्थापयित्वाऽमात्यानुपधाभिश्शोचयेत् ।

पुरोहितमयाज्ययाजनाध्यापने नियुक्तममृष्यमाणं राजा अवक्षिपेत् । स सत्रिभिश्शपथपूर्वमेकैकममात्यमुपजापयेत्—अधार्मिकोऽयं राजा साधुधार्मिकमन्यमस्य तत्कुलीनमवरुद्धं कुल्यमेकप्रग्रहं सामन्तमाटविकमौपपादिकं वा प्रतिपादयामः सर्वेषामेतद्रोचते कथं वा तवेति । प्रत्याख्याने शुचिरिति धर्मोपधा ।

सेनापतिरसत्प्रग्रहेणावक्षिप्तस्सत्रिभिरेकैकममात्यमुपजापयेल्लोभनीयेनार्थेन राजविनाशनाय—सर्वेषामेतद्रोचते कथं वा तवेति । प्रत्याख्याने शुचिरित्यर्थोपधा ।

परिव्राजिका लब्धविश्वासाऽन्तःपुरे कृतसत्कारा महामात्रमेकैकमुपजपेत्—राजमहिषी त्वां कामयते कृतसमागमोपाया; महानर्थश्च भविष्यतीति । प्रत्याख्याने शुचिरिति कामोपधा ।

प्रवहण[1]निमित्तमेकोऽमात्यः सर्वानमात्यानावाहयेत् । तेनोद्वेगेन राजा तानवरुन्ध्यात् । कापटिकच्छात्रः पूर्वावरुद्धस्तेषामर्थमानावक्षिप्तमेकैकममात्यमुपजपेत्—असत्प्रवृत्तोऽयं राजा, साध्वेनं हत्वा अन्यं प्रतिपादयिष्यामः; सर्वेषामेतद्रोचते । कथंवा तवेति । प्रत्याख्याने शुचिरिति भयोपधा ।

तत्र धर्मोपधाशुद्धान् धर्मस्थीयकण्टकशोधनेषु स्थापयेत् ।

अर्थोपधाशुद्धान् समाहर्तृसन्निधातृनिचयकर्मसु ।

कामोपधाशुद्धान् बाह्याभ्यन्तरविहाररक्षासु ।

भयोपधाशुद्धानासन्नकार्येषु राज्ञः । सर्वोपधाशुद्धान् मन्त्रिणः कुर्यात् । सर्वत्राशुचीन् खनिद्रव्यहस्तिवनकर्मान्तेषूपयोजयेत् ।

त्रिवर्गभयसंशुद्धानमात्यान्स्वेषु कर्मसु ।
अधिकुर्याद्यथाशौचमित्याचार्या व्यवस्थिताः ॥
न त्वेव कुर्यादात्मानं देवीं वा लक्ष्मीश्वरः ।
शौचहेतोरमात्यानामेतत्कौटिल्यदर्शनम् ॥
न दूषणमदुष्टस्य विषेणेवाम्भसश्चरेत् ।
कदाचिद्धि प्रदुष्टस्य नाधिगम्येत भेषजम् ॥
कृता च कलुषा बुद्धिरुपधाभिश्चतुर्विधा ।
नागत्वाऽन्तर्निवर्तेत स्थिता सत्त्ववतां धृतौ ॥

---

1 "सामुद्रिकाः व्यापारिणः महासमुद्रं प्रवहणैस्तरान्ति" इति उत्तराध्ययनसूत्रटीकायाम् प. २४६.

तस्माद्बाह्यमधिष्ठानं कृत्वा कार्ये चतुर्विधे ।
शौचाशौचममात्यानां राजा मार्गेत सत्रिभिः ॥

इति विनयाधिकारिके उपधाभिश्शौचाशौचज्ञानममात्यानां दशमोऽध्यायः.

७. प्रक. गूढपुरुषोत्पत्तिः

उपधाभिश्शुद्धामात्यवर्गो गूढपुरुषानुत्पादयेत ।

कापटिकोदास्थितगृहपतिकवैदेहकतापसव्यञ्जनान् सत्रितीक्ष्णरसदभिक्षुकीश्च ।

परमर्मज्ञः प्रगल्भः छात्रः कापटिकः । तमर्थमानाभ्यामुत्साह्य मन्त्री ब्रूयात्—राजानं मां च प्रमाणं कृत्वा यस्य यदकुशलं पश्यसि तत्तदानीमेव प्रत्यादिशेति ।

प्रव्रज्याप्रत्यवसितः प्रज्ञाशौचयुक्त उदास्थितः । स वार्ताकर्मप्रदिष्टायां भूमौ प्रभूतहिरण्यान्तेवासी कर्म कारयेत् । कर्मफलाच्च सर्वप्रव्रजितानां ग्रासाच्छादनावसथान् प्रतिविदध्यात् । वृत्तिकामांश्चोपजपेत्—एतेनैव दोषेण राजार्थश्चारितव्यो भक्तवेतनकाले चोपस्थातव्यमिति ।

सर्वप्रव्रजिताश्च स्वंस्वं वर्गमुपजपेयुः ।

कर्षको वृत्तिक्षीणः प्रज्ञाशौचयुक्तो गृहपतिकव्यञ्जनः । स कृषिकर्मप्रदिष्टायां भूमाविति—समानं पूर्वेण ।

वाणिजको वृत्तिक्षीणः प्रज्ञाशौचयुक्तो वैदेहकव्यञ्जनः। स वणिक्कर्मप्रदिष्टायां भूमाविति—समानं पूर्वेण ॥

मुण्डो जटिलो वा वृत्तिकामस्तापसव्यञ्जनः। स नगराभ्याशे प्रभूतमुण्डजटिलान्तेवासी शाकं यवसमुष्टिं वा मासाद्द्विमासान्तरं प्रकाशमश्नीयात्, गूढमिष्टमाहारम्। वैदेहकान्तेवासिनश्चैनं समिद्धयोगैरर्चयेयुः। शिष्याश्चास्यावेदयेयुः— "असौ सिद्धस्सामेधिकः" इति। समेधाशास्तिभिश्चाभिगतानामङ्गविद्यया शिष्यसंज्ञाभिश्च कर्माण्यभिजनेऽवसितान्यादिशेदल्पलाभमग्निदाहं चोरभयं दूष्यवधं तुष्टदानं विदेशप्रवृत्तिज्ञानं "इदमद्य श्वो वा भविष्यतीदं वा राजा करिष्यतीति" ॥

तदस्य गूढास्सत्रिणश्च संवादयेयुः। सत्त्वप्रज्ञावाक्यशक्तिसम्पन्नानां राजभाग्यमनुव्याहरेत् मन्त्रिसंयोगं च। मन्त्री चैषां वृत्तिकर्मभ्यां वियतेत। ये च कारणादभिक्रुद्धास्तानर्थमानाभ्यां शमयेत्। अकारणक्रुद्धान् तूष्णीं दण्डेन राजद्विष्टकारिणश्च ॥

पूजिताश्चार्थमानाभ्यां राज्ञा राजोपजीविनाम्।
जानीयुः शौचमित्येताः पञ्च संस्थाः प्रकीर्तिताः ॥

इति विनयाधिकारिके गूढपुरुषोत्पत्तौ
संस्थोत्पत्तिः एकादशोऽध्यायः.

—※०※—

८ प्रक. गूढपुरुषप्रणिधिः.

ये चाप्यसम्बन्धिनोऽवश्यभर्तव्यास्ते लक्षणमङ्गविद्यां जम्भकविद्यां मायागतमाश्रमधर्मनिमित्तमन्तरचक्रमित्यधीयानाः सत्रिणस्संसर्गविद्या वा ।

ये जनपदे शूरास्त्यक्तात्मानो हस्तिनं व्यालं वा द्रव्यहेतोः प्रतियोधयेयुस्ते तीक्ष्णाः ।

ये बन्धुषु निस्नेहाः क्रूराश्चालसाश्च ते रसदाः ।

परिव्राजिका वृत्तिकामा दरिद्रा विधवा प्रगल्भा ब्राह्मण्यन्तःपुरे कृतसत्कारा महामात्रकुलान्यधिगच्छेत् ॥

एतया मुण्डा वृषल्यो व्याख्याताः ।

इति सञ्चाराः ।

तान्राजा स्वविषये मन्त्रिपुरोहितसेनापतियुवराजदौवारिकान्तर्वंशिकप्रशास्तृसमाहर्तृसन्निधातृप्रदेष्टृनायकपौरव्यावहारिककार्मान्तिकमन्त्रिपरिषदध्यक्षदण्डदुर्गान्तपालाटविकेषु श्रद्धेयदेशवेषशिल्पभाषाभिजनापदेशान् भक्तितस्सामर्थ्ययोगाच्चापसर्पयेत् ॥

तेषां बाह्यं चारं छत्रभृङ्गारव्यजनपादुकासनयानवाहनोपग्राहिणः तीक्ष्णा विद्युः ।

तं सत्रिणः संस्थास्वर्पयेयुः ।

सूदाराळिकस्नापकसंवाहकास्तरककल्पकप्रसाधकोदकपरिचारका रसदाः कुब्जवामनकिरातमूकबधिरजलान्धच्छद्मानो नटनर्तकगायनवादकवाग्जीवनकुशीलवाः स्त्रियश्चाभ्यन्तरं चारं विद्युः। तं भिक्षुक्यः संस्थास्वर्पयेयुः ॥

संस्थानामन्तेवासिनः संज्ञालिपिभिश्चारसञ्चारं कुर्युः।

न चान्योन्यं संस्थास्ते वा विद्युः।

भिक्षुकीप्रतिषेधे द्वास्स्थपरम्परा मातापितृव्यञ्जनाः शिल्पकारिकाः कुशीलवा दास्यो वा गीतवाद्यभाण्डगूढलेख्यसंज्ञाभिर्वा चारं निर्हरेयुः। दीर्घरोगोन्मादाग्निरसविसर्गेण वा गूढनिर्गमनम्।

त्रयाणामेकवाक्ये सम्प्रत्ययः।

तेषामभीक्ष्णविनिपाते तूष्णीं दण्डः प्रतिषेधो वा।

कण्टकशोधनोक्ताश्चापसर्पाः परेषु कृतवेतना वसेयुः।

सम्पातश्चोरार्थं। त उभयवेतनाः।

गृहीतपुत्रदारांश्च कुर्यादुभयवेतनान्।
तांश्चारिप्रहितान्विद्यात्तेषां शौचं च तद्विधैः॥
एवं शत्रौ च मित्रे च मध्यमे चावपेच्चरान्।
उदासीने च तेषां च तीर्थेष्वष्टादशस्वपि॥
अन्तर्गृहचरास्तेषां कुब्जवामनषण्डकाः।
शिल्पवत्यः स्त्रियो मूकाश्चित्राश्च म्लेच्छजातयः॥

दुर्गेषु वणिजस्संस्था दुर्गान्ते सिद्धतापसाः ।
कर्षकोदास्थिता राष्ट्रे राष्ट्रान्ते व्रजवासिनः ॥
वने वनचरैः कार्याश्श्रमणाटविकादयः ।
परप्रवृत्तिज्ञानार्थाः शीघ्राश्चारपरम्पराः ॥
परस्य चैके बोद्धव्याः तादृशैरेव तादृशाः ।
चारसञ्चारिणस्संस्था गूढाश्चागूढसंज्ञिताः ॥
अकृत्यान् कृत्यपक्षीयैः दर्शितान्कार्यहेतुभिः ।
परापसर्पज्ञानार्थं मुख्यानन्तेषु वासयेत् ॥

इति विनयाधिकारिके गूढपुरुषोत्पत्तौ सञ्चारोत्पत्तिः द्वादशोऽध्यायः.

---

९ प्रक. स्वविषये कृत्याकृत्यपक्षरक्षणम्.

गूढपुरुषप्रणिधिः कृतमहामात्यापसर्पः पौरजानपदानपसर्पयेत् ।

सत्रिणो द्वन्द्विनस्तीर्थसभाशालापूगजनसमवायेषु विवादं कुर्युः—"सर्वगुणसम्पन्नश्चायं राजा श्रूयते । न चास्य कश्चित् गुणो दृश्यते यः पौरजानपदान् दण्डकराभ्यां पीडयति" इति ।

तत्र येऽनुप्रशंसेयुः तानितरस्तं च प्रतिषेधयेत्—"मात्स्यन्यायाभिभूताः प्रजा मनुं वैवस्वतं राजानं चक्रिरे । धान्यषड्भागं

पण्यदशभागं हिरण्यं चास्य भागधेयं प्रकल्पयामासुः। तेन भृता राजानः प्रजानां योगक्षेमवहाः तेषां किल्बिषमदण्डकरा हरन्ति। यो[रन्त्ययो?]गक्षेमवहाश्च प्रजानाम्। तस्मादुञ्छषड्भागमारण्यका अपि निवपन्ति—'तस्यैतद्भागधेयं योऽस्मान् गोपायतीति'। इन्द्रयमस्थानमेतत् राजानः प्रत्यक्षहेडप्रसादाः। तानवमन्यमानान् दैवोऽपि दण्डः स्पृशति। तस्माद्राजानो नावमन्तव्याः" इति क्षुद्रकान्प्रतिषेधयेत्।

किंवदन्तीं च विद्युः।

ये चास्य धान्यपशुहिरण्यान्याजीवन्ति तैरुपकुर्वन्ति, व्यसने अभ्युदये वा कुपितं बन्धुं राष्ट्रं वा व्यावर्तयन्त्यमित्रमाटविकं वा प्रतिषेधयन्ति, तेषां मुण्डजटिलव्यञ्जनास्तुष्टातुष्टत्वं विद्युः।

तुष्टान् भूयः पूजयेत्।

अतुष्टात् तुष्टिहेतोस्त्यागेन साम्ना च प्रसादयेत्। परस्पराद्वा भेदयेदेनान् सामन्ताटविकतत्कुलीनावरुद्धेभ्यश्च। तथाऽप्यतुष्यतो दण्डकरसाधनाधिकारेण वा जनपदविद्वेषं ग्राहयेत्। विद्विष्टानुपांशुदण्डेन जनपदकोपेन वा साधयेत्। गुप्तपुत्रदारानाकरकर्मान्तेषु वा वासयेत् परेषामास्पदभयात्।

क्रुद्धलुब्धभीतावमानिनस्तु परेषां कृत्याः। तेषां कार्ता-

न्तिकनैमित्तिकमौहूर्तिकव्यञ्जनाः परस्पराभिसम्बन्धं अमित्रप्रतिसम्बन्धं वा विद्युः।

तुष्टानर्थमानाभ्यां पूजयेत् ।

अतुष्टान् सामदानभेददण्डैस्साधयेत् ।

एवं स्वविषये कृत्यानकृत्यांश्च विचक्षणः ।
परोपजापात्संरक्षेत् प्रधानान् क्षुद्रकानपि ॥

इति विनयाधिकारिके स्वविषये कृत्याकृत्यपक्षरणं त्रयोदशोऽध्यायः.

१० प्रक. परविषये कृत्याकृत्यपक्षोपग्रहः.

कृत्याकृत्यपक्षोपग्रहस्स्वविषये व्याख्यातः परविषये वाच्यः।

संश्रुत्यार्थान् विप्रलब्धः, तुल्यकारिणोश्शिल्पे वोपकारे वा विमानितः, वल्लभावरुद्धः, समाहूय पराजितः, प्रवासोपतप्तः, कृत्वा व्ययमलब्धकार्यः, स्वधर्माद्दायाद्याद्वोपरुद्धः मानाधिकाराभ्यां भ्रष्टः, तुल्यैरन्तर्हितः, प्रसभाभिमृष्टस्त्रीकः, काराभिन्यस्तः, परोक्तदण्डितः, मिथ्याचारवारितः, सर्वस्वमाहारितः, बन्धनपरिक्लिष्टः, प्रवासितबन्धुरिति क्रुद्धवर्गः ।

स्वयमुपहतः, विप्रकृतः, पापकर्माभिख्यातः, तुल्यदोषदण्डेनोद्विग्नः, पर्यात्तभूमिः, दण्डेनोपनतः, सर्वाधिकरणस्थः, सहसोपचितार्थः, तत्कुलीनो वाशंसुः, प्रद्विष्टो राज्ञा, राजद्वेषी चेति भीतवर्गः ॥

परिक्षीणोऽत्यात्तस्वः कदर्यो व्यसन्यत्याहितव्यवहारश्चेति लुब्धवर्गः ।

आत्मसम्भावितो मानकामः शत्रुपूजामर्षितो नीचैरुपहितस्तीक्ष्णस्साहसिको भोगेनासन्तुष्ट इति मानिवर्गः ।

तेषां मुण्डजटिलव्यञ्जनैर्यो यद्भक्तिः कृत्यपक्षीयस्तं तेनोपजापयेत्—"यथा मदान्धो हस्ती मत्तेनाधिष्ठितो यद्यदासादयति तत्सर्वं प्रमृद्नात्येवमयमशास्त्रचक्षुरन्धो राजा पौरजानपदवधायाभ्युत्थितः; शक्यमस्य प्रतिहस्तिप्रोत्साहनेनापकर्तुममर्षः क्रियताम्" इति क्रुद्धवर्गमुपजापयेत् ।

"यथा लीनस्सर्पो यस्माद्भयं पश्यति तत्र विषमुत्सृजत्येवमयं राजा जातदोषाशङ्कस्त्वयि पुरा क्रोधविषमुत्सृजत्यन्यत्र गम्यताम्" इति भीतवर्गमुपजापयेत् ।

यथा श्वगणिनां धेनुश्श्वभ्यो दुग्धे न ब्राह्मणेभ्य एवमयं राजा सत्त्वप्रज्ञावाक्यशक्तिहीनेभ्यो दुग्धे नात्मगुणसम्पन्नेभ्यः । असौ राजा पुरुषविशेषज्ञस्सेव्यतामिति" लुब्धवर्गमुपजापयेत् ।

"यथा चण्डालोदपानश्चण्डालानामेवोपभोग्यो नान्येषामेवमयं राजा नीचो नीचानामेवोपभोग्यो न त्वद्विधानामार्याणाम् । असौ राजा पुरुषविशेषज्ञः तत्र गम्यतामिति" मानिवर्गमुपजापयेत ।

तथेति प्रतिपन्नांस्तान् संहितान् पणकर्मणा ।
योजयेत यथाशक्ति सापसर्पान् स्वकर्मसु ॥
लभेत सामदानाभ्यां कृत्यांश्च परभूमिषु ।
अकृत्यान् भेददण्डाभ्यां परदोषांश्च दर्शयेत् ॥

इति विनयाधिकारिके परविषये कृत्याकृत्यपक्षोपग्रहः चतुर्दशोऽध्यायः.

११. प्रक. मन्त्राधिकारः.

कृतस्वपक्षपरपक्षोपग्रहः कार्यारम्भान् चिन्तयेत् ।

मन्त्रपूर्वास्सर्वारम्भाः । तदुद्देशः संवृतः कथानामनिस्रावी पक्षिभिरप्यनालोक्यस्स्यात् ।

श्रूयते हि शुकशारिकाभिः मन्त्रो भिन्नश्श्वभिरन्यैश्च तिर्यग्योनिभिः ।

तस्मान्मन्त्रोद्देशमनायुक्तो नोपगच्छेत् ।

उच्छिद्येत मन्त्रभेदी ।

मन्त्रभेदो हि दूतामात्यस्वामिनामिङ्गिताकाराभ्याम् ।

इङ्गितमन्यथावृत्तिः ।

आकृतिग्रहणमाकारः । तस्य संवरणं आयुक्तपुरुषरक्षणमा कार्यकालादिति । तेषां हि प्रमादमदसुप्तप्रलापकामा-

दिरुत्सेकः । प्रच्छन्नोऽवमतो वा मन्त्रं भिनत्ति । तस्माद्रक्षेन्मन्त्रम् ।

मन्त्रभेदोऽन्ययोगक्षेमकरो राज्ञस्तदायुक्तपुरुषाणां च ।

तस्मात्—"गुह्यमेको मन्त्रयेतेति" भारद्वाजः । मन्त्रिणामपि हि मन्त्रिणो भवन्ति । तेषामप्यन्ये । सैषा मन्त्रिपरम्परा मन्त्रं भिनत्ति ।

तस्मान्नास्य परे विद्युः कर्म किञ्चिच्चिकीर्षितम् ।
आरब्धारस्तु जानीयुरारब्धं कृतमेव वा ॥

"नैकस्य मन्त्रसिद्धिरस्तीति" विशालाक्षः । प्रत्यक्षपरोक्षानुमेया हि राजवृत्तिः अनुपलब्धस्य ज्ञानमुपलब्धस्य निश्चयबलाधानमर्थद्वैधस्य संशयच्छेदनमेकदेशदृष्टस्य शेषोपलब्धिरिति मन्त्रिसाध्यमेतत् । तस्माद्बुद्धिवृद्धैस्सार्धमासीत मन्त्रम् ॥

न किञ्चिदवमन्येत सर्वस्य शृणुयान्मतम् ।
बालस्याप्यर्थवद्वाक्यमुपयुञ्जीत पण्डितः ॥

"एतन्मन्त्रज्ञानं नैतन्मन्त्ररक्षणमिति" पाराशरः । यदस्य कार्यमभिप्रेतं तत्प्रातिरूपकं मन्त्रिणः पृच्छेत् । 'कार्यमिदमेवमासीदेवं वा यदि भवेत्तत्कथं कर्तव्यमिति' ते । यथा ब्रूयुः तत्कुर्यात् । एवं मन्त्रोपलब्धिः संवृतिश्च भवतीति ।

"नेति" पिशुनः । मन्त्रिणो हि व्यवहितमर्थं वृत्तमवृत्तं वा पृष्टमनादरेण ब्रुवन्ति प्रकाशयन्ति वा । स दोषः। तस्मात्कर्मसु ये येष्वभिप्रेतास्तैस्सह मन्त्रयेत् । तैर्मन्त्रयमाणो हि मन्त्रबुद्धिं गुप्तिं च लभत इति॥

"न" इति कौटिल्यः । अनवस्था ह्येषा । मन्त्रिभिस्त्रिभिश्चतुर्भिर्वा सह मन्त्रयेत ।

मन्त्रयमाणो ह्येकेनार्थकृच्छ्रेषु निश्चयं नाधिगच्छेत् । एकश्च मन्त्री यथेष्टमनवग्रहश्चरति ।

द्वाभ्यां मन्त्रयमाणो द्वाभ्यां संहताभ्यामवगृह्यते । विगृहीताभ्यां विनाश्यते ।

त्रिषु चतुर्षु वा नैकान्तं कृच्छ्रेणोपपद्यते महादोषम् । उपपन्नं तु भवति । ततः परेषु कृच्छ्रेणार्थनिश्चयो गम्यते। मन्त्रो वा रक्ष्यते ।

देशकालकार्यवशेन त्वेकेन सह द्वाभ्यामेको वा यथासामर्थ्यं मन्त्रयेत ।

कर्मणामारम्भोपायः, पुरुषद्रव्यसम्पत्, देशकालविभागः, विनिपातप्रतीकारः, कार्यसिद्धिरिति पञ्चाङ्गो मन्त्रः ।

तानेकैकशः पृच्छेत् समस्तांश्च ॥

हेतुभिश्चैषां मतिप्रविवेकान् विद्यात् । अवाप्तार्थः कालं नातिक्रामयेत् ।

न दीर्घकालं मन्त्रयेत च तेषां पक्षैर्येषां अपकुर्यात् ।

"मन्त्रिपरिषदं द्वादशामात्यान्कुर्वीतेति" मानवाः ।

"षोडशेति" बार्हस्पत्याः ।

"विंशतिम्" इत्यौशनसाः ।

"यथासामर्थ्यम्" इति कौटिल्यः ।

ते ह्यस्य स्वपक्षं परपक्षं च चिन्तयेयुः । अकृतारम्भमारब्धानुष्ठानमनुष्ठितविशेषं नियोगसम्पदं च कर्मणां कुर्युः। आसन्नैस्सह कार्याणि पश्येत् । अनासन्नैस्सह पत्रसम्प्रेषणेन मन्त्रयेत ।

इन्द्रस्य हि मन्त्रपरिषदृषीणां सहस्रम् । तच्चक्षुः । तस्मादिमं द्व्यक्षं सहस्राक्षमाहुः ।

आत्ययिके कार्ये मन्त्रिणो मन्त्रिपरिषदं चाहूय ब्रूयात् । तत्र यद्भूयिष्ठाः कार्यसिद्धिकरं वा ब्रूयुस्तत्कुर्यात् । कुर्वतश्च—

नास्य गुह्यं परे विद्युः छिद्रं विद्यात्परस्य च ।
गूहेत्कूर्म इवाङ्गानि यत्स्याद्विवृतमात्मनः ॥
यथा ह्यश्रोत्रियश्श्राद्धं न सतां भोक्तुमर्हति ।
एवमश्रुतशास्त्रार्थो न मन्त्रं श्रोतुमर्हति ॥

इति विनयाधिकारिके मन्त्राधिकारः
पञ्चदशोऽध्यायः.

१२. प्रक. दूतप्रणिधिः.

उद्धृतमन्त्रो दूतप्रणिधिः ।

अमात्यसम्पदोपेतो निसृष्टार्थः ।

पादगुणहीनः परिमितार्थः ।

अर्धगुणहीनः शासनहरः ।

सुप्रतिविहितयानवाहनपुरुषपरिवापः प्रतिष्ठेत "शासनमेवं वाच्यः, परस्सवक्षत्येवं तस्येदं प्रतिवाक्यमेवमतिसन्धातव्यम्" इत्यधीयानो गच्छेत् । अटव्यन्तपालपुरराष्ट्रमुख्यैश्च प्रतिसंसर्गं गच्छेत् । अनीकस्थानयुद्धप्रतिग्रहापसारभूमीरात्मनः परस्य चावेक्षेत । दुर्गराष्ट्रप्रमाणं सारवृत्तिगुप्तिच्छिद्राणि चोपलभेत । पराधिष्ठानमनुज्ञातः प्रविशेत् । शासनं च यथोक्तं ब्रूयात् । प्राणाबाधेऽपि दृष्टे परस्य वाचि वक्त्रे दृष्ट्यां च प्रसादं वाक्यपूजनमिष्टपरिप्रश्नं गुणकथासङ्गमासन्नमासनं सत्कारमिष्टेषु स्मरणं विश्वासगमनं च लक्षयेत्तुष्टस्य । विपरीतमतुष्टस्य । तं ब्रूयात्—"दूतमुखा वै राजानस्त्वं चान्ये च । तस्मादुद्धृतेष्वपि शस्त्रेषु यथोक्तं वक्तारस्तेषामन्तावसायिनोऽप्यवध्याः । किमङ्ग पुनर्ब्राह्मणः । परस्यैतद्वाक्यमेष दूतधर्म" इति

वसेदविसृष्टः प्रपूजया नोत्सिक्तः । परेषु बलित्वं न मन्येत । वाक्यमनिष्टं सहेत । स्त्रियः पानं च वर्जयेत् ।

एकश्शयीत । सुप्तमत्तयोर्हि भावज्ञानं दृष्टं, कृत्यपक्षोपजापमकृत्यपक्षे गूढप्रणिधानं, रागापरागौ भर्तरि, रन्ध्रं च प्रकृतीनां, तापसवैदेहकव्यञ्जनाभ्यामुपलभेत । तयोरन्तेवासिभिश्चिकित्सकपाषण्डव्यञ्जनोभयवेतनैर्वा । तेषामसम्भाषायां याचनकमत्तोन्मत्तसुप्तप्रलापैः पुण्यस्थानदेवगृहचित्रलेख्यसंज्ञाभिर्वा चारमुपलभेत । उपलब्धस्योपजापमुपेयात् । परेण चोक्तस्स्वासां प्रकृतीनां परिमाणं नाचक्षीत । "सर्वं वेद भवानिति" ब्रूयात् । कार्यसिद्धिकरं वा कार्यस्यासिद्धावुपरुध्यमानस्तर्कयेत् ।

किं भर्तुर्मे व्यसनमासन्नं पश्यन्, स्वं वा व्यसनं प्रतिकर्तुकामः, पार्ष्णिग्राहासारावन्तः कोपमाटविकं वा समुत्थापयितुकामः, मित्रमाक्रन्दाभ्यां वा व्यापादयितुकामः, स्वं वा परतो विग्रहमन्तःकोपमाटविकं वा प्रतिकर्तुकामः, संसिद्धं मे भर्तुर्यात्राकालमभिहन्तुकामः, सस्यकुप्यपण्यसङ्ग्रहं दुर्गकर्म बलसमुत्थानं वा कर्तुकामः, स्वसैन्यानां वायामदेशकालावाकाङ्क्षमाणः, परिभवप्रमादाभ्यां वा संसर्गानुबन्धार्थी वा, मामुपरुणद्धीति ॥

ज्ञात्वा वसेदपसरेद्वा । प्रयोजनमिष्टमपेक्षेत वा । शासनमनिष्टमुक्त्वा बन्धवधभयादपि विसृष्टो व्यपगच्छेदन्यथा नियम्येत ।

प्रेषणं सन्धिपालत्वं प्रतापो मित्रसङ्ग्रहः ।
उपजापस्सुहृद्भेदो गूढदण्डातिसारणम् ॥
बन्धुरत्नापहरणं चारज्ञानं पराक्रमः ।
समाधिमोक्षो दूतस्य कर्मयोगस्य चाश्रयः ॥
स्वदूतैः कारयेदेतत् परदूतांश्च रक्षयेत् ।
प्रतिदूतापसर्पाभ्यां दृश्यादृश्यैश्च रक्षिभिः ॥

इति विनयाधिकारिके दूतप्रणिधिः षोडशोऽध्यायः.

१३. प्रक. राजपुत्ररक्षणम्.

रक्षितो राजा राज्यं रक्षत्यासन्नेभ्यः परेभ्यश्च । पूर्वं दारेभ्यः पुत्रेभ्यश्च ।

दाररक्षणं निशान्तप्रणिधौ वक्ष्यामः ।

पुत्ररक्षणं—जन्मप्रभृति राजपुत्रान्रक्षेत् । कर्कटकसधर्माणो हि जनकभक्षाः राजपुत्राः ।

"तेषामजातस्नेहे पितर्युपांशुदण्डश्श्रेयान" इति भारद्वाजः ।

"नृशंसमदृष्टवधः क्षत्रबीजविनाशश्चेति" विशालाक्षः । तस्मादेकस्थानावरोधश्श्रेयानिति ।

"अहिभयमेतदिति" पाराशराः । कुमारो हि विक्र-

मभयान्यां पिता रुणद्धीति ज्ञात्वा तमेवाङ्के कुर्यात्तस्मादन्तपालदुर्गे वासश्श्रेयानिति ।

"औरभ्रकं भयमेतत्" इति पिशुनः । "प्रत्यापत्तेर्हि तदेव कारणं ज्ञात्वाऽन्तपालसखस्स्यात् तस्मात् । स्वविषयादपकृष्टे सामन्तदुर्गे वासश्श्रेयानिति" ।

"वत्सस्थानमेतदिति" कौणपदन्तः । वत्सेनेव हि धेनुं पितरमस्य सामन्तो दुह्यात् । तस्मान्मातृबन्धुषु वासश्श्रेयानिति ।

"ध्वजस्थानमेतत्" इति वातव्याधिः । तेन हि ध्वजेनादितिकौशिकवदस्य मातृबान्धवा भिक्षेरन् । तस्मात् ग्राम्यधर्मेष्वेनमवसृजेयुः । सुखोपरुद्धा हि पुत्राः पितरं नाभिद्रुह्यन्तीति ।

"जीवन्मरणमेतत्" इति कौटिल्यः । काष्ठमिव हि घुणजग्धं राजकुलमविनीतपुत्रमाभियुक्तमात्रं भज्येत । तस्मादृतुमत्यां महिष्यां ऋत्विजश्चरुमैन्द्राबार्हस्पत्यं निर्वपेयुः । आपन्नसत्त्वायां कौमारभृत्यो गर्भभर्मणि प्रजनने च वियतेत । प्रजातायाः पुत्रसंस्कारं पुरोहितः कुर्यात् । समर्थं तद्विदो विनयेयुः॥

"सत्त्रिणामेकश्चैनं मृगयाद्यूतमद्यस्त्रीभिः प्रलोभयेत्—पितरि विक्रम्य राज्यं गृहाणेति । तदन्यस्सत्त्री प्रतिषेधयेत्' इत्याम्भीयाः ।

"महादोषमबुद्धबोधनमिति" कौटिल्यः । नवं हि द्रव्यं येन येनार्थजातेनोपदिह्यते तत्तदाचूषति । एवमयं नवबुद्धिर्यद्यदुच्यते तत्तच्छास्त्रोपदेशमिवाभिजानाति । तस्माद्धर्ममर्थं चास्योपदिशेन्नाधर्ममनर्थं च । सत्रिणस्त्वेनं 'तव स्मः' इति वदन्तः पालयेयुः ।

यौवनोत्सेकात् परस्त्रीषु मनः कुर्वाणं आर्याव्यञ्जनाभिस्स्त्रीभिरमेध्याभिश्शून्यागारेषु रात्रावुद्वेजयेयुः ॥

मद्यकामं योगपानेनोद्वेजयेयुः ।
द्यूतकामं कापटिकैः पुरुषैरुद्वेजयेयुः ।
मृगयाकामं प्रतिरोधकव्यञ्जनैस्त्रासयेयुः ।
पितरि विक्रमबुद्धिं तथेत्यनुप्रविश्य भेदयेयुः ।

"अप्रार्थनीयो राजा विपन्ने घातस्सम्पन्ने नरकपातः, संक्रोशः प्रजाभिरेकलोष्टवधश्चेति" विरागं प्रियमेकपुत्रं वा बध्नीयात् ।

बहुपुत्रः प्रत्यन्तमन्यविषयं वा प्रेषयेद्यत्र गर्भः पण्ड्यं डिम्बो वा न भवेत् ॥

आत्मसम्पन्नं सेनापत्ये यौवराज्ये वा स्थापयेत ।
बुद्धिमानाहार्यबुद्धिर्दुर्बुद्धिरिति पुत्रविशेषाः ।
शिष्यमाणो धर्मार्थावुपलभते चानुतिष्ठति च बुद्धिमान् ।
उपलभमानो नानुतिष्ठत्याहार्यबुद्धिः ।
अपायनित्यो धर्मार्थद्वेषी चेति दुर्बुद्धिः ॥

स यद्येकपुत्रः पुत्रोत्पत्तावस्य प्रयतेत ।

पुत्रिकापुत्रानुत्पादयेद्वा ।

वृद्धस्तु व्याधितो वा राजा मातृबन्धुतुल्यगुणवत्सामन्तानामन्यतमेन क्षेत्रे बीजमुत्पादयेत् । न चैकपुत्रमविनीतं राज्ये स्थापयेत् ।

बहूनामेकसंरोधः पिता पुत्रहितो भवेत् ।
अन्यत्रापद ऐश्वर्यं ज्येष्ठभागी तु पूज्यते ॥
कुलस्य वा भवेद्राज्यं कुलसङ्घो हि दुर्जयः ।
अराजव्यसनाबाधः शश्वदावसति क्षितिम् ॥

इति विनयाधिकारिके राजपुत्ररक्षणं सप्तदशोऽध्यायः.

—※※—

१४-१५. प्रक. अवरुद्धवृत्तमवरुद्धे च वृत्तिः.

राजपुत्रः कृच्छ्रवृत्तिरसदृशे कर्मणि नियुक्तः पितरमनुवर्तेत अन्यत्र प्राणाबाधकप्रकृतिकोपपातकेभ्यः ॥

पुण्यकर्मणि नियुक्तः पुरुषमधिष्ठातारं याचेत ।

पुरुषाधिष्ठितश्च सविशेषमादेशमनुतिष्ठेत् ।

अभिरूपं च कर्मफलमौपायनिकं च लाभं पितुरुपनाययेत् ॥

तथाऽप्यतुष्यन्तमन्यस्मिन् पुत्रे दारेषु वा स्निह्यन्तमरण्याय आपृच्छेत । बन्धवधभयाद्वा यस्सामन्तो न्यायवृत्तिर्धार्मिकः सत्यवागविसंवादकः प्रतिग्रहीता मानयिता चाभिपन्नानां तमाश्रयेत ।

तत्रस्थः कोशदण्डसम्पन्नः प्रवीरपुरुषकन्यासम्बन्धमटवील-म्बन्धं कृत्यपक्षोपग्रहं वा कुर्यात् ।

एकचरस्सुवर्णपाकमणिरागहेमरूप्यपण्याकरकर्मान्तानाजीवेत्। पाषण्डसङ्घद्रव्यमश्रोत्रियभोग्यं देवद्रव्यमाढ्यविधवां वा गूढ-मनुप्रविश्य सार्थयानपात्राणि च मदनरसयोगेनातिसन्धाया-वहरेत् ।

पारग्रामिकं वा योगमातिष्ठेत् ।

मातुः परिजनोपग्रहेण वा चेष्टेत ।

कारुशिल्पिकुशीलवचिकित्सकवाग्जीवनपाषण्डच्छद्मभिर्वा नष्ट-रूपस्तद्व्यञ्जनसखः छिद्रे प्रविश्य राज्ञः शस्त्ररसाभ्यां प्रहृत्य ब्रूयात्—"अहमसौ कुमारः, सहभोग्यमिदं राज्यमेको नार्ह-ति भोक्तुं तत्र ये कामयन्ते भर्तुं; नाहं द्विगुणेन भक्तवेतने-नोपस्थास्ये" इति ।

इत्यवरुद्धवृत्तम् ॥

अवरुद्धं तु मुख्यपुत्रमपसर्पाः प्रतिपाद्यानयेयुः ।

माता वा प्रतिगृहीता ।

त्यक्तं गूढपुरुषाः शस्त्ररसाभ्यां हन्युः ।

अत्यक्तं तुल्यशीलाभस्त्रीभिः पानेन मृगयया वा प्रसज्य रात्रावुपगृह्यानयेयुः ।

उपस्थितं च राज्येन मदूर्ध्वमिति सान्त्वयेत् ।

एकस्थमथ संरुन्ध्यात् पुत्रवान्वा प्रवासयेत् ॥

इति विनयाधिकारिके अवरुद्धवृत्तमवरुद्धे
च वृत्तिः अष्टादशोऽध्यायः.

१६. प्रक. राजप्रणिधिः.

राजानमुत्तिष्ठमानमनूत्तिष्ठन्ते भृत्याः ।

प्रमाद्यन्तमनुप्रमाद्यन्ति । कर्माणि चास्य भक्षयन्ति । द्विषद्भिश्चातिसन्धीयते ।

तस्मादुत्थानमात्मनः कुर्वीत । नालिकाभिरहरष्टधा रात्रिं च विभजेत् । छायाप्रमाणेन वा ।

त्रिपौरुषी पौरुषी चतुरङ्गुलाच्छायो मध्याह्न इति पूर्वे दिवसस्याष्टभागाः ॥

तैः पश्चिमाः व्याख्याताः ।

तत्र पूर्वे दिवसस्याष्टभागे रक्षाविधानमायव्ययौ च शृणुयात् ।

द्वितीये पौरजानपदानां कार्याणि पश्येत् ।

तृतीये स्नानभोजनं सेवेत । स्वाध्यायं च कुर्वीत ।

चतुर्थे हिरण्यप्रतिग्रहमध्यक्षांश्च कुर्वीत ।

पञ्चमे मन्त्रिपरिषदा पत्रसंप्रेषेण मन्त्रयेत । चारगुह्यबोधनीयानि च बुद्ध्येत ।

षष्ठे स्वैरविहारं मन्त्रं वा सेवेत । सप्तमे हस्त्यश्वरथायुधीयान् पश्येत् ।

अष्टमे सेनापतिसखो विक्रमं चिन्तयेत् ।

प्रतिष्ठितेऽहनि सन्ध्यामुपासीत ।

प्रथमे रात्रिभागे गूढपुरुषान् पश्येत् ।

द्वितीये स्नानभोजनं कुर्वीत स्वाध्यायं च ।

तृतीये तूर्यघोषेण संविष्टः चतुर्थपञ्चमौ शयीत ।

षष्ठे तूर्यघोषेण प्रतिबुद्धः शास्त्रमितिकर्तव्यतां च चिन्तयेत् ।

सप्तमे मन्त्रमध्यासीत । गूढपुरुषांश्च प्रेषयेत् ।

अष्टमे ऋत्विगाचार्यपुरोहितसखः स्वस्त्ययनानि प्रतिगृह्णीयात् । चिकित्सकमाहानसिकमौहूर्तिकांश्च पश्येत् । सवत्सां धेनुं वृषभं च प्रदक्षिणीकृत्योपस्थानं गच्छेत् ।

आत्मबलानुकूल्येन वा निशाहर्भागान् प्रतिविभज्य कार्याणि सेवेत ।

उपस्थानगतः कार्यार्थिनामद्वारासङ्गं कारयेत् । दुर्दर्शो हि राजा कार्याकार्यविपर्यासमासन्नैः कार्यते । तेन प

कृतिकोपमरिवशं वा गच्छेत् । तस्माद्देवताश्रमपाषण्डश्रोत्रिय पशुपुण्यस्थानानां बालवृद्धव्याधितव्यसन्यनाथानां स्त्रीणां च क्रमेण कार्याणि पश्येत् । कार्यगौरवादात्ययिकवशेन वा ।

सर्वमात्ययिकं कार्यं श्रुणुयान्नातिपातयेत् ।
कृच्छ्रसाध्यमतिक्रान्तमसाध्यं वा विजायते ॥

अग्न्यगारगतः कार्यं पश्येद्वैद्यतपस्विनाम् ।
पुरोहिताचार्यसखः प्रत्युत्थायाभिवाद्य च ॥

तपस्विनां तु कार्याणि त्रैविद्यैस्सह कारयेत् ।
मायायोगविदां चैव न स्वयं कोपकारणात् ॥

राज्ञो हि व्रतमुत्थानं यज्ञः कार्यानुशासनम् ।
दक्षिणा वृत्तिसाम्यं च दीक्षितस्याभिषेचनम् ॥

प्रजासुखे सुखं राज्ञः प्रजानां च हिते हितम् ।
नात्मप्रियं हितं राज्ञः प्रजानां तु प्रियं हितम् ॥

तस्मान्नित्योत्थितो राजा कुर्यादर्थानुशासनम् ।
अर्थस्य मूलमुत्थानमनर्थस्य विपर्ययः ॥

अनुत्थाने ध्रुवो नाशः प्राप्तस्यानागतस्य च ।
प्राप्यते फलमुत्थानाल्लभते चार्थसम्पदम् ॥

इति विनयाधिकारिके राजप्रणिधिः एकोनविंशाध्यायः.

---

१७. प्रक. निशान्तप्रणिधिः.

वास्तुकप्रशस्ते देशे सप्राकारपरिखाद्वारमनेककक्ष्यापरिगतमन्तःपुरं कारयेत् ।

कोशगृहविधानेन वासगृहं, गूढभित्तिसञ्चारं मोहनगृहं तन्मध्ये वा वासगृहं, भूमिगृहं वा, आसन्नकाष्ठचैत्यदेवताविधानद्वारमनेकसुरुङ्गासञ्चारं प्रासादं वा गूढभित्तिसोपानं, सुषिरस्तम्भप्रवेशापसारं वा वासगृहं यन्त्रबद्धतलावपातं कारयेत् ।

आपत्प्रतीकारार्थमापदि वा कारयेत् ।

अतोऽन्यथा वा विकल्पयेत् सहाध्यायिभयात् ।

मानुषेणाग्निना त्रिरपसव्यं परिगतमन्तःपुरमग्निरन्यो न दहति । न चात्रान्योऽग्निर्ज्वलति । वैद्युतेन भस्मना मृत्संयुक्तेन करकवारिणाऽवलिप्तं च ।

जीवन्तीश्वेतामुष्ककपुष्पवन्दाकाभिरक्षीपे[1] जातस्याश्वत्थस्य प्रतानेन वा गुप्तं सर्पा विषाणि वा न प्रसहन्ते ।

मार्जारमयूरनकुलपृषतोत्सर्गः सर्पान् भक्षयति [गोस्सर्पान् भक्षयन्ति?][2] ।

शुकश्शारिका भृङ्गराजो वा सर्पविषशङ्कायां क्रोशति ।

क्रौञ्चो विषाभ्याशे माद्यति ।

ग्लायति जीवंजीवकः ।

म्रियते मत्तकोकिलः ।

---

[1] 'वन्दाकानामक्षिपे' इति चतुर्दशाधिकरणे चतुर्थाध्याये पाठो दृश्यते.

[2] 'मयूरपृषतोत्सर्गे न भवन्ति भुजंगमाः' इति कामन्दकः.

चकोरस्याक्षिणी विरज्येते।

इत्येवं अग्निविषसर्पेभ्यः प्रतिकुर्वीत।

पृष्ठतः कक्ष्याविभागे स्त्रीनिवेशो गर्भव्याधिवैद्यप्रख्यातसंस्था वृक्षोदकस्थानं च।

बहिः कन्याकुमारपुरम्।

पुरस्तादलङ्कारभूमिः मन्त्रभूमिरुपस्थानं कुमाराध्यक्षस्थानं च।

कक्ष्यान्तरेष्वन्तर्वंशिकसैन्यं तिष्ठेत्।

अन्तर्गृहगतस्स्थविरस्त्रीपरिशुद्धां देवीं पश्येत्। न काञ्चिदभिगच्छेत्।

देवीगृहे लीनो हि भ्राता भद्रसेनं जघान।

मातुश्शय्यान्तर्गतश्च पुत्रः कारूशम्।

लाजान्मधुनेति विषेण पर्यस्य देवी काशिराजम्।

विषदिग्धेन नूपुरेण वैरन्त्यं मेखलामणिना सौवीरं जालूथमादर्शेन वेण्यागूढं शस्त्रं कृत्वा देवी विदूरथं जघान।

तस्मादेतान्यास्पदानि परिहरेत्।

मुण्डजटिलकुहकप्रतिसंसर्गं बाह्याभिश्च दासीभिः प्रतिषेधयेत्।

न चैनाः कुल्याः पश्येयुरन्यत्र गर्भव्याधिसंस्थाभ्यः। रूपाजीवास्स्नानप्रघर्षशुद्धशरीराः परिवर्तितवस्त्रालङ्काराः पश्येयुः।

आशीतिकाः पुरुषाः पञ्चाशत्कास्स्त्रियो वा मातापितृव्यञ्जनास्स्थविरवर्षवराभ्यागारिकाश्चावरोधानां शौचाशौचं विद्युः स्थापयेयुश्च स्वामिहिते।

स्वभूमौ च वसेत्सर्वः परभूमौ न सञ्चरेत्।
न च बाह्येन संसर्गं कश्चिदाभ्यन्तरो व्रजेत्।

सर्वं चावेक्षितं द्रव्यं निबद्धागमनिर्गमम्।
निर्गच्छेदधिगच्छेद्वा मुद्रासङ्क्रान्तभूमिकम्॥

इति विनयाधिकारिके निशान्तप्रणिधिः विंशोऽध्यायः

—※○※—

१८. प्रक. आत्मरक्षितकम्.

शयनादुत्थितस्स्त्रीगणैर्धन्विभिः परिगृह्येत।

द्वितीयस्यां कक्ष्यायां कञ्चुकोष्णीषिभिर्वर्षवराभ्यागारिकैः।

तृतीयस्यां कुब्जवामनकिरातैः।

चतुर्थ्यां मन्त्रिभिस्सम्बन्धिभिर्दौवारिकैश्च प्रासपाणिभिः।

पितृपैतामहं महासम्बन्धानुबन्धं शिक्षितमनुरक्तं कृतकर्माणं जनमासन्नं कुर्वीत।

नान्यतोदेशीयमकृतार्थमानं स्वदेशीयं वाऽप्यकृत्योपगृहीतं अन्तर्वंशिकसैन्यं राजानमन्तःपुरं च रक्षेत्।

गुप्ते देशे माहानसिकः सर्वमास्वादबाहुल्येन कर्म कारयेत् । तद्राजा तथैव प्रतिभुञ्जीत पूर्वमग्नये वयोभ्यश्च बलिं कृत्वा ।

अग्नेर्ज्वालाधूमनीलता शब्दस्फोटनं च विषयुक्तस्य,—वयसां विपत्तिश्च,—अन्नस्योष्मा मयूरग्रीवाभः शैत्यं, आशुक्लिष्टस्यैव वैवर्ण्यं सोदकत्वमक्लिन्नत्वं च,—व्यञ्जनानामाशुशुष्कत्वं च क्राथश्यामफेनपटलविच्छिन्नभावो गन्धस्पर्शरसवधश्च,—द्रव्येषु हीनातिरिक्तछायादर्शनं फेनपटलसीमन्तोर्ध्वराजीदर्शनं च,—रसस्य मध्ये नीला राजी,—पयसस्ताम्रा,—मद्यतोययोः काली,—दध्नश्श्यामा च,—मधुनश्श्वेता,—द्रव्याणामार्द्राणामाशुप्रम्लातत्वमुत्पक्वभावः क्राथनीलश्यावता च,—शुष्काणामाशुशातनं वैवर्ण्यं च,—कठिनानां मृदुत्वं मृदूनां कठिणत्वं च,—तदभ्याशे क्षुद्रसत्त्ववधश्च,—आस्तरणप्रावरणानां श्याममण्डलता तन्तुरोमपक्ष्मशातनं च,—लोहमणिमयानां पाकलोपदेहता[1] स्नेहरागगौरवप्रभाववर्णस्पर्शवधश्चेति विषयुक्तलिङ्गानि ।

विषप्रदस्य तु शुष्कश्याववक्त्रता वाक्सङ्गस्स्वेदो विजृम्भणं चातिमात्रं वेपथुः प्रस्खलनं वाक्यविप्रेक्षणमावेशः कर्मणि स्वभूमौ चानवस्थानमिति ।

तस्मादस्य जाङ्गलीविदो भिषजश्चासन्नास्स्युः ।

---

[1] ‘लोहानां च मणीनां च मलपङ्कोपदिग्धता’ इति कामन्दकः.

भिषग्भैषज्यागारादास्वादविशुद्धमौषधं गृहीत्वा पाचकपोषकाभ्यामात्मना च प्रतिस्वाद्य राज्ञे प्रयच्छेत् ।

पानं पानीयं चौषधेन व्याख्यातम् ।

कल्पकप्रसाधकास्स्नानशुद्धवस्त्रहस्तास्समुद्रमुपकरणमन्तर्वंशिकहस्तादादाय परिचरेयुः ।

स्नापकसंवाहकास्तरकरजकमालाकारकर्म दास्यः कुर्युः । ताभिरधिष्ठिता वा शिल्पिनः आत्मचक्षुषि निवेश्य वस्त्रमाल्यं दद्युः । स्नानानुलेपनप्रघर्षचूर्णवासस्नानीयानि स्ववक्षोबाहुषु च ।

एतेन परस्मादागतकं च व्याख्यातम् ।

कुशीलवाश्शस्त्राग्निरसवर्जं नर्मयेयुः । आतोद्यानि चैषामन्तस्तिष्ठेयुरश्वरथद्विपालङ्काराश्च ।

मौलपुरुषाधिष्ठितं यानवाहनमारोहेत् ।

नावं चाप्तनाविकाधिष्ठितामन्यनौप्रतिवद्धां वातवेगवशां च नोपेयात् ।

उदकान्ते सैन्यमासीत ।

मत्स्यग्राहविशुद्धमवगाहेत ।

व्यालग्राहपरिशुद्धमुद्यानं गच्छेत् ।

लुब्धकैः श्वगणिभिरपास्तस्तेनव्यालपराभाधभयं च ल लक्षपरिचयार्थं मृगारण्यं गच्छेत् ।

आप्तशस्त्रग्राहाधिष्ठितस्सिद्धतापसं पश्येत् ।

मन्त्रिपरिषदा सामन्तदूतं, सन्नद्धोऽश्वं हस्तिनं रथं वाऽऽरूढस्सन्नद्धमनीकं गच्छेत् ।

निर्याणेऽभियाने च राजमार्गमुभयतः कृतारक्षं दण्डिभिरपास्तशस्त्रहस्तप्रव्रजितव्यङ्गं गच्छेत् । न पुरुषसम्बाधमवगाहेत ।

यात्रासमाजोत्सवप्रवहणानि च दशवर्गिकाधिष्ठितानि गच्छेत्

यथा च योगपुरुषैरन्यात्राजाधितिष्ठति ।
तथाऽयमन्यबाधेभ्यो रक्षेदात्मानमात्मवान् ॥

इति विनयाधिकारिके आत्मरक्षितकम् एकविंशोऽध्यायः.
एतावता कौटिलीयस्यार्थशास्त्रस्य विनयाधिकारिकं प्रथममधिकरणं समाप्तम्.

अध्यक्षप्रचारः—द्वितीयाधिकरणम्.

१९ प्रक. जनपदनिवेशः.

भूतपूर्वमभूतपूर्वं वा जनपदं परदेशापवाहनेन स्वदेशाभिष्यन्दवमनेन वा निवेशयेत् ।

शूद्रकर्षकप्रायं कुलशतावरं पञ्चशतकुलपरं ग्रामं क्रोशाद्विक्रोशसीमानमन्योन्यारक्षं निवेशयेत् ।

नदीशैलवनगृष्टिदरीसेतुबन्धशल्मलीशमीक्षीरवृक्षानन्तेषु सीम्नां स्थापयेत् ।

अष्टशतग्राम्या मध्ये स्थानीयं, चतुश्शतग्राम्या द्रोणमुखं,* द्विशतग्राम्या खार्वटिकं,* दशग्रामीसङ्ग्रहेण सङ्ग्रहणं स्थापयेत् ।

अन्तेष्वन्तपालदुर्गाणि ।

जनपदद्वाराण्यन्तपालाधिष्ठितानि स्थापयेत् । तेषामन्तराणि वागुरिकशबरपुलिन्दचण्डालारण्यचरा रक्षेयुः ।

ऋत्विगाचार्यपुरोहितश्रोत्रियेभ्यो ब्रह्मदेयान्यदण्डकराण्याभिरूपदायकानि प्रयच्छेत् ।

अध्यक्षसङ्ख्यायकादिभ्यो गोपस्थानीकानीकस्थचिकित्सकाश्वदमकजङ्घारिकेभ्यश्च विक्रयाधानवर्जम् ।

---

* "नगरं राजधानी, पांसुप्राकारनिबद्धखेटं. क्षुल्लकप्राकारवेष्टितं खर्वटं. अर्धगव्यूततृतीयान्तार्ग्रमान्तररहितं मण्टपम्.

पत्तनं शकटैर्गम्यं घाटिकैर्नौभिरेव च ।
नौभिरेव तु यद्गम्यं पट्टणं तत्प्रचक्षते ॥

द्रोणमुखं जलनिर्गमप्रवेशं पट्टणमित्यर्थः" इति रायपसेणीसूत्रव्याख्याने—प. २०६.

"नगराणि करवर्जितानि निगमवणिजां स्थानानि जनपदा देशाः पुरवराणि नगरैकदेशभूतानि द्रोणमुखानि जलस्थलपथोपेतानि. खेटानि धूलीप्राकारोपेतानि. खर्वटानि कुनगराणि. मण्डपानि दूरस्थलसीमान्तराणि. संवाहाः स्थापिन्यः. पत्तनाति जलस्थलपथयोरन्यतरयुक्तानि" इति प्रश्नव्याकरणसूत्रव्याख्याने—प. ३०६.

करदेभ्यः कृतक्षेत्राण्यैकपुरुषिकाणि प्रयच्छेत् । अकृतानि कर्तृभ्यो नादेयात् ।

अकृषतामाच्छिद्यान्येभ्यः प्रयच्छेत्; ग्रामभृतकवैदेहका वा कृषेयुः । अकृषन्तोऽपहीनं दद्युः । धान्यपशुहिरण्यैश्चैनाननुगृह्णीयात्तान्यनु सुखेन दद्युः ।

अनुग्रहपरिहारौ चैभ्यः कोशवृद्धिकरौ दद्यात् । कोशोपपातिकौ वर्जयेत् । अल्पकोशो हि राजा पौरजानपदानेव ग्रसते ।

निवेशसमकालं यथागतकं वा परिहारं दद्यात् । निवृत्तपरिहारान् पितेवानुगृह्णीयात् ।

आकरकर्मान्तद्रव्यहस्तिवनव्रजवणिक्पथप्रचारान् वारिस्थलपथपण्यपत्तनानि च निवेशयेत् ।

सहोदकमाहार्योदकं वा सेतुं बन्धयेत् । अन्येषां वा बध्नतां भूमिमार्गवृक्षोपकरणानुग्रहं कुर्यात् ।

पुंण्यस्थानारामाणां च सम्भूय सेतुबन्धादपक्रामतः कर्मकरबलीवर्दाः कर्म कुर्युः । व्ययकर्मणि च भागी स्यात् । न चांशं लभेत ।

मत्स्यप्लवहरितपण्यानां सेतुषु राजा स्वाम्यं गच्छेत् ।

दासाहितकबन्धूनशृण्वतो राजा विनयं ग्राहयेत् ।

बालवृद्धव्याधितव्यसन्यनाथांश्च राजा बिभृयात् ।

स्त्रियमप्रजातां प्रजातायाश्च पुत्रान् ।

बालद्रव्यं ग्रामवृद्धा वर्ज[र्ध]येयुरा व्यवहारप्रापणात्; देवद्रव्यं च।

अपत्यदारं मातापितरौ भ्रातॄनप्राप्तव्यवहारान् भगिनीः कन्या विधवाश्चाबिभ्रतः शक्तिमतो द्वादशपणो दण्डोऽन्यत्र पतितेभ्यः अन्यत्र मातुः।

पुत्रदारमप्रतिविधाय प्रव्रजतः पूर्वस्साहसदण्डः; स्त्रियं च प्रव्राजयतः।

लुप्तव्यवायः प्रव्रजेदापृच्छ्य धर्मस्थान्। अन्यथा नियम्येत।

वानप्रस्थादन्यः प्रव्रजितभावः सजातादन्यः सङ्घस्सामुत्थायिकादन्यस्समयानुबन्धो वा नास्य जनपदमुपनिवेशेत। न च तत्रारामविहारार्थाः शालास्स्युः।

नटनर्तनगायनवादकवाग्जीवनकुशीलवा वा न कर्मविघ्नं कुर्युः; निराश्रयत्वात् ग्रामाणां क्षेत्राभिरतत्वाच्च पुरुषाणां, कोशविष्टिद्रव्यधान्यरसवृद्धिर्भवतीति।

परचक्राटवीग्रस्तं व्याधिदुर्भिक्षपीडितम्।
देशं परिहरेद्राजा व्ययक्रीडाश्च वारयेत्॥
दण्डविष्टिकराबाधैः रक्षेदुपहतां कृषिम्।
स्तेनव्याळविषग्राहैः व्याधिभिश्च पशुव्रजान्॥
वल्लभैः कार्मिकैस्स्तेनैरन्तपालैश्च पीडितम्।

शोधयेत्पशुसङ्घैश्च क्षीयमाणं वणिक्पथम् ॥

एवं द्रव्यं द्विपवनं सेतुबन्धमथाकरान् ।
रक्षेत्पूर्वकृतान्राजा नवांश्चाभिप्रवर्तयेत् ॥

इत्यध्यक्षप्रचारे द्वितीयेऽधिकरणे जनपदनिवेशः प्रथमोऽध्यायः । आदितो द्वाविंशः

—o—

२०. प्रक. भूमिच्छिद्राविधानम्.

अकृष्यायां भूमौ पशुभ्यो विवीतानि प्रयच्छेत् । प्रदिष्टाभयस्थावरजङ्गमानि च ब्राह्मणेभ्यो ब्रह्मसोमारण्यानि तपोवनानि च, तपस्विभ्यो गोत्र(त)पराणि प्रयच्छेत् । तावन्मात्रमेकद्वारं खातगुप्तं स्वादुफलगुल्मगुच्छमकण्टकिद्रुममुत्तानतोयाशयं दान्तमृगचतुष्पदं भग्ननखदंष्ट्रव्यालमार्गायुकहस्तिहस्तिनीकलभमृगवनं विहारार्थं राज्ञः कारयेत् ।

सर्वातिथिमृगं प्रत्यन्ते चान्यन्मृगवनं भूमिवशेन वा निवेशयेत् ।

कुप्यप्रदिष्टानां च द्रव्याणामेकैकशो वा वनं निवेशयेत्। द्रव्यवनकर्मान्तानटवीश्च द्रव्यवनापाश्रयाः प्रत्यन्ते हस्तिवनमटव्या रक्षन् निवेशयेत् ।

नागवनाध्यक्षः पार्वतं नादेयं सारसमानूपं च नागवनं विदितपर्यन्तप्रवेशनिष्कसनं नागवनपालैः पालयेत् ।

हस्तिघातिनं हन्युः ।

दन्तयुगं स्वयं मृगस्याहरतः सपादचतुष्पणो लाभः ।

नागवनपाला हस्तिपकपादपाशिकसैमिकवनचरकपारिकर्मिकसखा हस्तिमूत्रपुरीषच्छन्नगन्धा भल्लातकीशाखाप्रतिच्छन्नाः पञ्चभिस्सप्तभिर्वा हस्तिबन्धकीभिः सह चरन्तः शय्यास्थानपद्यालण्डकूलपातोद्देशेन हस्तिकुलपर्यग्रं विद्युः ।

यूथचरमेकचरं निर्यूथं यूथपतिं हस्तिनं व्याळं मत्तं पोतं बद्धमुक्तं च निबन्धेन विद्युः । अनीकस्थप्रमाणैः प्रशस्तव्यञ्जनाचारान् हस्तिनो गृह्णीयुः । हस्तिप्रधानो विजयो राज्ञाम् । परानीकव्यूहदुर्गस्कन्धावारप्रमर्दना ह्यतिप्रमाणशरीराः प्राणहरकर्माणो हस्तिन इति ।

कलिङ्गाङ्गगजाः श्रेष्ठाः प्राच्याश्चेति करूशजाः ।
दशार्णाश्चापरान्ताश्च द्विपानां मध्यमा मताः ॥
सौराष्ट्रिकाः पाञ्चजनाः तेषां प्रत्यवरास्स्मृताः ।
सर्वेषां कर्मणा वीर्यं जवस्तेजश्च वर्धते ॥

इत्यध्यक्षप्रचारे द्वितीयेऽधिकरणे भूमिच्छिद्रविधानं द्वितीयोऽध्यायः । आदितस्त्रयोविंशः.

२१. प्रक. दुर्गविधानम्.

चतुर्दिशं जनपदान्ते साम्परायिकं दैवकृतं दुर्गं कारयेत् । अन्तर्द्वीपं स्थलं वा, निम्नावरुद्धमौदकं, प्रास्तरं गुहां वा पार्वतं, निरुदकस्तम्बमिरिणं वा धान्वनं, खजनोदकं स्तम्बगहनं वा वनदुर्गम् । तेषां नदीपर्वतदुर्गं जनपदारक्षस्थानं, धान्वनवनदुर्गमटवीस्थानं आपाद्यपसारो वा ।

जनपदमध्ये समुदयस्थानं स्थानीयं निवेशयेत् । वास्तुकप्रशस्ते देशे नदीसङ्गमे ह्रदस्य वा अविशोषस्याङ्के सरसस्तटाकस्य वा वृत्तं दीर्घं चतुरश्रं वा वास्तुकवशेन प्रदक्षिणोदकं पण्यपुटभेदनमंसवारिपथाभ्यामुपेतम् । तस्य परिखास्तिस्रो दण्डान्तराः कारयेत् चतुर्दश द्वादश दशेति दण्डानुविस्तिर्णाः विस्तारादवगाधाः पादोनमर्धं वा त्रिभाग मूला मूले चतुरश्राः पाषाणोपहिताः पाषाणेष्टकाबद्धपार्श्वा वा तोयान्तिकीरागन्तुतोयपूर्णा वा सपरिवाहाः पद्मग्राहवतीः ।

चतुर्दण्डावकृष्टं परिखायाः षड्दण्डोच्छ्रितमवरुद्धं तद्द्विगुणविष्कम्भं खातादूप्रं कारयेत् ।

ऊर्ध्वचयं मञ्चपृष्ठं कुम्भकुक्षिकं वा हस्तिभिर्गोभिश्च क्षुण्णं कण्टकिगुल्मविषवल्लीप्रतानवन्तं पांसुविशेषेण वास्तुच्छिद्रं वा पूरयेत् ।

वप्रस्योपरि प्राकारं विष्कम्भद्विगुणोत्सेधमैष्टकं द्वादशहस्तादूर्ध्वमोजं युग्मं वा आ चतुर्विंशतिहस्तादिति कारयेत् ।

रथचर्यासञ्चारं तालमूलमुरजकैः कपिशीर्षकैश्चाचिताग्रं* पृथुशिलासहितं वा शैलं कारयेत् । न त्वेव काष्ठमयमग्निरवहितो हि तस्मिन् वसति ।

विष्कम्भचतुरश्रमट्टालकमुत्सेधसमावक्षेपसोपानं कारयेत् ॥

त्रिंशद्दण्डान्तरं च द्वयोरट्टालक†योर्मध्ये सहर्म्यद्वितलां द्व्यर्धायामां प्रतोलीं कारयेत् ।

अट्टालकप्रतोलीमध्ये त्रिधानुष्काधिष्ठानं सापिधानच्छिद्रफलकसंहतमितीन्द्रकोशं कारयेत् ।

अन्तरेषु द्विहस्तविष्कम्भं पार्श्वे चतुर्गुणायाममनुप्राकारमष्टहस्तायतं देवपथं कारयेत् ।

दण्डान्तरा द्विदण्डान्तरा वा चार्याः‡ कारयेत् ।

आग्राह्ये देशे प्रधावितिकां निष्कुरद्वारं च ।

बहिर्जानुभगिनीं त्रिशूलप्रकारकूटावपातकण्टकप्रतिसराहिपृ-

---

* "कविसीसअवट्टयिअसंठिय विरायमाणा—कपिशीर्षकैर्वृत्तरचितसंस्थितैः वर्तुलीकृतसंस्थानैर्विराजमाना" इति रायपसेणीव्याख्याने—प. ३.
"कपिशीर्षकैः वृत्तरचितैः वर्तुलकृतैः संस्थितैः विशिष्टसंस्थानैः विराजमाना" इति ज्ञाताधर्मकथाङ्गसूत्रव्याख्याने—प. ५.

† "अट्टालकाः प्राकारोपरिभृत्याश्रयविशेषाः" इति रायपसेणीव्याख्याने प. ३

‡ "चरिका—चार्या, अष्टहस्तप्रमाणो मार्गः" इति ग. प. प. ३.

ष्ठतालपत्रशृङ्गाटकश्वदंष्ट्रार्गलोपस्कन्दनपादुकाम्बरीषोदपानकैः छन्नपथं कारयेत् ।

प्राकारमुभयतो मण्डलकमध्यर्धदण्डं कृत्वा प्रतोलीषट्तुलान्तरं द्वारं निवेशयेत् ।

पञ्चदण्डादेकोत्तरवृद्ध्याऽऽष्टदण्डादिति चतुरश्रं षड्भागायामादधिकमष्टभागं वा ।

पञ्चदशहस्तादेकोत्तरमाऽष्टादशहस्तादिति तलोत्सेधः ।

स्तम्भस्य परिक्षेपाषडायामा द्विगुणो निखातः चूळिकायाश्चतुर्भागः ।

आदितलस्य पञ्च भागाः शाला वापी सीमागृहं च ।

दशभागिकौ द्वौ प्रतिमञ्चौ; अन्तरामाणिहर्म्यं च समुच्छ्रयादर्धतलं, स्थूणावबन्धश्च, आर्धवास्तुकमुत्तमागारं त्रिभागान्तरं वा, इष्टकावबन्धपार्श्वं, वामतः प्रदक्षिणसोपानं गूढभित्तिसोपानमितरतः, द्विहस्तं तोरणशिरः, त्रिपञ्चभागिकौ द्वौ कवाटयोगौ, द्वौ द्वौ परिघौ, अरत्निरिन्द्रकीलः,* पञ्चहस्तमाणिद्वारं, चत्वारो हस्तिपरिघाः, निवेशार्धं हस्तिनखः मुखसमस्सङ्क्रमोऽसंहार्यो वा भूमिमयो वा निरुदके ।

प्राकारसमं मुखमवस्थाप्य त्रिभागगोधामुखं गोपुरं कारयेत् ।

---

* "छेयारियरायियदढफलिहइदंकीला—छेकेन निपुणेनाचार्येण शिल्पोपाध्यायेन रचितः दृढो बलवान् परिघोऽर्गला इन्द्रकीलश्च सम्पाटितकवाटद्वयाधारभूतः प्रवेशमध्यभागी यस्यां सा" इति रायपसेणीव्याख्याने—प ३.

प्राकारमध्ये कृत्वा वापीं पुष्करिणीं द्वारं चतुश्शालमध्यर्धान्तराणीकं कुमारीपुरं मुण्डहर्म्यं द्वितलं मुण्डकद्वारं भूमिद्रव्यवशेन वा त्रिभागाधिकायामाः भाण्डवाहिनीः कुल्याः कारयेत् ।

तासु पाषाणकुद्दालकुठारीकाण्डकल्पनाः ।
मुसुण्ठिमुद्गरा दण्डचक्रयन्त्रशतघ्नयः ॥
कार्याः कार्मारिकाश्शूलावेधनाग्राश्च वेणवः ।
उष्ट्रग्रीव्योऽग्निसंयोगाः कुप्यकल्पे च योऽवधिः ॥

इत्यध्यक्षप्रचारे द्वितीयेऽधिकरणे दुर्गविधानं तृतीयोऽध्यायः । आदितश्चतुर्विंशः.

२२. प्रक. दुर्गनिवेशः.

त्रयः प्राचीना राजमार्गास्त्रय उदीचीना इति वास्तुविभागः । स द्वादशद्वारो युक्तोदकभूमिच्छन्नपथः ।

चतुर्दण्डान्तरा रथ्या राजमार्गद्रोणमुखस्थानीयराष्ट्रविवीतपथाः ।

सयोनीयव्यूहश्मशानग्रामपथाश्चाष्टदण्डाः ।

चतुर्दण्डस्सेतुवनपथः ।

द्विदण्डो हस्तिक्षेत्रपथः ।

पञ्चारत्नयो रथपथश्चत्वारः पशुपथः ।

द्वौ क्षुद्रपशुमनुष्यपथः ।

प्रवीरे वास्तुनि राजनिवेशाः ।

चातुर्वर्ण्यसमाजीवे वास्तुहृदयादुत्तरे नवभागे यथोक्तविधानमन्तःपुरं प्राङ्मुखमुदङ्मुखं वा कारयेत् । तस्य पूर्वोत्तरं भागमाचार्यपुरोहितेज्यातोयस्थानं मन्त्रिणश्चावसयेयुः । पूर्वदक्षिणं भागं महानसं हस्तिशालां कोष्ठागारं च । ततः परं गन्धमाल्यधान्यरसपण्याः प्रधानकारवः क्षत्रियाश्च पूर्वां दिशमधिवसेयुः । दक्षिणपूर्वं भागं भाण्डागारमक्षपटलं कर्मनिषद्याश्च । दक्षिणपश्चिमं भागं कुप्यगृहमायुधागारं च । ततः परं नगरधान्यव्यावहारिककार्मान्तिकबलाध्यक्षाः पक्वान्नसुरामांसपण्याः रूपाजीवास्तालावचारा वैश्याश्च दक्षिणां दिशमधिवसेयुः । पश्चिमदक्षिणं भागं खरोष्ट्रगुप्तिस्थानं कर्मगृहं च । पश्चिमोत्तरं भागं यानरथशालाः । ततःपरमूर्णासूत्रवेणुचर्मवर्मशस्त्रावरणकारवश्शूद्राश्च पश्चिमां दिशमधिवसेयुः । उत्तरपश्चिमं भागं पण्यभैषज्यगृहम् । उत्तरपूर्वं भागं कोशो गवाश्वं च । ततः परं नगरराजदेवतालोहमणिकारवो ब्राह्मणाश्चोत्तरां दिशमधिवसेयुः । वास्तुच्छिद्रानुलासेषु श्रेणीप्रवहणीनिकाया आवसेयुः ।

आपराजिताप्रतिहतजयन्तवैजयन्त[1]कोष्ठकान् शिववैश्रवणा-

---

[1] "विजआ वैजयन्ता अ जयन्ता अपराजि आ। सर्वाहसिद्धिगा चेव

श्विश्रीमदिरागृहं च पुरमध्ये कारयेत् । कोष्ठकालयेषु यथोद्देशं वास्तुदेवताः स्थापयेत् । ब्राह्मैन्द्रयाम्यसैनापत्यानि द्वाराणि बहिः परिखायाः धनुश्शतावकृष्टाश्चैत्यपुण्यस्थानवनसेतुबन्धाः कार्याः । यथादिशं च दिग्देवताः ॥

उत्तरः पूर्वो वा श्मशानवाटः, दक्षिणेन वर्णोत्तराणाम्। तस्यातिक्रमे पूर्वस्साहसदण्डः ॥

पाषण्डचण्डालानां श्मशानान्ते वासः ॥

कर्मान्तक्षेत्रवशेन वा कुटुम्बिनां सीमानं स्थापयेत् ॥

तेषु पुष्पफलवाटषण्डकेदारान् धान्यपण्यनिचयांश्च अनुज्ञाताः कुर्युः । दशकुलीवाटं कूपस्थानं सर्पिःस्नेहधान्यक्षारलवणभैषज्यशुष्कशाकयवसवल्लूरतृणकाष्ठलोहचर्माङ्गारस्नायुविषविषाणवेणुवल्कलसारदारुप्रहरणावरणाश्मनिचयाननेकवर्षोपभोगसहान् कारयेत् ॥

नवेनानवं शोधयेत् ॥

पञ्चहाऽणुत्तरा सुरा ॥ विजयवैजयन्तजयन्तापराजितसर्वार्थसिद्धिकाश्च पञ्चधा अनुत्तरा देवाः" इति उत्तराध्ययनसूत्रे. प. १०८७.

[2] "इन्द्राण अ खंदा" अ रुद्दसिववेसमणनागाणं भूयाण अ जक्खाण अ अज्जकोट्ठकिरियाण अ बहूणं......उवायिमाणि चिट्ठन्ति । इन्द्रस्य च स्कन्दस्य च रुद्रशिववैश्रवणनागानां भूतानां च यक्षाणां च आर्याकोष्ठक्रियायाश्च बहूनि उपार्जितानि तिष्ठन्ति" इति ज्ञाता धर्मकथाङ्गसूत्रे. प. ७५२. नागपूजा चैतद्ग्रन्थकाले प्रबला आसीदिति "कोशसंहरण" अध्यायात् ज्ञायते.

हस्त्यश्वरथपादातमनेकमुख्यमवस्थापयेत् । अनेकमुख्यं हि परस्परभयात् परोपजापं नोपैतीति ॥

एतेनान्तपालदुर्गसंस्कारा व्याख्याताः ॥

न च बाहिरिका*न्कुर्यात्पुरराष्ट्रोपघातकान् ।
क्षिपेज्जनपदे चैतान् सर्वान्वा दापयेत्करान् ॥

इत्यध्यक्षप्रचारे दुर्गनिवेशः चतुर्थोऽध्यायः
आदितः पञ्चविंशः.

—•—

२३ प्रक. सन्निधातृचेयकर्म.

सन्निधाता कोशगृहं पण्यगृहं कोष्ठागारं कुप्यगृहमायुधागारं बन्धनागारं च कारयेत् ॥

---

* "रा अगिहे णामं बाअरे.........नालंदा णामं बाहिरिआ होत्ता-अणेगभवणसअसण्णिविद्धा" राजगृहे नामनगरे............नालन्दा नाम बाहिरिका आसीत् अनेकभवनशतसन्निविष्टा" इति परमैश्वर्यसमृद्धबाहिरिकजातिवर्णनं 'सूयङ्गांगसूत्रे नालन्दाध्ययने दृश्यते. प. ९६५.

"बाहिरिअ उवट्ठाणसालाए सीहासणवरगए पुरत्थाभिमुहे सण्णुसण्णे सइएहिं अ, साहस्सिएहिअ सअसाहस्सिएहि अ जाएहिं दाएहिं बाएहिं दलअमाणे पडिच्छमाणे" बहिरिका उपस्थानशालायैं सिंहासनवरगृहे पूर्वाभिमुखे सन्निषण्णे शतिकैस्साहस्रैश्शतसाहस्रैश्च जातैर्दानैः भागैः दीयमानं प्रतियच्छन्तु" इति ज्ञाता धर्मकथाङ्गसूत्रे. प. १७७.

चतुरश्रां वापीमनुदकोपस्नेहां खानयित्वा पृथुशिलाभिरुभयतः पार्श्वमूलं च प्रचित्य सारदारुपञ्जरं भूमिसमं त्रितलमनेकविधानं कुट्टिमदेशस्थानतलमेकद्वारं यन्त्रयुक्तसोपानं देवताविधानं भूमिगृहं कारयेत् ॥

तस्योपर्युभयतोनिषेधं सप्रग्रीवमैष्टकं भाण्डवाहिनीपरिक्षिप्तं कोशगृहं कारयेत् प्रासादं वा ॥

जनपदान्ते ध्रुवनिधिमापदर्थमभित्यक्तैः पुरुषैः कारयेत् ॥

पक्केष्टकास्तम्भं चतुश्शालमेकद्वारमनेकस्थानतलं, विवृतस्तम्भावसारमुभयतः पण्यगृहं, कोष्ठागारं च, दीर्घबहुलशालं कक्ष्यावृतकुड्यमन्तःकुप्यगृहं, तदेव भूमिगृहयुक्तमायुधागारं, पृथग्धर्मस्थीयं महामात्रीयं, विभक्तस्त्रीपुरुषस्थानमपसारतः सुगुप्तकक्ष्यं बन्धनागारं कारयेत् ॥

सर्वेषां शालाखातोदपानवर्चस्नानगृहाग्निविषत्राणमार्जारनकुलारक्षास्वादैवपूजनवृत्ताः कारयेत् ।

कोष्ठागारे वर्षमानमरत्निमुखं कुण्डं स्थापयेत् ।

तज्जातकरणाधिष्ठितः पुराणं नवं च रत्नं सारं फल्गु कुप्यं वा प्रतिगृह्णीयात् ।

तत्र रत्नोपधावुत्तमो दण्डः कर्तुः कारयितुश्च सारोपधौ मध्यमः । फल्गुकुप्योपधौ तच्च तावच्च दण्डः ।

रूपदर्शकविशुद्धं हिरण्यं प्रतिगृह्णीयात् । अशुद्धं छेदयेत् । आहर्तुः पूर्वः साहसदण्डः ।

शुद्धं पूर्णमभिनवं च धान्यं प्रतिगृह्णीयात् विपर्यये मूलद्विगुणो दण्डः ।

तेन पण्यं कुप्यमायुधं च व्याख्यातम् ।

सर्वाधिकरणेषु युक्तोपयुक्ततत्पुरुषाणां पणादिचतुष्पणाः परमापहारेषु पूर्वमध्यमोत्तमवधा दण्डाः ।

कोशाधिष्ठितस्य कोशावच्छेदे घातः ।

तद्वैयावृत्यकाराणा*मर्धदण्डः । परिभाषणमविज्ञाते ।

चोराणामभिप्रधर्षणे† चित्रो घातः ।

तस्मादाप्तपुरुषाधिष्ठितः सन्निधाता निचयाननुतिष्ठेत् ।

बाह्यमाभ्यन्तरं चायं विद्याद्वर्षशतादपि ।
यथा पृष्टो न सज्जेत व्ययशेषं च दर्शयेत् ।

इत्यध्यक्षप्रचारे सन्निधातृचेयकर्म पञ्चमोऽध्यायः
आदितष्षड्विंशः.

—o—

२४. प्रक. समाहर्तृसमुदयप्रस्थापनम्.

समाहर्ता दुर्गं राष्ट्रं खनिं सेतुं वनं व्रजं वणिक्पथं चावेक्षेत ।

---

* 'वैयावृत्यं व्यावृत्तकर्मरूपं उपष्टम्भनमित्यर्थः' इति प्रश्नव्याकरणसूत्रव्याख्याने प. ४१५ तेन च वैयावृत्यं साहाय्यमित्यर्थः.

† "तर्जा—हस्तादिना चोरं प्रति प्रेषणादिसंज्ञाकरणम्" इति प्रश्नव्याकरणसूत्रव्याख्याने—प. १९३. अभिप्रधर्षणं च तर्जापर्यायः.

शुल्कं दण्डः पौतवं नागरिको लक्षणाध्यक्षो मुद्राऽध्यक्षः सुरा सूना सूत्रं तैलं घृतं क्षारं सौवर्णिकः पण्यसंस्था वेश्या द्यूतं वास्तुकं कारुशिल्पिगणो देवताध्यक्षो द्वारबहिरिकादेयं च दुर्गम् ।

सीता भागो बलिः करो वणिक् नदीपालस्तरो नावः पत्तनं विवीतं वर्तनी रज्जूश्चोररज्जूश्च राष्ट्रम् ॥

सुवर्णरजतवज्रमणिमुक्ताप्रवाळशङ्खलोहलवणभूमिप्रस्तररसधातवः खनिः ॥

पुष्पफलवाटषण्डकेदारमूलवापास्सेतुः ।

पशुमृगद्रव्यहस्तिवनपरिग्रहो वनम् ।

गोमहिषमजाविकं खरोष्ट्रमश्वाश्वतराश्च व्रजः ।

स्थलपथो वारिपथश्च वणिक्पथः ।

इत्यायशरीरम् ।

मूलं भागो व्याजी परिघः क्लृप्तं रूपिकमत्ययश्चायमुखम् ।

देवपितृपूजादानार्थं स्वस्तिवाचनमन्तःपुरमहानसं दूतप्रावर्तिमं कोष्ठागारमायुधागारं पण्यगृहं कुप्यगृहं कर्मान्तो विष्टिः पत्यश्वरथद्विपपरिग्रहो गोमण्डलं पशुमृगपक्षिव्याळवाटाः काष्ठतृणवाटश्चेति व्ययशरीरम् ।

राजवर्षं मासः पक्षो दिवसश्च व्युष्टं वर्षाहेमन्तग्रीष्माणां तृतीयसप्तमा दिवसोनाः पक्षाश्शेषाः पूर्णाः पृथगधिमासक इति कालः ।

करणीयं सिद्धं शेषमायव्ययौ नीवी च ।

संस्थानं प्रचारश्शरीरावस्थापनमादानं सर्वसमुदयपिण्ड-सञ्जातमेतत्करणीयम् ।

कोशार्पितं राजहारः पुरव्ययश्चाप्रविष्टं परमसंवत्सरानुवृत्तं शासनमुक्तं मुखाज्ञप्तं चापातनीयमेतत्सिद्धम् ।

सिद्धिप्रकर्मयोगः दण्डशेषमाहरणीयं बलात्कृतप्रतिस्तब्धमव-सृष्टं च प्रशोध्यमेतच्छेषमसारमल्पसारं च ।

वर्तमानः पर्युषितोऽन्यजातश्चायः ।

दिवसानुवृत्तोवर्तमानः।

परमसांवत्सरिकः परप्रचारः सङ्क्रान्तो वा पर्युषितः।

नष्टप्रस्मृतमायुक्तदण्डः पार्श्वं पारिहीणिकमौपायनिकं डमर[1]-गतकस्वमपुत्रकं निधिश्चान्यजातः।

विक्षेपव्याधितान्तरारम्भशेषश्च व्ययप्रत्ययः ।

विक्रये पण्यानामर्घवृद्धिरूपजा मानोन्मानविशेषो व्याजी क्रयसङ्घर्षे वा वृद्धिरित्यायः ।

नित्यो नित्योत्पादिको लाभो लाभोत्पादिक इति व्ययः ।

---

1 "डिम्बः स्वदेशोत्था विप्लवाः डमराणि परराजकृता उपद्रवाः" इति जीवाभि-गमसूत्रव्याख्याने प. ६५७.

दिवसानुवृत्तो नित्यः ।

पक्षमाससंवत्सरलाभो लाभः ।

तयोरुत्पन्नो नित्योत्पादिको लाभोत्पादिक इति ।

व्ययसंजातादायव्ययविशुद्धा नीवी प्राप्ता चानुवृत्ता चेति ।

एवं कुर्यात्समुदयं वृद्धिं चायस्य दर्शयेत् ।
ह्रासं व्ययस्य च प्राज्ञस्साधयेच्च विपर्ययम् ॥

इत्यध्यक्षप्रचारे समाहर्तृसमुदयप्रस्थापनं षष्ठोऽध्यायः
आदितः सप्तविंशः

२५. प्रक. अक्षपटले गाणनिक्याधिकारः.

अक्षपटलमध्यक्षः प्रत्यङ्मुखमुदङ्मुखं वा विभक्तोपस्थानं निबन्धपुस्तकस्थानं कारयेत् ।

तत्राधिकरणानां सङ्ख्यां, प्रचारसञ्जाताग्रं कर्मान्तानां द्रव्यप्रयोगे वृद्धिक्षयव्ययप्रयामव्याजीयोगस्थानवेतनविष्टिप्रमाणं, रत्नसारफल्गुकुप्यानामर्घप्रतिवर्णकप्रतिमानमानोन्मानावमानभाण्डं देशग्रामजातिकुलसङ्घातानां धर्मव्यवहारचरित्रसंस्थानं, राजोपजीविनां प्रग्रहप्रदेशभोगपरिहारभक्तवेतनलाभं, राज्ञश्च पत्नीपुत्राणां रत्नभूमिलाभनिर्देशोत्पातिकप्रतीकारलाभं, मित्रामित्राणां च सन्धिविक्रमप्रदानादानानि, निबन्धपुस्तकस्थं कारयेत् ।

ततस्सर्वाधिकरणानां करणीयं सिद्धं शेषमायव्ययौ नीवीमुपस्थानं प्रचारचरित्रसंस्थानं च निबन्धेन प्रयच्छेत् । उत्तममध्यमावरेषु च कर्मसु तज्जातिकमध्यक्षं कुर्यात् ।

समुदायिकेष्ववक्लृप्तिकं व्ययमुपहत्य राजाऽनुतप्येत ।

सहग्राहिणः प्रतिभुवः कर्मोपजीविनः पुत्रा भ्रातरो भार्या दुहितरो भृत्याश्चास्य कर्मच्छेदं वहेयुः ।

त्रिशतं चतुःपञ्चाशच्चाहोरात्राणां कर्म संवत्सरः । तमाषाढीपर्यवसानमूनं पूर्णं वा दद्यात् । करणाधिष्ठितमधिमासकं कुर्यात् ।

अपसर्पाधिष्ठितं च प्रचारं प्रचारचरित्रसंस्थानान्यनुपलभमानो हि प्रकृतस्समुदयमज्ञानेन परिहापयति—उत्थानक्लेशासहत्वादालस्येन, शब्दादिष्विन्द्रियार्थेषु प्रमादेन, सङ्क्रोशाधर्मानर्थभीरुर्भयेन, कार्यार्थिष्वनुग्रहबुद्धिः कामेन, हिंसाबुद्धिः कोपेन, विद्याद्रव्यवल्लभावाश्रयाद्दर्पेण, तुलामानतर्कगणिकान्तरोपधानाल्लोभेन ।

तेषां आनुपूर्व्या "यावानर्थोपघातः तावानेकोत्तरो दण्डः" इति मानवाः ॥

"सर्वत्राष्टगुणः" इति पाराशराः ॥

"दशगुणः" इति बार्हस्पत्याः ॥

"विंशतिगुणः" इत्यौशनसाः ॥

"यथाऽपराधम्" इति कौटिल्यः ॥

गाणनिक्यान्याषाढीमागच्छेयुः। आगतानां समुद्रपुस्तभाण्डनीवीकानामेकत्रसम्भाषाऽवरोधं कारयेत् । आयव्ययनीवीनामग्राणि श्रुत्वा नीवीमवहारयेत् । यच्चाग्रादायस्यान्तरवर्णे नीव्या वर्धेत, व्ययस्य वा यत्परिहापयेत्, तदष्टगुणमध्यक्षं दापयेत् । विपर्यये तमेव प्रति स्यात् ॥

यथाकालमनागतानामपुस्तनीविकानां वा देयदशबन्धो दण्डः।

कार्मिके चोपस्थिते कारणिकस्याप्रतिबध्नतः पूर्वस्साहसदण्डः । विपर्यये कार्मिकस्य द्विगुणः ॥

प्रचारसमं महामात्रास्समग्राः श्रावयेयुः । अविषममन्त्रः पृथग्भूतो मिथ्यावादी चैषामुत्तमदण्डं दद्यात् ॥

अकृताहोरूपहरं मासमाकाङ्क्षेत । मासादूर्ध्वं मासद्विशतोत्तरं दण्डं दद्यात् ॥

अल्पशेषलेख्यनीविकं पञ्चरात्रमाकाङ्क्षेत । ततः परं कोशपूर्वमहोरूपहरं धर्मव्यवहारचरित्रसंस्थानसङ्कलननिर्वर्तनानुमानचारप्रयोगैरवेक्षेत । दिवसपञ्चरात्रपक्षमासचातुर्मास्यसंवत्सरैश्च प्रति समानयेत् । व्युष्टदेशकालमुखोत्पत्त्यनुवृत्तिप्रमाणदायकदापकनिबन्धकप्रतिग्राहकैश्चायं समानयेत् । व्युष्टदेशकालमुखलाभकारणदेययोगपरिमाणाज्ञापकोद्धारकविधातकप्रतिग्राहकैश्च व्ययं समानयेत् । व्युष्टदेशकालमुखानुवर्तनरूपलक्षणपरिमाणनिक्षेपभाजनगोपायकैश्च नीवीं समानयेत् ॥

राजार्थेऽर्थकारणिकस्याप्रतिबध्नतः प्रतिषेधयतो वाऽऽज्ञानिबन्धादायव्ययमन्यथा वा विकल्पयतः पूर्वस्साहसदण्डः ॥

क्रमावहीनमुत्क्रममविज्ञातं पुनरुक्तं वा वस्तुकमवलिहतो द्वादशपणो दण्डः ॥

नीवीमवलिखतो द्विगुणः । भक्षयतोऽष्टगुणः । नाशयतः पञ्चबन्धः प्रतिदानं च । मिथ्यावादे स्तेयदण्डः । पश्चात् प्रतिज्ञाते द्विगुणः प्रस्मृतोत्पन्ने च—

अपराधं सहेताल्पं तुष्येदल्पेऽपि चोदये ।
महोपकारं चाध्यक्षं प्रग्रहेणाभिपूजयेत् ॥

इत्यध्यक्षप्रचारे अक्षपटले गाणनिक्याधिकारः.
सप्तमोऽध्यायः आदितोऽष्टाविंशः.

२६ प्रक. समुदयस्य युक्तापहृतस्य प्रत्यानयनम्.

कोशपूर्वास्सर्वारम्भाः ॥

तस्मात्पूर्वं कोशमवेक्षेत ॥

प्रचारसमार्धिश्चरित्रानुग्रहश्चोरग्रहो युक्तप्रतिषेधः सस्यसम्पत्पण्यबाहुल्यमुपसर्गप्रमोक्षः परिहार[1]क्षयो हिरण्योपायनमिति कोशवृद्धिः ।

प्रतिबन्धः प्रयोगो व्यवहारोऽवस्तारः परिहापणमुपभोगः परिवर्तनमपहारश्चेति कोशक्षयः ॥

1 'परिहार' इति युक्तम्. परिहारपदं च ४७ पुटे ऽयुक्तं दृश्यते.

सिद्धीनामसाधनमनवतारणमप्रवेशनं वा प्रतिबन्धः । तत्र दशबन्धो दण्डः ॥

कोशद्रव्याणां वृद्धिप्रयोगः पण्यव्यवहारो व्यवहारः, तत्र फलद्विगुणो दण्डः ॥

सिद्धं कालमप्राप्तं करोत्यप्राप्तं प्राप्तं वेत्यवस्तारः । तत्र पञ्चबन्धो दण्डः ॥

क्लृप्तमायं परिहापयति व्ययं वा विवर्धयतीति परिहापणं, तत्र हीनचतुर्गुणो दण्डः। स्वयमन्यैर्वा राजद्रव्याणामुपभोजनमुपभोगः। तत्र रत्नोपभोगे घातः; सारोपभोगे मध्यमस्साहसदण्डः, फल्गुकुप्योपभोगे तच्च तावच्च दण्डः ॥

राजद्रव्याणामन्यद्रव्येणादानं परिवर्तनं; तदुपभोगेन व्याख्यातं।

सिद्धमायं न प्रवेशयति; निबन्धं व्ययं न प्रयच्छति. प्राप्तां नीवीं विप्रतिजानीत इत्यपहारः । तत्र द्वादशगुणो दण्डः ॥

तेषां हरणोपायाश्चत्वारिंशत्—

पूर्वं सिद्धं पश्चादवतारितं; पश्चात्सिद्धं पूर्वमवतारितं; साध्यं न सिद्धं; असाध्यं सिद्धं; सिद्धमसिद्धं कृतं; असिद्धं सिद्धं कृतम्; अल्पसिद्धं बहुकृतं; बहुसिद्धमल्पं कृतम्; अन्यत् सिद्धमन्यत्कृतं; अन्यतस्सिद्धमन्यतः कृतं; देयं न दत्तं; अदेयं दत्तं; काले न दत्तं; अकाले दत्तं; अल्पं दत्तं बहुकृतं; बहुदत्तमल्पं कृतं; अन्यद्दत्तम-

न्यत्कृतं; अन्यतो दत्तमन्यतः कृतं; प्रविष्टमप्रविष्टं कृतं; अप्रविष्टं प्रविष्टं कृतं; कुप्यमदत्तमूल्यं प्रविष्टम्; दत्तमूल्यं न प्रविष्टं; सङ्क्षेपो विक्षेपः कृतः; विक्षेपः सङ्क्षेपो वा; महार्घमल्पार्घेण परिवर्तितं; अल्पार्घं महार्घेण वा; समारोपितोऽर्घः; प्रत्यवरोपितो वा; रात्रयः समारोपिता वा; प्रत्यवरोपिता वा; संवत्सरो मासविषमः कृतः; मासो दिवसविषमो वा; समागमविषमः; मुखविषमः; धार्मिकविषमः; निर्वर्तनविषमः; पिण्डविषमः; वर्णविषमः; अर्घविषमः; मानविषमः; मापनविषमः; भाजनविषम इति हरणोपायाः।

तत्रोपयुक्तनिधायकनिबन्धकप्रतिग्राहकदायकदापकमन्त्रिवैयावृत्यकरानेकैकशोऽनयुञ्जीत। मिथ्यावादे चैषां युक्तसमो दण्डः। प्रचारे चापत्रोषयेत्—"अमुना प्रकृतेनोपहताः प्रज्ञापयन्त्विति"। प्रज्ञापयतो यथोपघातं दापयेत्। अनेकेषु चाभियोगेष्वपव्ययमानस्सकृदेव परोक्तः सर्वं भजेत। वैषम्ये सर्वत्रानुयोगं दद्यात्। महत्यर्थापचारे चाल्पेनापि सिद्धस्सर्वं भजेत। कृतप्रतिघातावस्थस्सूचको निष्पन्नार्थषष्ठमंशं लभेत। द्वादशमंशं भृतकः। प्रभूताभियोगादल्पनिष्पत्तौ निष्पन्नस्यांशं लभेत। अनिष्पन्ने शारीरं हैरण्यं वा दण्डं लभेत। न चानुग्राह्यः।

निष्पत्तौ निक्षिपेद्वादमात्मानं वाऽपवाहयेत्।
अभियुक्तोपजापात्तु सूचको वधमाप्नुयात्॥

इत्यध्यक्षप्रचारे समुदयस्य युक्तापहृतस्य प्रत्यानयनं
अष्टमोऽध्यायः। आदितः एकोनत्रिंशः.

२७. प्रक. उपयुक्तपरीक्षा.

अमात्यसम्पदोपेतास्सर्वाध्यक्षाश्शक्तितः कर्मसु नियोज्याः। कर्मसु चैषां नित्यं परीक्षां कारयेत् चित्तानित्यत्वान्मनुष्याणाम्। अश्वसधर्माणो हि मनुष्या नियुक्ताः कर्मसु विकुर्वते।

तस्मात्कर्तारं करणं देशं कालं कार्यं प्रक्षेपमुदयं चैषु विद्यात्। ते यथासन्देशमसंहता अविगृहीताः कर्माणि कुर्युः। संहता भक्षयेयुः। विगृहीता विनाशयेयुः। न चानिवेद्य भर्तुः किञ्चिदारम्भं कुर्युरन्यत्रापत्प्रतीकारेभ्यः। प्रमादस्थानेषु चैषामत्ययं स्थापयेद्दिवसवेतनव्ययद्विगुणम्।

यश्चैषां यथाऽऽदिष्टमर्थं सविशेषं वा करोति स स्थानमानौ लभेत।

"अल्पायतिश्चेन्महाव्ययो भक्षयति। विपर्यये, यथाऽऽयति व्ययश्च न भक्षयति" इत्याचार्याः।

"अपसर्पेणैवोपलभ्यते" इति कौटिल्यः।

यस्समुदयं परिहापयति स राजार्थं भक्षयति। स चेदज्ञानादिभिः परिहापयति तदेनं यथागुणं दापयेत्।

यस्समुदयं द्विगुणमुद्भावयति स जनपदं भक्षयति। स चेद्राजार्थमुपनयत्यल्पापराधे वारयितव्यः; महति यथाऽपराधं दण्डयितव्यः।

यस्समुदयं व्ययमुपनयति स पुरुषकर्माणि भक्षयति । स कर्मदिवसद्रव्यमूल्यपुरुषवेतनापहारेषु यथाऽपराधं दण्डयितव्यः।

तस्मादस्य यो यस्मिन्नधिकरणे शासनस्थः स तस्य कर्मणो याथातथ्यमायव्ययौ च व्याससमासाभ्यामाचक्षीत।

मूलहरतादात्विककदर्यांश्च प्रतिषेधयेत्।

यः पितृपैतामहमर्थमन्यायेन भक्षयति, स मूलहरः।

यो यद्यदुत्पद्यते तत्तद्भक्षयति स तादात्विकः।

यो भृत्यात्मपीडाभ्यामुपचिनोत्यर्थं स कदर्यः । स पक्षवांश्चेदनादेयः; विपर्यये पर्यादातव्यः।

यो महत्यर्थसमुदये स्थितः कदर्यस्सन्निधत्ते, उपनिधत्ते, अवस्रावयति वा—सन्निधत्ते स्ववेश्मनि, अवनिधत्ते पौरजानपदेषु, अवस्रावयति परविषये,—तस्य सत्रिमन्त्रिमित्रभृत्यबन्धुपक्षमागतिं गतिं च द्रव्याणामुपलभेत।

यश्चापरविषये सञ्चारं कुर्यात्तमनुप्रविश्य मन्त्रं विद्यात्। सुविदिते शत्रुशासनापदेशेनैनं घातयेत्।

तस्मादस्याध्यक्षाः सङ्ख्यायकलेखकरूपदर्शकनीवीग्राहकोत्तराध्यक्षसखाः कर्माणि कुर्युः।

उत्तराध्यक्षः—हस्त्यश्वरथारोहास्तेषामन्तेवासिनश्शिल्पशौचयुक्तास्सङ्ख्यायकादीनामपसर्पाः।

बहुमुख्यमनित्यं चाधिकरणं स्थापयेत् ।

यथा ह्यनास्वादयितुं न शक्यं
जिह्वातलस्थं मधु वा विषं वा ।
अर्थस्तथा ह्यर्थचरेण राज्ञः
स्वल्पोऽप्यनास्वादयितुं न शक्यः ॥

मत्स्या यथाऽन्तस्सलिले चरन्तो
ज्ञातुं न शक्याः सलिलं पिबन्तः ।
युक्तास्तथा कार्यविधौ नियुक्ताः
ज्ञातुं न शक्या धनमाददानाः ॥

अपि शक्या गतिर्ज्ञातुं पततां खे पतत्रिणाम् ।
न तु प्रच्छन्नभावानां युक्तानां चरतां गतिः ।
आस्रावयेच्चोपचितान् विपर्यस्येच्च कर्मसु ।
यथा न भक्षयन्त्यर्थं भक्षितं निर्वमन्ति वा ।
न भक्षयन्ति ये त्वर्थान्न्यायतो वर्धयन्ति च ।
नित्याधिकाराः कार्यास्ते राज्ञः प्रियहिते रताः ॥

इत्यध्यक्षप्रचारे उपयुक्तपरीक्षा नवमोऽध्यायः.
आदितस्त्रिंशः.

——※※०※※——

२८. प्रक. शासनाधिकारः

शासने शासनमित्याचक्षते । शासनप्रधाना हि राजानः, तन्मूलत्वात् सन्धिविग्रहयोः ।

तस्मादमात्यसम्पदोपेतः सर्वसमयविदाशुग्रन्थश्चार्वक्षरो लेखवाचनसमर्थो लेखकः स्यात् । सोऽव्यग्रमना राज्ञस्सन्देशं श्रुत्वा निश्चितार्थं[1] लेखं विदध्यात् । देशैश्च वंशनामधेयोपचारमीश्वरस्य, देशनामधेयोपचारमनीश्वरस्य ।

जातिं कुलं स्थानवयश्श्रुतानि
कर्मर्द्धिशीलान्यथ देशकालौ ।
यौनानुबन्धं च समीक्ष्य कार्ये
लेखं विदध्यात्पुरुषानुरूपम् ॥

अर्थक्रमः, सम्बन्धः, परिपूर्णता, माधुर्यमौदार्यं, स्पष्टत्वमिति लेखसम्पत् ।

तत्र यथावदनुपूर्वक्रियाप्रधानस्यार्थस्य पूर्वमभिनिवेश इत्यर्थस्य क्रमः[2] ॥

प्रस्तुतस्यार्थस्यानुपरोधादुत्तरस्य विधानमासमाप्तेरिति सम्बन्धः ॥

अर्थपदाक्षराणामन्यूनातिरिक्तता हेतूदाहरणदृष्टान्तैरर्थोपवर्णना श्रान्तपदेति परिपूर्णता ॥

सुखोपनीतचार्वर्थशब्दाभिधानं माधुर्यम् ॥

अग्राम्यशब्दाभिधानमौदार्यम् ॥

प्रतीतशब्दप्रयोगस्स्पष्टत्वमिति ॥

अकारादयो वर्णाः त्रिषष्टिः ॥

---

1 "निश्चितार्थं" इत्यस्योपरि=इत्येवं रेखां विधाय तदधः "समीक्ष्य कार्यें" इति लिखितं मातृकायाम्. 2 इत्यर्थार्थस्यानुपक्रमः इति मातृकायाम्.

वर्णसङ्घातः पदम्। तच्चतुर्विधं नामाख्यातोपसर्गनिपाताश्चेति तत्र नाम सत्त्वाभिधायि। अविशिष्टलिङ्गमाख्यातं क्रियावाचि। क्रियाविशेषिताः प्रादय उपसर्गाः। अव्ययाश्चादयो निपाताः ॥

पदसमूहो वाक्यमर्थपरिसमाप्तौ; एकपदावरस्त्रिपदपरः परपदार्थानुरोधेन वर्गः कार्यः। लेखकपरिसंहरणार्थ इतिशब्दो वाचिकमस्येति च ॥

निन्दा प्रशंसा पृच्छा च तथाऽऽख्यानमथार्थना।
प्रत्याख्यानमुपालम्भः प्रतिषेधोऽथ चोदना ॥
सान्त्वमभ्यवपत्तिश्च भर्त्सनानुनयौ तथा।
एतेष्वर्थाः प्रवर्तन्ते त्रयोदशसु लेखजाः ॥

तत्राभिजनशरीरकर्मणां दोषवचनं निन्दा।

गुणवचनमेतेषामेव प्रशंसा।

"कथमेतदिति" पृच्छा।

"एवम्" इत्याख्यानम्।

देहीत्यर्थना।

"न प्रयच्छामी" इति प्रत्याख्यानम् ॥

अननुरूपं भवत इत्युपालम्भः।

"मा कार्षीः" इति प्रतिषेधः।

"इदं क्रियताम्" इति चोदना।

"योऽहं स भवान्, मम द्रव्यं तद्भवतः" इत्युपग्रहः सान्त्वम्।

व्यसनसाहाय्यमभ्यवपत्तिः ।

सदोषमायतिप्रदर्शनमभिभर्त्सनम् ।

अनुनयस्त्रिविधोऽर्थकृतावतिक्रमे पुरुषादिव्यसने चेति ।

प्रज्ञापनाज्ञापरिदानलेखाः
तथा परीहारनिसृष्टिलेखौ ।
प्रावृत्तिकश्च प्रतिलेख एव
सर्वत्रगश्चेति हि शासनानि ॥

अनेन विज्ञापितमेवमाह तद्दीयतां चेद्यदि तत्त्वमस्ति ।
राज्ञस्समीपे परकारमाह प्रज्ञापनैषा विविधोपदिष्टा ॥

भर्तुराज्ञा भवेद्यत्र निग्रहानुग्रहौ प्रति ।
विशेषेण तु भृत्येषु तदाज्ञालेखलक्षणम् ॥

यथाऽर्हगुणसंयुक्ता पूजा यत्रोपलक्ष्यते ।
अप्याधौ परिदाने वा भवतस्तावुपग्रहौ ॥

जातेर्विशेषेषु परेषु चैव
ग्रामेषु देशेषु च तेषु तेषु ।
अनुग्रहो यो नृपतेर्निदेशात्
तज्ज्ञः परीहार इति व्यवस्येत् ॥

निसृष्टिस्थापना कार्या करणे वचने तथा ।
एष वाचिकलेखस्स्यात् भवेन्नैसृष्टिकोऽपि वा ॥

विविधां दैवसंयुक्तां तत्त्वजां चैव मानुषीम् ।

विविधां तां व्यवस्यन्ति प्रवृत्तिं शासनं प्रति ॥
दृष्ट्वा लेखं यथातत्त्वं ततः प्रत्यनुभाष्य च ।
प्रतिलेखो भवेत्कार्यो यथा राजवचस्तथा ॥
यत्रेश्वरांश्चाधिकृतांश्च राजा
रक्षोपकारौपयिकार्थमाह ।
सर्वत्रगो नाम भवेत्स मार्गे
देशे च सर्वत्र च वेदितव्यः ॥

उपायास्सामोपप्रदानभेददण्डाः ।

तत्र साम पञ्चविधं—गुणसङ्कीर्तनं सम्बन्धोपाख्यानं परस्परोपकारसन्दर्शनमायतिप्रदर्शनमात्मोपनिधानमिति ।

तत्राभिजनशरीरकर्मप्रकृतिश्रुतिद्रव्यादीनां गुणागुणग्रहणं प्रशंसास्तुतिर्गुणसङ्कीर्तनम् ।

ज्ञातियौनमौखस्रौवकुलहृदयमित्रसङ्कीर्तनं सम्बन्धोपाख्यानम्।

स्वपक्षपरपक्षयोरन्योन्योपकारसङ्कीर्तनं परस्परोपकारसन्दर्शनम् ।

अस्मिन्नेवं कृत इदमावयोर्भवतीत्याशाजननमायतिप्रदर्शनम्।

"योऽहं सभवान्यन्मम द्रव्यं तद्भवता स्वकृत्येषु प्रयोज्यताम्" इत्यात्मोपनिधानमिति ।

उपप्रदानमर्थोपकारः ।

शङ्काजननं निर्भर्त्सनं च भेदः ।

वधः परिक्लेशोऽर्थहरणं दण्ड इति ।

अकान्तिर्व्याघातः पुनरुक्तमपशब्दः सम्प्लव इति लेखदोषाः ॥

तत्र कालपत्रकमचारुविषमविरागाक्षरत्वमकान्तिः ।

पूर्वेण पश्चिमस्यानुपपत्तिर्व्याघातः । उक्तस्याविशेषेण द्वितीयमुच्चारणं पुनरुक्तम् ।

लिङ्गवचनकालकारकाणामन्यथाप्रयोगोऽपशब्दः ।

अवर्गे वर्गकरणं वर्गे चावर्गक्रिया गुणविपर्यासस्संप्लव इति ॥

सर्वशास्त्राण्यनुक्रम्य प्रयोगमुपलभ्य च ।
कौटिल्येन नरेन्द्रार्थे शासनस्य विधिः कृतः ॥

इत्यध्यक्षप्रचारे शासनाधिकारः दशमोऽध्यायः
आदित एकत्रिंशः.

—o—

२९. प्रक. कोशप्रवेश्यरत्नपरीक्षा.

कोशाध्यक्षः कोशप्रवेश्यं रत्नं सारं फल्गु कुप्यं वा [1]तज्जातकरणाधिष्ठितः प्रतिगृह्णीयात् ।

ताम्रपर्णिकं पाण्ड्यकवाटकं, पाशिक्यं, कौलेयं, चौर्णेयं, माहेन्द्रं, कार्दमिकं, स्रौतसीयं, ह्रादीयं, हैमवतं च मौक्तिकम् ।

शुक्तिः शङ्खः प्रकीर्णकं च योनयः ।

---

[1] तत्र निपुणाः तज्जाताः करणं तदधिकृतपुरुषाणां सामग्री तदधिष्ठितस्तत्समेत इति टीका.

मसूरकं त्रिपुटकं कूर्मकमर्धचन्द्रकं कञ्चुकितं यमकं कर्तकं खरकं सिक्तकं कामण्डलुकं श्यावं नीलं दुर्विद्धं चाप्रशस्तम् ।

स्थूलं वृत्तं निस्तलं भ्राजिष्णु श्वेतं गुरु स्निग्धं देशविद्धं च प्रशस्तम् ।

शीर्षकमुपशीर्षकं प्रकाण्डैमवघाटकं तरळप्रतिबन्धं चेति यष्टिप्रदेशाः ।

यष्टीनामष्टसहस्रामिन्द्रच्छन्दः । ततोऽर्धं विजयच्छन्दः । चतुष्षष्टिरर्धहारः । चतुष्पञ्चाशद्रश्मिकलापः । द्वात्रिंशद्गुच्छाः । सप्तविंशतिर्नक्षत्रमाला । चतुर्विंशतिरर्धगुच्छः । विंशतिर्माणवकः । ततोऽर्धमर्धमाणवकः । एत एव मणिमध्यास्तन्माणवका भवन्ति। एकशीर्षकश्शुद्धो हारः । तद्वच्छेषाः । मणिमध्योऽर्धमाणवकः । त्रिफलकः फलकहारः पञ्चफलको वा । सूत्रमेकावली शुद्धा । सैव मणिमध्या यष्टिः । हेममणिचित्रा रत्नावली । हेममणिमुक्तान्तरोऽपवर्तकः । सुवर्णसूत्रान्तरं सोपानकम् । मणिमध्यं वा मणिसोपानकं ।

तेन शिरोहस्तपादकटीकलापजालकविकल्पा व्याख्याताः ।

मणिः कौटो मौलेयकः पारसमुद्रकश्च ।

सौगन्धिकः, पद्मरागः, अनवद्यरागः, पारिजातपुष्पकः, बालसूर्यकः । वैडूर्यः—उत्पलवर्णः शिरीषपुष्पक उदकवर्णो वंशरागः शुकपत्रवर्णः पुष्यरागो गोमूत्रको गोमेदकः । नीलावलीय इन्द्र-

नीलः कलायपुष्पको महानीलो जाम्बवाभो जीमूतप्रभो नन्दकः स्रवन्मध्यः शीतवृष्टिः सूर्यकान्तश्चेति मणयः।

षडश्रश्चतुरश्रो वृत्तो वा, तीव्ररागसंस्थानवानच्छस्स्निग्धो गुरुरर्चिष्मानन्तर्गतप्रभः प्रभानुलेपी चेति मणिगुणाः।

मन्दरागप्रभः सशर्करः पुष्पच्छिद्रः खण्डो दुर्विद्धो लेखाकीर्ण इति दोषाः।

विमलकः सस्यकोऽञ्जनमूलकः पित्तकस्सुलभको लोहितकोऽमृतांशुको ज्योतीरसको मैलेयक आहिच्छत्रकः कूर्पः प्रतिकूर्पः सुगन्धिकूर्पः क्षीरपकः शुक्तिचूर्णकः शिलाप्रवालकः पुळकः शुक्रपुळकः इत्यन्तरजातयः॥

शेषाः काचमणयः।

सभाराष्ट्रकं मध्यमराष्ट्रकं काश्मक[कान्तीर]राष्ट्रकं श्रीकटनकं मणिमन्तकमिन्द्रवानकं च वज्रम्।

खनिस्स्रोतः प्रकीर्णकं च योनयः।

मार्जाराक्षकं च शीरीषपुष्पकं गोमूत्रकं गोमेदकं शुद्धस्फटिकं मूलाटीपुष्पकवर्णं मणिवर्णानामन्यतमवर्णमिति वज्रवर्णाः।

स्थूलं, गुरु, प्रहारसहं, समकोटिकं भाजनलेखितं कुभ्रामि भ्राजिष्णु च प्रशस्तम्।

नष्टकोणं निरश्रि पार्श्वापवृत्तं च अप्रशस्तम्।

प्रवाळकं आलकन्दकं, वैवर्णिकं च रक्तं पद्मरागं च करटं गर्भिकावर्जमिति ॥

चन्दनं—सातनं रक्तं भूमिगन्धि; गोशीर्षकं कालताम्रं मत्स्यगन्धि; हरिचन्दनं शुकपत्रवर्णमाम्रगन्धि; तार्णसं च; ग्रामेरुकं रक्तं रक्तकाळं वा बस्तमूत्रगन्धि; दैवसभेयं रक्तं पद्मगन्धि; जापकं च; जोङ्गकं रक्तं रक्तकाळं वा स्निग्धं; तौरूपं च। मालेयकं पाण्डुरक्तं; कुचन्दनं काळरूक्षमगरुकालं रक्तं रक्तकाळं वा; कालपर्वतकमनवद्यवर्णं वा; कोशाकारपर्वतकं काळं काळचित्रं वा; शीतोदकीयं पद्माभं काळस्निग्धं वा; नागपर्वतकं रूक्षं शैवलवर्णं वा; शाकलं कपिलमिति।

लघुस्निग्धमश्यानं सर्पिःस्नेहलेपि गन्धसुखं त्वगनुसार्यनुल्बणमविराग्युष्णसहं दाहग्राहि सुखस्पर्शनमिति चन्दनगुणाः।

अगरु—जोङ्गकं काळं काळचित्रं मण्डलचित्रं वा; श्यामं दोङ्गकं; पारसमुद्रकं चित्ररूपमुशीरगन्धि नवमालिकागन्धि वेति।

गुरु स्निग्धं पेशलगन्धि निर्हारि अग्निसहमसंप्लुतधूमं समगन्धं विमर्दसहमित्यगरुगुणाः ॥

तैलपर्णिकं—अशोकग्रामिकं मांसवर्णं पद्मगन्धि; चोङ्गकं रक्तपीतकमुत्पलगन्धि गोमूत्रगन्धि वा; ग्रामेरुकं स्निग्धं गोमूत्रगन्धि; सौवर्णकुडचकं रक्तपीतं मातुलुङ्गगन्धि; पूर्णकद्वीपकं पद्मगन्धि नवनीतगन्धि वेति; भद्रश्रीयं पारलौहित्यकं जातीवर्णं;

आन्तरपत्रमुशीरवर्णं; उभयं कुष्ठगन्धि चेति; कालेयकः स्वर्णभूमिजस्स्निग्धपीतकः; औत्तरपर्वतको रक्तपीतक इति साराः।

पिण्डक्वाथधूमसहमविरागि योगानुविधायि च चन्दनागरुवच्च तेषां गुणाः।

कान्तनावकं प्रैयकं चौत्तरपर्वतकं चर्म।

कान्तनावकं मयूरग्रीवाभं; प्रैयकं नीलपीतश्वेतलेखिबिन्दुचित्रं तदुभयमष्टाङ्गुलायामम्।

बिसी महाबिसी च द्वादशग्रामीये।

अव्यक्तरूपा [1]दुहिलितिका चित्रा वा बिसी। परुषा श्वेतप्राया महाबिसी। द्वादशाङ्गुलायाममुभयम्।

श्यामिका कालिका कदली चन्द्रोत्तरा शाकुला चारोहजाः।

कपिला बिन्दुचित्रा वा श्यामिका; कालिका कपिला कपोतवर्णा वा। तदुभयमष्टाङ्गुलायामम्। परुषा कदली हस्तायता। सैव चन्द्रचित्रा चन्द्रोत्तरा। कदलीत्रिभागा शाकुला कोठमण्डलचित्रा कृतकर्णिकाऽजिनचित्रा चेति।

सामूरं चीनसी सामूली च बाह्लवेयाः।

षट्त्रिंशदङ्गुलमञ्जनवर्णं सामूरं; चीनसी रक्तकाली पाण्डुकाली वा; सामूली गोधूमवर्णेति।

सातिना नलतूला वृत्तपुच्छा च औद्राः।

---

[1] हिलिका—बहुतररोमोपेता, इति व्याख्या.

सातिना कृष्णा । नलतूला नळतूलवर्णा । कपिला वृत्तपुच्छा च । इति चर्मजातयः ।

चर्मणां मृदु स्निग्धं बहुलरोम च श्रेष्ठम् ।

शुद्धं शुद्धरक्तं पद्मरक्तं च आविकं; खचितं वानचित्रं खण्डसङ्घात्यं तन्तुविच्छिन्नं च कम्बळः ।

कौचपकः कुलमितिका सौमितिका तुरगास्तरणं वर्णकं तलिच्छकं[1] वारवाणः परिस्तोमः समन्तभद्रकं च आविकम् ।

पिच्छलमार्द्रमिव च सूक्ष्मं मृदु च श्रेष्ठम् ॥

अष्टप्रौतिसङ्घात्या कृष्णा भिङ्गिसी वर्षवारणमपसारक इति नैपालकम् ।

सम्पुटिका, चतुराश्रिका, लम्बरा, कटवानकं, प्रावरकः, सत्तलिकेति मृगरोम ।

वाङ्गकं श्वेतं स्निग्धं दुकूलं, पौण्ड्रकं श्यामं मणिस्निग्धं; सौवर्णकुड्यकं सूर्यवर्णं मणिस्निग्धोदकवानं चतुरश्रवानं व्यामिश्रवानं च ।

एतेषामेकांशुकमर्धद्वित्रिचतुरंशुकमिति ।

तेन काशिकं पौण्ड्रकं च क्षौमं व्याख्यातम् ।

मागधिका पौण्ड्रिका सौवर्णकुड्यका च पत्रोर्णाः । नागवृक्षो लिकुचो बकुळो वटश्च योनयः ।

---

[1] तलिन्धरुतल्पक इति व्याख्या.

पीतिका नागवृक्षिका; गोधूमवर्णा लैकुची; श्वेता वाकुळी; शेषा नवनीतवर्णा ।

तासां सौवर्णकुड्यका श्रेष्ठा। तया कौशेयं चीनपट्टाश्च चीनभूमिजा व्याख्याताः ।

माधुरमापरान्तकं कालिङ्गकं काशिकं वाङ्गकं वात्सकं माहिषकं च कार्पासिकं श्रेष्ठमिति ।

अतः परेषां रत्नानां प्रमाणं मूल्यलक्षणम् ।
जातिं रूपं च जानीयान्निधानं नवकर्म च ॥
पुराणप्रतिसंस्कारं कर्म गुह्यमुपस्करात् ।
देशकालपरीभोगं हिंस्राणां च प्रतिक्रियाम् ॥

इत्यध्यक्षप्रचारे कोशप्रवेश्यरत्नपरीक्षा एकादशोऽध्यायः
आदितो द्वात्रिंशः.

—o—

३०. प्रक. आकरकर्मान्तप्रवर्तनम्.

आकराध्यक्षः शुल्बधातुशास्त्ररसपाकमणिरागज्ञस्तज्ज्ञसखो वा तज्जातकर्मकरोपकरणसम्पन्नः किट्टमूषाङ्गारभस्मलिङ्गं वाऽऽकरं भूतपूर्वमभूतपूर्वं वा भूमिप्रस्तररसधातुमत्यर्थवर्णगौरवमुग्रगन्धरसं परीक्षेत ॥

पर्वतानामभिज्ञातोद्देशानां बिलगुहोपत्यकाऽऽलयनिगूढखातेष्वन्तःप्रस्यन्दिनो जम्बूचूततालफलपक्वहरिद्राभेदहरितालक्षौद्रहिङ्गु-

लुकपुण्डरीकशुकमयूरपत्रवर्णास्सवर्णोदकौषधीपर्यन्ताश्चिक्कणा विशदा भारिकाश्च रसाः काञ्चनिकाः ।

अप्सु निष्ठ्यूतास्तैलवद्विसर्पिणः पङ्कमलग्राहिणश्च ताम्ररूप्ययोश्शतादुपरिवेद्धारः ।

तत्प्रतिरूपकमुग्रगन्धरसं शिलाजतु विद्यात् ।

पीतकास्ताम्रकास्ताम्रपीतका वा भूमिप्रस्तरधातवो भिन्ना नीलराजीवन्तो मुद्गमाषकृसरवर्णा वा दधिबिन्दुपिण्डचित्रा हरिद्रा हरीतकीपद्मपत्रशैवलयकृत्प्लीहानवद्यवर्णा भिन्नाश्चुञ्चुवालुकालेखाबिन्दुस्वस्तिकवन्तः सगुलिका अर्चिष्मन्तस्ताप्यमाना न भिद्यन्ते बहुफेनधूमाश्च सुवर्णधातवः प्रतीवापार्थास्ताम्ररूप्यवेधनाः ।

शङ्खकर्पूरस्फटिकनवनीतकपोतपारावतविमलकमयूरग्रीवावर्णाः सस्यकगोमेदकगुळमत्स्यण्डिका वर्णाः कोविदारपद्मपाटलीकळायक्षौमातसीपुष्पवर्णास्ससीसाः साञ्जनाः विस्रा भिन्नाः श्वेताभाः कृष्णाः कृष्णाभाः श्वेताः सर्वे वा लेखाबिन्दुचित्रा मृदवो ध्मायमाना न स्फुटन्ति बहुफेनधूमाश्च रूप्यधातवः ।

सर्वधातूनां गौरववृद्धौ सत्त्ववृद्धिः—तेषामशुद्धा मूढगर्भा वा तीक्ष्णमूत्रक्षारभाविता राजवृक्षवटपीलुगोपित्तरोचना महिषखरकरटमूत्रलण्डपिण्डबद्धास्तत्प्रतीवापास्तदवलेपा वा विशुद्धास्स्रवन्ति।

यवमाषतिलपलाशपीलुक्षारैर्गोक्षीराजक्षीरैर्वा कदलीवज्रकन्दप्रतीवापो मार्दवकरः ।

मधुमधुकमजापयः सतैलं घृतगुडकिण्वयुतं सकन्दलीकं—यदपि शतसहस्रधा विभिन्नं भवति मृदु त्रिभिरेव तन्निषेकैः।

गोदन्तशृङ्गप्रतीवापो मृदुस्तम्भनः।

भारिकस्स्निग्धो मृदुश्च प्रस्तरधातुर्भूमिभागो वा पिङ्गलो हरितः पाटलो लोहितो वा ताम्रधातुः।

काकमेचकः कपोतरोचनावर्णः श्वेतराजिनद्धो वा विस्रस्सीसधातुः।

ऊषरकर्बुरः पक्वलोष्टवर्णो वा त्रपुधातुः। कु[1]रुम्बः पाण्डुरो[2]हितास्सिन्दुवारपुष्पवर्णो वा तीक्ष्णधातुः।

काण्ड[3]भुजपत्रवर्णो वा वैकृन्तकधातुः।

अच्छस्स्निग्धः सप्रभो घोषवान् शीततीव्रस्तनुरागश्च मणिधातुः

धातुसमुत्थितं तज्जातकर्मान्तेषु प्रयोजयेत्।

कृतभाण्डव्यवहारमेकमुखमत्ययं चान्यत्र कर्तृक्रेतृविक्रेतृणां स्थापयेत्।

आकरिकमपहरन्तमष्टगुणं दापयेदन्यत्र रत्नेभ्यः।

स्तेनमनिसृष्टोपजीविनं च बद्धं कर्म कारयेत्।

भाण्डोपकारिणं च व्ययक्रियाभारिकमाकरं भागेन प्रक्रयेण वा दद्यात्। लाघविकमात्मना कारयेत्।

---

[1] खु. [2] लो. [3] काकाण्ड इति मातृकायाम्। काण्ड इति टीकायाम्.

लोहाध्यक्षः ताम्रसीसत्रपुवैकृन्तकारकूटवृत्तकंसताललोध्रकर्मान्तान् कारयेत्। लोहभाण्डव्यवहारं च।

लक्षणाध्यक्षः चतुर्भागताम्रं रूप्यरूपं तीक्ष्णत्रपुसीसाञ्जनानामन्यतमं माषबीजयुक्तं कारयेत्—

पणमर्धपणं पादमष्टभागमिति; पादाजीवं ताम्ररूपं माषकमर्धमाषकं काकणीमर्धकाकणीमिति।

रूपदर्शकः पणयात्रां व्यावहारिकीं कोशप्रवेश्यां च स्थापयेत्—

रूपिकमष्टकं शतं; पञ्चकं शतं व्याजीं; पारीक्षिकमष्टभागिकं शतं; पञ्चविंशतिपणमत्ययं चान्यत्र कर्तृक्रेतृविक्रेतृपरीक्षितृभ्यः॥

खन्यध्यक्षः शङ्खवज्रमणिमुक्ताप्रवालक्षारकर्मान्तान् कारयेत् पणनव्यवहारं च।

लवणाध्यक्षः पाकमुक्तं लवणभागं प्रक्रयं च यथाकालं सङ्गृह्णीयात्—विक्रयाच्च मूल्यं रूपं व्याजीम्।

आगन्तुलवणं षड्भागं दद्यात्—दत्तभागविभागस्य विक्रयः पञ्चकं शतं व्याजीं रूपं, रूपिकं च। क्रेता शुल्कं राजपण्याच्छेदानुरूपं च वैधरणं दद्यात्। अन्यत्र क्रेता षट्छतमत्ययं च।

विलवण[1]मुत्तमं दण्डं दद्यात्; अनिसृष्टोपजीवी च अन्यत्र वानप्रस्थेभ्यः। श्रोत्रियास्तपस्विनो विष्टयश्च भक्तलवणं हरेयुः।

---

[1] "द्विलवण" इति मातृकायाम्। "विलवणं विलादिमिश्रितम्" इति व्याख्यायाम्.

अतोऽन्यो लवणक्षारवर्गः शुल्कं दद्यात् ।

एवं मूल्यं विभागं च व्याजीं परिघमत्ययम् ।
शुल्कं वैधरणं दण्डं रूपं रूपिकमेव च ॥
खनिभ्यो द्वादशविधं धातुं पण्यं च संहरेत् ।
एवं सर्वेषु पण्येषु स्थापयेन्मुखसङ्ग्रहम् ॥
आकरप्रभवः कोशः कोशाद्दण्डः प्रजायते ।
पृथिवी कोशदण्डाभ्यां प्राप्यते कोशभूषणा ॥

इत्यध्यक्षप्रचारे आकरकर्मान्तप्रवर्तनं द्वादशोऽध्यायः
आदितः त्रयस्त्रिंशः.

---

३१. प्रक. अक्षशालायां सुवर्णाध्यक्षः.

सुवर्णाध्यक्षः सुवर्णरजतकर्मान्तानामसम्बन्धावेशनचतुश्शालामेकद्वारामक्षशालां कारयेत् । विशिखामध्ये सौवर्णिकं शिल्पवन्तमभिजातं प्रात्ययिकं च स्थापयेत् ।

जाम्बूनदं शातकुम्भं हाटकं वैणवं शृङ्गशुक्तिजं जातरूपं रसविद्धमाकरोद्गतं च सुवर्णम् ।

किञ्जल्कवर्णं मृदु स्निग्धमनुनादि[1] भ्राजिष्णु च श्रेष्ठम् । रक्तपीतकं मध्यमम् । रक्तमवरम् ।

श्रेष्ठानां पाण्डु श्वेतं चाप्राप्तकं तत् येनाप्राप्तकं तच्चतुर्गुणेन सी-

---

[1] मनादि.

सेन शाधयेत् सीसान्वयेन भिद्यमानं शुष्कपटलैर्ध्मापयेत् रूक्षत्वाद्भिद्यमानं तैलगोमये निषेचयेत् ।

आकरोद्गतं सीसान्वयेन भिद्यमानं पाकपत्राणि कृत्वा गण्डिकासु कुट्टयेत्; कन्दलीवज्रकन्दकल्के वा निषेचयत् ।

तुत्थोद्गतं गौडिकं काममलं कवुकं[1] चाक्रवालिकं च रूप्यम् ।

श्वेतं स्निग्धं मृदु च श्रेष्ठम् । विपर्यये स्फोटनं च दुष्टम् । तत्सीसचतुर्भागेन शोधयेत् ।

उद्गतचूलिकमच्छं भ्राजिष्णु दधिवर्णं च शुद्धम् ।

शुद्धस्यैको हारिद्रस्य सुवर्णो वर्णकः ततश्शुल्वकाकण्युत्तरोपसारिता आचतुस्सीमान्तादिति षोडशवर्णकाः ।

सुवर्णं पूर्वं निकष्य पश्चाद्वर्णिकां निकषयेत् । समरागलेखमनिम्नोन्नते देशे निकषितं परिमृदितं परिलीढं नखान्तराद्वा गैरिकेणावचूर्णितमुपधिं विद्यात् ।

जातिहिङ्गुलुकेन पुष्पकासीसेन वा गोमूत्रभावितेन दिग्धेनाग्रहस्तेन संस्पृष्टं सुवर्णं श्वेतीभवति ।

सकेसरस्निग्धो मृदुर्भ्राजिष्णुश्च निकषरागश्रेष्ठः ।

कालिङ्गकस्थाली पाषाणो वा मुद्गवर्णो निकष श्रेष्ठः ।

समरागी विक्रयक्रयहितः ।

[1] तुत्थोद्गतं गौळिकं काम्बुकं इति पाठो व्याख्यानुसारी.

हस्तिच्छविकः सहरितः प्रतिरागी विक्रयहितः ।

स्थिरः परुषो विषमवर्णश्चाप्रतिरागी क्रयहितः ।

श्वेतश्चिक्कणः समवर्णः श्लक्ष्णो मृदुर्भ्राजिष्णुश्च श्रेष्ठः ।

तापो बहिरन्तश्च समः किञ्जल्कवर्णः कारण्डकपुष्पवर्णो वा श्रेष्ठः । श्यावो नीलश्चाप्रातकः ॥

तुलाप्रतिमानं पौतवाध्यक्षे वक्ष्यामः । तेनोपदेशेन रूप्यसुवर्णं दद्यादाददीत च ॥

अक्षशालामनायुक्तो नोपगच्छेत् । अभिगच्छन् उच्छेद्यः ॥

आयुक्तो वा सरूप्यस्वर्णस्तेनैव जीयेत ॥

विचितवस्त्रहस्तगुह्याः काञ्चनपृषितत्वष्टृतपनीयकारवो ध्मायकचरकपांसुधावकाः प्रविशेयुः निष्कसेयुश्च । सर्वं चैषामुपकरणमनिष्ठिताश्च प्रयोगास्तत्रैवावतिष्ठेरन् । गृहीतं सुवर्णं धृतं च प्रयोगं करणमध्ये दद्यात् । सायं प्रातश्च लक्षितं कर्तृकारयितृमुद्राभ्यां निदध्यात् ॥

क्षेपणो गुणः क्षुद्रमिति कर्माणि ॥

क्षेपणः काचार्पणादीनि ॥

गुणस्सूत्रवानादीनि ॥

घनं सुषिरं पृषितादियुक्तं क्षुद्रकमिति ॥

अर्पयेत् काचकर्मणः पञ्चभागं काञ्चनं दशभागं मानम्[1] । ता-

---

[1]करमानम् । कटकमानमिति च व्याख्यापाठः,

म्रपादयुक्तं रूप्यं रूप्यपादयुक्तं वा सुवर्णं संस्कृतं तस्माद्रक्षेत् ॥

पृषितकाचकर्मणः त्रयो हि भागाः परिभाण्डं द्वौ वास्तुकं ; चत्वारो वा वास्तुकं त्रयः परिभाण्डम् ॥

त्वष्टृकर्मणः शुल्बभाण्डं समसुवर्णेन संयूहयेत् । रूप्यभाण्डं घनं घनसुषिरं वा सुवर्णार्धेन अवलेपयेत् । चतुर्भागसुवर्णं वा वालुकाहिङ्गुलुकस्य रसेन चूर्णेन वा वासयेत् ॥

तपनीयं ज्येष्ठं सुवर्णं सुरागं समसीसातिक्रान्तं पाकपत्रपक्वं सैन्धविकयोज्ज्वालितं नीलपीतश्वेतहरितशुककपोतवर्णानां प्रकृतिर्भवति ॥

तीक्ष्णं चास्य मयूरग्रीवाभं श्वेतभङ्गं चिमिचिमायितं पीतपूर्णितं[1] काकणिकस्सुवर्णरागः ॥

तारमुपशुद्धं वा अस्थितुत्थे चतुस्समसीसे चतुश्शुष्कतुत्थे चतुः कपाले त्रिर्गोमये द्विः एवं सप्तदशतुत्थातिक्रान्तं सैन्धविकयोज्ज्वालितम् एतस्मात्काकण्युत्तरं आद्विमाषादिति सुवर्णे देयं पश्चाद्रागयोगः श्वेततारं भवति ॥

त्रयोंऽशाः तपनीयस्य द्वात्रिंशद्भागश्वेततारमूर्छितास्स श्वेतलोहितकं भवति । ताम्रं पीतकं करोति ॥

तपनीयमुज्ज्वाल्य रागत्रिभागं दद्यात् । पीतरागं भवति ॥

श्वेततारभागौ द्वावेकस्तपनीयस्य मुद्गवर्णं करोति ॥

---

[1] पीतचूर्णितं इति व्याख्यायाम्.

कालायसस्यार्धभागाभ्यक्तं कृष्णं भवति ॥

प्रातिलेपिना रसेन द्विगुणाभ्यक्तं तपनीयं शुकपत्रवर्णं भवति।

तस्यारम्भे रागविशेषेषु प्रतिवर्णिकां गृह्णीयात् ॥

तीक्ष्णताम्रसंस्कारं च बुद्ध्येत ॥

तस्माद्वज्रमणिमुक्ताप्रवालरूपाणामवनेयिमानं च रूप्यसुवर्णभाण्डबन्धप्रमाणानि चेति ॥

समरागं समद्वन्द्वमसक्तपृषितं स्थिरम् ।
सुविमृष्ट[1]मसंवीतं विभक्तं धारणे सुखम् ॥
अभिनीतं प्रभायुक्तं संस्थानमधुरं समम् ।
मनोनेत्राभिरामं च तपनीयगुणास्स्मृताः ॥

इत्यध्यक्षप्रचारे अक्षशालायां सुवर्णाध्यक्षस्त्रयोदशोऽध्यायः
आदितश्चतुस्त्रिंशः

—※—

३२ प्रक. विशिखायां सौवर्णिकप्रचारः.

सौवर्णिकः पौरजानपदानां रूप्यसुवर्णमावेशनिभिः कारयेत्। निर्दिष्टकालकार्यं च कर्म कुर्युः। अनिर्दिष्टकालं कार्यापदेशम्।

कार्यस्यान्यथाकरणे वेतननाशः तद्द्विगुणश्च दण्डः। कालातिपातने पादहीनं वेतनं तद्द्विगुणश्च दण्डः।

[1]सुप्रमृष्टम् इति व्याख्याने पाठः. अप्रमृष्टमिति च केचिदिति तत्रैव.

यथावर्णप्रमाणं निक्षेपं गृह्णीयुस्तथाविधमेवार्पयेयुः कालान्तरादपि च तथाविधमेव प्रतिगृह्णीयुरन्यत्र क्षीणपरिशीर्णाभ्याम् ।

आवेशनिभिस्सुवर्णपुद्गललक्षणप्रयोगेषु तत्तज्जानीयात् । *

तप्तकलधौतकयोः काकणिकस्सुवर्णे क्षयो देयः । तीक्ष्णकाकणीरूप्यद्विगुणो[1] रागप्रक्षेपस्तस्य षड्भागः क्षयः ।

वर्णहीने माषावरे पूर्वस्साहसदण्डः । प्रमाणहीने मध्यमः । तुलाप्रतिमानोपधावुत्तमः कृतभाण्डोपधौ च ।

सौवर्णिकेनादृष्टमन्यत्र वा प्रयोगं कारयतो द्वादशपणो दण्डः । कर्तुर्द्विगुणः । सापसारश्चेत् ।

अनपसारः कण्टकशोधनाय नीयेत । कर्तुश्च द्विशतो दण्डः पणच्छेदनं वा ।

तुलाप्रतिमानभाण्डं पौतवहस्तात्क्रीणीयुः । अन्यथा द्वादशपणो दण्डः ।

घनं घनसुषिरं संयूह्यमवलेप्यं सङ्घात्यं वासितकं च कारुकर्म ।

तुलाविषममपसारणं विस्रावणं पेटकः पिङ्कश्चेति हरणोपायाः ।

सन्नामिन्युत्कीर्णिका[2] भिन्नमस्तकोपकण्ठी कुशिक्या सकटुकक्ष्या पारिवेल्ययस्कान्ता च दुष्टतुलाः ।

---

* "सुवर्णे किञ्चित्कवर्णादिः पुद्गलं आभरणादि; लक्षणं चिह्नितम्. प्रयोगः परिवर्तनमिति." इति व्याख्या.

[1] रूप्यद्विगुणा.

[2] उत्कीर्णिका इति व्याख्यायाम् ।

रूप्यस्य द्वौ भागावेकं शुल्वस्य त्रिपुटकं तेनाकरोद्गतमवसार्यते तात्त्रिपुटकावसारितं; शुल्बेन शुल्बावसारितं; वेल्लकेन वेल्लकावसारितं; शुल्बार्धसारेण हेम्ना हेमावसारितम्।

मूकमूषा पूतिकिट्टः करटुकमुखं नालीसन्दंशो[1] जोङ्गनी सुवर्चिकालवणम् तदेव सुवर्णमित्यवसरणमार्गाः।

पूर्वप्रणिहिता वा पिण्डवालुका मूषभेदादग्निष्ठादुद्ध्रियन्ते, पश्चाद्बन्धनम्। आचितकपत्रपरीक्षायां वा रूप्यरूपेण परिवर्तनं विस्रावणम्। पिण्डवालुकानां लोहपिण्डवालुकाभिर्वा।

गाढश्चाभ्युद्धार्यश्च पेटकः संयूह्यावलेप्यसङ्घात्येषु क्रियते। सीसरूपं सुवर्णपत्रेणावलिप्तमभ्यन्तरमष्टकेन बद्धं गाढपेटकः। स एव पटलसम्पुटेष्वभ्युद्धार्यः।

पत्रमाश्लिष्टं यमकपत्रं वाऽवलेप्येषु क्रियते। शुल्वं तारं वा गर्भः पत्राणां सङ्घात्येषु क्रियते। शुल्वरूपं सुवर्णपत्रसंहतं प्रमृष्टं सुपार्श्वं; तदेव यमकपत्रसंहतं प्रमृष्टं ताम्रताररूपं चोत्तरवर्णकः।

तदुभयं तापनिकषाभ्यां निश्शब्दोल्लेखनाभ्यां वा विद्यात्। अभ्युद्धार्यं बदराम्ले लवणोदके वा साद[2]यन्तीति पेटकः।

घनसुषिरे वा रूपे सुवर्णमृन्मालुकाहिङ्गुलुककल्को वा तप्तोऽवतिष्ठते; दृढवास्तुके वा रूपे वालुकामिश्रं जतुगान्धारपङ्को वा तप्तोऽवतिष्ठते। तयोस्तापनमवध्वंसनं विशुद्धिः। सपरिभा-

---

[1] नालीसन्दंशौ इति व्याख्यायां पाठः. [2] साध.

ण्डे वा रूपे लवणमुल्कया कटुशर्करया तप्तमवतिष्ठते । तस्य क्राथनं शुद्धिः । अभ्रपटलमष्टकेन द्विगुणवास्तुके वा रूपे बध्यते। तस्यापिहितकाचकस्योदके[1] निमज्जत एकदेशः सीदति, पटलान्तरेषु वा सूच्या भिद्यते। मणयो रूप्यं सुवर्णं वा घनसुषिराणां पिङ्कः ॥

तस्य तापनमवध्वंसनं वा शुद्धिरिति पिङ्कः ॥

तस्माद्वज्रमणिमुक्ताप्रवालरूपाणां जातिरूपवर्णप्रमाणपुद्गललक्षणान्युपलभेत ॥

कृतभाण्डपरीक्षायां पुराणभाण्डप्रतिसंस्कारे वा चत्वारो हरणोपायाः—परिकुट्टनमवच्छेदनमुल्लेखनं परिमर्दनं वा ॥

पेटकापदेशेन पृषितं गुणं पिटकां वा यत् परिशातयन्ति तत्परिकुट्टनम् ॥

यद्द्विगुणं वास्तुकानां वा रूपे सीसरूपं प्रक्षिप्य अभ्यन्तरमवच्छिन्दन्ति तदवच्छेदनम् ॥

यत् घनानां तीक्ष्णेनोल्लिखन्ति तदुल्लेखनम् ॥

हरितालमनश्शिलाहिङ्गुलकचूर्णानामन्यतमेन कुरुविन्दचूर्णेन वा वस्त्रं संयूह्य यत् परिमृद्नन्ति तत् परिमर्दनम् ॥

तेन सौवर्णराजतानि भाण्डानि क्षीयन्ते। न चैषां किञ्चिदवरुग्णं भवति ।

[1]काचस्योदके इति व्याख्यायां पाठः.

भग्नखण्डघृष्टानां संयूह्यानां सदृशेनानुमानं कुर्यात् । अवलेप्यानां यावदुत्पाटितं तावदुत्पाट्यानुमानं कुर्यात् । विरूपाणां वा तापनमुदकपेषणं च बहुशः कुर्यात् ।

अवक्षेपः प्रतिमानमग्निर्गण्डिका भण्डिकाधिकरणी पिञ्छस्सूत्रं चेल्लमबोल्लनं[1] शिर उत्सङ्गो मक्षिका स्वकायेक्षाहृतिरुदकशरावमग्निष्ठमिति काचं विद्यात् ।

राजतानां विस्रं मलग्राहि परुषं प्रस्तीनं विवर्णं वा दुष्टमिति विद्यात् ।

एवं नवं च जीर्णं च विरूपं च विभाण्डकम् ।
परीक्षेतात्ययं चैषां यथोद्दिष्टं प्रकल्पयेत् ॥

इत्यध्यक्षप्रचारे विशिखायां सौवर्णिकप्रचारः
चतुर्दशोऽध्यायः. आदितः पञ्चत्रिंशः.

३३ प्रक. कोष्ठागाराध्यक्षः.

कोष्ठागाराध्यक्षः सीताराष्ट्रक्रयिमपरिवर्तकप्रामित्यकापमित्यकसिंहनिकान्यजातव्ययप्रत्यायोपस्थानान्युपलभेत ।

सीताध्यक्षोपनीतः सस्यवर्णकस्सीता ॥ पिण्डकरः, षड्भागः, सेनाभक्तं, बलिः, करः, उत्सङ्गः, पार्श्वं, पारिहीणिकं, औपायनिकं, कौष्ठेयकं च राष्ट्रम् ॥

[1] चेल्लबोल्लनमित्येकं पदं केचित्पठन्तीति व्याख्या.

धान्यमूल्यं, कोशनिर्हारः, प्रयोगप्रत्यादानं च क्रयिमम् ।

सस्यवर्णानामर्घान्तरेण विनिमयः परिवर्तकः ।

सस्ययाचनमन्यतः प्रामित्यकम् ।

तदेव प्रतिदानार्थमापमित्यकम् ।

कुट्टकरोचकसक्तुशुक्तपिष्टकर्म तज्जीवनेषु तैलपीडनमौरभ्रचाक्रिकेष्विक्षूणां च क्षारकर्म सिंहनिका[1] ।

नष्टप्रस्मृतादिरन्यजातः ।

विक्षेपव्याधितान्तरारम्भशेषं च व्ययप्रत्यायः ।

तुलामानान्तरं हस्तपूरणमुत्करो व्याजी ।

पर्युषितं प्रार्जितं चोपस्थानमिति ।

धान्यस्नेहक्षारलवणानां धान्यकल्पं सीताध्यक्षे वक्ष्यामः ।

सर्पिस्तैलवसामज्जानस्स्नेहाः ।

फाणितगुडमत्स्यण्डिकाखण्डशर्कराः क्षारवर्गः ।

सैन्धवसामुद्रबिडयवक्षारसौवर्चलोद्भेदजा लवणवर्गः ।

क्षौद्रं मार्द्विकं च मधु ।

इक्षुरसगुळ[2]मधुफाणितजाम्बवपनसानामन्यतमो मेषशृङ्गीपिप्पलीक्वाथाभिषुतो मासिकष्षाण्मासिकस्सांवत्सरिको वा चिद्भिटोर्वारुकेक्षुकाण्डाम्रफलामलकावसुतः शुद्धो वा शुक्तवर्गः ।

वृक्षाम्लकरमर्दाम्रविदलामलकमातुलुङ्गकोलबदरसौवीरकपरूषकादिः फलाम्लवर्गः ।

[1] संहनिका इति व्याख्यायां पाठः. [2] गुड.

दधिधान्याम्लादिः द्रवाम्लवर्गः ।

पिप्पलीमरीचशृङ्गिबेराजाजिकिराततिक्तगौरसर्षपकुस्तुम्बुरुचोरकदमनकमरुवकशिग्रुकाण्डादिः कटुकवर्गः ॥

शुल्कमत्स्यमांसकन्दमूलफलशाकादि च शाकवर्गः ॥

ततोऽर्धमापदर्थं जानपदानां स्थापयेत् । अर्धमुपयुञ्जीत । नवे[1] चानवं शोधयेत् ॥

क्षुण्णघृष्टपिष्टभृष्टानामार्द्रशुष्कसिद्धानां च धान्यानां वृद्धिक्षयप्रमाणानि प्रत्यक्षीकुर्वीत ॥

कोद्रवव्रीहीणामर्धं सारः । शालीनामष्टभागोनः । त्रिभागोनो वरकाणाम् । प्रियङ्गूणामर्धं सारः[2] । चमसीमुद्गमाषाणामर्धपादोनः । शैम्ब्यानामर्धं सारः । त्रिभागोनः मसूरामाणाम् ॥

पिष्टमामकुल्माषाश्चाध्यर्धगुणः । द्विगुणो यावकः । पुलाकः पिष्टं च सिद्धम् ॥

कोद्रववरकोदारकाप्रियङ्गूणां त्रिगुणमन्नं चतुर्गुणं व्रीहीणाम् । पञ्चगुणं शालीनाम् ॥

तिमितमपरान्नं द्विगुणमर्धाधिकं विरूढानाम् ।

पञ्चभागवृद्धिः भृष्टानाम् । कळायो द्विगुणः । लाजा भरुजाश्च ॥

षट्कं तैलमतसीनाम् । निम्बकुशाम्रकपित्थादीनां पञ्चभागः ।

[1] नवेन च इति व्याख्यायां पाठः.

[2] अत्र कियानपि ग्रन्थो गळित इति प्रतीयते व्याख्यानतः,

चतुर्भागिकास्तिलकुसुम्भमधूकेङ्गुदीस्नेहाः ।

कार्पासक्षौमाणां पञ्चपले पलसूत्रम् ।

पञ्चद्रोणे शालीनां च दशाढकं तण्डुलानां कलभभोजनम् । एकादशकं व्यालानाम् । दशकं औपवाह्यानाम् । नवकं सान्नाह्यानाम् । अष्टकं पत्तीनाम् । सप्तकं मुख्यानाम् । षट्कं देवीकुमाराणाम् । पञ्चकं राज्ञाम् ॥

अखण्डपरिशुद्धानां वा तण्डुलानां प्रस्थं चतुर्भागस्सूपः सूपषोडशो लवणस्यांशः चतुर्भागस्सर्पिषः तैलस्य वा एकमार्यभक्तम् ॥

पुंसः[1]षड्भागस्सूपः अर्धस्नेहमवराणाम् ।

पादोनं स्त्रीणाम् ।

अर्धं बालानाम् ।

मांसपलविंशत्या स्नेहार्धकुडुम्बः, पलिको लवणस्यांशः, क्षारपलयोगः, द्विधरणिकः कटुकयोगः, दध्नश्चार्धप्रस्थः ।

तेनोत्तरं व्याख्यातम् ।

शाकानामध्यर्धगुणः । शुष्काणां द्विगुणस्स चैव योगः ।

हस्त्यश्वयोस्तदध्यक्षे विधाप्रमाणं वक्ष्यामः ।

बलीवर्दानां माषद्रोणं यवानां वा पुलाकश्शेषमश्वविधानम् । विशेषो घाणपिण्याकतुलाकणकुण्डकं दशाढकं वा ।

द्विगुणं महिषोष्ट्राणाम् ।

---

[1] प्रस्थ इति व्याख्यायां पाठः.

अर्धद्रोणं खरपृषतरोहितानाम् ।

आढकमेणकुरङ्गाणाम् ।

अर्धाढकमजैळकवराहाणां द्विगुणं वा आकण्ठकुण्डकम् ।

प्रस्थौदनश्शुनाम् ।

हंसक्रौञ्चमयूराणामर्धप्रस्थः ।

शेषाणामतो मृगपशुपक्षिव्यालानामेकभक्तादनुभानं ग्राहयेत् ।

अङ्गारान् तुषान् लोहकर्मान्तभित्तिलेप्यानां हारयेत् ।

कणिकाः दासकर्मकरसूपकराणामतोऽन्यदौदनिकापूपिकेभ्यः प्रयच्छेत् ।

तुलामानभाण्डं रोचनीदृषन्मुसलोलूखलकुट्टकरोचकयन्त्रपत्रक-शूर्पचालनिकाकण्डोलीपिटकसंमार्जन्यश्चोपकरणानि ।

मार्जकरक्षकधरकमायकमापकदायकदापकशलाकाप्रतिग्राहक-दासकर्मकरवर्गश्च विष्टिः ॥

उच्चैर्धान्यस्य निक्षेपो मूताः क्षारस्य संहताः ।
मृत्काष्ठकोष्ठास्स्नेहस्य पृथिवी लवणस्य च ॥

इत्यध्यक्षप्रचारे कोष्ठागाराध्यक्षः पञ्चदशोऽध्यायः. आदितष्षट्त्रिंशः.

३४ प्रक. पण्यधयक्षः.

पण्याध्यक्षः स्थलजलजानां नानाविधानां पण्यानां स्थलपथ-वारिपथोपयातानां सारफल्ग्वर्घान्तरं प्रियाप्रियतां च विद्यात् ।

तथा विक्षेपसंक्षेपक्रयविक्रयप्रयोगकालान् ।

यच्च पण्यं प्रचुरं स्यात्तदेकीकृत्यार्घमारोपयेत् । प्राप्तेऽर्घे वाऽर्घान्तरं कारयेत् ।

स्वभूमिजानां राजपण्यानामेकमुखं व्यवहारं स्थापयेत् । परभूमिजानामनेकमुखम् ।

उभयं च प्रजानामनुग्रहेण विक्रापयेत् । स्थूलमपि च लाभं प्रजानामौपघातिकं वारयेत् ।

अजस्रपण्यानां कालोपरोधं सङ्कुलदोषं वा नोत्पादयेत् ।

बहुमुखं वा राजपण्यं वैदेहकाः कृतार्घं विक्रीणीरन् । छेदानुरूपं च वैधरणं दद्युः ।

षोडशभागो मानव्याजी । विंशतिभागस्तुलामानम् । गण्यपण्यानामेकादशभागः ।

परभूमिजं पण्यमनुग्रहेणावाहयेत् । नाविकसार्थवाहेभ्यश्च परिहारमायतिक्षमं दद्यात् । अनभियोगश्चार्थेष्वागन्तूनामन्यत्र सभ्योपकारिभ्यः ॥

पण्याधिष्ठातारः पण्यमूल्यमेकमुखं काष्ठद्रोण्यामेकच्छिद्रापिधानायां निदध्युः । अह्नश्चाष्टमे भागे पण्याध्यक्षस्यार्पयेयुः "इदं विक्रीतमिदं शेषमिति" । तुलामानभाण्डकं चार्पयेयुः ॥

इति स्वविषये व्याख्यातम् ।

परविषये तु—पण्यप्रतिपण्ययोरर्घमूल्यं च आगमय्य शुल्कवर्तन्यातिवाहकगुल्मतरदेयभक्तभागव्ययशुद्धमुदयं पश्येत् । असत्युदये भाण्ड[1]निर्वहणेन पण्यप्रतिपण्यार्घेण वा लाभं पश्येत् । ततस्सारपादेन स्थलव्यवहारमध्वना क्षेमेण प्रयोजयेत् । अटव्यन्तपालपुरराष्ट्रमुख्यैश्च प्रतिसंसर्गं गच्छेदनुग्रहार्थम् ।

आपदि सारमात्मानं वा मोक्षयेत् । आत्मनो वा भूमिप्राप्तः सर्वदेयविशुद्धं व्यवहरेत् ।

वारिपथेच यानभागकपथ्यदनपण्यप्रतिपण्यार्घप्रमाणयात्राकालभयप्रतीकारपण्यपत्तनचारित्राण्युपलभेत ॥

नदीपथे च विज्ञाय व्यवहारं चरित्रतः ।
यतो लाभस्ततो गच्छेदलाभं परिवर्जयेत् ॥

इत्यध्यक्षप्रचारे पण्याध्यक्षष्षोडशोऽध्यायः.
आदितस्ससप्तत्रिंशः

३५ प्रक. कुप्याध्यक्षः.

कुप्याध्यक्षो द्रव्यवनपालैः कुप्यमानाययेत् । द्रव्यवनकर्मान्तांश्च प्रयोजयेत् । द्रव्यवनच्छिदां च देयमत्ययं च स्थापयेदन्यत्रापद्भ्यः ॥

कुप्यवर्गः—शाकतिनिशधन्वनार्जुनमधूकतिलकसालशिंशुपा-

[1] भाण्डा.

रिमेदराजादनशिरीषखदिरसरलतालसर्जाश्वकर्णसोमवल्ककशा-म्रप्रियकधवादिस्सारदारुवर्गः ॥

उटजचिमियचववेणुवंशसातिनकण्टकभाल्लूकादिः वेणुवर्गः ॥

वेत्रशीकवल्ली[1] वाशीश्यामलतानागलतादिर्वल्लीवर्गः ॥

मालतीदूर्वार्कशणगवेधुकातस्यादिः वल्कवर्गः ॥

मुञ्जबल्वजादि रज्जुभाण्डम् ॥

तालीतालभूर्जानां पत्रम् । किंशुककुसुम्भकुङ्कुमानां पुष्पम् ॥

कन्दमूलफलादिरौषधवर्गः ॥

कालकूटवत्सनाभहालाहलमेषशृङ्गमुस्ताकुष्ठमहाविषवेल्लितकगौ-रार्द्रवालकमार्कटहैमवतकालिङ्गकदारदकांकोलसारकौष्ट्रकादीनि[2] विषाणि । सर्पाः कीटाश्च त एव कुम्भगता विषवर्गः ।

गोधासेरकद्वीपिशिंशुमारसिंहव्याघ्रहस्तिमहिषचमरसृमरखड्ग-गोमृगगवयानां चर्मास्थिपित्तस्नाय्वस्थिदन्तशृङ्गखुरपुच्छान्यन्येषां वाऽपि मृगपशुपक्षिव्याळानाम् ।

कालायसताम्रवृत्तकांस्यसीसत्रपुवैकृन्तकारकूटानि लोहानि ।

विदळमृत्तिकामयं भाण्डम् ।

अङ्गारतुषभस्मानि मृगपशुपक्षिव्याळवाटाः काष्ठतृणवाटा-श्चेति ।

---

[1] शीकवल्ली इति व्याख्यापाठः. [2] सारौष्ट्रकादीनि.

बहिरन्तश्च कर्मान्ता विभक्तास्सर्वभाण्डिकाः ।
आजीवपुररक्षार्थाः कार्याः कुप्योपजीविना ॥

इत्यध्यक्षप्रचारे कुप्याध्यक्षः सप्तदशोऽध्यायः.
आदितोऽष्टत्रिंशः ।

---

३६ प्रक. आयुधागाराध्यक्षः.

आयुधागाराध्यक्षः साङ्ग्रामिकं दौर्गकर्मिकं परपुराभिघातिकं चक्रयंत्रमायुधमावरणमुपकरणं च तज्जातकारुशिल्पिभिः कृतकर्मप्रमाणकालवेतनफलनिष्पत्तिभिः कारयेत् ।

स्वभूमौ च स्थापयेत् ।

स्थानपरिवर्तनमातपप्रदानं च बहुशः कुर्यात् ।

ऊष्मोपस्नेहक्रिमिभिरुपहन्यमानमन्यथा स्थापयेत् ।

जातिरूपलक्षणप्रमाणागममूल्यनिक्षेपैश्चोपलभेत ।

सर्वतोभद्रजामदग्न्यबहुमुखविश्वासघातिसङ्घाटीयानकपर्जन्यकार्धबाहूर्ध्वबाहूनि स्थितयन्त्राणि ।

पञ्चालिकदेवदण्डसूकरिकामुसलयष्टिहस्तिवारकतालवृन्तमुद्गरगदास्पृक्तलाकुद्दालास्फाटिमौद्घाटिमशतघ्नित्रिशूलचक्राणि चलयन्त्राणि ॥

शक्तिप्रासकुन्तहाटकभिण्डिवालशूलतोमरवराहकर्णकणयकर्पणत्रासिकादीनि च हुलमुखानि ।

तालचापदारवशार्ङ्गाणि कार्मुककोदण्डद्रूणा धनूंषि ।

मूर्वार्कशणगवेधुवेणुस्नायूनि ज्याः ।

वेणुशरशलाकादण्डासननाराचाश्च इषवः ।

तेषां मुखानि छेदनभेदनताडनान्यायसास्थिदारवाणि ।

निस्त्रिंशमण्डलाग्रासियष्टयः खड्गाः ।

खड्गमहिषवारणविषाणदारुवेणुमूलानि त्सरवः ।

परशुकुठारपट्टसखनित्रकुद्दालचक्र[1]काण्डच्छेदनाः क्षुरकल्पाः ।

यन्त्रगोष्पणमुष्टिपाषाणरोचनीदृषदश्च आयुधानि ।

लोहचालिकापट्टकवचसूत्रकं कर्कटशिंशुमारकखड्गिधेनुकहस्तिगोचर्मखुरशृङ्गसङ्घातं वर्माणि शिरस्त्राणकण्ठत्राणकूर्पासकञ्चुकवारवाण पट्टनागोदरिकावेरिचर्महस्तिकतालमूलधमनिकाकवाटकिटिकाप्रतिहतवलाहकान्ताश्च आवराणि ।

हस्तिरथवाजिनां योग्यभाण्डमालङ्कारिकं सन्नाहकल्पनाश्चोपकरणानि ।

ऐन्द्रजालिकमौपनिषदिकं च कर्म कर्मान्तानां च ।

इच्छामारम्भनिष्पत्तिं प्रयोगं व्याजमुद्दयम् ।
क्षयव्ययौ च जानीयात् कुप्यानामायुधेश्वरः ॥

इत्यध्यक्षप्रचारे आयुधागाराध्यक्षः अष्टादशोऽध्यायः
आदित एकोनचत्वारिंशः

---

[1] 'क्रकच' इति व्याख्याने पाठः.

३७ प्रक. तुलामानपौतवम्.

पौतवाध्यक्षः पौतवकर्मान्तान् कारयेत् ।

धान्यमाषा दश सुवर्णमाषकः पञ्च वा गुञ्जाः ।

ते षोडश सुवर्णः कर्षो वा ।

चतुःकर्षं पलम् ।

अष्टाशीतिर्गौरसर्षपा रूप्यमाषकः ।

ते षोडश धरणम् । शैब्यानि वा विंशतिः ।

विंशतितण्डुलम् वज्रधरणम् ।

अर्धमाषकः, माषकः, द्वौ, चत्वारः, अष्टौ माषकाः, सुवर्णौ द्वौ, चत्वारः, अष्टौ सुवर्णाः, दश, विंशतिः त्रिंशत्, चत्वारिंशत्, शतमिति ।

तेन धरणानि व्याख्यातानि ।

प्रतिमानान्ययोमयानि मागधमेकलशैलमयानि, यानि वा नोदकप्रदोहाभ्यां वृद्धिं गच्छेयुरुष्णेन वा ह्रासम् ।

षडङ्गुलादूर्ध्वमष्टाङ्गुलोत्तराः दश तुलाः कारयेल्लोहपलादूर्ध्वमेकपलोत्तराः यन्त्रमुभयतः शिक्यं वा ।

पञ्चत्रिंशत्पललोहां द्विसप्तत्यङ्गुलायामां समवृत्तां कारयेत् । तस्याः पञ्चपलिकं मण्डलं बध्वा समकरणं कारयेत् । ततः कर्षोत्तरं पलं पलोत्तरं दशपलं द्वादश, पञ्चदश विंशतिरिति रयेत् । तत आशतादशोत्तरं कारयेत् । अक्षेषु नान्दीपिनद्धं कारयेत् ।

द्विगुणलोहां तुलामतष्षण्णवत्यङ्गुलायामां परिमाणीं कारयेत् । तस्याः शतपदादूर्ध्वं विंशतिः, पञ्चाशत्, शतमिति पदानि कारयेत् ।

विंशतितौलिको भारः ।

दशधरणिकं पलम् ।

तत्पलशतमायमानी ।

पञ्चपलावरा व्यावहारिकी भाजन्यन्तःपुरभाजिनी च ।

तासामर्धधरणावरं पलम् । द्विपलावरमुत्तरलोहम् । षडङ्गुलावराश्चायामाः ।

पूर्वयोः पञ्चपलिकः प्रयामो मांसलोहलवणमणिवर्जम् ।

काष्ठतुला अष्टहस्ता पदवती प्रतिमानवती मयूरपदाधिष्ठिता ।

काष्ठपञ्चविंशतिपलं तण्डुलप्रस्थसाधनम् । एष प्रदेशो बह्वल्पयोः ।

इति तुलाप्रतिमानं व्याख्यातम् ।

अथ धान्यमाषद्विपलशतं द्रोणमायमानम् ।

सप्ताशीतिपलशतमर्धपलं च व्यावहारिकम् ।

पञ्चसप्ततिपलशतं भाजनीयम् ।

द्विषष्टिपलशतमर्धपलं चान्तःपुरभाजनीयम् ।

तेषामाढकप्रस्थकुडुम्बाश्चतुर्भागावराः ।

षोडशद्रोणा वारी ।

विंशतिद्रोणिकः कुम्भः ।

कुम्भैर्दशभिर्वहः ।

शुष्कसारदारुमयं समं चतुर्भागशिखं मानं कारयेत् । अन्तश्शिखं वा ।

रसस्य तु सुरायाः पुष्पफलयोः तुषाङ्गाराणां सुधायाश्च शिखामानं द्विगुणोत्तरा वृद्धिः ।

सपादपणो द्रोणमूल्यम् ।

आढकस्य पादोनः ।

षण्माषकाः प्रस्थस्य ।

माषकः कुडुबस्य ।

द्विगुणं रसादीनां मानमूल्यम् ।

विंशतिपणाः प्रतिमानस्य ।

तुलामूल्यं त्रिभागः ।

चतुर्माषिकं प्रातिवेधनिकं कारयेत् ।

अप्रतिविद्धस्यात्ययः सपादः सप्तविंशतिपणः ।

प्रातिवेधनिकं काकणीकमहरहः पौतवाध्यक्षाय दद्युः ।

द्वात्रिंशद्भागस्तप्तव्याजी सार्पिषश्चतुष्षष्टिभागस्तैलस्य ।

पञ्चाशद्भागो मानस्रावो द्रवाणाम् ।

कुडुम्बार्धचतुरष्टभागानि मानानि कारयेत् ।

कुडुम्बाश्चतुराशीतिः वारकस्सार्पिषो मतः ।
चतुष्षष्टिस्तु तैलस्य पादश्च घटिकाऽनयोः ॥

इत्यध्यक्षप्रचारे तुलामानपौतवं एकोनविंशोऽध्यायः.
आदितश्चत्वारिंशः.

---

३८ प्रक. देशकालमानम्.

मानाध्यक्षो देशकालमानं विद्यात् ।

अष्टौ परमाणवो रथचक्रविप्रुट् ।

ता अष्टौ लिक्षा ।

ता अष्टौ यूकामध्यः ।

ते अष्टौ यवमध्यः ।

अष्टौ यवमध्याः अङ्गुलं मध्यमस्य पुरुषस्य मध्यमाया अङ्गुल्या मध्यप्रकर्षो वाऽङ्गुलम् ।

चतुरङ्गुलो धनुर्ग्रहः ।

अष्टाङ्गुला धनुर्मुष्टिः ।

द्वादशाङ्गुलो वितस्तिः छायापौरुषं च ।

चतुर्दशाङ्गुलं शमश्शलः परिरयः पदं च ।

द्विवितस्तिररत्निः प्राजापत्यो हस्तः ।

सधनुर्ग्रहः पौतवविवीतमानम् ।

सधनुर्मुष्टिः किष्कुः कंसो वा ।

द्विचत्वारिंशदङ्गुलस्तक्ष्णः क्राकचिककिष्कुः स्कन्धावारदुर्गराजपरिग्रहमानम् ।

चतुःपञ्चाशदङ्गुलः कुप्यवनहस्तः ।

चतुरशीत्यङ्गुलो व्यामो रज्जुमानं खातपौरुषं च ।

चतुररत्निर्दण्डो धनुर्नालिकापौरुषं च ।

गार्हपत्यमष्टशताङ्गुलं धनुः पथिप्राकारमानं पौरुषं च अग्निचित्यानाम् ।

षट्कंसो दण्डो ब्रह्मदेयातिथ्यमानम् ।

दशदण्डो रज्जुः ।

द्विरज्जुकः परिदेशः ।

त्रिरज्जुकं निवर्तनम् ।

एकतो द्विदण्डाधिको बाहुः ।

धनुस्सहस्रं गोरुतम् ।

चतुर्गोरुतं योजनम् ।

इति देशमानं व्याख्यातम् ।

कालमानमत ऊर्ध्वम् ।

त्रुटो[1] लवो निमेषः काष्ठा कला नालिका मुहूर्तः पूर्वापरभागौ दिवसो रात्रिः पक्षो मास ऋतुरयनं संवत्सरो युगमिति कालाः ।

द्वौ त्रुटौ लवः ।

द्वौ लवौ निमेषः ।

पञ्च निमेषाः काष्ठा ।

त्रिंशत्काष्ठाः कला ।

चत्वारिंशत्कलाः नाडिका ।

सुवर्णमाषकाश्चत्वारश्चतुरङ्गुलायामाः कुम्भच्छिद्रमाढकमंभसो वा नालिका ।

द्विनालिको मुहूर्तः ।

[1] त्रुटिरिति व्याख्यानुसारीपाठः.

पञ्चदशमुहूर्तो दिवसो रात्रिश्च चैत्रे मास्याश्वयुजे च मासि भवतः ।

ततः परं त्रिभिर्मुहूर्तैरन्यतरष्षण्मासं वर्धते ह्रासते चेति ।

छायायामष्टपौरुष्यामष्टादशभागश्छेदः षट्पौरुष्यां चतुर्दशभागः चतुःष्पौरुष्यामष्टभागः द्विपौरुष्यां षड्भागः पौरुष्यां चतुर्भागः अष्टाङ्गुलायां त्रयोदशभागाः चतुरङ्गुलायां अष्टभागाः अच्छायो मध्याह्न इति ।

परावृत्ते दिवसे शेषमेवं विद्यात् ।

आषाढे मासि नष्टच्छायो मध्याह्नो भवति ।

अतः परं श्रावणादीनां षण्मासानां द्व्यङ्गुलोत्तरा माघादीनां द्व्यङ्गुलावरा छाया इति ।

पञ्चदशाहोरात्राः पक्षः ।

सोमाप्यायनश्शुक्लः ।

सोमावच्छेदनो बहुलः ।

द्विपक्षो मासः ।

त्रिंशदहोरात्रः प्रकर्ममासः ।

सार्धस्सौरः ।

अर्धन्यूनश्चान्द्रमासः ।

सप्तविंशतिर्नक्षत्रमासः ।

द्वात्रिंशत् मलमासः ।

पञ्चत्रिंशदश्ववाहायाः ।

चत्वारिंशद्धस्तिवाहायाः ।

द्वौ मासावृतुः ।

श्रावणः प्रोष्ठपदश्च वर्षाः ।

आश्वयुजःकार्तिकश्च शरत् ।

मार्गशीर्षः पौषश्च हेमन्तः ।

माघः फाल्गुनश्च शिशिरः ।

चैत्रो वैशाखश्च वसन्तः ।

ज्येष्ठामूलीय आषाढश्च ग्रीष्मः ।

शिशिराद्युत्तरायनम् ।

वर्षादि दक्षिणायनम् ।

द्व्ययनस्संवत्सरः ।

पञ्चसंवत्सरो युगमिति ।

दिवसस्य हरत्यर्कष्षष्टिभागमृतौ ततः ।
करोत्येकमहश्छेदं तथैवैकं च चन्द्रमाः ॥
एवमर्धतृतीयानामब्दानामधिमासकम् ।
ग्रीष्मे जनयतः पूर्वं पञ्चाब्दान्ते च पश्चिमम् ॥

इत्यध्यक्षप्रचारे देशकालमानं विंशोऽध्यायः.
आदित एकचत्वारिंशः.

---

३९ प्रक. शुल्काध्यक्षः.

शुल्काध्यक्षः शुल्कशालाध्वजं च प्राङ्मुखं उदङ्मुखं वा महाद्वाराभ्याशे निवेशयेत् ।

शुल्कादायिनश्चत्वारः पञ्च वा सार्थोपयातान् वणिजो लिखेयुः—"के कुतस्त्याः कियत्पण्याः क्व चाभिज्ञानमुद्रा वा कृता" इति ।

अमुद्राणामत्ययो देयद्विगुणः ।

कूटमुद्राणां शुल्काष्टगुणो दण्डः ।

भिन्नमुद्राणामत्ययो घटिकास्थाने स्थानम् ।

राजमुद्रापरिवर्तने नामकृते वा सपादपणिकं वहनं दापयेत् ।

ध्वजमूलोपस्थितस्य प्रमाणमर्घं च वैदेहकाः पण्यस्य ब्रूयुः— "एतत्प्रमाणेनार्घेण पण्यमिदं कः क्रेतेति" त्रिरुद्घोषितमर्थिभ्यो दद्यात् । क्रेतृसङ्घर्षे मूल्यवृद्धिस्सशुल्का कोशं गच्छेत् ।

शुल्कभयात्पण्यप्रमाणं मूल्यं वा हीनं ब्रुवतस्तदतिरिक्तं राजा हरेत् । शुल्कमष्टगुणं वा दद्यात् ।

तदेव निविष्टपण्यस्य भाण्डस्य हीनप्रतिवर्णकेनार्घोपकर्षणे सारभाण्डस्य फल्गुभाण्डेन प्रतिच्छादने च कुर्यात् ।

प्रतिक्रेतृभयाद्वा पण्यमूल्यादुपरि मूल्यं वर्धयतो मूल्यवृद्धिं राजा हरेत्, द्विगुणं वा शुल्कं कुर्यात् ।

तदेवाष्टगुणमध्यक्षस्य छादयतः ।

तस्माद्विक्रयः पण्यानां धृतो मितो गणितो वा कार्यः, तर्कः फल्गुभाण्डानामानुग्राहिकाणां च ।

ध्वजमूलमतिक्रान्तानां चाकृतशुल्कानां शुल्कादष्टगुणो दण्डः ।

पथिकोत्पथिकास्तद्विद्युः ।

वैवाहिकमन्वायनमौपयानिकं यज्ञकृत्यप्रसवनैमित्तिकं देवेज्याचौलोपनयनगोदानव्रतदीक्षणादिषु क्रियाविशेषेषु भाण्डमुच्छुल्कं गच्छेत् ।

अन्यथावादिनस्स्तेयदण्डः ।

कृतशुल्केनाकृतशुल्कं निर्वाहयतो द्वितीयमेकमुद्रया भित्वापुट[1]मपहरतो वैदेहकस्य तच्च तावच्च दण्डः ।

शुल्कस्थानाद्गोमयपलालं प्रमाणं कृत्वाऽपहरत उत्तमस्साहसदण्डः ।

शस्त्रवर्मकवचलोहरथरत्नधान्यपशूनामन्यतमानिर्वाह्यं निर्वाहयतो यथाऽवघुषितो दण्डः पण्यनाशश्च ।

तेषामन्यतमस्यानयने बहिरेवोच्छुल्को विक्रयः ।

अन्तपालः सपादपणिकां वर्तनीं गृह्णीयात् ।

पण्यवहनस्य पणिकामेकखुरस्य, पशूनामर्धपणिकां, क्षुद्रपशूनां पादिकां, अंसभारस्य माषिकाम् ।

नष्टापहृतं च प्रतिविदध्यात् ।

वैदेश्यं सार्थं कृतसारफल्गुभाण्डविचयनमभिज्ञानं मुद्रां च दत्वा प्रेषयेदध्यक्षस्य ।

वैदेहकव्यञ्जनो वा सार्थप्रमाणं राज्ञः प्रेषयेत् ।

तेन प्रदेशेन राजा शुल्काध्यक्षस्य सार्थप्रमाणमुपादिशेत्

[1] पण्यपुट.

सर्वज्ञत्वख्यापनार्थम् । ततस्सार्थमध्यक्षोऽभिगम्य ब्रूयात्—"इदममुष्यामुष्य च मारभाण्डं फल्गुभाण्डं च न निगूहितव्यं एष राज्ञः प्रभावः" इति ।

निगूहितफल्गुभाण्डं शुल्काष्टगुणो दण्डः । सारभाण्डं सर्वापहारः ।

राष्ट्रपीडाकरं भाण्डमुच्छिन्द्यादफलं च यत् ।
महोपकारमुच्छुल्कं कुर्याद्बीजं तु दुर्लभम् ॥

इत्यध्यक्षप्रचारे शुल्काध्यक्ष एकविंशोऽध्यायः
आदितो द्विचत्वारिंशः.

४० प्रक. शुल्कव्यवहारः.

शुल्कव्यवहारः बाह्यमाभ्यन्तरं चातिथ्यम् ।
निष्क्राम्यं प्रवेश्यं च शुल्कम् ।
प्रवेश्यानां मूल्यपञ्चभागः ।

पुष्पफलशाकमूलकन्दपल्लिक्यबीजशुष्कमत्स्यमांसानां षड्भागं गृह्णीयात् ।

शङ्खवज्रमणिमुक्ताप्रवाळहाराणां तज्जातपुरुषैः कारयेत् कृतकर्मप्रमाणकालवेतनफलनिष्पत्तिभिः ।

क्षौमदुकूलक्रिमितानकङ्कटहरितालमनश्शिलाहिङ्गुलुकलोहवर्णधातूनां चन्दनागरुकटुककिण्वावरणानां सुरादन्ताजिनक्षौमदुकूलनिकरास्तरणप्रावरणक्रिमिजातानामजैळकस्य च दशभागः, पञ्चदशभागो वा ।

वस्त्रचतुष्पदद्विपदसूत्रकार्पासगन्धभैषज्यकाष्ठवेणुवल्कलचर्ममृद्भाण्डानां धान्यस्नेहक्षारलवणमद्यपक्वान्नादीनां च विंशतिभागः पञ्चविंशतिभागो वा ।

द्वारादेयं शुल्कपञ्चभाग आनुग्राहिकं वा यथादेशोपकारं स्थापयेत् ।

जातिभूमिषु च पण्यानामविक्रयः ।

खनिभ्यो धातुपण्यादानेषु षट्छतमत्ययः ।

पुष्पफलवाटेभ्यः पुष्पफलादाने चतुष्पञ्चाशत्पणो दण्डः ।

षण्डेभ्यः शाकमूलकन्दादाने पादोनं द्विपञ्चाशत्पणो दण्डः ।

क्षेत्रेभ्यस्सर्वसस्यादाने त्रिपञ्चाशत्पणः ।

पणोऽध्यर्धपणश्च सीतात्ययः ।

अतो नवपुराणानां देशजातिचरित्रतः ।

पण्यानां स्थापयेच्छुल्कमत्ययं चापकारतः ॥

इत्यध्यक्षप्रचारे शुल्कव्यवहारो द्वाविंशोऽध्यायः
आदितस्त्रिचत्वारिंशः.

४० प्रक. सूत्राध्यक्षः.

सूत्राध्यक्षः सूत्रवर्मवस्त्ररज्जूव्यवहारं तज्जातपुरुषैः कारयेत् ।

ऊर्णावल्ककार्पासतूलशणक्षौमाणि च । विधवान्यङ्गाकन्याप्रव्रजितादण्डाप्रतिकारिणी[1]भी रूपाजीवामातृकाभिर्वृद्धराजदासीभिर्व्युपरतोपस्थानदेवदासीभिश्च कर्तयेत् ।

[1]दण्डप्रतिकारिणी इति व्याख्यायाम्. (पदमिदं पुनः प्रयुक्तं प. 115)

श्लक्ष्णस्थूलमध्यतां च सूत्रस्य विदित्वा वेतनं कल्पयेत् ।

बह्वल्पतां च सूत्रप्रमाणं ज्ञात्वा तैलामलकोद्वर्तनैरेता अनुगृह्णीयात् ।

तिथिषु प्रतिपादनमानैश्च कर्म कारयितव्याः ।

सूत्रह्रासे वेतनह्रासः द्रव्यसारात् ।

कृतकर्मप्रमाणकालवेतनफलनिष्पत्तिभिः कारुभिश्च कर्म कारयेत्, प्रतिसंसर्गं च गच्छेत् ।

क्षौमदुकूलक्रिमितानराङ्कवकार्पाससूत्रवानकर्मान्तांश्च प्रयुञ्जानो गन्धमाल्यदानैरन्यैश्चौपग्राहिकैराराधयेत् ।

वस्त्रास्तरणप्रावरणविकल्पानुत्थापयेत् ।

कङ्कटकर्मान्तांश्च तज्जातकारुशिल्पिभिः कारयेत् ।

याश्चानिष्कासिन्यः प्रोषितविधवा न्यङ्गा कन्यका वाऽऽत्मानं विभृयुस्ताः स्वदासीभिरनुसार्य[1] सोपग्रहं कर्म कारयितव्याः ।

स्वयमागच्छन्तीनां वा सूत्रशालां प्रत्युषसि भाण्डवेतनविनिमयं कारयेत् ।

सूत्रपरीक्षार्थमात्रः प्रदीपः ।

स्त्रिया मुखसन्दर्शनेऽन्यकार्यसंभाषायां वा पूर्वस्साहसदण्डः ।

वेतनकालातिपातने मध्यमः ।

अकृतकर्मवेतनप्रदाने च ।

---

[1] स्वदासीभिरनुसाध्य.

गृहीत्वा वेतनं कर्म अकुर्वत्याः अङ्गुष्ठसन्दंशनं दापयेत्। भक्षितापहृतावस्कन्दितानां च।

वेतनेषु च कर्मकराणामपराधतो दण्डः।

रज्जूवर्तकैश्च[1] पूर्वाकारैश्च[2] स्वयं संसृज्येत।

भाण्डादीनि च वरत्रादीनि वर्तयेत्।

सूत्रवल्कमयी रज्जूः वरत्रा वेत्रवैणवीः।
सान्नाह्या बन्धनीयाश्च यानयुग्यस्य कारयेत्॥

इत्यध्यक्षप्रचारे सूत्राध्यक्षस्त्रयोविंशोऽध्यायः
आदितश्चतुश्चत्वारिंशः.

४१ प्रक. सीताऽध्यक्षः.

सीताऽध्यक्षः कृषितन्त्रगुल्मवृक्षायुर्वेदज्ञस्तज्ज्ञसखो वा सर्वधान्यपुष्पफलशाककन्दमूलपाल्लीक्यक्षौमकार्पासबीजानि यथाकालं गृह्णीयात्।

बहुहलपरिकृष्टायां स्वभूमौ दासकर्मकरदण्डप्रतिकर्तृभिर्वापयेत्।

कर्षणयन्त्रोपकरणबलीवर्दैश्चैषामसङ्गं कारयेत्।

कारुभिश्च कर्मारकुट्टाकमेदकरज्जुवर्तकसर्पग्राहादिभिश्च।

तेषां कर्मफलविनिपाते तत्फलहानं दण्डः।

षोडशद्रोणं जाङ्गलानां वर्षप्रमाणमध्यर्धमानूपानां देशवा[3]-

[1] रज्जुवर्त. [2] चर्मकारैश्च इति व्याख्याने पाठः. [3] देशावापानामिति व्या.

पानामर्धत्रयोदशाश्मकानां त्रयोविंशतिरवन्तीनाममितमपरान्तानां हैमन्यानां च कुल्यावापानां च कालतः ।

वर्षत्रिभागः पूर्वपश्चिममासयोः, द्वौ त्रिभागौ मध्यमयोः सुषमारूपम् ।

तस्योपलब्धिर्बृहस्पतेस्स्थानगमनगर्भाधानेभ्यः शुक्रोदयास्तमयचारेभ्यः सूर्यस्य प्रकृतिवैकृताच्च ।

सूर्याद्बीजसिद्धिः ।

बृहस्पतेस्सस्यानां स्तम्बकारिता ।

शुक्राद्वृष्टिरिति ।

त्रयस्सप्ताहिका मेघा अशीतिः कणशीकराः ।
षष्टिरातपमेघानां एषा वृष्टिस्समाहिता ॥
वातमातपयोगं च विभजन्यत्र वर्षति ।
त्रीन् कर्षकांश्च जनयन् तत्र सस्यागमो ध्रुवः ॥

ततः प्रभूतोदकमल्पोदकं वा सस्यं वापयेत् ।

शालिव्रीहिकोद्रवतिलप्रियङ्गुदारकवरकाः पूर्ववापाः ।

मुद्गमाषशैम्ब्या मध्यवापाः ।

कुसुम्भमसूरकुलुत्थयवगोधूमकलायातसीसर्षपाः पश्चाद्वापाः ।

यथर्तुवशेन वा बीजवापाः ।

वापातिरिक्तमर्धसीतिकाः कुर्युः ।

स्ववीर्योपजीविनो वा चतुर्थपञ्चभागिकाः यथेष्टमनवसितं भागं दद्युरन्यत्र कृच्छ्रेभ्यः स्वसेतुभ्यः ।

हस्तप्रावर्तिममुदकभागं पञ्चमं दद्युः ।

स्कन्धप्रावर्तिमं चतुर्थम् ।

स्रोतोयन्त्रप्रावर्तिमं च तृतीयम् ।

चतुर्थं नदीसरस्तटाककूपोद्घाटम् ।

कर्मोदकप्रमाणेन केदारं हैमनं ग्रैष्मिकं वा सस्यं स्थापयेत् ।

शाल्यादि ज्येष्ठम् ।

षण्डो मध्यमः ।

इक्षुः प्रत्यवरः । इक्षवो हि बह्वाबाधा व्ययग्राहिणश्च ।

फेनाघातो वल्लीफलानां, परिवाहान्ताः पिप्पलीमृद्वीकेक्षूणां, कूपपर्यन्ताः शाकमूलानां, हरणी[1]पर्यन्ताः हरितकानां, पाल्यो लपानां, गन्धभैषज्योशीरहीरबेरापिण्डालुकादीनां यथास्वं भूमिषु च स्थाल्या[2]श्च अनूप्याश्चौषधीस्स्थापयेत् ।

तुषारपायनमुष्णशोषणं चासप्तरात्रादिति धान्यबीजानां, त्रिरात्रं वा कोशीधान्यानां, मधुघृतसूकरवसाभिश्शकृद्युक्ताभिः काण्डबीजानां, छेदलेपो मधुघृतेन कन्दानाम्, अस्थिबीजानां शकृदालेपः, शाखिनां गर्तदाहो गोऽस्थिशकृद्भिः काले दौहृदं च।

प्ररूढांश्चाशुष्ककटुमत्स्यांश्च स्नुहिक्षीरेण वापयेत् ।

कार्पाससारं निर्मोकं सर्पस्य च समाहरेत् ।
न सर्पास्तत्र तिष्ठन्ति धूमो यत्रैष तिष्ठति ॥

---

[1] तटाकादे रिक्तीभूत आर्द्रप्रदेशः हरिणी. [2]स्थल्यां.

सर्वबीजानां तु प्रथमवापे सुवर्णोदकसंप्लुतां पूर्वमुष्टिं वापयेत् [1]अमुं च मन्त्रं ब्रूयात्—"प्रजापतये काश्यपाय देवाय नमः सदा सीता मेध्यतां देवी बीजेषु च धनेषु चण्डवाटहो।"

पालकदासकर्मकरेभ्यो यथापुरुषपरिवापं भक्तं कुर्यात्।

सपादपणिकं मासं दद्यात्।

कर्मानुरूपं कारुभ्यो भक्तवेतनम्।

प्रशीर्णं च पुष्पफलं देवकार्यार्थं व्रीहियवमाग्रयणार्थं श्रोत्रियास्तपस्विनश्चाहरेयुः।

राशीमूलमुञ्छवृत्तयः।

यथाकालं च सस्यादि जातं जातं प्रवेशयेत्।
न क्षेत्रे स्थपयेत्किञ्चित्पलालमपि पण्डितः॥
प्रकाराणां[2] समुच्छ्रायान् वलभीर्वा तथाविधाः।
न संहतानि कुर्वीत न तुच्छानि शिरांसि च॥
खलस्य प्रकरान्कुर्यान्मण्डलान्ते समाश्रितान्।
अनग्निकास्सोदकाश्च खले स्युः परिकर्मिणः॥

इत्यध्यक्षप्रचारे सीताऽध्यक्षः चतुर्विंशोऽध्यायः
आदितः पञ्चचत्वारिंशः

---

[1] "अमुं च मन्त्रं" इत्यादिः "भक्तवेतनं" इत्यन्तो ग्रन्थः व्याख्यात्रा न व्याख्यातः।

[2] प्रकाराः कुलुमाः इति व्या.

४२ प्रक. सुराऽध्यक्षः.

सुराऽध्यक्षस्सुराकिण्वव्यवहारान् दुर्गे जनपदे स्कन्धावारे वा तज्जातिसुराकिण्वव्यवहारिभिः कारयेत् ।

एकमुखमनेकमुखं वा विक्रयक्रयवशेन वा षट्छतमत्ययमन्यत्र कर्तृक्रेतृविक्रेतॄणां स्थापयेत्, ग्रामादनिर्णयनमसम्पातं च ।

सुरायाः प्रमादभयात्कर्मसु निर्दिष्टानां, मर्यादातिक्रमभयादार्याणां उत्साहभयाच्च तीक्ष्णानां, लक्षितमल्पं वा चतुर्भागमर्धकुडुम्बं कुडुम्बमर्धप्रस्थं वेदितज्ञातशौचा निर्हरेयुः ।

पानागारेषु वा पिबेयुरसञ्चारिणः ।

निक्षेपोपनिधिप्रयोगापहृतादीनामनिष्टोपगतानां च द्रव्याणां ज्ञानार्थमस्वामिकं कुप्यं हिरण्यं चोपलभ्य निक्षेप्तारमन्यत्र व्यपदेशेन ग्राहयेत् । अतिव्ययकर्तारमनायातिव्ययं च ।

न चानर्घेण कालिकां वा सुरां दद्यादन्यत्र दुष्टसुरायाः। तामन्यत्र विक्रापयेत् । दासकर्मकरेभ्यो वा वेतनं दद्यात् । वाहनप्रतिपानं सूकरपोषणं वा दद्यात् ।

पानागाराण्यनेककक्ष्याणि विभक्तशयनासनवन्ति पानोद्देशानि गन्धमाल्योदकवन्त्यृतुसुखानि कारयेत् ।

तत्रस्थाः प्रकृत्यौत्पत्तिकौ[1] व्ययौ गूढा विद्युरागन्तूंश्च ।

---

[1] प्रकृतौत्पत्तिकौ, नित्यनैमित्तिकौ इति व्या.

क्रेतॄणां मत्तसुप्तानामलङ्काराच्छादनहिरण्यानि च विद्युः। तन्नाशे वणिजस्तच्च तावच्च दण्डं दद्युः।

वणिजस्तु संवृतेषु कक्ष्याविभागेषु स्वदासीभिः पेशलरूपाभिरागन्तूनामवास्तव्यानां च आर्यरूपाणां मत्तसुप्तानां भावं विद्युः।

मेदकप्रसन्नाऽऽसवारिष्टमैरेयमधूनां—उदकद्रोणं तण्डुलानामर्धाढकं त्रयः प्रस्थाः किण्वस्येति मेदकयोगः।

द्वादशाढकं पिष्टस्य पञ्च प्रस्थाः किण्वस्य पुत्रकत्वक्फलयुक्तो वा जातिसम्भारः प्रसन्नायोगः।

कपित्थतुला फाणितं पञ्चतौलिकं प्रस्थो मधुन इत्यासवयोगः। पादाधिको ज्येष्ठः पादहीनः कनिष्ठः।

चिकित्सकप्रमाणाः प्रत्येकशो विकाराणामरिष्टाः।

मेषशृङ्गित्वक्क्वाथाभिषुतो गुळ[1]प्रतीवापः पिप्पलीमीरचसम्भारस्त्रिफलायुक्तो वा मैरेयः।

गुळ[1]युक्तानां वा सर्वेषां त्रिफलासम्भारः मृद्वीकारसो मधु। तस्य स्वदेशो व्याख्यानं कापिशायनं हारहूरकमिति।

माषकलनीद्रोणमामं सिद्धं वा त्रिभागाधिकतण्डुलं मोरटादीनां कार्षिकभागयुक्तः किण्वाबन्धः।

पाठालोध्रतेजोवत्येलावालुकमधुमधुरसाप्रियङ्गुदारुहरिद्रामरिचपिप्पलीनां च पञ्चकर्षिकः सम्भारयोगो मेदकस्य।

[1]गुड.

प्रसन्नायाश्च मधुकनिर्यूहयुक्ता कटशर्करा वर्णप्रसादिनी च ।

चोचचित्रकविळङ्गगजपिप्पलीनां च कार्षिकः क्रमुकमधुकमुस्तालोध्राणां द्विकार्षिकश्चासवसम्भारः ।

दशभागश्चैषां बीजबन्धः प्रसन्नायोगश्श्वेतसुरायाः ।

सहकारसुरा रसोत्तरा बीजोत्तरा वा महासुरा सम्भारिकी वा । तासां मोरटापलाशवत्तुर[1]मेषशृङ्गीकरञ्जक्षीरवृक्षकषायभावितं दग्धकटशर्कराचूर्णं लोध्रचित्रकविळङ्गपाठामुस्ताकळायवदारुहरिद्रेन्दीवरशतपुष्पापामार्गसप्तपर्णनिम्बास्फोतकल्कार्धयुक्तमन्तर्नखो मुष्टिः कुम्भीं राजपेयां प्रसादयति । फाणितः पञ्चपलिकश्चात्ररसवृद्धिर्देयः ।

कुटुम्बिनः कृत्येषु श्वेतसुरामौषधार्थं वारिष्टमन्यद्वा कर्तुं लभेरन् ।

उत्सवसमाजयात्रासु चतुरहस्सौरिको देयः । तेष्वनुज्ञातानां प्रहवणान्तं दैवसिकमत्ययं गृह्णीयात् ।

सुराकिण्वविचयं स्त्रियो बालाश्च कुर्युः । अराजपण्याः पञ्चकं शतं शुल्कं दद्युः । सुरकामेदकारिष्टमधुफलाम्लाम्लशीधूनां च—

अह्नश्च विक्रयं व्याजीं ज्ञात्वा मानहिरण्ययोः ।
तथा वैधरणं कुर्यादुचितं चानुवर्तयेत् ।

इत्यध्यक्षप्रचारे सुराऽध्यक्षः पञ्चविंशोऽध्यायः
आदितषट्चत्वारिंशः.

—❧❦○❦❧—

[1] पत्तूर इति व्याख्यापाठः.

४३ प्रक. सूनाध्यक्षः

प्रदिष्टाभयानामभयवनवासिनां च मृगपशुपक्षिमत्स्यानां बन्धवधहिंसायामुत्तमं दण्डं कारयेत् । कुटुम्बिनामभयवनपरिग्रहेषु मध्यमं ।

अप्रवृत्तवधानां मत्स्यपक्षिणां बन्धवधहिंसायां पादोनसप्तविंशतिपणमत्ययं कुर्यात् । मृगपशूनां द्विगुणं ।

प्रवृत्तहिंसानामपरिगृहीतानां षड्भागं गृह्णीयात् ।

मत्स्यपक्षिणां दशभागं वाधिकं मृगपशूनां शुल्कं वाधिकम् ।

पक्षिमृगाणां जीवन्षड्भागमभयवनेषु प्रमुञ्चेत् ।

सामुद्रहस्त्यश्वपुरुषवृषगर्धभाकृतयो मत्स्याः सारसा नादेयास्तटाककुल्योद्भवा वा । क्रौञ्चोत्क्रोशकदात्यूहहंसचक्रवाकजीवञ्जीवकभृङ्गराजचकोरमत्तकोकिलमयूरशुकमदनशारिका विहारपक्षिणो मङ्गल्याश्चान्येपि प्राणिनः पक्षिमृगा हिंसाबाधेभ्यो रक्ष्याः । रक्षातिक्रमे पूर्वस्साहसदण्डः ।

मृगपशूनामनस्थिमांसं सद्योहतं विक्रीणीरन् । अस्थिमतः प्रतिपातं[1] दद्युः । तुलाहीने हीनाष्टगुणं ।

वत्सो वृषो धेनुश्चैषामवध्याः ।

घातः पञ्चाशत्को दण्डः । क्लिष्टघातं घातयतश्च ।

---

[1]प्रतिपातं यावन्मात्रमस्थि तावच्छुद्धं मांसमधिकं दद्युः इति व्याख्या.

परिमूनमशिरःपादास्थि विगन्धं स्वयंमृतं च न विक्रीणीरन् । अन्यथा द्वादशपणो दण्डः ।

दुष्टाः पशुमृगव्याला मत्स्याश्चाभयचारिणः ।
अन्यत्र गुप्तिस्थानेभ्यो वधबन्धमवाप्नुयुः ॥

इत्यध्यक्षप्रचारे सूनाध्यक्षः षाड्विंशोऽध्यायः.
आदितस्सप्तचत्वारिंशः

---

४४ प्रक. गणिकाऽध्यक्षः.

गणिकान्वयामगणिकान्वयां वा रूपयौवनशिल्पसम्पन्नां सहस्रेण गणिकां कारयेत् ।

कुटुम्बार्धेन प्रतिगणिकाम् ।

निष्पतिताप्रेतयोर्दुहिता भगिनी वा कुटुम्बं भरेत[1] ।

तन्माता वा प्रतिगणिकां स्थापयेत् ।

तासामभावे राजा हरेत् ।

सौभाग्यालङ्कारवृद्ध्या सहस्रेण वारं[2] कनिष्ठं मध्यमुत्तमं वाऽऽरोपयेत् । छत्रभृङ्गारव्यजनशिबिकापीठिकारथेषु च विशेषार्थम् ।

सौभाग्यभङ्गे मातृकां कुर्यात् ।

निष्क्रयश्चतुर्विंशतिसाहस्रो गणिकायाः ।

---

[1] भरेत तदीयतन्त्रं रिक्थं वा अधितिष्ठेत्, इति व्याख्या. [2] नियोगं.

द्वादशसाहस्रो गणिकापुत्रस्य ।

अष्टवर्षात्प्रभृति राज्ञः कुशीलवकर्म कुर्यात् ।

गणिका दासी भग्नभोगा कोष्ठागारे महानसे वा कर्म कुर्यात् ।

अविशन्ती सपादपणमवरुद्धा मासवेतनं दद्यात् ।

भोगं दायमायव्ययमायतिं च गणिकायाः निबन्धयेत् । अतिव्ययकर्म च वारयेत् ।

मातृहस्तादन्यत्राभरणन्यासे सपादचतुष्पणो दण्डः ।

स्वापतेयं विक्रयमाधानं नयन्त्यास्सपादपञ्चाशत्पणो दण्डः ॥

चतुर्विंशतिपणो वाक्पारुष्ये ।

द्विगुणो दण्डपारुष्ये ।

सपादपञ्चाशत्पणः पणोर्धपणश्च कर्णच्छेदने ।

अकामायाः कुमार्या वा साहसे उत्तमो दण्डः । सकामायाः पूर्वः साहसदण्डः ।

गणिकामकामां रुन्धतो निष्पातयतो वा प्राणविदारणेन वा रूपमुपघ्नतः सहस्रदण्डः । स्थानविशेषेण वा दण्डवृद्धिरानिष्क्रयद्विगुणात्पणसहस्रं वा दण्डः ।

प्राप्ताधिकारां गणिकां घातयतो निष्क्रयत्रिगुणो दण्डः ।

मातृकादुहितृकारूपदासीनां घात उत्तमस्साहसदण्डः ।

सर्वत्र प्रथमेऽपराधे प्रथमः ; द्वितीये द्विगुणः ; तृतीये त्रिगुणः ; चतुर्थे यथाकामी स्यात् ।

राजाज्ञया पुरुषमनभिगच्छन्ती गणिका शिफासहस्रं लभेत ; पञ्चसहस्रं वा दण्डः ।

भोगं गृहीत्वा द्विषत्या भोगद्विगुणो दण्डः ।

वसति भोगापहारे भोगमष्टगुणं दद्यात् अन्यत्र व्याधिपुरुषदोषेभ्यः ।

पुरुषं घ्नत्याश्चिताप्रतापोऽप्सु प्रवेशनं वा ।

गणिकाऽऽभरणार्थं भोगं वाऽपहरतोऽष्टगुणो दण्डः ।

गणिका भोगमायतिं पुरुषं च निवेदयेत् ।

एतेन नटनर्तकगायकवादकवाग्जीवनकुशीलवप्लवकसौभिकचारणानां स्त्रीव्यवहारिणां स्त्रियो गूढाजीवाश्च व्याख्याताः ।

तेषां तूर्यमागन्तुकं पञ्चपणं प्रेक्षावेतनं दद्यात् ।

रूपाजीवा भोगद्वयगुणं मासं दद्युः ।

गीतवाद्यपाठ्यनृत्तनाट्याक्षरचित्रवीणावेणुमृदङ्गपराचित्तज्ञानगन्धमाल्यसंयूहनसम्पादनसंवाहनवैशिककलाज्ञानानि गणिका दासी रङ्गोपजीविनीश्च ग्राहयतो राजमण्डलादाजीवं कुर्यात् । गणिकापुत्रान् रङ्गोपजीविनश्च मुख्यान्निष्पादयेयुः सर्वताळापचाराणां च[1] ।

संज्ञाभाषान्तरज्ञाश्च स्त्रियस्तेषामनात्मसु ।
चारघातप्रमादार्थं प्रयोज्या बन्धुवाहनाः ॥

इत्यध्यक्षप्रचारे गणिकाऽध्यक्षस्सप्तविंशोऽध्यायः
आदितोऽष्टचत्वारिंशः.

---

[1] तालापचारांश्च इति व्याख्यापाठः.

४५ प्रक. नावध्यक्षः.

नावध्यक्षस्समुद्रसंयाननदीमुखतरप्रचारान् देवसरोविसरोनदीतरांश्च स्थानीयादिष्ववेक्षेत ।

तद्वेलाकूलग्रामाः क्लृप्तं दद्युः ।

मत्स्यबन्धका नौकहाटकं षड्भागं दद्युः ।

पत्तनानुवृत्तं शुल्कभागं वणिजो दद्युः ।

यात्रावेतनं राजनौभिस्सम्पतन्तः ।

शङ्खमुक्ताग्राहिणो नौहाटकान्दद्युः स्वनौभिर्वा तरेयुः ।

अध्यक्षश्चैषां खन्यध्यक्षेण व्याख्यातः ।

पत्तनाध्यक्षनिबन्धं पण्यपत्तनचारित्रं नावध्यक्षः पालयेत् ।

मूढवाताहतां तां पितेवानुगृह्णीयात् ।

उदकप्राप्तं पण्यमशुल्कमर्धशुल्कं वा कुर्यात् । तथा निर्दिष्टाश्चैताः[1] पण्यपत्तनयात्राकालेषु प्रेषयेत् ।

संयातीर्नावः क्षेत्रानुगताः शुल्कं याचेत । हिंस्रिका निर्घातयेत्। अमित्रविषयातिगाः पण्यपत्तनचारित्रोपघातिकाश्च ।

शासकनियामकदात्ररश्मिग्राहकोत्सेचकाधिष्ठिताश्च महानावो हेमन्तग्रीष्मतार्यासु महानदीषु प्रयोजयेत् । क्षुद्रकाः क्षुद्रिकासु वर्षास्राविणीषु ।

बद्धतीर्थाश्चैताः कार्याः राजद्विष्टकारिणां तरणभयात् ।

अकालेऽतीर्थे च चरतः पूर्वस्साहसदण्डः । काले तीर्थे च अनि-

---

[1] यथानिर्दिष्टाश्चैताः.

सृष्टतारिणः पादोनसप्तविंशतिपणः तरात्ययः । कैवर्तकाष्ठतृणभारपुष्पफलवाटषण्डगोपालकानामनत्ययस्सम्भाव्यदूतानुपातिनां च सेनाभाण्डप्रचारप्रयोगाणां च ; स्वतरणैस्तरतां ; बीजभक्तद्रव्योपस्करांश्चानूपग्रामाणां तारयताम् ।

ब्राह्मणप्रव्रजितबालवृद्धव्याधितशासनहरगर्भिण्यो नावाध्यक्षमुद्राभिस्तरेयुः ।

कृतप्रवेशाः पारविषयिकाः सार्थप्रमाणा वा विशेयुः ।

परस्य भार्यां कन्यां वित्तं वाऽपहरन्तं शङ्कितमाविग्नमुद्भाण्डीकृतं महाभाण्डेन मूर्ध्नि भारेणावच्छादयन्तं सद्योगृहीतलिङ्गिनं अलिङ्गिनं वा प्रव्रजितमलक्ष्यव्याधितं भयविकारिणं गूढसारभाण्डशासनशस्त्राग्नियोगं विषहस्तं दीर्घपथिकममुद्रं चोपग्राहयेत् ।

क्षुद्रपशुर्मनुष्यश्च सभारो माषकं दद्यात् ।

शिरोभारः कायभारो गवाश्वं च द्वौ ।

उष्ट्रमहिषं चतुरः ।

पञ्च लघुयानम् ।

षड्गोलिङ्गम् ।

सप्त शकटम् ।

पण्यभारः पादम् ।

तेन भाण्डभारो व्याख्यातः ।

द्विगुणो महानदीषु तरः ।

क्लृप्तमानूपग्रामा भक्तवेतनं दद्युः ।

प्रसन्तेषु तराः शुल्कमातिवाहिकं वर्तनीं च गृह्णीयुः ।

निर्गच्छतश्चामुद्रस्य भाण्डं हरेयुः ।

अतिभारेणावेलायामतीर्थे तरतश्च पुरुषोपकरणहीनायामसंस्कृतायां वा नावि विपन्नायां नावध्यक्षो नष्टं विनष्टं वाऽभ्याभवेत् ।

सप्ताहवृत्तामाषाढीं कार्तिकीं चान्तरा तरः ।
कार्मिकप्रत्ययं दद्यान्नित्यं चाह्निकमावहेत् ॥

इत्यध्यक्षप्रचारे नावध्यक्ष अष्टाविंशोऽध्यायः
आदित एकोनपञ्चाशः

४६ प्रक. गोऽध्यक्षः.

गोऽध्यक्षो वेतनोपग्राहिकं करप्रतिकरं भग्नोत्सृष्टकं भागानुप्रविष्टकं व्रजपर्यग्रं नष्टं विनष्टं क्षीरघृतसञ्जातं चोपलभेत ।

गोपालकपिण्डारकदोहकमन्थकलुब्धकाः शतं शतं धेनूनां हिरण्यभृताः पालयेयुः । क्षीरघृतभृता हि वत्सानुपहन्युरिति वेतनोपग्राहिकम् ।

जरद्गुधेनुगर्भिणीपष्ठौहीवत्सतरीणां समविभागं रूपशतमेकः पालयेत् । घृतस्याष्टौ वारकान् पणिकं पुच्छं अङ्कचर्म वार्षिकं दद्यादिति करप्रतिकरः ।

व्याधितान्यङ्गानन्यदोहिदुर्दोहापुत्रघ्नीनां च समविभागं रूपशतं पालयन्तस्तज्जातिकं भागं दद्युरिति भग्नोत्सृष्टकम् ।

परचक्राटवीभयादनुप्रविष्टानां पशूनां पालनधर्मेण दशभागं दद्युरिति भागानुप्रविष्टकम् ।

वत्सा वत्सतरा दम्या वहिनो वृषा उक्षाणश्च पुङ्गवाः युगवाहनशकटवहा वृषभाः सूना महिषाः पृष्ठस्कन्धवाहिनश्च महिषाः वत्सिका वत्सतरी पष्ठौही गर्भिणी धेनुश्चाप्रजाता वन्ध्याश्च गावो महिष्यश्च मासद्विमासजातास्तासामुपजा वत्सा वत्सिकाश्च । मासद्विमासजातानङ्कयेत् ।

मासद्विमासपर्युषितमङ्कयेत् । अङ्कं चिह्नं वर्णं शृङ्गान्तरं च लक्षणमेवमुपजा निबन्धयेदिति व्रजपर्यग्रम् ।

चोरहृतमन्ययूथप्रविष्टमवलीनं वा नष्टम् ।

पङ्कविषमव्याधिजरातोयाधा[1]रावसन्नं वृक्षतटकाष्ठशिलाभिहतमीशानव्यालसर्पग्राहदावाग्निविपन्नं विनष्टं प्रमादादभ्याभवेयुः ।

एवं रूपाग्रं विद्यात् ।

स्वयं हन्ता घात[2]यिता हर्ता हारयिता च वध्यः ।

परपशूनां राजाङ्केन परिवर्तयिता रूपस्य[3] पूर्वं साहसदण्डं दद्यात् ।

स्वदेशीयानां चोरहृतं प्रत्यानीय पणितं रूपं हरेत् ।

परदेशीयानां मोक्षयिताऽर्धं हरेत् ।

बालवृद्धव्याधितानां गोपालकाः प्रतिकुर्युः ।

[1] हा. [2] घाता. [3] रूपस्य एकैकस्य—व्या.

लुब्धकश्वगणिभिरपास्तस्तेनव्याळपरबाधभयमृतुविभक्तमरण्यं चारयेयुः ।

सर्पव्याळत्रासनार्थं गोचरानुपातज्ञानार्थं च त्रस्नूनां घण्टातूर्यं च बध्नीयुः ।

समव्यूढतीर्थमकर्दमग्राहमुदकमवतारयेयुः पालयेयुश्च ।

स्तेनव्याळसर्पग्राहगृहीतं व्याधिजराऽवसन्नं च आवेदयेयुरन्यथा रूपमूल्यं भजेरन् ।

कारणमृतस्याङ्कचर्म गोमहिषस्य कर्णलक्षणमजाविकानां पुच्छमङ्कचर्म चाश्वखरोष्ट्राणां बालचर्मबस्तिपित्तस्नायुदन्तखुरशृङ्गास्थीनि चाहरेयुः ।

मांसमार्द्रं शुष्कं वा विक्रीणीयुः ।

उदश्वित् श्ववराहेभ्यो दद्युः ।

किञ्चित्कांस्येन भक्तार्थमाहरेयुः ।

किलाटो घाणपिण्याकक्लेदार्थः ।

पशुविक्रेता पादिकं रूपं दद्यात् ।

वर्षाशरद्धेमन्तानुभयतः कालं दुहद्युः ।

शिशिरवसन्तग्रीष्मानेककालम् ।

द्वितीयकालदोग्धुरङ्गुष्ठच्छेदो दण्डः ।

दोहकालमतिक्रामतस्तत्फलहानं दण्डः ।

एतेन नस्यदम्ययुगविङ्गन[1] वर्तनकाला व्याख्याताः ।

[1] अंगपिंगनं दान्तेन सहादान्तस्य संयोजनम. वर्तनं मेधिनीबन्धनभ्रमणं (व्या).

क्षीरद्रोणे गवां घृतप्रस्थः ; पञ्चभागाधिको महिषीणां ; द्विभागाधिकोऽजावीनां ; मन्थो वा सर्वेषां प्रमाणं भूमितृणोदकविशेषाद्धि क्षीरघृतवृद्धिर्भवति ।

यूथवृषं वृषेणावपातयतः पूर्वः साहसदण्डः घातयत उत्तमः ।

वर्णावरोधेन दशतीरक्षा[1] ।

उपनिवेशदिग्विभागे गोप्रचारान् बलान्वयतो वा गवां रक्षासामर्थ्याच्च ।

अजादीनां षाण्मासिकीमूर्णां ग्राहयेत् ।

तेनाश्वखरोष्ट्रवराहव्रजा व्याख्याताः ।

बलीवर्दानां नस्याश्वभद्रगतिवाहिनां यवसस्यार्धभारः तृणस्य द्विगुणः तुला घाणपिण्याकस्य ; दशाढकं कणकुण्डकस्य ; पञ्चपलिकं मुखलवणं ; तैलकुडुम्बो नस्यं ; प्रस्थः पानं ; मांसतुला ; दध्नश्चाढकं ; यवद्रोणं, माषाणां वा पुलाकः ; क्षीरद्रोणमर्धाढकं वा सुरायाः ; स्नेहप्रस्थः ; क्षारदशपलं ; शृङ्गिबेरपलं च प्रतिपानम् । पादोनमश्वतरगोखराणां द्विगुणं महिषोष्ट्राणां कर्मकरबलीवर्दानां पायनार्थानां च । धेनूनां कर्मकालतः फलतश्च विधादानम् । सर्वेषां तृणोदकप्रकाम्यमिति गोमण्डलं व्याख्यातम् ।

पञ्चर्षभं खराश्वानामजावीनां दशर्षभम् ।
शत्यं गोमहिषोष्ट्राणां यूथं कुर्याच्चतुर्वृषम् ॥

इत्यध्यक्षप्रचारे गोऽध्यक्ष एकोनत्रिंशोऽध्यायः
आदितः पञ्चाशः.

---

[1] दशतीरक्षा, दशवर्गाणां रक्षणं करणीयम्.

४७ प्रक. अश्वाध्यक्षः.

अश्वाध्यक्षः पण्यागारिकं क्रयोपागतमाहवलब्धमाजातं साहाय्यकागतकं पणस्थितं[1] यावत्कालिकं वाऽश्वपर्यग्रं कुलवयोवर्णचिह्नवर्गागमैर्लेखयेत् । अप्रशस्तन्यङ्गव्याधितांश्चावादयेत् ।

कोशकोष्ठागाराभ्यां च गृहीत्वा मासलाभमश्ववाहश्चिन्तयेत् ।

अश्वविभवेनायतामश्वायामद्विगुणाविस्तारां चतुर्द्वारोपावर्तनमध्यां सप्रग्रीवां प्रद्वारासनफलकयुक्तां वानरमयूरपृषतनकुलचकोरशुकशारिकाभिराकीर्णां शालां निवेशयेत् ।

अश्वायामचतुरश्रश्लक्ष्णफलकास्तारं सखादनकोष्ठकं समूत्रपुरीषोत्सर्गमेकैकशः प्राङ्मुखमुदङ्मुखं वा स्थानं निवेशयेत् । शालावशेन वा दिग्विभागं कल्पयेत् । बडवावृषाकिशोराणां एकान्तेषु ।

बडवायाः प्रजातायास्त्रिरात्रं घृतप्रस्थपानं; अत ऊर्ध्वं सक्तुप्रस्थः स्नेहभैषज्यप्रतिपानं दशरात्रं; ततः पुलाको यवसमार्तवश्चाहारः । दशरात्रादूर्ध्वं किशोरस्य घृतचतुर्भागः सक्तुकुडुम्बः । क्षीरप्रस्थश्चाहार आषण्मासादिति । ततः परं मासोत्तरमर्धवृद्धिर्यवप्रस्थ आत्रिवर्षात्; द्रोण आचतुर्वर्षादिति; अत ऊर्ध्वं चतुर्वर्षः पञ्चवर्षो वा कर्मण्यः पूर्णप्रमाणः ।

द्वात्रिंशदङ्गुलं मुखमुत्तमाश्वस्य, पञ्चमुखान्यायामः, विंशत्यङ्गुला

[1] वणस्फीतं.

जङ्घा, चतुर्जङ्घ उत्सेधः, त्र्यङ्गुलावरं मध्यमावरयोः, शताङ्गुलः परिणाहः, पञ्चभागावरं मध्यमावरयोः।

उत्तमाश्वस्य द्विद्रोणं शालिव्रीहियवप्रियङ्गूणामर्धशुष्कमर्धसिद्धं वा मुद्गमाषाणां वा पुलाकः। स्नेहप्रस्थश्च पञ्चपलः लवणस्य मांसं पञ्चाशत्पलिकं रसस्याढकं द्विगुणं वा दध्नः पिण्डक्लेदनार्थः क्षारः पञ्चपलिकः सुरायाः प्रस्थः पयसो वा द्विगुणः प्रतिपानं ; दीर्घपथभारक्लान्तानां च खादनार्थं स्नेहप्रस्थोऽनुवासनं कुडुम्बो नस्यकर्मणः यवसस्यार्धभारः तृणस्य द्विगुणः षडरत्निः परिक्षेपः पुञ्जीलग्राहो[1] वा।

पादावरमेतन्मध्यमावरयोः। उत्तमसमो रथ्यो वृषश्च मध्यमः। मध्यमसमश्चावरः। पादहीनं बडवानां पारशमानां च।

अतोऽर्धं किशोराणां च इति विधायोगः।

विधापाचकसूत्रग्राहकचिकित्सकाः प्रतिस्वादभाजः। युद्ध-व्याधिजराकर्मक्षीणाः पिण्डगोचरिकाः स्युरसमरप्रयोग्याः। पौरजानपदानामर्थेन वृषा बडवास्वायोज्याः।

प्रयोग्यानामुत्तमाः काम्भोजकसैन्धवारट्टजवानायुजाः। मध्यमा बाह्लीकपापेयकसौवीरकतैतलाः। शेषाः प्रत्यवराः।

तेषां तीक्ष्णभद्रमन्दवशेन सान्नाह्यमौपवाह्यकं वा कर्म प्रयोजयेत्।

[1] पुंजीलग्राह्वो वा तृणस्य भुजद्वयपरिष्वंगग्राह्यः–व्या.

चतुरश्रं कर्माश्वस्य सान्नाह्यम् ।

वल्गनो नीचैर्गतो लङ्घनो धोरणो नारोष्ट्रश्चौपवाह्याः ।

तत्रोपवेणुको वर्धमानको यमक आलीढप्लुतः पृथगस्तृवचाली[1] च वल्गनः ।

स एव शिरःकर्णविशुद्धो नीचैर्गतः, षोडशमार्गो वा—प्रकीर्णकः प्रकीर्णोत्तरो निषण्णः पार्श्वानुवृत्त ऊर्मिमार्गः शरभक्रीडितश्शरभप्लुतः त्रितालो बाह्यानुवृत्तः पञ्चापाणिस्सिंहायतस्स्वाधूतः क्लिष्टः श्लाघितो बृंहितः पुष्पाभिकीर्णश्चेति नीचैर्गतमार्गाः ।

कपिप्लुतो भेकप्लुत एकप्लुत एकपादप्लुतः कोकिलसंचार्युरस्यो बकचारी च लङ्घनः ।

काङ्को वारिकाङ्को मयूरोऽर्धमयूरो नाकुलोऽर्धनाकुलो वाराहोऽर्धवाराहश्चेति धोरणः ।

संज्ञाप्रतिकारो नारोष्ट्र इति ।

षण्णव द्वादशेति योजनान्यध्वा रथ्यानां पञ्चयोजनान्यध्वाष्टमानि दशेति पृष्ठवाह्यानामश्वानामध्वा ।

विक्रमो भद्राश्वासो भारवाह्य इति मार्गाः ।

विक्रमो वल्गितमुपकण्ठमुपजवो जवश्च धाराः ।

तेषां बन्धनोपकरणं योग्याचार्याः प्रतिदिशेयुः । साङ्ग्रामिकं रथाश्वालङ्कारं च सूताः । अश्वानां चिकित्सकाः शरीरह्रासवृद्धिप्रतीकारमृतुविभक्तं चाहारम् ।

---

[1] पृथगटः पूर्वार्धवल्गनः, त्रिवचाली पश्चार्धवल्गनः—व्या.

सूत्रग्राहकाश्वबन्धकयावसिकविधापाचकस्थानपालकेशकार-
जाङ्गलीविदश्च स्वकर्मभिरश्वानाराधयेयुः ।

कर्मातिक्रमे चैषां दिवसवेतनच्छेदनं कुर्यात् । नीराजनोपरुद्धं वाहयतश्चिकित्सकोपरुद्धं वा द्वादशपणो दण्डः । क्रियाभैषज्यसङ्गेन व्याधिवृद्धौ प्रतीकारद्विगुणो दण्डः । तदवरोधेन[1] वैलोम्ये पत्रमूल्यं दण्डः ।

तेन गोमण्डलं खरोष्ट्रमहिषमजाविकं च व्याख्यातम् ।

द्विरह्नस्नानमश्वानां गन्धमाल्यं च दापयेत् ।
कृष्णसन्धिषु भूतेज्याः शुक्लेषु स्वस्तिवाचनम् ॥
नीराजनामाश्वयुजे कारयेन्नवमेऽहनि ।
यात्रादाववसाने[2] वा व्याधौ वा शान्तिके रतः ॥

इत्यध्यक्षप्रचारे अश्वाध्यक्षः त्रिंशोऽध्यायः
आदित एकपञ्चाशः

---

४९ प्रक. हस्त्यध्यक्षः.

हस्त्यध्यक्षो हस्तिवनरक्षां दम्यकर्मक्षान्तानां हस्तिहस्तिनीकलभानां शालास्थानशय्याकर्मविधायवसप्रमाणं कर्मस्वायोगं बन्धनोपकरणं साङ्ग्रामिकमलङ्कारं चिकित्सकानीकस्थौपकस्थायुकवर्गं चानुतिष्ठेत् ।

---

[1] तदपराधेन—व्या.

[2] सा.

हस्त्यायामद्विगुणोत्सेधविष्कम्भायामां हस्तिनीस्थानाधिकां सप्रग्रीवां कुमारीसङ्गृहां प्राङ्मुखीमुदङ्मुखीं वा शालां निवेशयेत्।

हस्त्यायामचतुरश्रश्लक्ष्णालानस्तम्भफलकान्तरकं मूत्रपुरीषोत्सर्गस्थानं निवेशयेत्।

स्थानसमशय्यामर्धापाश्रयां दुर्गे सान्नाह्योपवाह्यानां बहिर्दम्यव्याळानां।

प्रथमसप्तमावष्टमभागावह्नस्स्नानकालौ, तदनन्तरं, विधायाः, पूर्वाह्णे व्यायामकालः, पश्चाह्नः प्रतिपान[1]कालः। रात्रिभागौ द्वौ स्वप्नकालौ, त्रिभागस्संवेशनौत्थानिकः, ग्रीष्मे ग्रहणकालः।

विंशतिवर्षो ग्राह्यः।

विक्को[2] मूढो मत्कुणो व्याधितो गर्भिणी धेनुका हस्तनी चाग्राह्याः।

सप्तारत्निरुत्सेधो नवायमो दश परिणाहः।

प्रमाणतश्चत्वारिंशद्वर्षो भवत्युत्तमः।

त्रिंशद्वर्षो मध्यमः।

पञ्चविंशतिवर्षोऽवरः।

तयोः पादावरो विधाविधिः।

अरत्नौ तण्डुलद्रोणः, अर्धाढकं तैलस्य, सर्पिषस्त्रयः प्रस्थाः, दशपलं लवणस्य, मांसं पञ्चाशत्पलिकं, रसस्याढकं, द्विगुणं वा

[1]पादन. [2]विक्कः. मूढो=हस्तिनीतुल्यदंतः. मक्कूणो निर्दंतः—व्या. [3]सप्तारत्न.

दध्नः पिण्डक्लेदनार्थं क्षारं दशपलिकं मद्यस्य आढकं द्विगुणं वा पयसः प्रतिपानं गात्रावसेकस्तैलप्रस्थः शिरसोऽष्टभागः प्रादीपिकश्च, यवसस्य द्वौ भारौ सपादौ शष्पस्य शुष्कस्यार्धतृतीयो भारः कडङ्करस्यानियमः ।

सप्तारत्निना तुल्यभोजनोऽष्टारत्निरत्यरालः ।
यथाहस्तमवशेषः षडरत्निः पञ्चारत्निश्च ।
क्षीरयावसिको विक्कः क्रीडार्थं ग्राह्यः ।

सञ्जातलोहिता प्रतिछन्ना संलिप्तपक्षा समकक्ष्याऽव्यतिकीर्णमांसा समतल्पतला जातद्रोणिकेति शोभाः ।

शोभावशेन व्यायामं भद्रं मन्द्रं च कारयेत् ।
मृगसङ्कीर्णलिङ्गं च कर्मस्वृतुवशेन वा ॥

इत्यध्यक्षप्रचारे हस्त्यध्यक्ष एकत्रिंशोऽध्यायः-
आदितो द्विपञ्चाशः.

हस्त्यध्यक्षे हस्तिप्रचारः.

कर्मस्कन्धाः चत्वारः दम्यस्सान्नाह्य औपवाह्यो व्यालश्च ।

तत्र दम्यः पञ्चविधः—स्कन्धगतः स्तम्भगतो वारिगतोऽपपातगतो[1] यूथगतश्चेति । तस्योपविचारो विक्ककर्म ।

---

[1] अपपातगतो गर्तगतः—इति व्या.

सान्नाह्यस्सप्तक्रियापथः—उपस्थानं संवर्तनं संयानं वधावधो हस्तियुद्धं नागरायणं साङ्ग्रामिकं च । तस्योपविचारः कक्ष्याकर्म ग्रैवेयकर्म यूथकर्म च ।

औपवाह्योऽष्टविधः—आचरणः, कुञ्जरौपवाह्यः, धोरणः, आधानगतिकः, यष्ट्युपवाह्यः, तोत्रोपवाह्यः, शुद्धोपवाह्यः, मार्गायुकश्चेति । तस्योपविचारः शारदकर्म हीनकर्म नारोष्ट्रकर्म च ।

व्याल एकक्रियापथः । तस्योपविचार आयम्यैकरक्षः कर्मशङ्कितोऽवरुद्धो विषमः प्रभिन्नः प्रभिन्नविनिश्चयो मदहेतुविनिश्चयश्च ।

क्रियाविपन्नो व्यालः ।

शुद्धस्सुव्रतो विषमः सर्वदोषप्रदुष्टश्च ।

तेषां बन्धनोपकरणमनीकस्थप्रमाणं आलानग्रैवेयकक्ष्यापारायणपरिक्षेपोत्तरादिकं बन्धनं; अङ्कुशवेणुयन्त्रादिकमुपकरणं; वैजयन्तीक्षुरप्रमालास्तरणकुथादिकं भूषणं; वर्मतोमरशरावापयन्त्रादिकस्साङ्ग्रामिकालङ्कारः ।

चिकित्सकानीकस्थारोहकाधोरणहस्तिपकौपचारिकविधापाचकयावसिकपादपाशिककुटीरक्षकौपशायिकादिरौपस्थायिकवर्गः ।

चिकित्सककुटीरक्षविधापाचकाः प्रस्थौदनं स्नेहप्रसृतिं क्षारलवणयोश्च द्विपलिकं हरेयुः । दशपलं मांसस्यान्यत्र चिकित्सकेभ्यः ।

पथि व्याधिकर्ममदजराऽभितप्तानां चिकित्सकाः प्रतिकुर्युः ।

स्थानस्याशुद्धिर्यव सस्याग्रहणं स्थले शायनमभागे घातः परारोहणमकालेयानमभूमावतीर्थेऽवतारणं तरुषण्ड इत्यत्ययस्थानानि । तमेषां भक्तवेतनादाददीत ॥

तिस्रो नीराजनाः कार्याश्चातुर्मास्यर्तुसन्धिषु ।
भूतानां कृष्णसन्धीज्यास्सेनान्यः शुक्लसन्धिषु ॥

दन्तमूलपरीणाहद्विगुणं प्रोत्स्य कल्पयेत् ।
अब्दे द्व्यर्धे नदीजानां पञ्चाब्दे पर्वतौकसाम् ॥

इत्यध्यक्षप्रचारे हास्तिप्रचारो द्वात्रिंशोऽध्यायः
आदितः त्रिपञ्चाशः.

४९–५१. प्रक. रथाध्यक्षः. पत्त्यध्यक्षः सेनापतिप्रचारः.

अश्वाध्यक्षेण रथाध्यक्षो व्याख्यातः ।

स रथकर्मान्तान् कारयेत् ।

दशपुरुषो द्वादशान्तरो रथः ।

तस्मादेकान्तरावरा आषडन्तरादिति सप्तरथाः ।

देवरथपुष्यरथसाङ्ग्रामिकपारियाणिकपरपुराभियानिकवैनयिकांश्च रथान् कारयेत् ।

इष्वस्त्रप्रहरणावरणोपकरणकल्पनास्सारथिरथिकरथ्यानां च कर्मस्वायोगं विद्यात् । आकर्मभ्यश्च भक्तवेतनं भृतानामभृतानां च योग्यरक्षानुष्ठानमध्व[1]मानकर्म च ।

एतेन पत्त्यध्यक्षो व्याख्यातः । स मौलभृतश्रेणिमित्रामित्राटवीबलानां सारफल्गुतां विद्यात् । निम्नस्थलप्रकाशकूटखनकाकाशदिवारात्रियुद्धव्यायामं च विद्यात् । आयोगमयोगं च कर्मसु ।

तदेव सेनापतिस्सर्वयुद्धप्रहरणविद्याविनीतो हस्त्यश्वरथचर्यासम्पुष्टश्चतुरङ्गस्य बलस्यानुष्ठानाधिष्ठानं विद्यात् । स्वभूमिं युद्धकालं प्रत्यनीकमभिन्नभेदनं भिन्नसन्धानं संहतभेदनं भिन्नवधं दुर्गवधं यात्राकालं च पश्येत् ।

तूर्यध्वजपताकाभिर्व्यूहसंज्ञाः प्रकल्पयेत् ।
स्थाने याने प्रहरणे सैन्यानां विनये रतः ॥

इत्यध्यक्षप्रचारे रथाध्यक्षः पत्त्यध्यक्षः सेनापतिप्रचारश्च त्रयस्त्रिंशोऽध्यायः आदितः चतुःपञ्चाशः.

५२–५३. प्रक. मुद्राऽध्यक्षः विवीताध्यक्षः

मुद्राऽध्यक्षो मुद्रां माषकेण दद्यात् ।
समुद्रो जनपदं प्रवेष्टुं निष्क्रमितुं वा लभेत ।

---

[1]मर्थ.

द्वादशपणममुद्रो जनपदो दद्यात् ।

कूटमुद्रायां पूर्वस्साहसदण्डः ।

तिरोजनपदस्योत्तमः ।

विवीताध्यक्षो मुद्रां पश्येत् ।

भयान्तरेषु च विवीतं स्थापयेत् । चोरव्यालभयान्निम्नारण्यानि शोधयेत् ।

अनुदके कूपसेतुबन्धोत्सान् स्थापयेत्, पुष्पफलवाटांश्च ।

लुब्धकश्वगणिनः परिव्रजेयुररण्यानि ।

तस्करामित्राभ्यागमे शङ्खदुन्दुभिशब्दमग्राह्याः कुर्युः । शैलवृक्षविरूढा वा, शीघ्रवाहना वा अमित्राटवीसञ्चारं च राज्ञो गृहकपोतैर्मुद्रायुक्तैर्हारयेयुः धूमाग्निपरंपरया वा ।

द्रव्यहस्तिवनाजीवं वर्तिनीं चोररक्षणम् ।
सार्थातिवाह्यं गोरक्ष्यं व्यवहारं च कारयेत् ।

इत्यध्यक्षप्रचारे मुद्राऽध्यक्षो विवीताध्यक्षः चतुस्त्रिंशोऽध्यायः
आदितः पञ्चपञ्चाशः.

५४–५५. प्रक. समाहर्तृप्रचारः गृहपतिवैदेहकतापसव्यञ्जनाः प्रणिधयः.

समाहर्ता चतुर्धा जनपदं विभज्य, ज्येष्ठमध्यमकनिष्ठविभा-

गेन ग्रामाग्रं पारिहारकमायुधीयं धान्यपशुहिरण्यकुप्यविष्टि(कर)-प्रतिकरमिदमेतावदिति निबन्धयेत् ।

तत्प्रदिष्टः पञ्चग्रामीं दशग्रामीं वा गोपश्चिन्तयेत् ।

सीमावरोधेन ग्रामाग्रं कृष्टाकृष्टस्थलकेदारारामषण्डवाटवनवास्तुचैत्यदेवगृहसेतुबन्धश्मशानसत्त्रप्रपापुण्यस्थानविवीतपथिसङ्ख्यानेन क्षेत्राग्रं; तेन सीम्नां क्षेत्राणां च मर्यादारण्यपथिप्रमाणसम्प्रदानविक्रयानुग्रहपरिहारनिबन्धान् कारयेत् । गृहाणां च करदाकरदसङ्ख्यानेन ।

तेषु चैतावच्चातुर्वर्ण्यमेतावन्तः कर्षकगोरक्षकवैदेहककारुकर्मकरदासाश्चैतावच्च द्विपदचतुष्पदमिदं चैष हिरण्यविष्टिशुल्कदण्डस्समुत्तिष्ठतीति ।

कुलानां च स्त्रीपुरुषाणां बालवृद्धकर्मचरित्राजीवव्ययपरिमाणं विद्यात् ।

एवं च जनपदचतुर्भागं स्थानिकः चिन्तयेत् ।

गोपस्थानिकस्थानेषु प्रदेष्टारः कार्यकरणं बलिप्रग्रहं च कुर्युः ।

समाहर्तृप्रदिष्टाश्च गृहपतिकव्यञ्जना येषु ग्रामेषु प्रणिहितास्तेषां ग्रामाणां क्षेत्रगृहकुलाग्रं विद्युः । मानसञ्जाताभ्यां क्षेत्राणि भोगपरिहाराभ्यां गृहाणि वर्णकर्मभ्यां कुलानि च । तेषां जङ्घाग्रमायव्ययौ च विद्युः । प्रस्थितागतानां च प्रवासावासकारणमनर्थ्यानां च स्त्रीपुरुषाणां चारप्रचारं च विद्युः ।

एवं वैदेहकव्यञ्जनाः स्वभूमिजानां राजपण्यानां खनिसेतुवनकर्मान्तक्षेत्रजानां परिमाणमर्घं च विद्युः ।

परभूमिजातानां वारिस्थलपथोपयातानां सारफल्गुपण्यानां कर्मसु च शुल्कवर्तन्यातिवाहिकगुल्मतरदेयभागभक्तपण्यागारप्रमाणं विद्युः ।

एवं समाहर्तृप्रदिष्टास्तापसव्यञ्जनाः कर्षकगोरक्षकवैदेहकानामध्यक्षाणां च शौचाशौचं विद्युः ।

पुराणचोरव्यञ्जनाश्चान्तेवासिनश्चैत्यचतुष्पथशून्यापदोदपाननदीनिपानतीर्थायतनाश्रमारण्यशैलवनगहनेषु स्तेनामित्रप्रवीरपुरुषाणां च प्रवेशनस्थानगमनप्रयोजनान्युपलभेरन् ।

समाहर्ता जनपदं चिन्तयेदेवमुत्थितः ।
चिन्तयेयुश्च संस्थास्तास्संस्थाश्चान्यास्स्वयोनयः ॥

इत्यध्यक्षप्रचारे समाहर्तृप्रचारः गृहपतिवैदेहकतापसव्यञ्जनप्रणिधयश्च पञ्चत्रिंशोऽध्यायः.
आदितष्षट्पञ्चाशः.

---

५६. प्रक. नागरकप्रणिधिः.

समाहर्तृवन्नागरको नगरं चिन्तयेत् । दशकुलीं गोपो, विंशतिकुलीं चत्वारिंशत्कुलीं वा ।

स तस्यां स्त्रीपुरुषाणां जातिगोत्रनामकर्मभिः जङ्घाग्रमायव्ययौ च विद्यात् ।

एवं दुर्गचतुर्भागं स्थानिकश्चिन्तयेत् ।

धर्मावसथिनः पाषण्डपथिकानावेद्य वासयेयुः ।

स्वप्रत्ययाश्च तपस्विनश्श्रोत्रियांश्च कारुशिल्पिनस्स्वकर्मस्थानेषु स्वजनं वासयेयुः ।

वैदेहकाश्चान्योन्यं स्वकर्मस्थानेषु पण्यानामदेशकालविक्रेतारमस्वकरणं च निवेदयेयुः ।

शौण्डिकपाकमांसिकौदनिकरूपाजीवाः परिज्ञातमावासयेयुः ।

अतिव्ययकर्तारमत्याहितकर्माणं च निवेदयेयुः ।

चिकित्सकः प्रच्छन्नव्रणप्रतीकारकारयितारमपथ्यकारिणं च गृहस्वामी च निवेद्य गोपस्था निवेद्य गोपस्थानिकयोर्मुच्येतान्यथा तुल्यदोषस्स्यात् ।

प्रस्थितागतौ च निवेदयेत् । अन्यथा रात्रिदोषं भजेत् । क्षेमरात्रिषु त्रिपणं दद्यात् ।

पथिकोत्पथिकाश्च बहिरन्तश्च नगरस्य देवगृहपुण्यस्थानवनश्मशानेषु सव्रणमनिष्टोपकरणमुद्भाण्डीकृतमाविग्नमतिस्वप्नमध्वक्लान्तमपूर्वं वा गृह्णीयुः ।

एवमभ्यन्तरे शून्यनिवेशावेशनशौण्डिकौदनिकपाकमांसिकद्यूतपाषण्डावासेषु विचयं कुर्युः ।

अग्निप्रतीकारं च ग्रीष्मे मध्यमयोरह्नश्चतुर्भागयोः अष्टभागोऽग्निदण्डः । बहिरधिश्रयणं वा कुर्युः ।

पादः पञ्चघटीनां कुम्भद्रोणीनिश्रेणीपरशुशूर्पाङ्कुशकचग्रहणीदृतीनां च अकरणे ।

तृणकटच्छन्नान्यपनयेत् ।

अग्निजीविन एकस्थान् वासयेत् ।

स्वगृहप्रद्वारेषु गृहस्वामिनो वसेयुः । असंपातिनो रात्रौ रथ्यासु कटव्रजास्सहस्रं तिष्ठेयुः । चतुष्पथद्वारे राजपरिग्रहेषु च ।

प्रदीप्तमनभिधावतो गृहस्वामिनो द्वादशपणो दण्डः । षट्पणो विक्रयिणः । प्रमादादीप्तेषु चतुष्पञ्चाशत्पणो दण्डः ।

प्रादीपिकोऽग्निना वध्यः ।

पांसुन्यासे रथ्यायामष्टभागो दण्डः ।

पङ्कोदकसन्निरोधे पादः । राजमार्गे द्विगुणः ।

पुण्यस्थानोदकस्थानदेवगृहराजपरिग्रहेषु पणोत्तरा विष्टादण्डाः। मूत्रेष्वर्धदण्डाः ।

भैषज्यव्याधिभयनिमित्तमदण्ड्याः ।

मार्जारश्वनकुलसर्पप्रेतानां नगरस्यान्तरुत्सर्गे त्रिपणो दण्डः । खरोष्ट्राश्वतराश्वपशुप्रेतानां षट्पणः । मनुष्यप्रेतानां पञ्चाशत्पणः ।

मार्गविपर्यासे शवद्वारादन्यतश्शवनिर्णयने पूर्वस्साहसदण्डः । द्वास्थानां द्विशतम् ।

श्मशानादन्यत्र न्यासे दहने च द्वादशपणो दण्डः ।

विषण्णालिकमुभयतोरात्रं यामतूर्यं : तूर्यशब्दे राज्ञो गृहाभ्याशे सपादपणमक्षणताडनम् । प्रथमपश्चिमयामिकं मध्यमयामिकं द्विगुणं बहिश्चतुर्गुणम् ।

शङ्कनीये देशे पूर्वापदाने च गृहीतमनुयुञ्जीत ।

राजपरिग्रहोपगमने नगररक्षारोहणे च मध्यमस्साहसदण्डः ।

सूतिकाचिकित्सकप्रेतप्रदीपायननागरकतूर्यप्रेक्षाग्निनिमित्तमुद्राभिश्चाग्राह्याः ।

चाररात्रिषु प्रच्छन्नविपरीतवेषाः प्रव्रजिता दण्डशस्त्रहस्ताश्च मनुष्या दोषतो दण्ड्याः ।

रक्षिणामवार्यं वारयतां वार्यं चावरयतामक्षणद्विगुणो दण्डः ।

स्त्रियं दासीमधिमेहयतां पूर्वस्साहसदण्डः अदासीं मध्यमः । कृतापराधामुत्तमः । कुलस्त्रियं वधः ।

चेतनाचेतनिकं रात्रिदोषमशंसतो नागरकस्य दोषानुरूपो दण्डः । प्रमादस्थाने च ।

नित्यमुदकस्थानमार्गभूमिच्छन्नपथवप्रप्राकाररक्षावेक्षणं नष्टप्रस्मृतापसृतानां च रक्षणम् ।

बन्धनागारे च बालवृद्धव्याधितानाथानां च जातनक्षत्रपौर्णमासीषु विसर्गः । पुण्यशीलास्समयानुबद्धा वा दोषनिष्क्रयं दद्युः ।

दिवसे पञ्चरात्रे वा बन्धनस्थानं विशोधयेत् ।
कर्मणा कायदण्डेन हिरण्यानुग्रहेण वा ॥
अपूर्वदेशाधिगमे युवराजाभिषेचने ।
पुत्रजन्मनि वा मोक्षो बन्धनस्य विधीयते ॥

इत्यध्यक्षप्रचारे द्वितीयेऽधिकरणे नागरकप्रणिधिः
षट्त्रिंशोऽध्यायः आदितस्सप्तपञ्चाशः.

एतावता कौटिलीयस्यार्थशास्त्रस्य अध्यक्षप्रचारो
द्वितीयमधिकरणं समाप्तम्.

---

३. अधि. धर्मस्थीयम्.

५७-५८. प्रक. व्यवहारस्थापना विवादपदनिबन्धः.

धर्मस्थास्त्रयस्त्रयोऽमात्या जनपदसन्धिसङ्ग्रहद्रोणमुखस्थानीयेषु व्यावहारिकानर्थान् कुर्युः ।

तिरोहितान्तरगारनक्तारण्योपध्युपह्वरकृतांश्च व्यवहारान् प्रतिषेधयेयुः । कर्तुः कारयितुश्च पूर्वस्साहसदण्डः । श्रोतॄणामेकैकं प्रत्यर्धदण्डाः । श्रद्धेयानां तु द्रव्यव्यपनयः ।

परोक्षेणाधिकर्णग्रहणमवक्तव्यकरा वा तिरोहितास्सिध्येयुः ।

दायनिक्षेपोपनिधिविवाहयुक्ता स्त्रीणामनिष्कासिनीनां व्याधि-

तानां चामूढसंज्ञानामन्तरगारकृतास्सिध्येयुः ।

साहसानुप्रवेशकलहविवाहराजनियोगयुक्ताः पूर्वरात्रव्यवहारिणां च रात्रिकृतास्सिध्येयुः ।

सार्थव्रजाश्रमव्याधचाराणां मध्येष्वरण्यचराणामरण्यकृतास्सिध्येयुः ।

गूढाजीविषु चोपधिकृतास्सिध्येयुः ।

मिथस्समवाये चोपह्वरकृताः सिध्येयुः । अतोऽन्यथा न सिध्येयुः ।

अपाश्रयवद्भिश्च कृताः, पितृमाता[1] पुत्रेण[2] पिता[3] पुत्रवता निष्कुलेन भ्रात्रा, कनिष्ठेनाविभक्तांशेन, पतिमत्या पुत्रवत्या च स्त्रिया, दासाहितकाभ्यां, अप्राप्तातीतव्यवहाराभ्यां, अभिशस्तप्रव्रजितव्यङ्गव्यसनिभिश्चान्यत्र निसृष्टव्यवहारेभ्यः ।

तत्रापि क्रुद्धेनार्तेन मत्तेनोन्मत्तेनापगृहीतेन वा कृता व्यवहारा न सिध्येयुः । कर्तृकारयितृश्रोतॄणां पृथग्यथोक्ता दण्डाः । स्वे स्वे तु वर्गे देशे काले च स्वकरणकृतास्सम्पूर्णचाराश्शुद्धदेशा दृष्टरूपलक्षणप्रमाणगुणास्सर्वव्यवहारास्सिध्येयुः । पश्चिमं त्वेषां करणमादेशाधिवर्जं श्रद्धेयुः ।

इति व्यवहारस्थापना ।

---

1 'पितृमता' इति पाठस्सुनेयः.

2 परतो व्यवहारज्ञः स्वतन्त्रः पितरावृते । जीवतोर्न स्वतन्त्रस्स्याज्जरयाऽपि समन्वितः ॥— कात्यायनो माधवीयव्यवहारकाण्डे,

3 'पित्रा' इति सुपठम्

संवत्सरमृतुं मासं पक्षं दिवसं करणमधिकरणमृणं वेदकावेदकयोः कृतसमर्थावस्थयोर्देशग्रामजातिगोत्रनामकर्माणि चाभिलिख्य वादिप्रतिवादिप्रश्नानर्थानुपूर्व्या निवेशयेत । निविष्टांश्चावेक्षेत ।

निबद्धं पादमुत्सृज्यान्यं पादं सङ्क्रामति ; पूर्वोक्तं पश्चिमेनार्थेन नाभिसम्बध्यते । परवाक्यमनभिग्राह्यमभिग्राह्यावतिष्ठते । प्रतिज्ञाय देशं " निर्दिश " इत्युक्ते न निर्दिशति । निर्दिष्टादेशादन्यदेशमुपस्थापयति । उपस्थिते देशेऽर्थवचनं " नैवम् " इत्यपव्ययते । साक्षिभिरवधृतं नेच्छति । असम्भाष्ये देशे साक्षिभिर्मिथस्सम्भाषते ।

इति परोक्तहेतवः ।

परोक्तदण्डः पञ्चबन्धः । स्वयंवादिदण्डो दशबन्धः । पुरुषभृतिरष्टाङ्गः । पथि भक्तमर्थविशेषतः । तदुभयं नियम्यो दद्यात् ।

अभियुक्तो न प्रत्यभियुञ्जीत अन्यत्र कलहसाहससार्थसमवायेभ्यः । न चाभियुक्तेऽभियोगोऽस्ति । अभियोक्ता चेत् प्रत्युक्तस्तदहरेव न प्रति ब्रूयात्, परोक्तस्स्यात् । कृतकार्यविनिश्चयो ह्यभियोक्ता, नाभियुक्तः । तस्याप्रतिब्रुवतस्त्रिरात्रं सप्तरात्रमिति । अत ऊर्ध्वं त्रिपणावरार्ध्यं द्वादशपणपरं दण्डं कुर्यात् । त्रिपक्षादूर्ध्वमप्रतिब्रुवतः परोक्तदण्डं कृत्वा यान्यस्य द्रव्याणि स्युस्ततोऽभियोक्तारं प्रतिपादयेदन्यत्र प्रत्युपकरणेभ्यः । तदेव निष्पततोऽभियुक्तस्य कुर्यात् । अभियोक्तुर्निष्पातसमकालः परोक्त

भावः । प्रेतस्य व्यसनिनो वा साक्षिवचनाः सारमभियोक्ता[1] दण्डं दत्वा कर्म कारयेत् ; आधिं वा सकामं प्रवेशयेत् । रक्षोघ्नरक्षितं वा कर्मणा प्रतिपादयेत् अन्यत्र ब्राह्मणादिति ।

चतुर्वर्णाश्रमस्यायं लोकस्याचाररक्षणात् ।
नश्यतां सर्वधर्माणां राजा धर्मप्रवर्तकः ॥
धर्मश्च व्यवहारश्च चारित्रं राजशासनम् ।
विवादार्थश्चतुष्पादः पश्चिमः पूर्वबाधकः ॥
अत्र सत्ये स्थितो धर्मो व्यवहारस्तु साक्षिषु ।
चरित्रं सङ्ग्रहे पुंसां राज्ञामाज्ञा तु शासनम् ॥
राज्ञः स्वधर्मस्स्वर्गाय प्रजा धर्मेण रक्षितुः ।
अरक्षितुर्वा क्षेप्तुर्वा मिथ्यादण्डमतोऽन्यथा ॥
दण्डो हि केवलो लोकं परं चेमं च रक्षति ।
राज्ञा पुत्रे च शत्रौ च यथादोषं समं धृतः ॥
अनुशासद्धि धर्मेण व्यवहारेण संस्थया ।
न्यायेन च चतुर्थेन चतुरन्तां महीं जयेत् ॥
संस्थाया धर्मशास्त्रेण शास्त्रं वा व्यावहारिकम् ।
यस्मिन्नर्थे विरुध्येत धर्मेणार्थं विनिश्चयेत् ॥
शास्त्रं विप्रतिपद्येत धर्मन्यायेन केनचित् ।
न्यायस्तत्र प्रमाणं स्यात्तत्र पाठो हि नश्यति[2] ॥

---

[1] 'साक्षिवचनमसारमभियोक्तारं' इति पाठस्साधुरिति भाति.

[2] अर्थशास्त्रात्तु बलवद्धर्मशास्त्रमिति स्थितिः. 21, II याज्ञवल्क्यस्मृतिः.

दृष्टदोषस्स्वयंवादः स्वपक्षपरपक्षयोः ।
अनुयोगार्जवं हेतुश्शपथश्चार्थसाधकः ॥
पूर्वोत्तरार्थव्याघाते साक्षिवक्तव्यकारणे ।
चारहस्ताच्च निष्पाते प्रदेष्टव्यः पराजयः ॥

इति धर्मस्थीये तृतीयाधिकरणे विवादपदनिबन्धः प्रथमोऽध्यायः आदितोऽष्टपञ्चाशः.

---

५९. प्रक. विवाहसंयुक्ते विवाहधर्मः स्त्रीधनकल्प आधिवेदनिकम्.

विवाहपूर्वो व्यवहारः ।

कन्यादानं कन्यामलङ्कृत्य ब्राह्मो विवाहः ।

सहधर्मचर्या प्राजापत्यः ।

गोमिथुनादानादार्षः ।

अन्तर्वेद्यामृत्विजे दानात् दैवः ।

मिथस्समवायात् गान्धर्वः ।

शुल्कदानादासुरः ।

प्रसह्यादानाद्राक्षसः ।

सुप्तादानात्पैशाचः ।

पितृप्रमाणाश्चत्वारः पूर्वे धर्म्याः ।

मातापितृप्रमाणाः शेषाः ।

तौ हि शुल्कहरौ दुहितुः । अन्यतराभावेऽन्यतरो वा । अद्वितीयं शुल्कं स्त्री हरेत । सर्वेषां प्रीत्यारोपणमप्रतिषिद्धम् ।

वृत्तिराबध्यं वा स्त्रीधनम् ।

परद्विसहस्रा स्थाप्या वृत्तिः । आबध्यानियमः । तदात्मपुत्रस्नुषाभर्मणि प्रवासाप्रतिविधाने च भार्याया भोक्तुमदोषः । प्रतिरोधकव्याधिदुर्भिक्षभयप्रतीकारे धर्मकार्ये च पत्युः । सम्भूय वा दंपत्योर्मिथुनं प्रजातयोस्त्रिवर्षोपभुक्तं च धर्मिष्ठेषु विवाहेषु नानुयुञ्जीत । गान्धर्वासुरोपभुक्तं सवृद्धिकमुभयं दाप्येत । राक्षसपैशाचोपभुक्तं स्तेयं दद्यात् ।

इति विवाहधर्मः ।

मृते भर्तरि धर्मकामा तदानीमेवास्थाप्याभरणं शुल्कशेषं च लभेत । लब्ध्वा वाविन्दमाना सवृद्धिकमुभयं दाप्येत । कुटुम्बकामा तु श्वशुरपतिदत्तं निवेशकाले लभेत ।

निवेशकालं हि दीर्घप्रवासे व्याख्यास्यामः ।

श्वशुरप्रातिलोम्येन वा निविष्टा श्वशुरपतिदत्तं जीयेत । ज्ञातिहस्तादभिमृष्टाया ज्ञातयो यथागृहीतं दद्युः ।

न्यायोपगतायाः प्रतिपत्ता स्त्रीधनं गोपायेत् ।

पतिदायं विन्दमाना जीयेत । धर्मकामा भुञ्जीत ।

पुत्रवती विन्दमाना स्त्रीधनं जीयेत । तत्तु स्त्रीधनं पुत्रा हरेयुः ।

पुत्रभरणार्थं वा विन्दमाना पुत्रार्थं स्फातीकुर्यात् ।

बहुपुरुषप्रजानां पुत्राणां यथा पितृदत्तं स्त्रीधनमवस्थापयेत् ।

कामकारणीयमपि स्त्रीधनं विन्दमाना पुत्रसंस्थं कुर्यात् ।

अपुत्रा पतिशयनं पालयन्ती गुरुसमीपे स्त्रीधनमायुःक्षयाद्भुञ्जीत । आपदर्थं हि स्त्रीधनं ऊर्ध्वं दायादं गच्छेत् ।

जीवति भर्तरि मृतायाः पुत्रा दुहितरश्च स्त्रीधनं विभजेरन् । अपुत्रायाः दुहितरः । तदभावे भर्ता ।

शुल्कमन्वाधेयमन्यद्वा बन्धुभिर्दत्तं बान्धवा हरेयुः ।

इति स्त्रीधनकल्पः ।

वर्षाण्यष्टावप्रजायमानामपुत्रां वन्ध्यां चाकाङ्क्षेत दश निन्दुं द्वादश कन्याप्रसविनीम् । ततः पुत्रार्थी द्वितीयां विन्देत । तस्यातिक्रमे शुल्कं स्त्रीधनमर्धं चाधिवेदनिकं दद्यात् । चतुर्विंशतिपणपरं च दण्डम् ।

शुल्कस्त्रीधनमशुल्कस्त्रीधनास्तत्प्रमाणमाधिवेदनिकमनुरूपां च वृत्तिं दत्वा बह्वीरपि विन्देत । पुत्रार्था हि स्त्रियः ।

तीर्थसमवाये चासां यथाविवाहं पूर्वोढां जीवत्पुत्रां वा पूर्वं गच्छेत् । तीर्थगूहनागमने षण्णवतिर्दण्डः । पुत्रवतीं धर्मकामां वन्ध्यां साधुं नीरजस्कां वा नाकामामुपेयात् । न चाकामः पुरुषः कुष्ठिनीमुन्मत्तां वा गच्छेत् । स्त्री तु पुत्रार्थमेवंभूतं वोपगच्छेत् ।

नीचत्वं परदेशं वा प्रस्थितो राजकिल्बिषी ।
प्राणाभिहन्ता पतितस्त्याज्यः क्लीबोऽपि वा पतिः ॥

इति धर्मस्थीये तृतीयेऽधिकरणे विवाहसंयुक्ते विवाहधर्मः स्त्रीधनकल्प आधिवेदनिकं द्वितीयोऽध्यायः.

आदित एकोनषष्टितमोऽध्यायः.

---

५९ प्रक. विवाहसंयुक्ते—शुश्रूषाभर्मपारुष्य-द्वेषातिचारोपकारव्यवहारप्रतिषेधाश्च.

द्वादशवर्षा स्त्री प्राप्तव्यवहारा भवति षोडशवर्षः पुमान् अत ऊर्ध्वमशुश्रूषायां द्वादशपणः स्त्रीया दण्डः पुंसो द्विगुणः ॥

भर्मण्यायामनिर्दिष्टकालायां ग्रासाच्छादनं वाऽधिकं यथा पुरुषपरिवापं सविशेषं दद्यात् । निर्दिष्टकालायां तदेव सङ्ख्याय बन्धं च दद्यात् । शुल्कस्त्रीधनाधिवेदनिकानामनादाने च ।

श्वशुरकुलप्रविष्टायां विभक्तायां वा नाभियोज्यः पतिः

इति भर्म ।

"नग्ने विनग्ने न्यङ्गेऽपितृकेऽमातृके" इत्यनिर्देशेन विनयग्राहणम् ॥

वेणुदलरज्जुहस्तानामन्यतमेन वा पृष्ठे त्रिराघातः तस्यातिक्रमे वाग्दण्डपारुष्यदण्डाभ्यामर्धदण्डाः ॥

तदेव स्त्रिया भर्तारि प्रसिद्धप्रदोषाया ईर्ष्याया बाह्यविहारेषु द्वारेष्वत्ययो यथानिर्दिष्टः ॥

इति पारुष्यं ॥

भर्तारं द्विषती स्त्री सप्तार्तवाऽन्यं कामयमाना तदानीमेव स्थाप्याभरणं निधाय भर्तारं अन्यया सह शयानमनुशयीत ॥

भिक्षुक्यन्वाधिज्ञातिकुलानामन्यतमे वा भर्ता द्विषत् स्त्रियमेकामनुशयीत ॥

दृष्टिलिङ्गे मैथुनापहारे सवर्णापसर्पोपगमे वा मिथ्यावादी द्वादशपणं दद्यात् ॥

अमोक्ष्या भर्तुरकामस्य द्विषती भार्या भार्यायाश्च भर्ता परस्परं द्वेषान्मोक्षः ॥

स्त्रीविप्रकाराद्वा पुरुषश्चेन्मोक्षमिच्छेत् यथा गृहीतमस्यै दद्यात् ॥

पुरुषविप्रकाराद्वा स्त्री चेन्मोक्षमिच्छेत् नास्यै यथा गृहीतं दद्यात् । अमोक्षो धर्मविवाहानामिति ॥

प्रतिषिद्धा स्त्री दर्पमद्यक्रीडायां त्रिपणं दण्डं दद्यात् ॥

दिवा स्त्रीप्रेक्षाविहारगमने षट्पणो दण्डः ॥

पुरुषप्रेक्षाविहारगमने द्वादशपणः । रात्रौ द्विगुणः ॥

सुप्तमत्ताप्रव्रजने भर्तुरादाने च द्वारस्य द्वादशपणः ॥

रात्रौ निष्कासने द्विगुणः ॥

स्त्रीपुंसयोर्मैथुनार्थेऽनङ्गविचेष्टायां रहश्शीलसम्भाषायां वा चतुर्विंशतिपणः स्त्रिया दण्डः; पुंसो द्विगुणः ॥

केशनीवीदन्तनखावलम्बनेषु पूर्वस्साहसदण्डः; पुंसो द्विगुणः ॥

शङ्कितस्थाने सम्भाषायां च पणस्थाने शिफादण्डः; स्त्रीणां ग्राममध्ये चण्डालः पक्षान्तरं पञ्चशिफा दद्यात् । पणिकं वा प्रहारं मोक्षयेत् ॥

इत्यतिचाराः ॥

प्रतिषिद्धयोः स्त्रीपुंसयोरन्योन्योपकारे क्षुद्रकद्रव्याणां द्वादशपणो दण्डः; स्थूलकद्रव्याणां चतुर्विंशतिपणः; हिरण्यसुवर्णयोश्चतुष्पञ्चाशत्पणः स्त्रिया दण्डः । पुंसो द्विगुणः ॥

त एवागम्ययोरर्धदण्डाः ॥

तथा प्रतिषिद्धपुरुषव्यवहारेषु च ॥

इति प्रतिषेधः ॥

राजद्विष्टातिचाराभ्यामात्मापक्रमणेन च ।

स्त्रीधनानीतशुल्कानामस्वाम्यं जायते स्त्रियः ॥

इति धर्मस्थीये विवाहसंयुक्ते शुश्रूषाभर्मपारुष्यद्वेषाति-
चारोपकारव्यवहारप्रतिषेधाश्च तृतीयोऽध्यायः.

आदितष्षष्टितमः.

५१. प्रक. विवाहसंयुक्ते–निष्पतनं पथ्यनुसरणं ह्रस्वप्रवासः दीर्घप्रवासश्च.

पतिकुलान्निष्पतितायाः स्त्रियाष्षट्पणो दण्डोऽन्यत्र विप्रकारात् प्रतिषिद्धायां द्वादशपणः प्रतिवेशगृहातिगतायाष्षट्पणः ॥

प्रातिवेशिकभिक्षुकवैदेहकानामवकाशभिक्षापण्यादाने द्वादशपणो दण्डः प्रतिषिद्धानां पूर्वः साहसदण्डः परिगृहातिगतायां चतुर्विंशतिपणः ॥

परभार्यावकाशदाने शत्यो दण्डोऽन्यत्रापद्भ्यः वारणाज्ञानयोर्निर्दोषः प्रतिविप्रकारात् ॥

"पतिज्ञातिसुखावस्थग्रामिकान्वाधिभिक्षुकीज्ञातिकुलानामन्यतमं पुरुषं गन्तुमदोषः" इत्याचार्याः ॥

"सपुरुषं वा ज्ञातिकुलं कुतो हि साध्वीजनस्य छलं सुखमेतदवबोद्धुम्" इति कौटिल्यः ॥

प्रेतव्याधिव्यसनगर्भनिमित्तमप्रतिषिद्धमेव ज्ञातिकुलगमनम् ॥

निमित्तं वारयतो द्वादशपणो दण्डः तत्रापि गूहमाना स्त्रीधनं जीयेत ज्ञातयो वा छादयन्तः शुल्कशेषम् ॥

इति निष्पतनम् ॥

पतिकुलान्निष्पत्य ग्रामान्तरगमने द्वादशपणो दण्डः स्थाप्याभरणलोपश्च ॥

गम्येन वा पुंसा सहप्रस्थाने चतुर्विंशतिपणः; सर्वधर्मलोपश्चान्यत्र भर्मदानतीर्थगमनाभ्यां पुंसः पूर्वः साहसदण्डः तुल्यश्रेयसोः पापीयसोः मध्यमः बन्धुरदण्ड्यः प्रतिषेधेऽर्धदण्डः ॥

पथि व्यन्तरे गूढदेशाभिगमने मैथुनार्थेन शङ्कितप्रतिषिद्धाभ्यां वा पथ्यनुसारेण सङ्ग्रहणं विद्यात् ॥

तालापचारचारणमत्स्यबन्धकलुब्धकगोपालकशौण्डिकानामन्येषां च प्रसृष्टास्त्रीकाणां पथ्यनुसरणमदोषः ॥

प्रतिषिद्धे वा नयतः पुंसः स्त्रियो वा गच्छन्त्यास्त एवार्धदण्डाः ॥

इति पथ्यनुसरणम् ॥

ह्रस्वप्रवासिनां शूद्रवैश्यक्षत्रियब्राह्मणानां भार्यास्संवत्सरोत्तरं कालमाकांक्षेरन् अप्रजातास्संवत्सराधिकं प्रजाताः प्रतिविहिताः द्विगुणं कालं अप्रतिविहितास्सुखावस्था बिभृयुः परं चत्वारि वर्षाण्यष्टौ वा ज्ञातयः ततो यथादत्तमादाय प्रमुञ्चेयुः ॥

ब्राह्मणमधीयानं दशवर्षाण्यप्रजाता; द्वादश प्रजाता । राजपुरुषमायुःक्षयादाकांक्षेत । सवर्णतश्च प्रजाता नापवादं लभेत । कुटुम्बर्द्धिलोपे वा सुखावस्थैर्विमुक्ता यथेष्टं विन्देत जीवितार्थमापद्गता वा धर्मविवाहात्कुमारी परिगृहीतारमनाख्याय प्रोषितं श्रूयमाणं सप्ततीर्थान्याकाङ्क्षेत । संवत्सरं श्रूयमाणं आख्याय प्रोषितमश्रूयमाणं पञ्चतीर्थान्याकांक्षेत दशश्रूयमाणं एकदेशदत्तशुल्कं त्रीणि तीर्थान्यश्रूयमाणं; श्रूयमाणं सप्ततीर्थान्याकाक्षेत । दत्तशुल्कं पञ्चतीर्थान्यश्रूयमाणं; दश श्रूयमाणम् । अन्ततः परं धर्मस्थैर्विसृष्टा यथेष्टं विन्देत । तीर्थोपरोधो हि धर्मवध इति कौटिल्यः ॥

दीर्घप्रवासिनः प्रव्रजितस्य प्रेतस्य वा भार्या सप्ततीर्थान्याकांक्षेत । संवत्सरं प्रजाता । ततः पतिसोदर्यं गच्छेत् । बहुषु प्रत्यासन्नं धार्मिकं भर्मसमर्थं कनिष्ठमभार्यं वा । तदभावेऽप्यसोदर्यं सपिण्डं तुल्यं वा । आसन्नमेतेषां एष एव क्रमः—

एतानुत्क्रम्य दायादान् वेदने जातकर्मणि ।
जारस्त्रीदातृवेत्तारस्संप्राप्तास्सङ्ग्रहात्ययम् ॥

इति धर्मस्थीये विवाहसंयुक्ते निष्पतनं पथ्यनुसरणं
ह्रस्वप्रवासः दीर्घप्रवासश्च चतुर्थोऽध्यायः.

विवाहसंयुक्तं समाप्तम्.

आदित एकषष्टितमः.

६०. प्रक. दायविभागे—दायक्रमः.

अनीश्वराः पितृमन्तास्स्थितपितृमातृकाः पुत्राः तेषां ऊर्ध्वं पितृतो दायविभागः पितृद्रव्याणां स्वयमार्जितमविभज्यं अन्यत्र पितृद्रव्यादुत्थितेभ्यः ॥

पितृद्रव्यादविभक्तोपगतानां पुत्राः पौत्रा वा चतुर्थादिंश्यंशभाजः तावदविच्छिन्नः पिण्डो भवति । विच्छिन्नपिण्डास्सर्वे समं विभजेरन् ॥

अपितृद्रव्या विभक्तपितृद्रव्या वा सहजीवन्तः पुनर्विभजेरन् । यतश्चोत्तिष्ठेत स द्व्यंशं लभेत ॥

द्रव्यमपुत्रस्य सोदर्या भ्रातरः सहजीविनो वा हरेयुः कन्याश्च रिक्थम् ॥

पुत्रवतः पुत्राः दुहितरो वा धर्मिष्ठेषु विवाहेषु जाताः॥

तदभावे पिता धरमाणः; पित्रभावे भ्रातरो भ्रातृपुत्राश्च ॥

अपितृका बहवोऽपि च भ्रातरो भ्रातृपुत्राश्च पितुरेकमंशं हरेयुः ॥

सोदर्याणामनेकपितृकाणां पितृतो दायविभागः पितृभ्रातृपुत्राणां पूर्वे विद्यमाने नापरमवलम्बन्ते । ज्येष्ठे च कनिष्ठमर्धग्राहिणम् ॥

जीवद्विभागे पिता नैकं विशेषयेत् । न चैकमकारणा न्निर्विभजेत । पितुरसत्यर्थे ज्येष्ठाः कनिष्ठाननुगृह्णीयुः अन्यत्र मिथ्यावृत्तेभ्यः ॥

प्राप्तव्यवहाराणां विभागः अप्राप्तव्यवहाराणां देयविशुद्धं मातृबन्धुषु ग्रामवृद्धेषु वा स्थापयेयुर्व्यवहारप्रापणात् प्रोषितस्य वा ॥

सन्निविष्टसममसन्निविष्टेभ्यो नैवेशनिकं दद्युः । कन्याभ्यश्च प्रादानिकम् ॥

ऋणरिक्थयोस्समो विभागः ॥

'उदपात्राण्यपि निष्किञ्चना विभजेरन्' इत्याचार्याः ॥

'छलमेतदिति' कौटिल्यः सतोऽर्थस्य विभागो नासतः 'एतावानर्थः सामान्यस्तस्यैतावान् प्रत्यंशः' इत्यनुभाष्य ब्रुवन् साक्षिषु विभागं कारयेत् । दुर्विभक्तमन्योन्यापहृतमन्तर्हितमविज्ञातोत्पन्नं वा पुनर्विभजेरन् ॥

अदायादकं राजा हरेत् स्त्रीवृत्तिप्रेतकार्यवर्जमन्यत्र श्रोत्रियद्रव्यात् । तत् त्रैविद्येभ्यः प्रयच्छेत् ॥

पतितः पतिताज्जातः क्लीबश्चानंशाः । जडोन्मत्तान्धकुष्ठिनश्च सति भार्यार्थे तेषामपत्यमतद्विधं भागं हरेत् । ग्रासाच्छादनमितरे पतितवर्जाः ॥

तेषां च कृतदाराणां लुप्ते प्रजनने सति ।
सृजेयुः बान्धवाः पुत्रांस्तेषामंशं प्रकल्पयेत् ॥

इति धर्मस्थीये दायविभागे दायक्रमः पञ्चमोऽध्यायः
आदितो द्विषष्टितमः.

६०. प्रक. अंशविभागः.

एकस्त्रीपुत्राणां ज्येष्ठांशः ॥

ब्राह्मणानामजाः ; क्षत्रियाणामश्वाः ; वैश्यानां गावः ; शूद्राणामवयः ॥

काणलिङ्गास्तेषां मध्यमांशः । भिन्नवर्णाः कनिष्ठांशः ।

चतुष्पदाभावे रत्नवर्जानां दशानां भागं द्रव्याणामेकं ज्येष्ठो हरेत् । प्रतिमुक्तस्वधापाशो हि भवति ॥

इत्यौशनसो विभागः ॥

पितुः परिवापाद्यानमाभरणं च ज्येष्ठः ; शयनासनं भुक्तकांस्यं च मध्यमांशः ; कृष्णं धान्यायसं गृहपरिवापो गोशकटं च कनिष्ठांशः शेषद्रव्याणामेतद्द्रव्यस्य वा समो विभागः ॥

अदायादा भगिन्यः मातुः परिवापाद्भुक्तकांस्याभरणभागिन्यः।

मानुषहीनो ज्येष्ठस्तृतीयमंशं ज्येष्ठांशाल्लभेत । चतुर्थमनायवृत्तिः ; निवृत्तधर्मकार्यो वा कामाचारस्सर्वं जीयेत ॥

तेन मध्यमकनिष्ठौ व्याख्यातौ ॥

तयोर्मानुषोपेतो ज्येष्ठांशादर्धं लभेत ॥

नानास्त्रीपुत्राणां तु संस्कृतासंस्कृतयोः कन्याकृतक्रियाभावे चैकस्याः; पुत्रयोर्यमयोर्वा पूर्वजन्मना ज्येष्ठभावः ॥

सूतमागधव्रात्यरथकाराणामैश्वर्यतो विभागः शेषास्तमुपजीवेयुः । अनीश्वरास्समविभागा इति ॥

चातुर्वर्ण्यपुत्रणां ब्राह्मणीपुत्रश्चतुरोऽशान् हरेत् ॥

क्षत्रियापुत्रस्त्रीनंशान् ॥

वैश्यापुत्रो द्वावंशौ ॥

एकं शूद्रापुत्रः ॥

तेन त्रिवर्णद्विवर्णपुत्रविभागः क्षत्रियवैश्ययोर्व्याख्यातः ॥

ब्राह्मणस्यानन्तरापुत्रस्तुल्यांशः; क्षत्रियवैश्ययोरर्धांशः, तुल्यांशो वा मानुषोपेतः ॥

तुल्यातुल्ययोरेकपुत्रस्सर्वं हरेत् । बन्धूंश्च बिभृयात् ॥

ब्राह्मणानां तु पारशवस्तृतीयमंशं लभेत । द्वावंशौ सपिण्डः कुल्यो वाऽऽसन्नः स्वधादानहेतोः तदभावे पितुराचार्योऽन्तेवासी वा ॥

क्षेत्रे वा जनयेदस्य नियुक्तः क्षेत्रजं सुतम् ।
मातृबन्धुस्सगोत्रो वा तस्मै तत्प्रदिशेद्धनम् ॥

इति धर्मस्थीये दायविभागेंऽशविभागः
षष्ठोऽध्यायः आदितस्त्रिषष्टितमः.

६० प्रक. पुत्रविभागः.

"परपरिग्रहे बीजमुत्सृष्टं क्षेत्रिणः" इत्याचार्याः ॥

"माता भस्त्रा यस्य रेतस्तस्यापत्यम्" इत्यपरे ॥

"विद्यमानमुभयम्" इति कौटिल्यः ॥

स्वयंजातः कृतक्रियायामौरसः । तेन तुल्यः पुत्रिकापुत्रः सगोत्रेणान्यगोत्रेण वा नियुक्तेन क्षेत्रजातः क्षेत्रजः पुत्रः । जनयितुरसत्यन्यस्मिन् पुत्रे स एव द्विपितृको द्विगोत्रो वा द्वयोरपि स्वधारिक्थभाग्भवति । तत्सधर्मा बन्धूनां ग्रहे गूढजातस्तु गूढजः बन्धुनोत्सृष्टोऽपविद्धः संस्कर्तुः पुत्रः कन्यागर्भः कानीनः सगर्भोढायास्सहोढः पुनर्भूतायाः पौनर्भवः ॥

स्वयंजातः पितृबन्धूनां च दायादः । परं जातस्संस्कर्तुरेव न बन्धूनाम् ॥

तत्सधर्मा मातापितृभ्यामद्भिर्दत्तो दत्तः । स्वयं बन्धुभिर्वा पुत्रभावोपगत उपगतः पुत्रत्वेऽधिकृतः कृतकः परिक्रीतः क्रीत इति ॥

औरसे तूत्पन्ने सवर्णास्तृतीयांशहराः । असवर्णा ग्रासाच्छादनभागिनः ॥

ब्राह्मणक्षत्रिययोरनन्तरापुत्रास्सवर्णा एकान्तरा असवर्णाः ॥

ब्राह्मणस्य वैश्यायामम्बष्ठः । शूद्रायां निषादः पारशवो वा ॥

क्षत्रियस्य शूद्रायामुग्रः ॥

शूद्र एव वैश्यस्य ॥

सवर्णासु चैषामचरितव्रतेभ्यो जाता व्रात्याः ॥

इत्यनुलोमाः ॥

शूद्रादायोगवक्षत्तचण्डालाः ॥

वैश्यान्मागधवैदेहकौ ॥

क्षत्रियात्सूतः ॥

पौराणिकस्त्वन्यस्सूतो मागधश्च ब्रह्मक्षत्राद्विशेषतः ॥

त एते प्रतिलोमाः स्वधर्मातिक्रमाद्राज्ञस्सम्भवन्ति ॥

उग्रान्नैषाद्यां कुटकः विपर्यये पुल्कसः । वैदेहिकायामम्बष्ठाद्वैणः विपर्यये कुशीलवः । क्षत्तायामुग्राच्छ्वपाकः इत्येतेऽन्ये चान्तरालाः ॥

कर्मणा वैण्यो रथकारः तेषां स्वयोनौ विवाहः । पूर्वापरगामित्वं वृत्तानुवृत्तं च स्वधर्मान् स्थापयेत् । शूद्रसधर्माणो वा अन्यत्र चण्डालेभ्यः ॥

केवलमेवं वर्तमानस्स्वर्गमाप्नोति राजा नरकमन्यथा सर्वेषामन्तरालानां समो विभागः ॥

देशस्य जात्या सङ्घस्य धर्मो ग्रामस्य वाऽपि यः ।
उचितस्तस्य तेनैव दायधर्मं प्रकल्पयेत् ॥

इति धर्मस्थीये दायविभागे पुत्रविभागः सप्तमोऽध्यायः

दायविभागस्समाप्तः आदितश्चतुष्षष्टितमोऽध्यायः.

६१. प्रक. गृहवास्तुकम्.

सामन्तप्रत्यया वास्तुविवादाः । गृहं क्षेत्रमारामस्सेतुबन्धस्तटाकमाधारो वा वास्तुः । कर्णकीलायससम्बन्धोऽनुगृहं सेतुः । यथा सेतुभोगं वेश्म कारयेत् ॥

अभूतं वा परकीयादविक्रम्य ॥

द्वावरत्नी त्रिपदीं वा पादे बन्धं कारयेत् । अवस्करभ्रममुदपानं पानगृहोचितमन्यत्र सूतिकाकूपादानिर्दशाहादिति । तस्यातिक्रमे पूर्वस्साहसदण्डः ॥

तेन बन्धनावघातनकृतं कल्याणकृत्येष्वाचामोदकमार्गाश्च व्याख्याताः ॥

त्रिपदीप्रतिक्रान्तमत्यर्थमरत्निं वा प्रवेश्य गाढप्रसृतमुदकमार्गं प्रस्रवणं प्रपातं वा कारयेत् । तस्यातिक्रमे चतुष्पञ्चाशत्पणो दण्डः ॥

एकपदीप्रतिक्रान्तमरत्नीं वा चक्रिचतुष्पदस्थानमग्निष्ठं उदञ्जरस्थानं रोचनीं कुट्टनीं वा कारयेत् । तस्यातिक्रमे चतुर्विंशतिपणो दण्डः ॥

सर्ववास्तुकयोः प्राक्षिप्तकयोर्वा शालयोः किष्कुरन्तरिका त्रिपदी वा । तयोश्चतुरङ्गुलं नीव्रान्तरं समारूढकं वा । किष्कुमात्रमाणिद्वारमन्तरिकायां खण्डफुल्लार्थमसम्पातं कारयेत् ।

प्रकाशार्थमल्पमूर्ध्वं वातायनं कारयेत् । सम्भूय वा गृहस्वामिनो यथेष्टं कारयेयुरनिष्टं वारयेयुः ॥

वानलट्याश्चोर्ध्वमाहार्यभोगकटप्रच्छन्नमवमर्द्भित्तिं वा कारयेत् वर्षाबाधाभयात् । तस्यातिक्रमे पूर्वस्साहसदण्डः ॥

प्रतिलोमाद्द्वारवातायनबाधायां च अन्यत्र राजमार्गरथ्याभ्यः॥

खातयोवानप्रणाळी निश्रेण्यवस्करभागैर्बहिर्बाधायां भोगनिग्रहे च परकुड्यमुदकेनोपघ्नतो द्वादशपणो दण्डः । मूत्रपुरीषोपघाते द्विगुणः ॥

प्रणाळीमोक्षो वर्षति अन्यथा द्वादशपणो दण्डः ॥

प्रतिषिद्धस्य च वसतो निरस्यतश्चावक्रयणं अन्यत्र पारुष्यस्तेयसाहससङ्ग्रहणमिथ्याभोगेभ्यः ॥

स्वयमभिप्रस्थितो वर्षावक्रयशेषं दद्यात् ॥

सामान्ये वेश्मनि साहाय्यमप्रयच्छतस्सामान्यमुपरुन्धतो भोगं च गृहे द्वादशपणो दण्डः । विनाशयतस्तद्विगुणः ॥

कोष्ठकाङ्गणवर्चानामग्निकुट्टनशालयोः ।
विवृतानां च सर्वेषां सामान्ये भोग इष्यते ॥

इति धर्मस्थीये वास्तुके गृहवास्तुकं अष्टमोऽध्यायः
आदितः पञ्चषष्टिरध्यायाः.

---

६१. प्रक. वास्तुविक्रयः.

ज्ञातिसामन्तधनिकाः क्रमेण भूमिपरिग्रहान् क्रेतुमभ्याभवेयुः । ततोऽन्ये बाह्यास्सामन्तचत्वारिंशत्कुल्या गृहप्रतिमुखे वेश्म श्रावयेयुः । सामन्तग्रामवृद्धेषु क्षेत्रमारामं सेतुबन्धं तटाकमाधारं वा मर्यादासु यथासेतुभागं 'अनेनार्घेण कः क्रेता' इति त्रिराघुषितवीतमव्याहतं क्रेता क्रेतुं लभेत ॥

स्वर्गवायोर्वा[1] मूल्यवर्धने मूल्यवृद्धिः सशुल्का कोशं गच्छेत् ।

विक्रयप्रतिक्रोष्टा शुल्कं दद्यात् ॥

अस्वामिप्रतिक्रोशे चतुर्विंशतिपणो दण्डः । सप्तरात्रादूर्ध्वमनभिसरतः प्रतिक्रुष्टो विक्रीणीत । प्रतिक्रुष्टातिक्रमे वास्तुनि द्विशतो दण्डः अन्यत्र चतुर्विंशतिपणो दण्डः ॥

इति वास्तुविक्रयः ॥

सीमविवादं ग्रामयोरुभयोस्सामन्ताः पञ्चग्रामी दशग्रामी वा सेतुभिस्स्थावरैः कृत्रिमैर्वा कुर्यात् ॥

कर्षकगोपालवृद्धकाः पूर्वभुक्तिका वा बाह्यास्सेतूनामनभिज्ञा बहव एको वा निर्दिश्य सीमसेतून् विपरीतवेषा सीमानं नयेयुः ॥

उद्दिष्टानां सेतूनामदर्शने सहस्रदण्डः । तदेव नीते सीमापहारिणां सेतुच्छिदां च कुर्यात् ॥

---

[1] "स्पर्धितयोर्वा"; अथवा "स्पर्धया वा".

प्रणष्टसेतुभोगं वा सीमानं राजा यथोपकारं विभजेत् ।

क्षेत्रविवादं सामन्तग्रामवृद्धाः कुर्युः तेषां द्वैधीभावे यतो बहवश्शुचयोऽनुमता वा ततो नियच्छेयुः । मध्यं वा गृह्णीयुः । तदुभयं परोक्तं वास्तु राजा हरेत् ।

प्रणष्टस्वामिकं च यथोपकारं वा विभजेत् । प्रसह्यादाने वास्तुनि स्तेयदण्डः । कारणादाने प्रयासमाजीवं च परिसङ्ख्याय बन्धं दद्यात् । मर्यादापहरणे पूर्वस्साहसदण्डः । मर्यादाभेदे चतुर्विंशतिपणः । तेन तपोवनविवीतमहापथश्मशानदेवकुलयजनपुण्यस्थानविवादा व्याख्याताः ।

इति मर्यादास्थापनम् ।

सर्व एव विवादास्सामन्तप्रत्ययाः ।

विवीतस्थलकेदारषण्डखलवेश्मवाहनकोष्ठानां पूर्वं पूर्वमबाधं सहेत ब्रह्मसोमारण्यदेवयजनपुण्यस्थानवर्जाः ।

स्थलप्रदेशाः आधारपरिवाहकेदारोपभोगैः परक्षेत्रकृष्टबीजहिंसायां यथोपघातं मूल्यं दद्युः । केदारारामसेतुबन्धानां परस्परहिंसायां हिंसाद्विगुणो दण्डः ।

पश्चान्निविष्टमधरतटाकं नोपरितटाकस्य केदारमुदकेनाप्लावयेत् ।

उपरिनिविष्टं नाधरतटाकस्य पूरास्रावं वारयेत् अन्यत्रत्रिवर्षोपरतकर्मणः । तस्यातिक्रमे पूर्वस्साहसदण्डः । तटाकवामनं च ।

पञ्चवर्षोपरतकर्मणः सेतुबन्धस्य स्वाम्यं लुप्येतान्यत्रापद्भ्यः।

तटाकसेतुबन्धानां नवप्रवर्तने पाञ्चवर्षिकः परिहारः।

भग्नोत्सृष्टानां चातुर्वर्षिकः।

समुपारूढानां त्रैवर्षिकः।

स्थलस्य द्वैवर्षिकः स्वात्माधाने विक्रये च।

वातप्रवृत्तिमनन्दिनिबन्धायतनतटाककेदारारामषण्डवापानां सस्यवर्णभागोत्तरिकमन्येभ्यो वा यथोपकारं दद्युः। प्रक्रयावक्रयविभागभोगनिसृष्टोपभोक्तारश्चैषां प्रतिकुर्युः। अप्रतीकारे हीनाद्विगुणो दण्डः॥

सेतुभ्यो मुञ्चतस्तोयमपारे षड्गुणो दमः॥
पारे वा तोयमन्येषां प्रमादेनोपरुन्धतः॥

इति धर्मस्थीये वास्तुके वास्तुविक्रयः सीमाविवादः
मर्यादास्थापनं बाधाबाधिकं नवमोऽध्यायः
आदितः षट्षष्टितमोऽध्यायः॥

६१—६२. विवीतक्षेत्रपथहिंसा, समयस्यानपाकर्म च.

कर्मोदकमार्गमुचितं रुन्धतः कुर्वतोऽनुचितं वा पूर्वस्साहसदण्डः॥

सेतुरूपपुण्यस्थानचैत्यदेवायतनानि च परभूमौ निवेशयतः

पूर्वानुवृत्तं धर्मसेतुमाधानं विक्रयं वा नयतो नाययतो वा मध्यमस्साहसदण्डः श्रोतॄणमुत्तमः अन्यत्र भग्नोत्सृष्टात् ॥

स्वाम्यभावे ग्रामाः पुण्यशीला वा प्रतिकुर्युः ॥

पथिप्रमाणं दुर्गनिवेशे व्याख्यातं ॥

क्षुद्रपशुमनुष्यपथं रुन्धतो द्वादशपणो दण्डः । महापशु पथं चतुर्विंशतिपणः । हस्तिक्षेत्रपथं चतुष्पञ्चाशत्पणः । सेतु वनपथं षट्छतः । श्मशानग्रामपथं द्विशतः । द्रोणमुखपथं पञ्च-शतः । स्थानीयराष्ट्रविवीतपथं साहस्रः । अतिकर्षणे चैषां दण्डचतुर्थो दण्डाः । कर्षणे पूर्वोक्ताः ॥

क्षेत्रिकस्याक्षिपतः क्षेत्रमुपवासस्य वात्यतो बीजकाले द्वा-दशपणो दण्डः अन्यत्र दोषोपनिपाताविषह्येभ्यः ॥

करदाः करदेष्वाधानं विक्रयं वा कुर्युः । ब्रह्मदेयिका ब्रह्मदेयिकेषु अन्यथा पूर्वस्साहसदण्डः ।

करदस्य वाऽकरदग्रामं प्रविशतः ॥

करदं तु प्रविशतः सर्वद्रव्येषु प्राकाम्यं स्यात् अन्यत्रागा-रात् । तदप्यस्मै दद्यात् ॥

अनादेयमकृषतोऽन्यः पञ्चवर्षाण्युपभुज्य प्रयासनिष्क्रयेण-दद्यात् । अकरदाः परत्र वसन्तो भोगमुपजीवयेयुः ॥

ग्रमार्थेन ग्रामिकं व्रजन्तं उपवासाः पर्यायेणानुगच्छेयुरन नुगच्छन्तः पणार्धपणिकं योजनं दद्युः ॥

ग्रामिकस्य ग्रमादस्तेनपारदारं निरस्यतश्चतुर्विंशतिपणो दण्डः। ग्राभस्योत्तमः ॥

निरस्तस्य प्रवेशो ह्यधिगमेन व्याख्यातः ॥

स्तम्भैस्समन्ततो ग्रामाद्धनुश्शतापकृष्टमुपशालं कारयेत् ॥

पशुप्रचारार्थं विवीतमालवनेनोपजीवेयुः ॥

विवीतं भक्षयित्वावसृतानामुष्ट्रमहिषाणां पादिकं रूपं गृह्णीयुः । गवाश्वखराणां चार्धपादिकं । क्षुद्रपशूनां षोड-शभागिकम् ॥

भक्षयित्वा निषण्णानामेत एव द्विगुणा दण्डाः । परिव-सतां चतुर्गुणाः ॥

ग्रामदेववृषा वा अनिर्दशाहा वा धेनुरुक्षाणो गोवृषाश्चादण्डाः॥

सस्यभक्षणे सस्योपघातं निष्पात्तितः परिसङ्ख्याय द्विगुणं दापयेत् । स्वामिनश्च निवेद्य चारयतो द्वादशपणो दण्डः प्रमुञ्चतश्चतुर्विंशतिपणः पालिनामर्धदण्डाः । तदेव षण्डभक्षणे कुर्यात् । वाटभेदे द्विगुणः ॥

वेश्मखलवलयगतानां च धान्यानां भक्षणे हिंसाप्रतीकारं कुर्यात् ॥

अभयवनमृगाः परिगृहीताः भक्षयन्तः स्वामिनो निवेद्य यथाऽवध्यास्तथा प्रतिषेद्धव्याः ॥

पशवो रश्मिप्रतोदाभ्यां वारयितव्याः । तेषामन्यथा हिंसायां दण्डपारुष्यदण्डाः । प्रार्थयमाना दृष्टापराधा वा सर्वोपायैर्नियन्तव्याः । इति क्षेत्रपथहिंसा ।

कर्षकस्य ग्राममभ्युपेत्याकुर्वतो ग्राम एवात्ययं हरेत् । कर्माकरणे कर्मवेतनाद्द्विगुणं हिरण्यदानं प्रत्यंशाद्द्विगुणं भक्ष्यपेयदाने च प्रहवणेषु द्विगुणमंशं दद्यात् ।

प्रेक्षायामनंशदः स्वस्वजनो न प्रेक्षेत । प्रच्छन्नश्रवणेक्षणे च सर्वहिते च कर्मणि निग्रहेण द्विगुणमंशं दद्यात् ।

सर्वहितमेकस्य ब्रुवतः कुर्युराज्ञाम् । अकरणे द्वादशपणो दण्डः ।

तं चेत्सम्भूय वा हन्युः पृथगेषामपराधद्विगुणो दण्डः । उपहन्तृषु विशिष्टः ब्राह्मणतश्चैषां ज्येष्ठं नियम्येत ।

प्रहवणेषु चैषां ब्राह्मणेनाकामः कुर्युः । अंशं च लभेरन् ।

तेन देशजातिकुलसङ्घानां समयस्यानपाकर्म व्याख्यातं ।

राजा देशहितान् सेतून् कुर्वतां पथि सङ्क्रमात् ।
ग्रामशोभाश्चरक्षाश्च तेषां प्रियहितं चरेत् ।

इति धर्मस्थीये वास्तुके विवीतक्षेत्रपथहिंसा
दशमोऽध्यायः वास्तुकं समाप्तम्.
समयस्यानपाकर्मच
आदित स्सप्तषष्टितमोऽध्यायः.

---

६३. ऋणादानम्.

सपादपणा धर्म्या मासवृद्धिः पणशतस्य ।

पञ्चपणा व्यावहारिकी ।

दशपणा कान्तारकाणां ।

विंशतिपणा सामुद्राणां । ततः परं कर्तुः कारयितुश्च पूर्वस्साहसदण्डः । श्रोतॄणामेकैकं प्रत्यर्धदण्डः ।

राजन्ययोगक्षेमवहे तु धनिकधारणीकयोश्चारित्रमपक्षेत । धान्यवृद्धिस्सस्यनिष्पत्तावुपार्धावरं मूल्यकृता वर्धेत । प्रक्षेपवृद्धिरुदयादर्धं सन्निधानसन्ना वार्षिकी देया चिरप्रवासं स्तम्भप्रविष्टो वा मूल्यद्विगुणं दद्यात् । अकृत्वा वृद्धिं साधयतो वा मूल्यं वा वृद्धिमारोप्य श्रावयतो बन्धचतुर्गुणो दण्डः । तुच्छचतुरश्रावणायामभूतचतुर्गुणः । तस्य त्रिभागमादाता दद्यात् । शेषं प्रदाता ।

दीर्घसत्रव्याधिगुरुकुलोपरुद्धं बालमसारं वा नर्णमनुवर्धेत । मुच्यमानमृणमप्रतिगृह्णतो द्वादशपणो दण्डः । कारणापदेशेन निवृत्तवृद्धिकमन्यत्र तिष्ठेत् । दशवर्षोपेक्षितमृणमप्रतिग्राह्यमन्यत्र बालवृद्धव्याधितव्यसनिप्रोषितदेशत्यागराज्यविभ्रमेभ्यः ।

प्रेतस्य पुत्राः कुसीदं दद्युः । दायादा वा रिक्थहरास्सहग्राहिणः प्रतिभुवो वा । न प्रातिभाव्यमन्यदसारं बालप्रातिभा-

[1] याज्ञवल्क्यः II, 38.

ध्यम् । असङ्ख्यातदेशकालं तु पुत्राः पौत्रा दायादा वा रिक्थं हरमाणा दद्युः । जीवितविवाहभूमिप्रातिभाव्यमसङ्ख्यातदेशकालं तु पुत्राः पौत्रा वा वहेयुः ।

नानार्णसमवाये तु नैको द्वौ युगपदाभिवदेयातां अन्यत्र प्रतिष्ठमानात् । तत्रापि गृहीतानुपूर्व्या राजश्रोत्राय द्रव्यं वा पूर्वं प्रतिपादयेत् ।

दंपत्योः पितापुत्रयोः भ्रातॄणां चाविभक्तानां परस्परकृतमृणमसाध्यम् ।

अग्राह्याः कर्मकालेषु कर्षका राजपुरुषाश्च । स्त्री वा प्रतिश्राविणी पतिकृतं ऋणं अन्यत्र गोपालकाद्धसीति[1] केभ्यः ॥

पतिस्तु ग्राह्यः स्त्रीकृतं ऋणमप्रतिविधाय प्रोषित इति सम्प्रतिपत्तावुत्तमः । असम्प्रातिपत्तौ तु साक्षिणः प्रमाणम् ।

प्रात्ययिकाऽशुचयोऽनुमता वा त्रयोऽवरार्ध्याः । पक्षानुमतौ वा द्वौ ऋणं प्राति न त्वेवैकः ।

प्रतिषिद्धास्स्यालसहायाबद्धधनिकधारणिकवैरिन्यङ्गधृतदण्डाः । पूर्वे चाव्यवहार्याः राजश्रोत्रियग्रामभृतकुष्ठिव्रणिनः पतिच[1]ण्डालकुत्सितकर्माणोऽन्धबधिरमूकाहंवादिनः स्त्रीराजपुरुषाश्चान्यत्र स्व-

[1]गोपालकार्धसीति. [1]पतितच.

वर्गेभ्यः । पारुष्यस्तेयसङ्ग्रहणेषु तु वैरिस्यालसहायवर्जाः । रहस्यव्यवहारेष्वेका स्त्री पुरुष उपश्रोता उपद्रष्टा वा साक्षी स्यात् राजतापसवर्जम् ।

स्वामिनो भृत्यानामृत्विगाचार्यांश्शिष्याणां मातापितरौ पुत्राणां चानिग्रहणसाक्ष्यं कुर्युः तेषामितरे वा । परस्पराभियोगे चैषामुत्तमाः । परोक्ता दशबन्धं दद्युरवीराः पञ्चबन्धम् ।

इति साक्ष्यधिकारः ।

ब्राह्मणोदकुम्भाग्निसकाशे साक्षिणः परिगृह्णीयात् । तत्र ब्राह्मणं ब्रूयात्—" सत्यं ब्रूहीति " राजन्यं, वैश्यं, वा—" मा तवेष्टापूर्तफलं, कपालहस्तश्शत्रुबलं भित्वार्थी गच्छे " रिति । शूद्रजन्म—" मरणान्तरे यद्वः पुण्यफलं तद्राजानं गच्छेत् । राज्ञश्च किल्बिषं युष्मान् " अन्यथावादे दण्डश्चानुबन्धः । पश्चादपि ज्ञायेत यथादृष्टश्रुतम् ।

एकमन्त्रास्सत्यमनुपहरतेऽनुपहरतां सप्तरात्रादूर्ध्वं द्वादशपणो दण्डः । त्रिपक्षादूर्ध्वमभियोगं दद्युः ।

साक्षिभेदे यतो बहवः शुचयोऽनुमता वा ततो नियच्छेयुः । मध्यं वा गृह्णीयुः । तद्वा द्रव्यं राजा हरेत् । साक्षिणश्चेदभियोगादूनं ब्रूयुरतिरिक्तस्याभियोक्ता बन्धं दद्यात् अतिरिक्तं वा ब्रूयुस्तदिरिक्तं राजा हरेत् । बालिश्यादभियोक्तुर्वा दुःश्रुतं दुर्लिखितं प्रेताभिनिवेशं वा समीक्ष्य साक्षिप्रत्ययमेव स्यात् ।

"साक्षिबालिश्येष्वेव पृथगनुपयोगे देशकालकार्याणां पूर्वमध्यमोत्तमा दण्डाः" इत्यौशनसाः ।

"कूटसाक्षिणो यमर्थमभूतं वा नाशयेयुस्तद्दशगुणं दण्डं दद्युरिति" मानवाः ।

"बालिश्याद्वा विसंवादयतां चित्रो घातः" इति बार्हस्पत्याः।

"न" इति कौटिल्यः । ध्रुवं हि साक्षिभिश्श्रोतव्यम् । अशृण्वतां चतुर्विंशतिपणो दण्डः ततोऽर्धमब्रुवाणाम् ।

देशकालाविदूरस्थान् साक्षिणः प्रतिपादयेत् ।
दूरस्थानप्रसारान्वा स्वामिवाक्येन साधयेत् ॥

इति धर्मस्थीये ऋणादानं एकादशोऽध्यायः
आदितोऽष्टषष्टितमः

——o——

६४. औपनिधिकम्.

उपनिधिः ऋणेन व्याख्यातः । परचक्राटविकाभ्यां दुर्गराष्ट्रविलोपे वा, प्रतिरोधकैर्वा ग्रामसार्थव्रजविलोपे, चक्रयुक्ते नाशे वा, ग्राममध्याग्न्युदकाबाधे वा किञ्चिदमोक्षयमाणे कूप्यमनिर्हार्यवर्जमेकदेशमुक्तद्रव्ये वा, ज्वालावेगोपरुद्धे वा, नावि निमग्नायां मुषितायां स्वयमुपरूढो नोपनिधिमभ्याभवेत् ॥

उपनिधिभोक्ता देशकालानुरूपं भोगवेतनं दद्यात् । द्वादशपणं च दण्डम् । उपभोगनिमित्तं नष्टं वाऽभ्याभवेच्चतुर्विंशतिपणश्च दण्डः । अन्यथा वा निष्पतने ॥

प्रेतव्यसनगतं वा नोपनिधिमभ्याभवेत् ॥

आधानविक्रयापव्ययनेषु चास्य चतुर्गुणपञ्चबन्धो दण्डः । परिवर्तने निष्पातने वा मूल्यसमः ॥

तेन आधिप्रणाशोपभोगविक्रयाधानापहारा व्याख्याताः ॥

नाधिस्सोपकारः सीदेन्न चास्य मूल्यं वर्धेत । निरुपकारस्सीदेन्मूल्यं चास्य वर्धेत ॥

[1]उपस्थितस्याधिमप्रयच्छतो द्वादशपणो दण्डः ॥

प्रयोजकासन्निधाने वा ग्रामवृद्धेषु स्थापयित्वा निष्क्रयमाधिं प्रतिपद्येत । निवृत्तवृद्धिको वाऽऽधिस्तत्कालकृतमूल्यस्तत्रैवावतिष्ठेत । अनाशविनाशकरणाधिष्ठितो वा धारणसन्निधाने वा विनाशभयादुद्गतार्घं धर्मस्थानुज्ञातो विक्रीणीत । आधिपालप्रत्ययो वा ॥

स्थावरस्तु प्रयासभोग्यः फलभोग्यो वा प्रक्षेपवृद्धिमूल्यशुद्धमाजीवममूल्यक्षयेणोपनयेत् ॥

---

[1]याज्ञवल्क्यः II, 62-64--अत्रास्यार्थशास्त्रस्य याज्ञवल्क्यस्मृतेश्चेतरस्मृत्यसाधारणमानुपूर्वीसाम्यं परिदृश्यते एवमुत्तरत्रापि सूचितस्थलेष्ववगन्तव्यम्.

अनिसृष्टोपभोक्ता मूल्यशुद्धमाजीवं बन्धं च दद्यात्। शेषमुपनिधिना व्याख्यातम् ॥

एतनादेशोऽन्वाधिश्च व्याख्यातौ ॥

सार्थेनान्वाधिहस्तो वा प्रदिष्टां भूमिमप्राप्तश्चोरैर्भग्नोत्सृष्टो वा नान्वाधिमभ्याभवेत्। अन्तरे वा मृतस्य दायादोऽपि नाभ्याभवेत्। शेषमुपनिधिना व्याख्यातम् ॥

याचितकमवक्रीतकं वा यथाविधं गृह्णीयुस्तथाविधमेव अर्पयेयुः ॥

भ्रेषोपनिपाताभ्यां देशकालोपरोधि दत्तं नष्टं विनष्टं वा नाभ्याभवेयुः ॥

शेषमुपनिधिना व्याख्यातम् ॥

वैयावृत्यविक्रयस्तु—वैयावृत्यकरा यथादेशकालं विक्रीणानां पण्यं यथाजातमूल्यमुदयं च दद्युः ॥

शेषमुपनिधिना व्याख्यातम् ॥

देशकालातिपातने वा परिहीणं सम्प्रदानकालिकेन अर्घेण मौल्यमुदयं च दद्युः ॥

यथासम्भाषितं वा विक्रीणाना नोदयमधिगच्छेयुः मूल्यमेव दद्युः। अर्घपतने वा परिहीणं यथापरिहीणमूल्यमूनं दद्युः ॥

सांव्यवहारिकेषु वा प्रात्ययिकेष्वराजवाच्येषु भ्रेषोपनिपाताभ्यां नष्टं विनष्टं वा मूल्यमपि न दद्युः । देशकालान्तरितानां तु पण्यानां क्षयव्ययशुद्धमूल्यमुदयं च दद्युः । पण्यसमवायानां च प्रत्यंशम् । शेषमुपनिधिना व्याख्यातम् ॥

तेन वैय्यावृत्यविक्रयो व्याख्यातः ॥

निक्षेपश्चोपनिधिना ॥

तमन्येन निक्षिप्तमन्यस्यार्पयतो हीयेत । निक्षेपापहारे पूर्वापदानं निक्षेप्तारश्च प्रमाणम् ॥

अशुचयो हि कारवः नैषां कारणपूर्वो निक्षेपधर्मः । कारणहीनं निक्षेपमपव्ययमानं गूढभित्तिन्यस्तान् साक्षिणो निक्षेप्ता रहस्यप्रणिपातेन प्रज्ञापयेत् ॥

वनान्ते वा मध्यप्रवहणे विश्वासेन रहसि वृद्धो व्याधितो वैदेहकः कश्चित्कृतलक्षणं द्रव्यमस्य हस्ते निक्षिप्यापगच्छेत् । तस्य प्रतिदेशेन पुत्रो भ्राता वाऽभिगम्य निक्षेपं याचेत । दाने शुद्धिरन्यथा निक्षेपं स्तेयदण्डं च दद्यात् ॥

प्रव्रज्याभिमुखो वा श्रद्धेयः कश्चित्कृतलक्षणं द्रव्यमस्य हस्ते निक्षिप्य प्रतिष्ठेत । ततः कालान्तरागतो याचेत । दाने शुचिरन्यथा निक्षेपं स्तेयदण्डं च दद्यात् ॥

कृतलक्षणेन वा द्रव्येण प्रत्यानयने तं[1] बालिशजातीयो वा रात्रौ राजदायिकाक्षणभीतः सारमस्य हस्ते

[1] प्रत्यानयेनेदं.

निक्षिप्यापगच्छेत् । स एनं बन्धनागारगतो याचेत । दाने शुचिरन्यथा निक्षेपं स्तेयदण्डं च दद्यात् ॥

अभिज्ञानेन चास्य गृहे जनमुभयं याचेत । अन्यतरादाने यथोक्तं पुरस्तात् ॥

द्रव्यभोगानामागमं चास्यानुयुञ्जीत । तस्य चार्थस्य व्यवहारोपलिङ्गनमभियोक्तुश्चार्थसामर्थ्यम् ॥

एतेन मिथस्समवायो व्याख्यातः ॥

तस्मात्साक्षिमदच्छन्नं कुर्यात्सम्यग्विभाषितम् ।
स्वे परे वा जने कार्यं देशकालाग्रवर्णतः ॥

इति धर्मस्थीये औपनिधिकं द्वादशोऽध्यायः
आदित एकोनसप्ततिः ॥

६५. प्रक. दासकल्पः.

उदरदासवर्जमार्यप्राणमप्राप्तव्यवहारं शूद्रं विक्रयाधानं नयतस्स्वजनस्य द्वादशपणो दण्डः । वैश्यं द्विगुणः । क्षत्रियं त्रिगुणः । ब्राह्मणं चतुर्गुणः । परजनस्य पूर्वमध्यमोत्तमवधा दण्डाः क्रेतृश्रोतॄणां च ॥

म्लेच्छानामदोषः प्रजां विक्रेतुमाधातुं वा ॥

न त्वेवार्यस्य दासभावः ॥

अथ वाऽऽर्यमाधाय कुलबन्धन आर्याणामापदि निष्क्रयं चाधिगम्य बालं साहाय्यदातारं वा पूर्वं निष्क्रीणीरन् ॥

सकृदात्माधाता निष्पतितः सीदेत् । द्विरन्येनाहितकः । सकृदुभौ परविषयाभिमुखौ ॥

वित्तापहारिणो वा दासस्यार्यभावमपहरतोऽर्धदण्डः । निष्पतितप्रेतव्यसनिनामाधाता मूल्यं भजेत ॥

प्रेतविण्मूत्रोच्छिष्टग्राहिणामाहितस्य नग्नस्तापनं दण्डप्रेषणमतिक्रमणं च स्त्रीणां मूल्यनाशकरम् । धात्रीपरिचारिकार्धसीतिकोपचारिकाणां च मोक्षकरं । सिद्धमुपचारकस्याभिप्रजातस्य अपक्रमणम् ॥

धात्रीमाहितिकां वाकामां स्ववशामधिगच्छतः पूर्वस्साहसदण्डः । परवशां मध्यमः । कन्यामाहितकां वा स्वयमन्येन वा दूषयतः मूल्यनाशः शुल्कं तद्द्विगुणश्च दण्डः ॥

आत्मविक्रयिणः प्रजामार्यां विद्यात् ॥

आत्माधिगतं स्वामिकर्माविरुद्धं लभेत, पित्र्यं च दायम्॥

मूल्येन चार्यत्वं गच्छेत् ॥

तेनोदरदासाहितकौ व्याख्यातौ ॥

प्रक्षेपानुरूपश्चास्य निष्क्रयः । दण्डप्रणीतः कर्मणा दण्डमुपनयेत् ॥

आर्यप्राणो ध्वजाहृतः कर्मकालानुरूपेण मूल्यार्धेन वा विमुच्येत ॥

गृहेजातदायागतलब्धक्रीतानामन्यतमं दासमूनाष्टवर्षं विबन्धुमकामं नीचे कर्मणि विदेशे दासीं वा सगर्भामप्रतिविहितगर्भभर्मण्यां विक्रयाधानं नयतः पूर्वस्साहसदण्डः क्रेतृश्रोतृणां च ॥

दासमनुरूपेण निष्क्रयेणार्यमकुर्वतो द्वादशपणो दण्डः । संरोधश्चाकारणात् ॥

दासद्रव्यस्य ज्ञातयो दायादाः । तेषां अभावे स्वामी॥

स्वामिनस्तस्यां दास्यां जातं समातृकं अदासं विद्यात्। गृह्या चेत् कुटुम्बार्थचिन्तनी माता, भ्राता भगिनी चास्याः अदासास्स्युः ॥

दासं दासीं वा निष्क्रीय पुनर्विक्रयाधानं नयतो द्वादशपणो दण्डः अन्यत्र स्वयंवादिभ्यः ॥

इति दासकल्पः ॥

कर्मकरस्य कर्मसम्बन्धमासन्ना विद्युः । यथासम्भाषितं वेतनं लभेत । कर्मकालानुरूपमसम्भाषितवेतनम् । कर्षकस्सस्यानां, गोपालकस्सर्पिषां वैदेहकः पण्यानामात्मना व्यवहृतानां, दशभागमसम्भाषितवेतनो लभेत ॥

सम्भाषितवेतनस्तु यथासम्भाषितम् ॥

कारुशिल्पिकुशीलवचिकित्सकवाग्जीवनपरिचारकादिराशाकारिकवर्गस्तु यथाऽन्यस्तद्विधः कुर्यात्, यथा वा कुशलाः कल्पयेयुः तथा वेतनं लभेत । साक्षिप्रत्ययमेव स्यात् । साक्षिणामभावे यतः कर्म ततोऽनुयुञ्जीत ॥

वेतनादाने दशबन्धो दण्डः । षट्पणो वा । अपव्ययमाने द्वादशपणो दण्डः पञ्चबन्धो वा ॥

नदीवेगज्वालास्तेनव्यालोपरुद्धं सर्वस्वपुत्रदारात्मदानेनार्तं त्रातारमाहूय निस्तीर्णः कुशलप्रदिष्टं वेतनं दद्यात् ॥

तेन सर्वत्रार्तदानानुशया व्याख्याताः ॥

लभेत पुंश्चली भोगं सङ्गमस्योपलिङ्गनात् ।
अतियाच्ञा तु जीयेत दौर्मत्याविनयेन वा ॥

इति धर्मस्थीये दासकर्मकरकल्पो दासकल्पः कर्मकरकल्पे स्वाम्यधिकारः त्रयोदशोऽध्यायः.

आदितस्सप्ततिरध्यायाः.

---

६६. प्रक. कर्मकरकल्पः सम्भूय समुत्थानम्.

गृहीत्वा वेतनं कर्म अकुर्वतो भृतकस्य द्वादशपणो दण्डः । संरोधश्चाकरणात् ॥

अशक्तः कुत्सिते कर्मणि व्याधौ व्यसने वा अनुशयं लभेत । परेण वा कारयितुम् । तस्य व्ययं कर्मणा लभेत ॥

"भर्ता वा कारयन्नान्यस्त्वया कारयितव्यो मया वा नान्यस्य कर्तव्यम्" इत्यपरे ॥

भर्तुरकारयतो भृतकस्याकुर्वतो वा द्वादशपणो दण्डः । कर्मनिष्ठापने भर्तुरन्यत्र गृहीतवेतनो नासकामः कुर्यात् ॥

"उपस्थितमकारयतः कृतमेव विद्यात्" इत्याचार्याः ॥

"न" इति कौटिल्यः । कृतस्य वेतनं, नाकृतस्यास्ति । स चेदल्पमपि कारयित्वा न कारयेत् । कृतमेव अस्य विद्यात् । देशकालातिपातनेन कर्मणामन्यथा करणे वा न सकामः कृतमनुमन्येत । सम्भाषितादधिकक्रियायां प्रयासान्मोघं कुर्यात् ॥

तेन सङ्घभृता व्याख्याताः । तेषामाधिस्सप्तरात्रमासीत । ततोऽन्यमुपस्थापयेत् । कर्मनिष्पाकं च । न चानिवेद्य भर्तुस्सङ्घः किञ्चित्परिहरेत्, अपनयेद्वा । तस्यातिक्रमे चतुर्विंशतिपणो दण्डः । सङ्घेन परिहृतस्यार्धदण्डः ॥

इति भृतकाधिकारः ॥

सङ्घभृतास्सम्भूयसमुत्थातारो वा यथासम्भाषितं वेतनं समं वा विभजेरन् ॥

कर्षकवैदेहका वा सस्यपण्यारम्भपर्यवसानान्तरे सन्नस्य यथाकृतस्य कर्मणः प्रत्यंशं दद्युः । पुरुषोपस्थाने समग्रमंशं दद्युः । संसिद्धे तु धृतपण्ये सन्नस्य तदानीमेव प्रत्यंशं दद्युः । सामान्या हि पथि सिद्धिश्चासिद्धिश्च ॥

प्रक्रान्ते तु कर्मणि स्वस्थस्यापक्रमतो द्वादशपणो दण्डः। न च प्राकाम्यमपक्रमणे ॥

चोरं त्वभयपूर्वः कर्मणः प्रत्यंशेन ग्राहयेद्दद्यात् प्रत्यंशमभयं च । पुनस्स्तेये प्रवासनमन्यत्र गमने च । महापराधे तु दूष्यवदाचरेत् ।

याजकाः स्वप्रचारद्रव्यवर्जं यथासम्भाषितं वेतनं समं वा विभजेरन् । अग्निष्टोमादिषु च क्रतुषु दीक्षणादूर्ध्वं याजकस्सन्नः पञ्चममंशं लभेत ॥

सोमविक्रयादूर्ध्वं चतुर्थमंशम् ॥

मध्यमोपसदः प्रवर्ग्योद्वासनादूर्ध्वं द्वितीयमंशम् ।

मयादूर्ध्वमर्धमंशम् ।

सुत्ये प्रातस्सवनादूर्ध्वं पादोनमंशम् ।

मध्यन्दिनात् सावनादूर्ध्वं समग्रमंशं लभेत । नीता हि दक्षिणा भवन्ति ।

बृहस्पतिसवनवर्जं प्रतिसवनं हि दक्षिणा दीयते तेनाहर्गणदक्षिणा व्याख्याताः ।

सन्नानामादशाहोरात्राच्छेषभृताः कर्म कुर्युः । अन्ये वा स्वप्रत्ययाः ।

कर्मण्यसमाप्ते तु यजमानस्सीदेत्, ऋत्विजः कर्म समापय्य

दक्षिणां हरेयुः। असमाप्ते तु कर्मणि याज्यं याजकं वा त्यजतः पूर्वस्साहसदण्डः। अनाहिताग्निश्शतं गुरुर्यज्वा च सहस्रम्।

सुरापो वृषलीभर्ता ब्रह्महा गुरुतल्पगः।
असत्प्रतिग्रहे युक्तः स्तेनः कुत्सितयाजकः।
अदोषस्त्यक्तुमन्योन्यं कर्मसङ्करनिश्चयात्॥

इति धर्मस्थीये दासकर्मकरकल्पे भृतकाधिकारः
सम्भूयसमुत्थानं चतुर्दशोऽध्यायः
आदित एकसप्ततिः.

६७ प्रक. विक्रीतक्रीतानुशयः.

विक्रीय पण्यमप्रयच्छतो द्वादशपणो दण्डः अन्यत्र दोषोपनिपाताविषह्येभ्यः।

पण्यदोषो दोषः। राजचोराग्न्युदकबाध उपनिपातः। बहुगुणहीनमार्तकृतं वाऽविषह्यम्।

वैदेहकानामेकरात्रमनुशयः। कर्षकाणां त्रिरात्रम्। गोरक्षकाणां पञ्चरात्रम्। व्यामिश्राणां उत्तमानां च वर्णानां विवृत्तिविक्रये सप्तरात्रम्।

आतिपातिकानां पण्यानामन्यत्राविक्रेयमित्यविरोधेनानुशयो देयः। तस्यातिक्रमे चतुर्विंशतिपणो दण्डः, पण्यदशभागो वा।

क्रीत्वा पण्यमप्रतिगृह्णतो द्वादशपणो दण्डः, अन्यत्र दोषोपनिपाताविषह्येभ्यः ।

समानश्चानुशयः ।[1] रविदोषमौपशायिकं दृष्ट्वा सिद्धमुपावर्तनम् । न त्वेवाभिप्रजातयोः ।

कन्यादोषमौपशायिकमनाख्याय प्रयच्छतः षण्णवतिर्दण्डः शुल्कस्त्रीधनप्रतिदानं च ।

वरयितुर्वा वरदोषमनाख्याय विन्दतो द्विगुणः शुल्कस्त्रीधननाशश्च ।

द्विपदचतुष्पदानां तु कुष्ठव्याधितानामशुचीनामुत्साहस्वास्थ्यशुचीनामाख्याने द्वादशपणो दण्डः ।

आत्रिपक्षादिति चतुष्पदानामुपावर्तनम् ।

आसंवत्सरादिति मनुष्याणाम् । तावता हि कालेन शक्यं शौचाशौचौ ज्ञातुमिति ।

दाता प्रतिग्रहीता च स्यातां नोपहतौ यथा ।
दाने क्रये वाऽनुशयं तथा कुर्युस्सभासदः ॥

इति धर्मस्थीये विक्रीतक्रीतानुशयः पञ्चदशोऽध्यायः
आदितो द्विसप्ततितमः.

---

[1] कानि चित्पदान्यत्र लुप्तानीति भाति.

६८ प्रक. अस्वामिविक्रयः स्वस्वामिसंबन्धः.

दत्तस्याप्रदानमृणादानेन व्याख्यातम् ।

दत्तमव्यवहार्यमेकत्रानुशये वर्तेत ।

सर्वस्वं पुत्रदारं आत्मानं प्रदायानुशयिनः प्रयच्छेत । धर्मदानमसाधुषु कर्मसु चौपघातिकेषु वा अर्थदानमनुपकारिषु अपकारिषु वा कामदानमनर्हेषु च । यथा च दाता प्रतिग्रहीता च नोपहतौ स्यातां तथाऽनुशयं कुशलाः कल्पयेयुः ।

दण्डभयादाक्रोशभयादर्थभयाद्वा भयदानं प्रतिगृह्णतस्स्तेयदण्डः प्रयच्छतश्च दोषदानं परहिंसायाम् ।

राज्ञामुपरि दर्पदानं च । तत्रोत्तमो दण्डः ।

प्रतिभाव्यदण्डः शुल्कशेषमाक्षिकं सौरिकं कामदानं च नाकामः पुत्रो दायादो वा रिक्थहरो दद्यात् ।

इति दत्तस्यानपाकर्म ।

अस्वामिविक्रयस्तु—[1]नष्टापहृतमासाद्य स्वामी धर्मस्थेन ग्राहयेत् । देशकालातिपत्तौ वा स्वयं गृहीत्वोपहरेत् । धर्मस्थश्च स्वामिनमनुयुञ्जीत—"कुतस्ते लब्धमिति । स चेदाचारक्रमं दर्शयेत, न विक्रेतारं तस्य द्रव्यस्यातिसर्गेण मुच्येत । विक्रेता चेद्दृश्येत, मूल्यं स्तेयदण्डं च स चेदपसारमधिगच्छेदपसरेदापसारक्षयादिति क्षये मूल्यं स्तेयदण्डं च दद्यात् ।

---

[1] याज्ञवल्क्यः २-१६९.

नाष्टिकं च स्वकरणं कृत्वा नष्टप्रत्याहृतं लभेत । स्वकरणाभावे पञ्चबन्धो दण्डः । तच्च द्रव्यं राजधर्म्यं स्यात् ।

नष्टापहृतमनिवेद्योत्कर्षतः स्वामिनः पूर्वः साहसदण्डः ।

शुल्कस्थाने नष्टापहृतोत्पन्नस्तिष्ठेत् । त्रिपक्षादूर्ध्वमनभिसारं राजा हरेत्, स्वामी वा ।

[1]स्वकरणेन पञ्चपणिकं द्विपदरूपस्य निष्क्रयं दद्यात् । चतुष्पणिकमेकखुरस्य ; द्विपणिकं गोमहिषस्य ; पादिकं क्षुद्रपशूनां ; रत्नसारफल्गुकुप्यानां पञ्चकं शतं दद्यात् ।

परचक्राटवीभृतं तु प्रत्यानीय राजा यथास्वं प्रयच्छेत् ।

चोरहृतमविद्यमानं स्वद्रव्येभ्यः प्रयच्छेत् । प्रत्यानेतुमशक्तो वा स्वयंग्राहेणाहृतं प्रत्यानीय तन्निष्क्रयं वा प्रयच्छेत् ।

परविषयाद्वा विक्रमेणानीतं यथाप्रदिष्टं राज्ञा भुञ्जीतान्यत्रार्यप्राणेभ्यो देवब्राह्मणतपस्विद्रव्येभ्यश्च ।

इत्यस्वामिविक्रयः ।

स्वस्वामिसम्बन्धस्तु—भोगानुवृत्तिरुच्छिन्नदेशानां यथास्व द्रव्याणाम् ।

यत् स्वं द्रव्यमन्यैर्भुज्यमानं दश वर्षाण्युपेक्षेत, हीयेतास्य अन्यत्र बालवृद्धव्याधितव्यसनिप्रोषितदेशत्यागराज्यविभ्रमेभ्यः ।

विंशतिवर्षोपेक्षितमनुवसितं वास्तु नानुयुञ्जीत ।

---

[1] याज्ञवल्क्यः २-१७४.

ज्ञातयश्श्रोत्रियाः पाषण्डा वा राज्ञामसन्निधौ परवास्तुषु विवसन्तो न भोगेन हरेयुः। उपनिधिमाधिं निधिं निक्षेपं स्त्रियं सीमानं राजश्रोत्रियद्रव्याणि च।

आश्रमिणः पाषण्डा वा महत्यवकाशे परस्परमबाधमाना वसेयुः; अल्पां बाधां संहरन् पूर्वागतो वा वासपर्यायं दद्यात्। अप्रदाता निरस्येत।

वानप्रस्थयतिब्रह्मचारिणामाचार्यशिष्यधर्मभ्रातृसमानतीर्थ्या रिक्थभाजः। क्रमेण विवादपदेषु चैषां यावन्तः पणाः दण्डाः तावती रात्रीः क्षपणाभिषेकाग्निकार्यमहाकच्छवर्धनानि राज्ञश्चरेयुः। अहिरण्यसुवर्णाः पाषण्डास्साधवस्ते यथास्वमुपवासव्रतैराराधयेयुः अन्यत्र पारुष्यस्तेयसाहससङ्ग्रहणेभ्यः। तेषु यथोक्ता दण्डाः कार्याः।

प्रव्रज्यासु यथाचारान्राजा दण्डेन वारयेत्।
धर्मो ह्यधर्मोपहतः शास्तारं हन्त्युपेक्षितः॥

इति धर्मस्थीये अस्वामिविक्रयः स्वस्वामिसम्बन्धः षोडशोऽध्यायः आदितस्त्रिसप्ततिः.

---

६९ प्रक. साहसम्.

साहसमन्वयवत्प्रसभकर्म।

निरन्वये स्तेयमपव्ययने च।

"रत्नसारफल्गुकूप्यानां साहसे मूल्यसमो दण्डः" इति मानवाः ।

"मूल्याद्विगुणः" इत्यौशनसाः ।

"यथापराधः" इति कौटिल्यः ।

"पुष्पफलशाकमूलकन्दपक्वान्नचर्मवेणुमृद्भाण्डादीनां क्षुद्रकद्रव्याणां द्वादशपणावरश्चतुर्विंशतिपणपरो दण्डः ।

कालायसकाष्ठरज्जुद्रव्यक्षुद्रपशुवाटादीनां स्थूलकद्रव्याणां चतुर्विंशतिपणावरोऽष्टचत्वारिंशत्पणपरो दण्डः ।

ताम्रवृत्तकंसकाचदन्तभाण्डादीनां स्थूलद्रव्याणां अष्टचत्वारिंशत्पणावरं षण्णवतिपरं पूर्वस्साहसदण्डः ।

महापशुमनुष्यक्षेत्रगृहहिरण्यसुवर्णसूक्ष्मवस्त्रादीनां स्थूलकद्रव्याणां द्विशतावरः पञ्चशतपरः मध्यमस्साहसदण्डः ।

स्त्रियं पुरुषं वाऽभिषह्य बन्धतो बन्धयतो बन्धं वा मोक्षयतः पञ्चशतावरः सहस्रपर उत्तमः साहसदण्ड" इत्याचार्याः ।

"यस्साहसं प्रतिपत्तेति कारयति स गुणं दद्यात् । 'यावद्धिरण्यमुपयोक्ष्यते तावद्दास्यामि' इति स चतुर्गुणं दण्डं दद्यात् । 'य एतावद्धिरण्यं दास्यामि' इति प्रमाणमुद्दिश्य कारयति स यथोक्तं हिरण्यं दण्डं च दद्यात्" इति बार्हस्पत्याः ।

स चेत्कोपं मदं मोहं वाऽपदिशेत्, यथोक्तवद्दण्डमेनं कुर्यादिति कौटिल्यः ।

दण्डकर्मसु सर्वेषु रूपमष्टपणं शतम् ।
शतात्परे तु व्याजीं च विद्यात्पञ्चपणं शतम् ॥

प्रजानां दोषबाहुल्याद्राज्ञां वा भावदोषतः ।
रूपव्याज्यावधर्मिष्ठे धर्म्यानुप्रकृतिस्स्मृता ॥

इति धर्मस्थीये साहसं सप्तदशोऽध्यायः
आदितश्चतुस्सप्ततिः.

---

७२ प्रक. वाक्पारुष्यम्.

वाक्पारुष्यमुपवादः कुत्सनमभिभर्त्सनमिति ।

शरीरप्रकृतिश्रुतवृत्तिजनपदानां शरीरोपवादेन काणखञ्जादिभिस्सत्ये त्रिपणो दण्डः । मिथ्योपवादे षट्पणो दण्डः ।

शोभनाक्षिदन्त इति काणखञ्जादीनां स्तुतिनिन्दायां द्वादशपणो दण्डः । कुष्ठोन्मादक्लैब्यादिभिः कुत्सायां च ।

सत्यमिथ्यास्तुतिनिन्दासु द्वादशपणोत्तरा दण्डाः तुल्येषु ।

विशिष्टेषु द्विगुणः । हीनेष्वर्धदण्डः । परस्त्रीषु द्विगुणः ।

प्रमादमदमोहादिभिरर्धदण्डाः ।

कुष्ठोन्मादयोश्चिकित्सकाः सन्निकृष्टाः पुमांसश्च प्रमाणम् । क्लीबभावे स्त्रियः मूत्रफेनं अप्सु विष्ठानिमज्जनं च ।

प्रकुत्सोपवादे ब्राह्मणक्षत्रियवैश्यशूद्रान्तावसायिनामपरेण पूर्वस्य त्रिपणोत्तरा दण्डाः । पूर्वेणापरस्य द्विपणाधराः । कुब्राह्मणादिभिश्च कुत्सायाम् ।

तेन श्रुतोपवादः, वाग्जीवनानां कारुकुशीलवानां वृत्त्युपवादः ; प्राज्जूणकगान्धारादीनां च जनपदोपवादा व्याख्याताः ।

यः परं "एवं त्वां करिष्यामि" इति करणेनाभिभर्त्सयेदकरणे, यस्तस्य करणे दण्डः ततोऽर्धदण्डं दद्यात् ।

अशक्तः कोपं मदं मोहं वाऽपदिशेत्, द्वादशपणं दद्यात् ।

जातवैराशयः शक्तश्चापकर्तुं यावज्जीविकावस्थं दद्यात् ।

स्वदेशग्रामयोः पूर्वं मध्यमं जातिसङ्घयोः ।
आक्रोशाद्देवचैत्यानां उत्तमं दण्डमर्हति ॥

इति धर्मस्थीये वाक्पारुष्यं अष्टादशोऽध्यायः
आदितः पञ्चसप्ततिः

७३ प्रक. दण्डपारुष्यं.

दण्डपारुष्यं स्पर्शनमवगूर्णं प्रहतमिति[1] ।

नाभेरधः कायं हस्तपङ्कभस्मपांसुभिरिति स्पृशतस्त्रिपणो दण्डः ।

[1] 'तस्योपदिष्टं त्रैविध्यं हीनमध्योत्तमक्रमात् । अपगूरणनिश्शङ्कपातनक्षतदर्शनैः ॥' इति विज्ञानेश्वरीये नारदः.

[1]तैरेवामेध्यैः पादष्ठीविनिकाभ्यां च षड्गुणः। छर्दिमूत्रपुरीषादिभिर्द्वादशपणः। नाभेरुपरि द्विगुणाः। शिरसि चतुर्गुणाः समेषु।

विशिष्टेषु द्विगुणाः। हीनेषु अर्धदण्डाः। परस्त्रीषु द्विगुणाः। प्रमादमदमोहादिभिरर्धदण्डाः।

[1]पादवस्त्रहस्तकेशावलम्बनेषु षड्गुणोत्तरा दण्डाः।

पीडनावेष्टनाञ्जनप्रकर्षणाध्यासनेषु पूर्वस्साहसदण्डः।

पातयित्वाऽपक्रमतोऽर्धदण्डाः।

शूद्रो येनाङ्गेन ब्राह्मणमभिहन्यात्तदस्य छेदयेत्।

अपगूर्णो निष्क्रयः स्पर्शेनार्धदण्डः।

तेन चण्डालाशुचयो व्याख्याताः।

हस्तेनापगूर्णे त्रिपणावरो द्वादशपणपरो दण्डः। पादेन द्विगुणः। मुखोत्पादनेन द्रव्येण पूर्वस्साहसदण्डः। प्राणाबाधिकेन मध्यमः।

[2]काष्ठलोष्टपाषाणलोहदण्डरज्जुद्रव्याणामन्यतमेन दुःखमशोणितमुत्पादयतश्चतुर्विंशतिपणो दण्डः। शोणितोत्पादने द्विगुणः अन्यत्र दुष्टशोणितात्।

[3]मृतकल्पमशोणितं घ्नतो हस्तपादपारंचिकं वा कुर्वतः पूर्वस्साहसदण्डः।

[3]पाणिपाददन्तभङ्गे कर्णनासाच्छेदने प्राणविदारणे च अन्यत्र दुष्टव्रणेभ्यः।

---

[1] याज्ञ. II, 216—220. [2] याज्ञ. II. 221 ; 223 ; 224.

[3] "करपाददतो भङ्गे छेदने कर्णनासयोः। मध्यो दण्डो व्रणोद्भेदे मृतकल्पहते तथा॥" इति दण्डपारुष्ये याज्ञवल्क्यः.

सक्थिग्रीवाभञ्जने नेत्रभेदने वा वाक्यचेष्टाभोजनोपरोधेषु च मध्यमस्साहसदण्डः, समुत्थानव्ययश्च[1]। देशकालातिपत्तौ कण्टकशोधनाय नीयेत।

महाजनस्यैकं घ्नतो प्रत्येकं द्विगुणो दण्डः।

"पर्युषितं कलहोऽनुप्रवेशो वा नाभियोज्यः" इत्याचार्याः।

"नास्त्यपकारिणो मोक्षः" इति कौटिल्यः।

"कलहे पूर्वागतो जयत्यक्षममाणो हि प्रधावति" इत्याचार्याः।

'न' इति कौटिल्यः। पूर्वं पश्चाद्वाऽऽगतस्य साक्षिणः प्रमाणम्। असाक्षिके घातः कलहोपलिङ्गनं वा।

घाताभियोगमप्रतिब्रुवतस्तदहरेव पश्चात्कारः।

कलहे द्रव्यमपहरतो दशपणो दण्डः।

क्षुद्रकद्रव्यहिंसायां तच्च तावच्च दण्डः।

स्थूलकद्रव्यहिंसायां तच्च द्विगुणश्च दण्डः।

वस्त्राभरणहिरण्यसुवर्णभाण्डहिंसायां तच्च पूर्वश्च साहसदण्डः।

[2]परकुड्यमभिघातेन क्षोभयतस्त्रिपणो दण्डः। छेदनभेदने षट्पणः प्रतीकारश्च।

---

[1] "दुःखमुत्पादयेद्यस्तु स समुत्थानजं व्ययम्। दाप्यो दण्डं च —" इति याज्ञवल्क्यः.

[2] याज्ञ. II. 226—9.

दुःखोत्पादनं द्रव्यमस्य वेश्मनि प्रक्षिपतो द्वादशपणो दण्डः[1]। प्राणाबाधिकं पूर्वस्साहसदण्डः।

क्षुद्रपशूनां काष्ठादिभिर्दुःखोत्पादने पणो द्विपणो वा दण्डः। शोणितोत्पादने द्विगुणः।

महापशूनामेतेष्ववस्थानेषु द्विगुणो दण्डः, समुत्थानव्ययश्च।

पुरोवनस्पतीनां पुष्पफलच्छायावतां प्ररोहच्छेदने षट्पणः। क्षुद्रशाखाच्छेदने द्वादशपणः। पीनशाखाच्छेदने चतुर्विंशतिपणः। स्कन्धवधे पूर्वस्साहसदण्डः। समुच्छित्तौ मध्यमः।

पुष्पफलच्छायावत् गुल्मलतास्वर्धदण्डः। पुण्यस्थानतपोवनश्मशानद्रुमेषु च।

सीमवृक्षेषु चैत्येषु द्रुमेष्वालक्षितेषु च।
त एव द्विगुणा दण्डाः कार्या राजवनेषु च[1]॥

इति धर्मस्थीये दण्डपारुष्यं एकोनविंशोऽध्यायः
आदितष्षट्सप्ततिः

७४–७५ प्रक. द्यूतसमाह्वयं प्रकीर्णकानि.

द्यूताध्यक्षो द्यूतमेकमुखं कारयेत् अन्यत्र दीव्यतो द्वादशपणो दण्डः गूढाजीविज्ञापनार्थम्[2]।

---

1 याज्ञ. II ; 229—32.

2 'द्यूतमेकमुखं कार्यं तस्करज्ञानकारणात्' इति याज्ञवल्क्यः.

"द्यूताभियोगे जेतुः पूर्वस्साहसदण्डः । पराजितस्य मध्यमः । बालिशजातीयो ह्येष जेतुकामः पराजयं न क्षमते" इत्याचार्याः । 'न' इति कौटिल्यः—पराजितश्च द्विगुणदण्डः क्रियेत, न कश्चन राजानमभिसरिष्यति । प्रायशो हि कितवाः कूटदेविनः ; तेषामध्यक्षाः शुद्धाः काकण्यक्षांश्च स्थापयेयुः ।

काकण्यक्षाणामन्योपधाने द्वादशपणो दण्डः ।

कूटकर्मणि पूर्वस्साहसदण्ड , जितप्रत्यादानमुपधास्तेयदण्डश्च ।

जितद्रव्यादध्यक्षः पञ्चकं शतमाददीत, काकण्यक्षारळाशलाकावक्रयमुदकभूमिकर्मक्रयं च । द्रव्याणामाधानं विक्रयं च कुर्यात् ।

अक्षभूमिहस्तदोषाणां चाप्रतिषेधने द्विगुणो दण्डः ।

तेन समाह्वयो व्याख्यातः अन्यत्र विद्याशिल्पसमाह्वयादिति ।

प्रकीर्णकं तु याचितकावक्रीतकाहितकनिक्षेपकाणां यथादेशकालमदाने यामच्छायासमुपवेशसंस्थितीनां वा देशकालातिपातने गुल्मतरदेयं ब्राह्मणं साधयतः प्रतिवेशानुप्रवेशयोरुपरि निमन्त्रणे च द्वादशपणो दण्डः ।

[1]सन्दिष्टमर्थमप्रयच्छतो, भ्रातृभार्यां हस्तेन लङ्घयतो, रूपाजीवामन्योपरुद्धां गच्छतः, परवक्तव्यं पण्यं क्रीणानस्य, समुद्रं गृहमुद्भिन्दतः ; सामन्तचत्वारिंशत्कुल्याबाधामातरतश्चाष्टचत्वारिंशत्पणो दण्डः ।

[1]याज्ञ. II, 235-6.

कुलनीवीग्राहकस्यापव्ययने, विधवां छन्दवासिनीं प्रसह्याधिचरतः चण्डालस्यार्यां स्पृशतः, प्रत्यासन्नमापद्यनभिधावतो, निष्कारणमभिधावनं कुर्वतश्शत्याः ।

जीवकादीन् वृषलप्रव्रजितान् देवपितृकार्येषु भोजयतश्शत्यो दण्डः ।

[1]शापथवाक्यानुयोगमनिसृष्टं कुर्वतो, युक्तकर्माणि चायुक्तस्य, क्षुद्रपशुवृषाणां पुंस्त्वोपघातिनो, दास्या गर्भमौषधेन पातयतश्च पूर्वस्साहसदण्डः ।

[2]पितापुत्रयोर्दम्पत्योर्भ्रातृभगिन्योर्मातुलभागिनेययोश्शिष्याचार्ययोर्वा परस्परमपतितं त्यजतस्सार्थाभिप्रयातं ग्राममध्ये वा त्यजतः पूर्वस्साहसदण्डः । कान्तारे मध्यमः । तन्निमित्तं भ्रेषयत उत्तमः । सहप्रस्थायिष्वन्येष्वर्धदण्डः ।

[4]पुरुषमबन्धनीयं बध्नतो बन्धयतो बन्धं वा मोक्षयतो बालमप्राप्तव्यवहारं बध्नतो बन्धयतो वा सहस्रदण्डाः ।

पुरुषापराधविशेषेण दण्डविशेषः कार्यः ।

तीर्थकरस्तपस्वी व्याधितः क्षुत्पिपासाध्वक्लान्तस्तीरो जनपदो दण्डखेदी निष्किञ्चनश्चानुग्राह्याः ।

---

[1]याज्ञ्य. II, 237. [2]याज्ञ्य. II, 238-9. अत्र राज्याधिकृतानधिकृतपरौ युक्तायुक्तशब्दौ योग्यायोग्यपरत्वेन याज्ञवल्क्यस्मृतौ प्रयुक्तौ स्तः.

[3] याज्ञ्य. II, 240. [4] याज्ञ्य. II, 246.

देवब्राह्मणतपस्विस्त्रीबालवृद्धव्याधितानामनाथानामनभिसरतां धर्मस्थाः कार्याणि कुर्युः । न च देशकालभोगच्छलेनातिहरेयुः ।

पूज्या विद्याबुद्धिपौरुषाभिजनकर्मातिशयतश्च पुरुषाः ।

एवं कार्याणि धर्मस्थाः कुर्युरच्छलदर्शिनः ।
समास्सर्वेषु भावेषु विश्वास्या लोकसम्प्रियाः ॥

इति धर्मस्थीये द्यूतसमाह्वयं प्रकीर्णकानि विंशोऽध्यायः
आदितस्सप्तसप्ततिरध्यायः

एतावता कौटिल्यस्यार्थशास्त्रस्य धर्मस्थीयं
तृतीयमधिकरणं समाप्तम्

४ अधि. कण्टकशोधनम्.

७६ प्रक. कारुकरक्षणम्.

प्रदेष्टारस्त्रयस्त्रयो वाऽमात्याः कण्टकशोधनं कुर्युः ।

अर्घ्यप्रतीकाराः कारुशासितारः सन्निक्षेप्तारः स्वचित्तकारवः श्रेणीप्रमाणा निक्षेपं गृह्णीयुः । विपत्तौ श्रेणी निक्षेपं भजेत ।

निर्दिष्टदेशकालकार्यं च कर्म कुर्युः । अनिर्दिष्टदेशकालकार्यापदेशं कालातिपातने पादहीनं वेतनं तद्द्विगुणश्च दण्डः ।

अन्यत्र भ्रेषोपनिपाताभ्यां नष्टं विनष्टं वाऽभ्याभवेयुः । कार्यस्यान्यथा करणे वेतननाशस्तद्द्विगुणश्च दण्डः ।

तन्तुवाया दशैकादशिकं सूत्रं वर्धयेयुः । वृद्धिच्छेदे छेदद्विगुणो दण्डः सूत्रमूल्यं वा न वेतनं ; क्षौमकौशेयानामध्यर्धगुणं ; पत्रोर्णाकम्बलदुकूलानां द्विगुणः मानहीने हीनापहीनं वेतनं तद्द्विगुणश्च दण्डः । तुलाहीने हीनचतुर्गुणो दण्डः । सूत्रपरिवर्तने मूल्यद्विगुणः ।

तेन द्विपटवानं व्याख्यातम् ।

ऊर्णातुलायाः पञ्चपलिको विहननच्छेदो रोमच्छेदश्च ॥

रजकाः काष्ठफलकश्लक्ष्णशिलासु वस्त्राणि नेनिज्युः । अन्यत्र निर्णेजन्तो वस्त्रोपघातं षट्पणं च दण्डं दद्युः ॥

मुद्गराङ्कादन्यद्वासः परिदधानास्त्रिपणं दण्डं दद्युः

पर[1]वस्त्रविक्रयावक्रयाधानेषु च द्वादशपणो दण्डः परिवर्तने मूल्यद्विगुणो वस्त्रदानं च । मुकुलावदातं शिलापट्टशुद्धधौतसूत्रवर्णं प्रमृष्टश्वेततरं चैकरात्रोत्तरं दण्डं दद्युः । पञ्चरात्रिकं तनुरागं; षड्रात्रिकं नीलं; पुष्पलाक्षामञ्जिष्ठारक्तं गुरुपरिकर्मयत्नोपचार्यं जात्यं वासः सप्तरात्रिकं; ततः परं वेतनहानिं प्राप्नुयुः ॥

श्रद्धेया रागविवादेषु वेतनं कुशलाः कल्पयेयुः ॥

परार्ध्यानां पणो वेतनं; मध्यमानामर्धपणः; प्रत्यवराणां पादः; स्थूलकाशे माषिपतो वधः ॥

[1] याज्ञ्य II, 241.

अरकपांसुधावकाः सारत्रिभागं लभेरन् । द्वौ राजा रत्नं च । रत्नापहार उत्तमो दण्डः ॥

खनिरत्ननिधिनिवेदनेषु षष्ठमंशं निवेत्ता लभते । द्वादशमंशं भृतकः । शतसहस्रादूर्ध्वं राजगामी निधिः । ऊने षष्ठमंशं दद्यात् ॥

पौर्वपौरुषिकं निधिं जानपदः शुचिस्स्वकरणेन समग्रं लभेत । स्वकरणाभावे पञ्चशतो दण्डः । प्रच्छन्नादाने सहस्रम् ॥

भिषजः प्राणाबाधिकमनाख्यायोपक्रममाणस्य विपत्तौ पूर्वस्साहसदण्डः । कर्मापराधेन विपत्तौ मध्यमः । कर्मवधवैगुण्यकरणे दण्डपारुष्यं विद्यात् ॥

कुशीलवा वर्षारात्रमेकस्था वसेयुः । कामदानमतिमात्रमेकस्यातिपातं च वर्जयेयुः । तस्यातिक्रमे द्वादशगुणो दण्डः । कामं देशजातिगोत्रचरणमैथुनावभासेन नर्मयेयुः ॥

कुशीलवैश्चारणादिभिक्षुकाश्च व्याख्याताः । तेषामयश्शूलेन यावतः पणानभिदेयुः तावन्तः शिफाप्रहारा दण्डाः ॥ शेषाणां कर्मणां निष्पत्तिवेतनं शिल्पिनां कल्पयेत् ॥

एवं चोरानचोराख्यान् वणिक्कारुकुशीलवान् ।
भिक्षुकान् कुहकांश्चान्यान्वारयेद्देशपीडनात् ॥

इति कण्टकशोधने चतुर्थाधिकरणे
कारुकरक्षणं प्रथमोऽध्यायः
आदितोऽष्टसप्ततितमोऽध्यायः

७७ प्रक. वैदेहकरक्षणम्.

संस्थाध्यक्षः पण्यसंस्थायां पुराणभाण्डानां स्वकरणविशुद्धानामाधानं विक्रयं वा स्थापयेत् ॥

तुलामानभाण्डानि चावेक्षेत, पौतवापचारात् ।

परिमाणीद्रोणयोरर्धपलहीनातिरिक्तमदोषः ; पलहीनातिरिक्ते द्वादशपणो दण्डः । तेन पलोत्तरा दण्डवृद्धिर्व्याख्याता ।

तुलायाः कर्षहीनातिरिक्तमदोषः ; द्विकर्षहीनातिरिक्ते षट्पणो दण्डः । तेन कर्षोत्तरा दण्डवृद्धिर्व्याख्याता ।

आढकस्यार्धकर्षहीनातिरिक्तमदोषः ; कर्षहीनातिरिक्ते त्रिपणो दण्डः । तेन कर्षोत्तरा दण्डवृद्धिर्व्याख्याता ।

तुलामानविशेषाणामतोऽन्येषामनुमानं कुर्यात् ।

तुलामानाभ्यामतिरिक्ताभ्यां क्रीत्वा हीनाभ्यां विक्रीणानस्य त एव द्विगुणा दण्डाः ।

गण्यपण्येष्वष्टभागं पण्यमूल्येष्वपहरतष्षण्णवतिर्दण्डः ।

[1]काष्ठलोहमणिमयं रज्जुचर्ममृन्मयं सूत्रवल्करोममयं वा जात्यमित्यजात्यं विक्रयाधानं नयतो मूल्याष्टगुणो दण्डः ।

[2]सारभाण्डमित्यसारभाण्डं, तज्जातमित्यतज्जातं, राधायुक्त-

[1] याज्ञ. II. 294. [2] याज्ञ. II, 250—251.

मुपधियुक्तं समुत्परिवर्तिमं वा विक्रयाधानं नयतो हीनमूल्यं चतुष्पञ्चाशत्पणो दण्डः । पणमूल्यं द्विगुणो द्विपणमूल्यं द्विशतः । तेनार्घवृद्धौ दण्डवृद्धिर्व्याख्याता ।

[1]कारुशिल्पिनां कर्मगुणापकर्षमाजीवं विक्रयं क्रयोपघातं वा सम्भूय समुत्थापयतां सहस्रं दण्डः ।

वैदेहकानां वा सम्भूय पण्यमवरुन्धतामनर्घेण विक्रीणतां क्रीणतां वा सहस्रं दण्डः ।

तुलामानान्तरमर्घवर्णान्तरं वा धरकस्य मापकस्य वा पण मूल्यादष्टभागं हस्तदोषेणाचरतो द्विशतो दण्डः । तेन द्विशतोत्तरा दण्डवृद्धिर्व्याख्याता ।

[2]धान्यस्नेहक्षारलवणगन्धभैषज्यद्रव्याणां समवर्णोपधाने द्वादशपणो दण्डः ।

यन्निसृष्टमुपजीवेयुः, तदेषां दिवससञ्जातं सङ्ख्याय वणिक् स्थापयेत् । क्रेतृविक्रेत्रोरन्तरपतितमादायादन्यं भवति । तेन धान्यपण्यनिचयांश्चानुज्ञाताः कुर्युः : अन्यथा निचितमेषां पण्याध्यक्षो गृह्णीयात् । तेन धान्यपण्यविक्रये व्यवहरेतानुग्रहेण प्रजानाम् ॥

[1]अनुज्ञातक्रयादुपरि चैषां स्वदेशीयानां पण्यानां पञ्चकं

[1] याज्ञ्य. II. 252. [2] याज्ञ्य. II, 248—249.

शतमाजीवं स्थापयेत् । परदेशीयानां दशकम् । ततः परमर्धं वर्धयतां क्रये विक्रये वा भावयतां पणशते पञ्चपणाद्द्विशतो दण्डः । तेनार्घवृद्धौ दण्डवृद्धिर्व्याख्याता ।

सम्भूयक्रये चैषां अविक्रीतेनान्यं संभूयक्रयं दद्यात् । पण्योपघाते चैषामनुग्रहं कुर्यात् ।

पण्यबाहुल्यात्पण्याध्यक्षः सर्वपण्यान्येकमुखानि विक्रीणीत । तेष्वविक्रीतेषु नान्ये विक्रीणीरन् । तानि दिवसवेतनेन विक्रीणीरन् अनुग्रहेण प्रजानाम् ।

देशकालान्तरितानां तु पण्यानां—

प्रक्षेपं पण्यनिष्पत्तिं शुल्कं वृद्धिमवक्रयम् ।
व्ययानन्यांश्च सङ्ख्याय स्थापयेदर्घमर्घवित् ॥

इति कण्टकशोधने वैदेहकरक्षणं द्वितीयोऽध्यायः
आदित एकोनाशीतिः

७८. प्रक. उपनिपातप्रतीकारः.

दैवान्यष्टौ महाभयानि—अग्निरुदकं व्याधिर्दुर्भिक्षं मूषिका व्याळास्सर्पा रक्षांसीति । तेभ्यो जनपदं रक्षेत् ।

ग्रीष्मे बहिरधिश्रयणं ग्रामाः कुर्युः । दशमूलीसङ्ग्रहेणाधिष्ठिता

वा । नागरिकप्रणिधावग्निप्रतिषेधो व्याख्यातः । निशान्तप्रणिधौ राजपरिग्रहे च ।

बलिहोमस्वस्तिवाचनैः पर्वसु चाग्निपूजाः कारयेत् ।

वर्षारात्रमनूपग्रामाः पूरवेलामुत्सृज्य वसेयुः । काष्ठवेणुनावश्चापगृह्णीयुः ।

ऊह्यमानमलाबुदृतिप्लवगण्डिकावेणिकाभिस्तारयेयुः । अनभिसरतां द्वादशपणो दण्डः अन्यत्र प्लवहीनेभ्यः ।

पर्वसु च नदीपूजाः कारयेत् ।

मायायोगविदो वेदविदो वर्षमभिचरेयुः ।

वर्षावग्रहे शचीनाथगङ्गापर्वतमहाकच्छपूजाः कारयेत् ।

व्याधिभयमौपनिषदिकैः प्रतीकारैः प्रतिकुर्युः । औषधैश्चिकित्सकाः, शान्तिप्रायश्चित्तैर्वा सिद्धतापसाः ।

तेन मरको व्याख्यातः ।

तीर्थाभिषेचनं महाकच्छवर्धनं गवां श्मशानावदोहनं कबन्धदहनं देवरात्रिं च कारयेत् ।

पशुव्याधिमरके स्थानान्यर्थनीराजनं स्वदैवतपूजनं च कारयेत् ।

दुर्भिक्षे राजा बीजभक्तोपग्रहं कृत्वाऽनुग्रहं कुर्यात् । दुर्गतकर्म

वा भक्तानुग्रहेण भक्तसंविभागं वा देशनिक्षेपं वा ।

मित्राणि वा व्यपाश्रयेत ।

कर्शनं वमनं वा कुर्यात् ।

निष्पन्नसस्यमन्यविषयं वा सजनपदो यायात् ।

समुद्रसरस्तटाकानि वा संश्रयेत ।

धान्यशाकमूलफलावापान् सेतुषु कुर्वीत ।

मृगपशुपक्षिव्याळमत्स्यारम्भान् वा ।

मूषिकभये मार्जारनकुलोत्सर्जः ।

तेषां ग्रहणहिंसायां द्वादशपणो दण्डः । शुनामनिग्रहे च अन्यत्रारण्यचरेभ्य ।

स्नुहिक्षीरलिप्तानि धान्यानि विसृजेत्, उपनिषद्योगयुक्तानि वामूषिककरं वा प्रयुञ्जीत ।

शान्तिं वा सिद्धतापसाः कुर्युः ।

पर्वसु च मूषिकपूजाः कारयेत् ।

तेन शलभपक्षिक्रिमिभयप्रतीकारा व्याख्याताः ।

व्याळभये मदनरसयुक्तानि पशुशवानि प्रसृजेत् । मदनकोद्रवपूर्णान्यौदर्याणि वा ।

लुब्धकाः श्वगणिनो वा कूटपञ्जरावपातैश्चरेयुः ।

आवरणिनः शस्त्रपाणयो व्याळानभिहन्युः । अनभिसर्तुर्द्वादशपणो दण्डः । स एव लाभो व्याळघातिनः ।

पर्वसु च पर्वतपूजाः कारयेत् ।

तेन मृगपक्षिसङ्घग्राहप्रतीकारा व्याख्याताः ।

रक्षोभये रक्षोघ्नान्यथर्ववेदविदो मायायोगविदो वा कर्माणि कुर्युः । पर्वसु च वितर्दिछत्रोल्लोपिकाहस्तपताकाच्छागोपहारैः चैत्यपूजाः कारयेत् ।

"वश्चराम" इत्येवं सर्वे भयेष्वहोरात्रं चरेयुः ।

सर्वत्र चोपहतान् पितेवानुगृह्णीयात् ।

मायायोगविदस्तस्माद्विषये सिद्धतापसाः ।
वसेयुः पूजिता राज्ञा दैवापत्प्रतिकारिणः ।

इति कण्ठकशोधने उपनिपातप्रतीकारः तृतीयोऽध्यायः
आदितोऽशीतितमः

——०——

७९ प्रक. गूढाजीविनां रक्षा.

समाहर्तृप्रणिधौ जनपदरक्षणमुक्तम् । तस्य कण्टकशोधनं वक्ष्यामः—

समाहर्ता जनपदे सिद्धतापसप्रव्रजितचक्रचरचारणकुहकप्रच्छन्दककार्तान्तिकनैमित्तिकमौहूर्तिकचिकित्सकोन्मत्तमूकबधिरजडान्धवैदेहककारुशिल्पिकुशीलववेशशौण्डिकापूपिकपाक्वमांसिकौदनिकव्यञ्जनान् प्रणिदध्यात् । ते ग्रामाणामध्यक्षाणां

च शौचाशौचं विद्युः—यं चात्र गूढजीविनं शङ्केत, तं मत्रिसवर्णेनापसर्पयेत्। धर्मस्थं प्रदेष्टारं वा विश्वासोपगतं सत्री ब्रूयात्— "असौ मे बन्धुरभियुक्तः ; तस्यायमनर्थः प्रतिक्रियतां अयं चार्थः प्रतिगृह्यताम्" इति । स चेत्तथा कुर्यात्, "उपदाग्राहकः" इति प्रवास्येत ।

तेन प्रदेष्टारो व्याख्याताः ।

ग्रामकूटमध्यक्षं वा सत्री ब्रूयात् "असौ जाल्मः प्रभूतद्रव्यस्तस्यायमनर्थः तेनैनमाहारयस्व" इति । स चेत्तथा कुर्यात् "उत्कोचकः" इति प्रवास्येत ।

कृतकाभियुक्तो वा कूटसाक्षिणोऽभिज्ञाताऽनर्थवैपुल्येन आरभेत । ते चेत्तथा कुर्युः, "कूटसाक्षिणः" इति प्रवास्येरन् ।

तेन कूटपण[1]कारका व्याख्याताः ।

यं वा मन्त्रयोगमूलकर्मभिश्श्माशानिकैर्वा संवननकारकं मन्येत, तं सत्री ब्रूयात् "अमुष्य भार्यां स्नुषां दुहितरं वा कामये । सा मां प्रतिकामयतां अयं चार्थः प्रतिगृह्यताम्" इति । स चेत्तथा कुर्यात् "संवननकारकः" इति प्रवास्येत ।

तेन कृत्याभिचारशीलौ व्याख्यातौ ।

यं वा रसस्य वक्तारं क्रेतारं विक्रेतारं भैषज्याहारव्यव-

[1] कूटत्रापण.

हारिणं वा रसदं मन्येत तं सत्री ब्रूयात्—"असौ मे शत्रुस्तस्योपघातः क्रियतामयं चार्थः प्रतिगृह्यताम्" इति । स चेत्तथा कुर्यात्, "रसदः" इति प्रवास्येत ।

तेन मदनयोगव्यवहारी व्याख्यातः ।

यं वा नानालोहक्षाराणां अङ्गारभस्त्रासंदंशमुषिकाधिकरणीविटङ्कमूषाणामभीक्ष्णं क्रेतारं मूषीभस्मधूमदिग्धहस्तवस्त्रलिङ्गं कर्मारोपकरणसंवर्गं कूटरूपकारकं मन्येत, तं सत्री शिष्यत्वेन संव्यवहारेण चानुप्रविश्य प्रज्ञापयेत् । प्रज्ञातः "कूटरूपकारकः" इति प्रवास्येत ।

तेन रागस्यापहर्ता कूटसुवर्णव्यवहारी च व्याख्यातः ॥

आरब्धारस्तु हिंसायां गूढाजीवास्त्रयोदश ।
प्रवास्या निष्क्रयार्थं वा दद्युर्दोषविशेषतः ॥

इति कण्टकशोधने गूढाजीविनां रक्षा चतुर्थोऽध्यायः
आदित एकाशीतिः

—— ० ——

८० प्रक. सिद्धव्यञ्जनैर्माणवप्रकाशनम्.

सत्त्रिप्रयोगादूर्ध्वं सिद्धव्यञ्जना माणवा माणवविद्याभिः प्रलोभयेयुः प्रस्थापनान्तर्धानद्वारापोहमन्त्रेण प्रतिरोधकान्, संवननमन्त्रेण पारतल्पिकान् ।

तेषां कृतोत्साहानां महान्तं सङ्घमादाय रात्रावन्यं ग्राममुद्दिश्यान्यं ग्रामं कृतकाः स्त्रीपुरुषं गत्वा ब्रूयुः—"इहैव विद्याप्रभावो दृश्यताम् । कृच्छ्रः परग्रामो गन्तुम्" इति । ततो द्वारापोहमन्त्रेण द्वाराण्यपोह्य "प्रविश्यताम्" इति ब्रूयुः । अन्तर्धानमन्त्रेण जाग्रतामारक्षिणां मध्येन माणवानतिक्रामयेयुः प्रस्वापनमन्त्रेण प्रस्वापयित्वा रक्षिणश्शय्याभिर्माणवैस्सञ्चारयेयुः । संवननमन्त्रेण भार्याव्यञ्जनाः परेषां माणवैस्संमोदयेयुः ।

उपलब्धविद्याप्रभावानां पुरश्चरणाद्यादिशेयुरभिज्ञानार्थम् ।

कृतलक्षणद्रव्येषु वा वेश्मसु कर्म कारयेयुः अनुप्रविष्टान्वैकत्र ग्राहयेयुः ।

कृतलक्षणद्रव्यक्रयविक्रयाधानेषु योगसुरामत्तान्वा ग्राहयेयुः ।

गृहीतान् पूर्वापदानसहायाननुयुञ्जीत ।

पुराणचोरव्यञ्जना वा चोराननुप्रविष्टास्तथैव कर्म कारयेयुः ग्राहयेयुश्च । गृहीतान् समाहर्ता पौरजानपदानां दर्शयेत्—"चोरग्रहणीं विद्यामधीते राजा; तस्योपदेशादिमे चोरा गृहीताः; भूयश्च गृहीष्यामि; वारयितव्यो वस्स्वजनः पापाचारः" इति ।

यं चात्रापसर्पोपदेशेन शम्याप्रतोदादीनामपहर्तारं जानीयात्, तमेषां प्रत्यादिशेत्, एष राज्ञः प्रभाव इति ।

पुराणचोरगोपालकव्याधश्वगणिनश्च वनचोराटविकाननुप्रविष्टाः प्रभूतकूटहिरण्यकुप्यभाण्डेषु सार्थव्रजग्रामेष्वेनानभियोजयेयुः; अभियोगे गूढबलैर्घातयेयुः मदनरसयुक्तेन वा पथ्यादानेन अनुगृहीतलोप्त्रभारानायतगतपरिश्रान्तान्प्रस्वपतः प्रहवणेषु योगसुरामत्तान्वा ग्राहयेयुः ॥

पूर्ववच्च गृहीत्वैनान् समाहर्ता प्ररूपयेत् ।
सर्वज्ञख्यापनं राज्ञः कारयन् राष्ट्रवासिषु ॥

इति कण्टकशोधने सिद्धव्यञ्जनैर्माणवप्रकाशनं पञ्चमोऽध्यायः आदितो द्व्यशीतिः ॥

---o---

८१ प्रक. शङ्कारूपकर्माभिग्रहः.

सिद्धप्रयोगादूर्ध्वं शङ्कारूपकर्माभिग्रह क्षीणदायकुटुम्बमल्पनिर्वेशं विपरीतदेशजातिगोत्रनामकर्मापदेशं प्रच्छन्नवृत्तिकर्माणं मांससुराभक्ष्यभोजनगन्धमाल्यवस्त्रविभूषणेषु प्रसक्तमतिव्ययकर्तारं पुंश्चलीद्यूतशौण्डिकेषु प्रसक्तमभीक्ष्णप्रवासिनमविज्ञातस्थानगमनपण्यमेकान्तारण्यनिष्कुटविकालचारिणं प्रच्छन्ने सामिषे वा देशे बहुमन्त्रसन्निपातं सद्यःक्षतव्रणानां गूढप्रतीकारयितारं अन्तर्गृहं नित्यमभ्यधिगन्तारं कान्तापरं परपरिग्रहाणां परस्त्रीद्रव्यवेश्मनामभीक्ष्णप्रष्टारं कुत्सितकर्मशास्त्रोपकरणसंसर्गं विरात्रे छन्नकुड्यच्छायासञ्चारिणं विरूपद्रव्याणामदेशकाल-

विक्रेतारं ज्ञातवैराशयं हीनकर्मजातिं विगूहमानरूपं लिङ्गेन आलिङ्गिनं लिङ्गिनं वा भिन्नाचारं पूर्वकृतापदानं स्वकर्मभिरपदिष्टं नागरिकं महामात्रदर्शने गूहमानमपसरन्तमनुच्छ्वासोपवेशिनमाविग्नं शुष्कभिन्नस्वरमुखवर्णं शस्त्रहस्तमनुष्यसम्पातं त्रासिनं हिंस्रस्तेननिधिनिक्षेपापहारपरप्रयोगगूढाजीविनामन्यतमं शङ्केतेति शङ्काभिग्रहः ॥

रूपाभिग्रहस्तु—नष्टापहृतमविद्यमानं तज्जातव्यवहारिषु निवेदयेत् । तच्चेन्निवेदितमासाद्य प्रच्छादयेयुः, साचिव्यकरदोषमाप्नुयुः । अजानन्तोऽस्य द्रव्यस्यातिसर्गेण मुच्येरन् । न चानिवेद्य संस्थाध्यक्षस्य पुराणभाण्डानामाधानं विक्रयं वा कुर्युः । तच्चेन्निवेदितमासाद्येत. रूपाभिगृहीतमागमं पृच्छेत् "कुतस्ते लब्धम्" इति । स चेत् ब्रूयात् दायाद्यादवाप्तममुष्माल्लब्धं, क्रीतं कारितमाधिप्रच्छन्नं अयमस्य देशः कालश्चोपसम्प्राप्तः अयमस्यार्घः प्रमाणं लक्षणमूल्यं च इति, तस्यागमसमाधौ मुच्येत ॥

नाष्टिकश्चेत्तदेव प्रतिसन्दध्यात् । यस्य पूर्वो दीर्घश्च परिभोगश्शुचिर्वा देशस्तस्य द्रव्यमिति विद्यात् । "चतुष्पदानामपि हि रूपलिङ्गसामान्यं भवति, किमङ्ग पुनरेकयोनिद्रव्यकर्तृप्रसूतानां कुप्याभरणभाण्डानाम्" इति । स चेद्ब्रूयात्—"याचितकमवक्रीतकमाहितकं निक्षेपमुपनिधिं वैय्या-

कृत्यकर्म वाऽमुष्य " इति । तस्यावरप्रतिसन्धानेन मुच्येत । "नैवम्" इत्यपसारो वा ब्रूयात् ।

रूपाभिगृहीतः परस्य दानकारणमात्मनः प्रतिग्रहकारण मुपलिङ्गनं वा दायकदापकनिबन्धकप्रतिग्राहकोपदेष्टृभिरुपश्रोतृभिर्वा प्रतिसमानयेत् ॥

उज्झितप्रणष्टनिष्पतितोपलब्धस्य देशकाललाभोपलिङ्गनेन शुद्धिः । अशुद्धस्तच्च तावच्च दण्डं दद्यात् । अन्यथा स्तेयदण्डं भजेत ॥

इति रूपाभिग्रहः ॥

कर्माभिग्रहस्तु—मुषितवेश्मनः प्रवेशनिष्कसनमद्वारेण द्वारस्य सन्धिना बीजेन वा वेधमुत्तमागारस्य जालवातायननीव्रवेधमारोहणावतरणे च कुड्यस्य वेधमुपखननं वा गूढद्रव्यनिक्षेपग्रहणापायमुपदेशोपलभ्यमभ्यन्तरच्छेदोत्करपरिमर्दोपकरणमभ्यन्तरकृतं विद्यात्; विपर्यये बाह्यकृतं उभयत उभयकृतम् ॥

अभ्यन्तरकृते पुरुषमासन्नं व्यसनिनं क्रूरसहायं तस्करोपकरणसंसर्गं स्त्रियं वा दरिद्रकुलामन्यप्रसक्तां वा परिचारकजनं वा तद्विधाचारमतिस्वप्नं निद्राक्लान्तमाविक्लान्तमाविग्नं शुष्कभिन्नस्वरमुखवर्णमौपस्थितमतिप्रलापिनमुच्चारोहणसंरब्धगात्रं वि-

लूननिघृष्टभिन्नपाटितशरीरवस्त्रं जातकिणसंरब्धहस्तपादं पांसुपूर्णकेशनखविलूनभुग्नकेशनखं वा सम्यक् स्नातानुलिप्तं तैलप्रमृष्टगात्रं सद्योधौतहस्तपादं वा पांसुपिच्छिलेषु तुल्यपादपदनिक्षेपं प्रवेशनिष्कासनयोर्वा तुल्यमाल्यमद्यगन्धवस्त्रच्छेदविलेपनस्वेदं परीक्षेत ॥

पौरं पारदारिकं वा विद्यात् ॥

सगोपस्थानिको बाह्यं प्रदेष्टा चोरमार्गणम् ।
कुर्यान्नागरिकश्चान्तर्दुर्गे निर्दिष्टहेतुभिः ॥

इति कण्टकशोधने शङ्कारूपकर्माभिग्रहः षष्ठोऽध्यायः
आदितस्त्र्यशीतिः

— ÷ —

८२. प्रक. आशुमृतकपरीक्षा.

तैलाभ्यक्तमाशुमृतकं परीक्षेत—

निष्कीर्णमूत्रपुरीषं वातपूर्णकोष्ठत्वक्कं शूनपादपाणिमुन्मीलिताक्षं सव्यञ्जनकण्ठं पीडननिरुद्धोच्छ्वासहतं विद्यात् ॥

तमेव सङ्कुचितबाहुसक्थिमुद्बन्धहतं विद्यात् ॥

शूनपाणिपादोदरमपगताक्षमुद्वृत्तनाभिमवरोपितं विद्यात् ॥

निस्तब्धगुदाक्षं सन्दष्टजिह्वमाध्मातोदरमुदकहतं विद्यात् ॥

शोणितानुसिक्तं भग्नभिन्नगात्रं काष्ठै रश्मिभिर्वा हतं विद्यात् ॥

सम्भग्नस्फुटितगात्रं विक्षिप्तं विद्यात् ॥

श्यावपाणिपाददन्तनखं शिथलमांसरोमचर्माणं फेनोपदिग्धमुखं विषहतं विद्यात् ॥

तमेव सशोणितदंशं सर्पकीटहतं विद्यात् ॥

विक्षिप्तवस्त्रगात्रमतिवांतविरिक्तं मदनयोगहतं विद्यात् ॥

अतोऽन्यतमेन कारणेन हतं हत्वा वा दण्डभयादुद्बन्धनिकृत्तकण्ठं विद्यात् ॥

विषहतस्य भोजनशेषं पयोभिः परीक्षेत । हृदयादुद्धृत्याग्नौ प्रक्षिप्तं चिटचिटायदिन्द्रधनुर्वर्णं वा विषयुक्तं विद्यात् ॥

दग्धस्य हृदयमदग्धं दृष्ट्वा वा तस्य परिचारकजनं वा दण्डापारुष्यादतिमार्गेत ॥

दुःखोपहतमन्यप्रसक्तं वा स्त्रीजनं दायनिर्वृत्तिस्त्रीजनाभिमन्तारं वा बन्धुम् । तदेव हतोद्बन्धस्य परीक्षेत ॥

स्वयमुद्बन्धस्य वा विप्रकारमयुक्तं मार्गेत ॥

सर्वेषां वा स्त्रीदायाद्यदोषः, कर्मस्पर्धा प्रतिपक्षद्वेषः पण्यसंस्थासमवायो वा विवादपदानामन्यतमद्वा रोषस्थानं; रोषनिमित्तो घातः ॥

स्वयमादिष्टपुरुषैर्वा चोरैरर्थनिमित्तं सादृश्यादन्यवैरिभिर्वा हतस्य घातमासन्नेभ्यः परीक्षेत येनाहूतस्सहस्थितः प्रस्थितो हतभूमिमानीतो वा, तमनुयुञ्जीत। ये चास्य हतभूमावासन्नचरास्तानेकैकशः पृच्छेत् 'केनायमिहानीतो वा कस्सशस्त्रः सङ्गूहमानः उद्विग्नो वा युष्माभिर्दृष्टः" इति ते यथा ब्रूयुस्तथाऽनुयुञ्जीत ॥

अनाथस्य शरीरस्थमुपभोगं परिच्छदम्।
वस्त्रं वेषं विभूषां वा दृष्ट्वा तद्व्यवहारिणः॥
अनुयुञ्जीत संयोगं निवासं वासकारणम्।
कर्म च व्यवहारं च ततो मार्गणमाचरेत्॥
रज्जुशस्त्रविषैर्वाऽपि कामक्रोधवशेन यः।
घातयेत्स्वयमात्मानं स्त्री वा पापेन मोहिता॥
रज्जुना राजमार्गे तां चण्डालेनापकर्षयेत्।
न श्मशानविधिस्तेषां न संबन्धिक्रियास्तथा॥
बन्धुस्तेषां तु यः कुर्यात्प्रेतकार्यक्रियाविधिम्।
तद्गतिं स चरेत्पश्चात्स्वजनाद्वा प्रमुच्यते॥
संवत्सरेण पतति पतितेन समाचरन्।
याजनाध्यापनाद्यौनात्तैश्चान्योऽपि समाचरन्॥

इति कण्टकशोधने आशुमृतकपरीक्षा
सप्तमोऽध्यायः आदितश्चतुरशीतिः.

---

८३ प्रक. वाक्यकर्मानुयोगः.

[1]मुषितसन्निधौ बाह्यानामभ्यन्तराणां च साक्षिणमभिशस्तस्य देशजातिगोत्रनामकर्मसारसहायनिवासाननुयुञ्जीत । तांश्चापदेशैः प्रतिसमानयेत् । ततः पूर्वस्याह्नः प्रचारं रात्रौ निवासं च "आग्रहणादिति" अनुयुञ्जीत । तस्यावसारप्रतिसन्धाने शुद्धस्स्यात् । अन्यथा कर्मप्राप्तः ॥

त्रिरात्रादूर्ध्वमग्राह्यः शङ्कितकः, पृच्छाभावादन्यत्रोपकरणदर्शनात् ॥

"अचोरश्चोरः" इत्यभिव्याहरतश्चोरसमो दण्डः; चोरं प्रच्छादयतश्च ॥

चोरेणाभिशस्तो वैरद्वेषाभ्यामपदिष्टकः शुद्धस्स्यात् । शुद्धं परिवासयतः पूर्वस्साहसदण्डः ॥

शङ्कानिष्पन्नमुपकरणमन्त्रिसहायरूपवैय्यावृत्यकरान्निष्पादयेत् । कर्मणश्च प्रदेशद्रव्यादानांशविभागैः प्रतिसमानयेत् । एतेषां कारणानां अनभिसन्धाने विप्रलपन्तमचोरं विद्यात् । दृश्यते ह्यचोरोऽपि चोरमार्गे यदृच्छया; सन्निपाते चोरवेषशस्त्रभाण्डसामान्येन गृह्यमाणो दृष्टः चोरभाण्डस्योपवासेन वा यथा हि माण्डव्यः कर्मक्लेशभयादचोरः "चोरोऽस्मि" इति ब्रुवाणः । तस्मात्समाप्तकरणं नियमयेत् ॥

[1] याज्ञ II. 271-272.

मन्दावधानं बालं वृद्धं व्याधितं मत्तमुन्मत्तं क्षुत्पिपासाध्वक्लान्तमत्याशितमात्मकाशितं दुर्बलं वा न कर्म कारयेत् ॥

तुल्यशीलपुंश्चलीप्रापाविककथावकाशभोजनदातृभिरपसर्पयेत्। एवमतिसन्दध्यात् । यथा वा निक्षेपापहारे व्याख्यातम् ॥

आप्तदोषं कर्म कारयेत् ॥

न त्वेव स्त्रियं गर्भिणीं सूतिकां वा मासावरप्रजाताम् ।

स्त्रियास्त्वर्धकर्म ॥

वाक्यानुयोगो वा ब्राह्मणस्य सत्रिपरिग्रहः श्रुतवतस्तपस्विनश्च । तस्यातिक्रम उत्तमो दण्डः कर्तुः कारयितुश्च कर्मणा व्यापादनेन च ॥

व्यावहारिकं कर्मचतुष्कं—षड्दण्डाः सप्त कशाः, द्वावुपरिनिबन्धौ, उदकनालीका च ॥

परं पापकर्मणां नववेत्रलताः, द्वादशकं द्वावूरौ, वेष्टौ विंशतिर्नक्तमाललताः द्वात्रिंशत्तलाः, द्वौ वृश्चिकबन्धौ, उल्लम्बने चले सूचीहस्तस्य, यवागूपीतस्य एकपर्वदहनमङ्गुल्याः, स्नेहपीतस्य प्रतापनमेकमहः, शिशिररात्रौ बल्बजाग्रशय्याचेत्यष्टादशकं कर्म । तस्योपकरणं प्रमाणं प्रहरणं प्रधारणमवधारणं च खरपट्टादाहमयेत् ॥

दिवसान्तरमेकैकं च कर्म कारयेत् ॥

पूर्वकृतापदानं प्रतिज्ञाया अपहरन्तमेकदेशमदृष्टद्रव्यं कर्मणा

रूपेण वा गृहीतं राजकोशमपस्तृणन्तं कर्मवध्यं वा राजवचनात्समस्तं व्यस्तमभ्यस्तं वा कर्म कारयेत् ॥

सर्वापराधेष्वपीडनीयो ब्राह्मणः । [1]तस्याभिशस्ताङ्को ललाटे स्याद्व्यवहारपतनाय ॥

स्तेये श्वा ।

मनुष्यवधे कबन्धः ।

गुरुतल्पे भगम् ।

सुरापाने मद्यध्वजः ॥

ब्राह्मणं पापकर्माणमुद्घुष्याङ्ककृतव्रणम् ।
कुर्यान्निर्विषयं राजा वासयेदाकरेषु वा ॥

इति कण्टशोधने वाक्यकर्मानुयोगः अष्टमोऽध्यायः
आदितः पञ्चाशीतिः.

८४. प्रक. सर्वाधिकरणरक्षणम्.

समाहर्तृप्रदेष्टारः पूर्वमध्यक्षाणामध्यक्षपुरुषाणां च नियमनं कुर्युः ॥

खनिसारकर्मान्तेभ्यस्सारं रत्नं वापहरतश्शुद्धवधः ॥

फल्गुद्रव्यकर्मान्तेभ्यः फल्गुद्रव्यमुपस्करं वा पूर्वस्साहसदण्डः॥

---

[1] याज्ञ. II, 294.

पण्यभूमिभ्यो वा राजपण्यं माषमूल्यादूर्ध्वमापादमूल्यादित्यपहरतो द्वादशपणो दण्डः । आद्विपादमूल्यादिति चतुर्विंशतिपणः । आत्रिपादमूल्यादिति षट्त्रिंशत्पणः । आपणमूल्यादित्यष्टचत्वारिंशत्पणः । आद्विपणमूल्यादिति पूर्वस्साहसदण्डः । आचतुष्पणमूल्यादिति मध्यमः । आष्टपणमूल्यादित्युत्तमः । आदशपणमूल्यादिति वधः ॥

कोष्ठपण्यकुल्यायुधागारेभ्यः कुप्यभाण्डोपस्करापहारेष्वर्धमूल्येष्वेत एव दण्डाः ॥

कोशभाण्डागाराक्षशालाभ्यश्चतुर्भागमूल्येष्वेत एव द्विगुणा दण्डाः ॥

चोराणामभिप्रधर्षणे चित्रो घात इति राजपरिगृहेषु व्याख्यातम् ॥

बाह्येषु तु प्रच्छन्नमहनि क्षेत्रखलवेश्मापणेभ्यः कुप्यभाण्डमुपस्करं वा माषमूल्यादूर्ध्वमापादमूल्यादित्यपहरतस्त्रिपणो दण्डः; गोमयप्रदेहेन वा प्रलिप्यावघोषणं शरावमेखलया वा । आपणमूल्यादिति द्वादशपणः; मुण्डनं प्रव्राजनं वा । आद्विपणमूल्यत्रिपादमूल्यादिति नवपणः; गोमयं भस्म वा प्रलिप्यावघोषणं शरामेखलया वा । आपणमूल्यादाति द्वादशपणः; मुण्डनं प्रव्राजनं वा । आद्विपणमूल्यादाति चतुर्विंशतिपणः, मुण्डनमिष्टकाशक

लेन प्रव्राजनं वा । आचतुष्पणमूल्यादिति षट्त्रिंशत्पणः । आपञ्चपणमूल्यादिति अष्टचत्वारिंशत्पणः । आदशपणमूल्यादिति पूर्वस्साहसदण्डः । आविंशतिपणमूल्यादिति द्विशतः । आत्रिंशत्पणमूल्यादिति पञ्चशतः । आचत्वारिंशत्पणमूल्यादिति साहस्रः । आपञ्चाशत्पणमूल्यादिति वधः॥

प्रसह्य दिवा रात्रौ वाऽन्तर्यामिमेव हरतो धर्ममूल्येष्वेत एव द्विगुणा दण्डाः । प्रसह्य दिवा रात्रौ वा सशस्त्रस्यापहरतश्चतुर्भागमूल्येष्वेत एव दण्डाः ॥

कुटुम्बाध्यक्षमुख्यस्वामिनां कूटशासनमुद्राकर्मसु पूर्वमध्यमोत्तमवधा दण्डाः; यथाऽपराधं वा ।

धर्मस्थश्चेद्विवदमानं पुरुषं तर्जयति, भर्त्सयत्यपसारयति, अभिग्रसते वा, पूर्वमस्मै साहसदण्डं कुर्यात् । वाक्पारुष्ये द्विगुणम् ॥

पृच्छ्यं न पृच्छत्यपृच्छ्यं पृच्छति, पृष्ट्वा वा विसृजति, शिक्षयति, स्मारयति, पूर्वं ददाति वेति, मध्यमस्मै साहसदण्डं कुर्यात् । देयं देशं न पृच्छति, अदेयं देशं पृच्छति कार्यमदेशेनातिवाहयति, छलेनातिहरति, कालहरणेन श्रान्तमपवाहयति, मार्गापणं वाक्यमुत्क्रमयति; मतिसहाय्यं साक्षिभ्यो ददाति; तारितानुशिष्टं कार्यं पुनरपि गृह्णाति; उत्तममस्मै साहसदण्डं कुर्यात् ॥

पुनरपराधे द्विगुणः स्थानाद्व्यपरोपणं च ॥

लेखकश्चेदुक्तं न लिखत्यनुक्तं लिखति दुरुक्तमुपलिखति, सूक्तमुल्लिखत्यर्थोद्वा विकल्पयतीति, पूर्वमस्मै साहसदण्डं कुर्यात्; यथाऽपराधं वा ॥

धर्मस्थः प्रदेष्टा वा हैरण्यमदण्डयं क्षिपति क्षेपद्विगुणमस्मै दण्डं कुर्यात् । हीनातिरिक्ताष्टगुणं वा शारीरदण्डं क्षिपति, शारीरमेव दण्डं भजेत । निष्क्रयद्विगुणं वा । यं वा भूतमर्थं नाशयत्यभूतमर्थं करोति तदष्टगुणं दण्डं दद्यात्॥

धर्मस्थीयाच्चारकान्निस्सारयतो बन्धनागाराच्छय्यासनभोजनोच्चारसञ्चारं रोधबन्धनेषु त्रिपणोत्तरा दण्डाः कर्तुः कारयितुश्च ॥

चारकादभियुक्तं मुञ्चतो निष्पातयतो वा मध्यमः साहसदण्डः अभियोगदानं च । बन्धनागारात्सर्वस्वं वधश्च । बन्धनागाराध्यक्षस्य संरुद्धकमनाख्याय चारयतश्चतुर्विंशतिपणो दण्डः । कर्म कारयतो द्विगुणः स्थानान्यत्वं गमयतोऽन्नपानं वा रुन्धतष्षण्णवतिर्दण्डः । परिक्लेशयत उत्कोटयतो वा मध्यमस्साहसदण्डः । घ्नतस्साहस्रः ॥

परिगृहीतां दासीमाहितिकां वा संरुद्धिकामधिचरतः पूर्वस्साहसदण्डः । चोरधामरिकाभार्यां मध्यमः । संरुद्धिकामार्यामुत्तमः । संरुद्धस्य वा तत्रैव घातः । तदेवाक्षण-

गृहीतायामार्यायां विद्यात् । दास्यां पूर्वस्साहसदण्डः ॥

चारकमभित्वा, निष्पातयतो मध्यमः; भित्वा वधः, बन्धनागारात्सर्वस्वं वधश्च ॥

एवमर्थचरान् पूर्वं राजा दण्डेन शोधयेत् ।
शोधयेयुश्च शुद्धास्ते पौरजानपदान् दमैः ॥

इति कण्टकशोधने सर्वाधिकरणरक्षणं नवमोऽध्यायः
आदितष्षडशीतिः.

८५. प्रक. एकाङ्गवधनिष्क्रयः.

तीर्थ[1]घातग्रन्थिभेदेऽर्थचराणं प्रथमेऽपराधे संदंशच्छेदनं चतुष्पञ्चाशत्पणो वा दण्डः । द्वितीये—छेदनं पणस्य शत्यो वा दण्डः । तृतीये—दक्षिणहस्तवधश्चतुश्शतो वा दण्डः । चतुर्थे—यथाकामी वधः ॥

पञ्चविंशतिपणावरेषु कुक्कुटनकुलमार्जारश्वसूकरस्तेयेषु हिंसायां वा चतुष्पञ्चाशत्पणो दण्डः नासाग्रच्छेदनं वा । चण्डालारण्यचराणामर्धदण्डाः ॥

पाशजालकूटापपात्रेषु बन्धानां मृगपशुपक्षिव्यालमत्स्यानामादाने तच्च तावच्च दण्डः ॥

---

[1] याज्ञ्य. II, 274.

मृगद्रव्यवनान्मृगद्रव्यापहारे शत्यो दण्डः । बिम्बविहारमृगपक्षिस्तेये हिंसायां वा द्विगुणो दण्डः ॥

कारुशिल्पिकुशीलवतपस्विनां क्षुद्रकद्रव्यापहारे शत्यो दण्डः । स्थूलकद्रव्यापहारे द्विशतः । कृषिद्रव्यापहारे च ॥

दुर्गमकृतप्रवेशस्य प्रविशतः प्राकारच्छिद्राद्वा निक्षेपं गृहीत्वाऽपसरतः कन्धरावधो द्विशतो वा दण्डः ॥

चक्रयुक्तं नावं क्षुद्रपशुं वाऽपहरत एकपादवधः त्रिशतो वा दण्डः ॥

कूटकाकण्याक्षाराळाशलाकाहस्तविषमकारिण एकहस्तवधश्चतुश्शतो वा दण्डः ॥

स्तेनपारदारिकयोस्साचिव्यकर्मणि स्त्रियास्सङ्गृहीतायाश्च कर्णनासाच्छेदनं पञ्चशतो वा दण्डः; पुंसो द्विगुणः ॥

महापशुमेकं दासं दासीं वाऽपहरतः [1]प्रेतभाण्डं वा विक्रीणानस्य द्विपादवधः षट्छतो वा दण्डः ॥

[1]वर्णोत्तमानां गुरूणां च हस्तपादलङ्घने [1]राजयानवाहनाद्यारोहणे चैकहस्तपादवधः सप्तशतो वा दण्डः ॥

शूद्रस्य [1]ब्राह्मणवादिनो देवद्रव्यमवस्तृणतो [1]राजद्विष्टमादिशतो [1]द्विनेत्रभेदिनश्च योगाञ्जनेनान्धत्वमष्टशतो वा दण्डः ॥

[1]याज्ञ, II, 302-304.

[1]चोरं पारदारिकं वा मोक्षयतो [1]राजशासनमूनमतिरिक्तं वा लिखतः कन्यां दासीं वा सहिरण्यमपहरतः [2]कूटव्यवहारिणो [2]विमांसविक्रयिणश्च वामहस्तद्विपादवधो नवशतो वा दण्डः । मानुषमांसविक्रये वधः । देवपशुप्रतिमामनुष्यक्षेत्रगृहहिरण्यसुवर्णरत्नसस्यापहारिण उत्तमो दण्डः शुद्धवधो वा ॥

पुरुषं चापराधं च कारणं गुरुलाघवम् ।
अनुबन्धं तदात्वं च देशकालौ समीक्ष्य च ॥

उत्तमापरमध्यत्वं प्रदेष्टा दण्डकर्मणि ।
राज्ञश्च प्रकृतीनां च कल्पयेदन्तरान्वितः ॥

इति कण्टकशोधने एकाङ्गवधनिष्क्रयो दशमोऽध्यायः
आदितः सप्ताशीतिः.

---

८६ प्रक. शुद्धश्चित्रश्च दण्डकल्पः.

कलहे घ्नतः पुरुषं चित्रो घातः । सप्तरात्रस्यान्तः मृते शुद्धवधः । पक्षस्यान्तरुत्तमः । मासस्यान्तः पञ्चशतः समुत्थानव्ययश्च ॥

शस्त्रेण प्रहरत उत्तमो दण्डः । मदेन हस्तवधः । वधे वधः ॥

---

[1] याज्ञ. II, 295. [2] याज्ञ. II, 297.

प्रहारेण गर्भं पातयत उत्तमो दण्डः । भैषज्येन मध्यमः । परिक्लेशेन पूर्वस्साहसदण्डः ॥

प्रसभस्त्रीपुरुषघातकाभिसारकनिग्राहकावघोषकावस्कन्दकोपवेधकान् पथि वेश्मप्ररोधकान् राजहस्त्यश्वरथानां हिंसकान् स्तेनान्वा शूलानारोहयेयुः ॥

यश्चैनान् दहेदपनयेद्वा स तमेव दण्डं लभेत साहसमुत्तमं वा ॥

[1]हिंस्रस्तेनानां भक्तवासोपकरणाग्निमन्त्रदानवैयावृत्त्यकर्मस्वृत्तमो दण्डः । परिभाषणमविज्ञाने ॥ हिंस्रस्तेनानां पुत्रदारमसमन्त्रं विसृजेत् समन्त्रमाददीत ॥

राज्यकामुकमन्तःपुरप्रधर्षकमटव्यमित्रोत्साहकं दुर्गराष्ट्रदण्डकोपकं वा शिरोहस्तप्रादीपिकं घातयेत् ॥

ब्राह्मणं तमपः प्रवेशयेत् ॥

मातृपितृपुत्रभ्रात्राचार्यतपस्विघातकं वा त्वक्छिरःप्रादीपिकं घातयेत् । तेषामाक्रोशे जिह्वाच्छेदः ; अङ्गाभिरदने तदङ्गान्मोच्यः ॥

यदृच्छाघाते पुंसः, पशुयूथस्तेये च शुद्धवधः ॥

दशावरं च यूथं विद्यात् ॥

उदकधारणं सेतुं भिन्दतस्तत्रैवाप्सु निमज्जनम् । अनुदकमुत्तमः साहसदण्डः । भग्नोत्सृष्टकं मध्यमः ॥

[1] याज्ञ. II ; 276.

विषदायकं पुरुषं स्त्रियं च पुरुषघ्नीमपः प्रवेशयेत् ॥

अगर्भिणीं गर्भिणीं मासावरप्रजातां पतिगुरुप्रजाघातिकां अग्निविषदां सन्धिच्छेदिकां वा गोभिः पाटयेत् ॥

विवीतक्षेत्रखलवेश्मद्रव्यहस्तिवनादीपिकमग्निना दाहयेत् ॥

राजाक्रोशकमन्त्रभेदकयोरनिष्टप्रवृत्तिकस्य ब्राह्मणमहानसावलेहिनश्च जिह्वामुत्पाटयेत् ॥

प्रहरणावरणस्तेनमनायुधीयमिषुभिर्घातयेत् । आयुधीयस्योत्तमः ॥

मेढ्रफलोपघातिनस्तदेव छेदयेत् ॥

जिह्वानासोपघाते संदंशवधः ॥

एते शास्त्रेष्वनुगताः क्लेशदण्डा महात्मनाम् ।
अक्लिष्टानां तु पापानां धर्म्यश्शुद्धवधस्स्मृतः ॥

इति कण्टकशोधने शुद्धश्चित्रश्च दण्डकल्प एकादशोऽध्यायः आदितोऽष्टाशीतिः

८७ प्रक. कन्याप्रकर्म.

सवर्णामप्राप्तफलां कन्यां प्रकुर्वतो हस्तवधश्चतुश्शतो वा दण्डः । मृतायां वधः ॥

प्राप्तफलां प्रकुर्वतो मध्यमाप्रदेशिनीवधो द्विशतो वा दण्डः, पितुश्चापहीनं दद्यात् ॥

न च प्राकाम्यमकामायां लभेत ॥

सकामायां चतुष्पञ्चाशत्पणो दण्डः; स्त्रियास्त्वर्धदण्डः ॥

परशुल्कोपधायां हस्तवधश्चतुश्शतो वा दण्डः शुल्कदानं च ॥

सप्तार्तवप्रजातां पराणामूर्ध्वमलभमानां प्रकृत्य प्राकामी स्यात् न च पितुरपहीनं दद्यात् । ऋतुप्रतिरोधिभिः स्वाम्यादपक्रामति ॥

त्रिवर्षप्रजातार्तवायास्तुल्यो गन्तुमदोषः । ततः परमतुल्योऽप्यनलङ्कृतायाः । पितृद्रव्यादाने स्तेयं भजेत ॥

परमुद्दिश्यान्यस्य विन्दतो द्विशतो दण्डः ॥

न च प्राकाम्यमकामायां लभेत ॥

कन्यामन्यां दर्शयित्वाऽन्यां प्रयच्छतश्शत्यो दण्डस्तुल्यायां; हीनायां द्विगुणः ॥

प्रकर्मण्यकुमार्याश्चतुष्पञ्चाशत्पणो दण्डः; शुल्कव्ययकर्माणि च प्रतिदद्यात् । अवस्थाय तज्जातं पश्चात्कृता द्विगुणं दद्यात् । अन्यशोणितोपधाने द्विशतो दण्डः । मिथ्याभिशंसिनश्च । पुंसः शुल्कव्ययकर्माणि च जीयेत ॥

---

[1] याज्ञ्य. II, 287.

न च प्राकाम्यमकामायां लभेत ॥

स्त्री प्रकृता सकामा समाना द्वादशपणं दद्यात्; प्रकर्त्री द्विगुणम् । अकामायाश्शत्यो दण्डः आत्मरागार्थं शुल्कदानं च । स्वयं प्रकृता राजदास्यं गच्छेत् ॥

बहिर्ग्रामस्य प्रकृतायां मिथ्याभिशंसिने च द्विगुणो दण्डः ॥

प्रसह्य कन्यामपहरतो द्विशतः; ससुवर्णामुत्तमः ॥

बहूनां कन्यापहारिणां पृथग्यथोक्ता दण्डाः ॥

गणिकादुहितरं प्रकुर्वतश्चतुष्पञ्चाशत्पणो दण्डः; शुल्कमातुर्भोगष्षोडशगुणः ॥

दासस्य दास्या वा दुहितरमदासीं प्रकुर्वतश्चतुर्विंशतिपणो दण्डः शुल्काबन्ध्यदानं च । निष्क्रयानुरूपां दासीं प्रकुर्वतो द्वादशपणो दण्डः वस्त्राबन्ध्यदानं च ॥

साचिव्यावकाशदाने कर्तृसमो दण्डः ॥

प्रोषितपतिकामपचरन्तीं पतिबन्धुस्तत्पुरुषो वा सङ्गृह्णीयात् । सङ्गृहीता पतिमाकांक्षेत । पतिश्चेत् क्षमेत, विसृज्येतोभयं अक्षमायां स्त्रियः कर्णनासाच्छेदनं वधं जारश्च प्राप्नुयात् ॥

[1]जारं चोर इत्यभिहरतः पञ्चशतो दण्डः । हिरण्येन मुञ्चतस्तदष्टगुणः ॥

[1] याज्ञ. II, 301.

[1]केशाकेशिकं सङ्ग्रहणं उपलिङ्गनाद्वा शरीरोपभोगानां तज्जातेभ्यः स्त्रीवचनाद्वा ॥

परचक्राटवीहृतामोघप्रव्यूढामरण्येषु दुर्भिक्षे वा त्यक्तां प्रेतभावोत्सृष्टां वा परस्त्रियं निस्तारयित्वा यथासंभाषितं समुपभुञ्जीत । जातिविशिष्टामकामामपत्यवतीं निष्क्रयेण दद्यात् ॥

चोरहस्तान्नदीवेगाद्दुर्भिक्षाद्देशविभ्रमात् ।
निस्तारयित्वा कान्तारं नष्टां त्यक्तां मृतेति वा ॥
भुञ्जीत स्त्रियमन्येषां यथासंभाषितं नरः ।
न तु राजप्रतापेन प्रमुक्तां स्वजनेन वा ॥
न चोत्तमां न चाकामां पूर्वापत्यवतीं न च ।
ईदृशीं च न रूपेण निष्क्रयेणोपवाहयेत् ॥

इति कण्टकशोधने चतुर्थेऽधिकरणे कन्याप्रकर्म द्वादशोऽध्यायः.
आदित एकोननवतिः.

---

८८ प्रक. अतिचारदण्डः.

[2]ब्राह्मणमपेयमभक्ष्यं वा सङ्ग्रासयत उत्तमो दण्डः । क्षत्रियं, मध्यमः । वैश्यं पूर्वस्साहसदण्डः । शूद्रं, चतुष्पञ्चाशत्पणो दण्डः ।

---

[1]याज्ञ. II, 283. [2]याज्ञ. II, 296.

स्वयं ग्रसितारो निर्विषयाः कार्याः ।

परगृहाभिगमने दिवा पूर्वस्साहसदण्डः । रात्रौ मध्यमः ।

दिवा रात्रौ वा सशस्त्रस्य प्रविशत उत्तमो दण्डः ।

भिक्षुकवैदेहकौ मत्तोन्मत्तौ बलादापदि चातिसन्निकृष्टाः प्रवृत्तप्रवेशाश्चादण्ड्याः, अन्यत्र प्रतिषेधात् ।

स्ववेश्मनोऽपि रात्रादूर्ध्वं परिवार्यमारोहतः पूर्वस्साहसदण्डः । परवेश्मनो मध्यमः । ग्रामारामवाटभेदिनश्च ।

ग्रामेऽन्यतः सार्थिका ज्ञातसारा वसेयुः । मुषितं प्रवासितं चैषामनिर्गतं रात्रौ ग्रामस्वामी दद्यात् । ग्रामान्तरेषु वा मुषितं प्रवासितं विवीताध्यक्षो दद्यात् । अविवीतानां चोररज्जुकः । तथाऽप्यगुप्तानां सीमावरोधेन विचयं दद्युः । असीमावरोधे पञ्चग्रामी दशग्रामी वा ।

दुर्बलं वेश्म, शकटमनुत्तब्धमूर्ध्वस्तम्भशस्त्रमनपाश्रयमप्रतिच्छन्नं श्वभ्रं कूपं कूटावपातं वा कृत्वा हिंसायां दण्डपारुष्यं विद्यात् ।

वृक्षच्छेदने दम्यरश्मिहरणे चतुष्पदानामदान्तसेवने वा [1]काष्ठलोष्टपाषाणदण्डबाणबाहुविक्षेपणेषु याने हास्तिने च । सङ्घट्टने च "अपेहि" इति प्रक्रोशन्नदण्ड्यः ।

हस्तिना रोषितेन हतो द्रोणोनमद्यकुम्भं माल्यानुलेपनं दन्तप्रमार्जनं च पटं दद्यात् । अश्वमेधावभृथस्नानेन तुल्यो

[1] याज्ञ. II, 198—300.

हस्तिना वध इति पादप्रक्षाळनम् । उदासीनवधे यातुरुत्तमो दण्डः ॥

शृङ्गिणा दंष्ट्रिणा वा हिंस्यमानममोक्षयतस्स्वामिनः पूर्वस्साहसदण्डः । प्रतिक्रुष्टस्य द्विगुणः ॥

[1]शृङ्गिदंष्ट्रिभ्यामन्योन्यं घातयतस्तच्च तावच्च दण्डः । देवपशुमृषभमुक्षाणं गोकुमारीं वा वाहयतः पञ्चशतो दण्डः । प्रवासयत उत्तमः ॥

लोमदोहवाहनप्रजनोपकारिणां क्षुद्रपशूनामादाने तच्च तावच्च दण्डः; प्रवासने च अन्यत्र देवपितृकार्येभ्यः ॥

[2]छिन्ननस्यमभग्नयुगं तिर्यक्प्रतिमुखागतं प्रत्यासरद्वा चक्रयुक्तं यानपशुमनुष्यसम्बाधे वा हिंसायामदण्ड्यः, अन्यथा यथोक्तं मानुषप्राणिहिंसायां दण्डमभ्याभवेत् । अमानुषप्राणिवधे प्राणिदानं च ॥

बाले यातरि, यानस्थः स्वामी दण्ड्यः; अस्वामिनि यानस्थः प्राप्तव्यवहारो वा याता । बालाधिष्ठितमपुरुषं वा यानं राजा हरेत् ॥

कृत्याभिचाराभ्यां यत्परमापादयेत्, तदापादयितव्यः । कामं भार्यायामनिच्छन्त्यां कन्यायां वा दारार्थिनो भर्तरि भार्याया वा संवननकरणं; अन्यथा हिंसायां मध्यमस्साहसदण्डः ॥

[1] याज्ञ. II, 300. [2] याज्ञ. II, 299.

मातापित्रोर्भगिनीं मातुलानीमाचार्याणीं स्नुषां दुहितरं भगिनीं वाऽभिचरतः लिङ्गच्छेदनं वधश्च । सकामा तदेव लभेत । दासपरिचारकाहितकभुक्ता च । ब्राह्मण्यामगुप्तायां, क्षत्रियस्योत्तमः; सर्वस्वं वैश्यस्य; शूद्रः कटाग्निना दह्येत । सर्वत्र राजभार्यागमने कुम्भीपातः ॥

श्वपाकीगमने कृतकबन्धाङ्कः परविषयं गच्छेत्, श्वपाकत्वं वा । शूद्रश्वपाकस्य भार्यागमने वधः स्त्रियाः कर्णनासाच्छेदनम् ॥

प्रव्रजितागमने चतुर्विंशतिपणो दण्डः । सकामा तदेव लभेत ॥

[1]रूपाजीवायाः प्रसह्योपभोगे द्वादशपणो दण्डः ॥

[1]बहूनामेकामधिचरतां पृथक्चतुर्विंशतिपणो दण्डः ॥

[2]स्त्रियमयोनौ गच्छतः पूर्वस्साहसदण्डः; पुरुषमधिमेहतश्च ॥

मैथुने द्वादशपणः तिर्यग्योनिष्वनात्मनः ।
दैवतप्रतिमानां च गमने द्विगुणस्स्मृतः ॥
[3]अदण्ड्यदण्डने राज्ञो दण्डस्त्रिंशद्गुणोऽम्भसि ।
वरुणाय प्रदातव्यो ब्राह्मणेभ्यस्ततः परम् ॥

---

[1] याज्ञ. II, 291. [2] याज्ञ. II, 293. याज्ञ. II, 307.

तेन तत्पूयते पापं राज्ञो दण्डापचारजम् ।
शास्ता हि वरुणो राजा मिथ्या व्याचरतां नृषु ॥

इति कण्टकशोधने अतिचारदण्डः त्रयोदशोऽध्यायः
आदितः नवतिः.

एतावता कौटिल्यस्यार्थशास्त्रस्य कण्टकशोधनं
चतुर्थमधिकरणं समाप्तम्.

५. अधि. योगवृत्तम्.

८९. प्रक. दाण्डकर्मिकम्.

दुर्गराष्ट्रयोः कण्टकशोधनमुक्तम् ॥

राजराज्ययोर्वक्ष्यामः—

राजानमवगृह्योपजीविनः शत्रुसाधारणा वा ये मुख्यास्तेषु गूढपुरुषप्रणिधिः कृत्यपक्षोपग्रहो वा सिद्धिः यथोक्तं पुरस्तादपजापोपसर्पौ वा यथा च पारग्रामिके वक्ष्यामः ॥

राज्योपघातिनस्तु वल्लभास्संहत्या वा ये मुख्याः प्रकाशमशक्याः प्रतिषेद्धुं दूष्याः, तेषु धर्मरुचिरुपांशुदण्डं प्रयुञ्जीत । दूष्यं महामात्रभ्रातरं सत्कृतं सत्री प्रोत्साह्य राजानं दर्शयेत् । तं राजा दूष्यद्रव्योपभोगातिसर्गेण दूष्ये

विक्रमयेत् । शस्त्रेण रसेन वा विक्रान्तं तत्रैव घातयेत्, "भ्रातृघातकोऽयम्" इति ॥

तेन पारशवः परिचारिकापुत्रश्च व्याख्यातौ । दूष्यमहामात्रं वा सत्रिप्रोत्साहितो भ्राता दायं याचेत। तं दूष्यगृहप्रतिद्वारि रात्रावुपशयानमन्यत्र वा वसन्तं तं तीक्ष्णो हत्वा ब्रूयात्—"हतोऽयं दायकामुकः" इति । ततो हतपक्षं परिगृह्येतरं निगृह्णीयात् ॥

दूष्यसमीपस्था वा सत्रिणो भ्रातरं दायं याचमानं घातेन परिभर्त्सयेयुः । तं रात्राविति—समानम् ॥

दूष्यमहामात्रयोर्वा यः पुत्रः पिता वा पुत्रस्य दारानधिचरति भ्राता वा भ्रातुस्तयोः कापटिकमुखः कलहः पूर्वेण व्याख्यातः ॥

दूष्यमहामात्रमपुत्रमात्मसम्भावितं वा सत्री—"राजपुत्रस्त्वं शत्रुभयादिह न्यस्तोऽसि" इत्युपजपेत् । प्रतिपन्नं राजा रहसि पूजयेत्—"प्राप्तयौवराज्यकालं त्वां महामात्रभयान्नाभिषिञ्चामि" इति । तं सत्री महामात्रवधे योजयेत् । विक्रान्तं तत्रैव घातयेत्—"पितृघातकोऽयम्" इति ॥

भिक्षुकी वा दूष्यभार्यां सांवननकीभिरौषधीभिस्संवास्य रसेनातिसन्दध्यात् । इत्याप्यप्रयोगं दूष्यमहामात्रमटवीं पर-

ग्रामं वा हन्तुं, कान्तारव्यवहिते वा देशे राष्ट्रपालमन्तपालं वा स्थापयितुं, नागरस्थानं वा कुपितमपगृहीतुं, सार्थातिवाह्यं प्रसन्ते वा सप्रत्यादेयमादातुं फल्गुबलतीक्ष्णयुक्तं प्रेषयेत् । रात्रौ दिवा वा युद्धे प्रवृत्ते तीक्ष्णाः प्रतिरोधकव्यञ्जना वा हन्युः "अभियोगे हतः" इति ॥

यात्राविहारगतो वा दूष्यमहामात्रान् दर्शनायाह्वयेत् । ते गूढशस्त्रैस्तीक्ष्णैस्सह प्रदिष्टा मध्यमकक्ष्यायामात्मविचयमन्तःप्रवेशनार्थं दद्युः । ततो दौवारिकाभिगृहीतास्तीक्ष्णा "दूष्यप्रयुक्ताः स्मः" इति ब्रूयुः ते तदभिविख्याप्य दूष्यान् हन्युः । तीक्ष्णस्थाने चान्ये वध्याः ॥

बहिर्विहारगतो वा दूष्यान् आसन्नावासान् पूजयेत् । तेषां देवीव्यञ्जना वा दुस्त्री रात्रावावासेषु गृह्येतेति—समानं पूर्वेण ॥

दूष्यमहामात्रं वा सूदो भक्षकारो वा "ते शोभनः" इति स्तवेन भक्षभोज्यं याचेत । बहिर्वा क्वचिदध्वगतं पानीयं तदुभयं रसेन योजयित्वा प्रतिस्वादने तावेवोपयोजयेत् । तदभिविख्याप्य "रसादाविति" घातयेत् ॥

अभिचारशीलं वा सिद्धव्यञ्जनो गोधाकूर्मकर्कटकुटानां लक्षण्यानामन्यतमप्रकाशनेन मनोरथानवाप्स्यतीति ग्राहयेत् ।

प्रतिपन्नं कर्मणि रसेन लोहमुसलैर्वा घातयेत्—"कर्मव्यापदा हतः" इति ॥

चिकित्सकव्यञ्जनो वा दौरात्मिकमसाध्यं वा व्याधिं दूष्यस्य स्थापयित्वा भैषज्याहारयोगेषु रसेनातिसन्दध्यात् ॥

सूदारालिकव्यञ्जना वा प्रणिहिता दूष्यं रसेनातिसन्दध्युः इत्युपनिषत्प्रतिषेधः ॥

उभयदूष्यप्रतिषेधस्तु—यत्र दूष्यः प्रतिषेद्धव्यस्तत्र दूष्यमेव फल्गुबलतीक्ष्णयुक्तं प्रेषयेत्—"गच्छामुष्मिन् दुर्गे राष्ट्रे वा सैन्यमुत्थापय; हिरण्यं वा वल्लभाद्वा हिरण्यमाहारय; वल्लभकन्यां वा प्रसह्यानय; दुर्गसेतुवणिक्पथशून्यनिवेशखनिद्रव्यहस्तिवनकर्मणामन्यतमद्वा कारय; राष्ट्रपाल्यमन्तपाल्यं वा; यश्च त्वा प्रतिषेधयेन्न वा ते साहाय्यं दद्यात्, स बन्धव्यस्स्यात्" इति। तथैव इतरेषां प्रेषयेत् "अमुष्याविनयः प्रतिषेद्धव्यः" इति। तमेतेषु कलहस्थानेषु कर्मप्रतिघातेषु वा विवदमानं तीक्ष्णाश्शस्त्रं पातयित्वा प्रच्छन्नं हन्युः। तेन दोषेणेतरे नियन्तव्याः।

पुराणां ग्रामाणां कुलानां वा दूष्याणां सीमाक्षेत्रफलवेश्ममर्यादासु द्रव्योपकरणसस्यवाहनहिंसासु प्रेक्षाकृत्योत्सवेषु वा समुत्पन्ने कलहे तीक्ष्णैरुत्पादिते वा तीक्ष्णाश्शस्त्रं पात-

यित्वा ब्रूयुः "एवं क्रियन्ते येऽमुना कलहायन्ते" इति। तेन दोषणेतरे नियन्तव्याः।

येषां वा दूष्याणां जातमूलाः कलहाः तेषां क्षेत्रखलवेश्मान्यादीपयित्वा बन्धुसम्बन्धिषु वाहनेषु वा तीक्ष्णाः शस्त्रं पातयित्वा तथैव ब्रूयुः "अमुना प्रयुक्ताः स्मः" इति। तेन दोषेणेतरे नियन्तव्याः।

दुर्गराष्ट्रदूष्यान् वा सत्रिणः परस्परस्यावेशनिकान् कारयेयुस्तत्र रसदा रसं दद्युस्तेन दोषेणेतरे नियन्तव्याः।

भिक्षुकी वा दूष्यराष्ट्रमुख्यं दूष्यराष्ट्रमुख्यस्य भार्या स्नुषा दुहिता वा कामयत इत्युपजपेत्। प्रतिपन्नस्याभरणमादाय स्वामिने दर्शयेत्—"असौ ते मुख्यो यौवनोत्सिक्तो भार्यां स्नुषां दुहितरं वाऽभिमन्यते" इति। तयोः कलहो रात्राविति समानम्।

दूष्यदण्डोपनतेषु तु युवराजः सेनापतिर्वा किञ्चिदुपकृत्यापक्रान्तो विक्रमेत। ततो राजदूष्यदण्डोपनतानेव प्रेषयेत् फल्गुबलतीक्ष्णयुक्तानिति समानास्सर्वे एव योगाः।

तेषां च पुत्रेष्वनुक्षिपत्सु यो निर्विकारः स पितृदायं लभेत। एवमस्य पुत्रपौत्राननुवर्तते राज्यमपास्तपुरुषदोषमिति।

स्वपक्षे परपक्षे वा तूष्णीं दण्डं प्रयोजयेत् ।
आयन्त्यां च तदात्वे च क्षमावानविशङ्कितः ॥

इति योगवृत्ते पञ्चमाधिकरणे दाण्डकार्मिकं प्रथमोऽध्यायः
आदित एकनवतिः.

---

१० प्रक. कोशाभिसंहरणम्.

कोशमकोशः प्रत्युत्पन्नार्थकृच्छ्रं सङ्गृह्णीयात् । जनपदं महान्तमल्पप्रमाणं वा देवमातृकं प्रभूतधान्यं धान्यस्यांशं तृतीयं चतुर्थं वा याचेत यथासारं । मध्यमवरं वा दुर्गसेतुकर्मवणिक्पथशून्यनिवेशखनिद्रव्यहस्तिवनकर्मोपकारिणं प्रत्यन्तमल्पप्राणं वा न याचेत । धान्यपशुहिरण्यादि निविशमानाय दद्यात् । चतुर्थमंशं धान्यानां बीजभक्तशुद्धं च हिरण्येन क्रीणीयात् । अरण्यजातं श्रोत्रियस्वं च परिहरेत् । तदप्यनुग्रहेण क्रीणीयात् । तस्याकरणे वा समाहर्तृपुरुषा ग्रीष्मे कर्षकाणामुद्वापं कारयेयुः । प्रमदापन्नस्यात्ययं द्विगुणमुदाहरन्तो बीजकाले बीजलेख्यं कुर्युः । निष्पन्ने हरितपक्वादानं वारयेयुः अन्यत्र शाककटभङ्गमुष्टिभ्याम् । देवपितृपूजादानार्थं गवार्थं वा भिक्षुकग्राम भृतकार्थं च राशिमूलं परिहरेयुः ।

स्वसस्यापहारिणः प्रतिपातोऽष्टगुणः । परसस्यापहारिणः पञ्चाशद्गुणः सीतात्ययः । स्ववर्गस्य बाह्यस्य तु वधः ।

चतुर्थमंशं धान्यानां षष्ठं वन्यानां तूललाक्षाक्षौमवल्ककार्पासरौमकौशेयकौषयगन्धपुष्पफलशाकपण्यानां काष्ठवेणुमांसवल्लूराणां च गृह्णीयुः । दन्ताजिनस्यार्धम् । अनिसृष्टं विक्रीणानस्य पूर्वस्साहसदण्डः ।

इति कर्षकेषु प्रणयः ॥

सुवर्णरजतवज्रमणिमुक्ताप्रवाळाश्वहस्तिपण्याः पञ्चाशत्कराः । सूत्रवस्त्रताम्रवृत्तकंसगन्धभैषज्यसीधुपण्याश्चत्वारिंशत्कराः । धान्यरसलोहपण्याः शकटव्यवहारिणश्च त्रिंशत्कराः । काचव्यवहारिणो महाकारवश्च विंशतिकराः । क्षुद्रकारवो वर्धकिपोषकाश्च दशकराः । काष्ठवेणुपाषाणमृद्भाण्डपक्वान्नहरितपण्याः पञ्चकराः । कुशीलवा रूपाजीवाश्च वेतनार्धं दद्युः । हिरण्यकरकर्मण्यानाहारयेयुः ; न चैषां कश्चिदपराधं परिहरेयुः । ते ह्यपरगृहीतमभिनीय विक्रीणीरन् ।

इति व्यवहारिषु प्रणयः ॥

कुक्कुटसूकरमर्धं दद्यात् । क्षुद्रपशवष्षड्भागम् । गोमहिषाश्वतरखरोष्ट्राश्च दशभागम् । बन्धकिपोषका राजप्रेष्याभिः परमरूपयौवनाभिः कोशं संहरेयुः ॥

इति योनिपोषकेषु प्रणयः ॥

सकृदेव न द्विः प्रयोज्यः । तस्याकरणे वा समाहर्ता का-

र्यमपदिश्य पौरजानपदान् भिक्षेत । योगपुरुषाश्चात्र पूर्वमतिमात्रं दद्युः । एतेन प्रदेशेन राजा पौरजानपदान् भिक्षेत। कापटिकाश्चैनानल्पं प्रयच्छतः कुत्सयेयुः । सारतो वा हिरण्यमाढ्यान्याचेत । यथोपकारं वा स्ववशा वा यदुपहरेयुः स्थानछत्रवेष्टनविभूषाश्चैषां हिरण्येन प्रयच्छेत् । पाषण्डसङ्घद्रव्यमश्रोत्रियभोग्यं देवद्रव्यं वा कृत्यकराः प्रेतस्य दग्धगृहस्य वा हस्ते न्यस्तमित्युपहरेयुः ॥

देवताऽध्यक्षो दुर्गराष्ट्रदेवतानां यथास्वमेकस्थं कोशं कुर्यात् । तथैव चाहरेत् । दैवतचैत्यं सिद्धपुण्यस्थानमौपपादिकं वा रात्रावुत्थाप्य यात्रासमाजाभ्यामाजीवेत् । चैत्योपवनवृक्षेण वा देवताभिगमनमनार्तवपुष्पफलयुक्तेन ख्यापयेत् । मनुष्यकरं वा वृक्षे रक्षोभयं रूपयित्वा सिद्धव्यञ्जनाः पौरजानपदानां हिरण्येन प्रतिकुर्युः । सुरङ्गायुक्ते वा कोपेनागमनियतशिरस्कं हिरण्योपहरणे दर्शयेत् । नागप्रतिमायामन्तश्छिद्रायां चैत्र च्छिद्रे वल्मीकच्छिद्रे वा सर्पदर्शनमाहारेण प्रतिबन्धसंज्ञं कृत्वा श्रद्दधानानादर्शयेत् । अश्रद्दधानानामाचमनप्रोक्षणेषु रसमुपचाय्य देवताभिशापं ब्रूयात् । अभित्यक्तं वा दंशयित्वा योगदर्शनप्रतीकारेण वा कोशाभिसंहरणं कुर्यात् ॥

वैदेहकव्यञ्जनो वा प्रभूतपण्यान्तेवासी व्यवहरेत । स यदा पण्यमूल्ये निक्षेपप्रयोगैरुपचितस्स्यात्तदैनं रात्रौ मोषयेत् ॥

एतेन रूपदर्शकः सुवर्णकारश्च व्याख्यातौ ॥

वैदेहकव्यञ्जनो वा प्रख्यातव्यवहारः प्रवहणनिमित्तं याचितकमवक्रीतकं वा रूप्यसुवर्णभाण्डमनेकं गृह्णीयात् । समाजे वा सर्वपण्यसन्दोहेन प्रभूतं हिरणसुवर्णमृणं गृह्णीयात् । प्रतिभाण्डमूल्यं च तदुभयं रात्रौ मोषयेत् ।

साध्वीव्यञ्जनाभिः स्त्रीभिर्दूष्यानुन्मन्दयित्वा तासामेव वेश्मस्वभिगृह्य सर्वास्वन्याहरेयुः ॥

दूष्यकुल्यानां वा विवादे प्रत्युत्पन्ने रसदाः प्रणिहिता रसं दद्युः । तेन दोषेणेतरे पर्यादातव्याः ॥

दूष्यमभित्यक्तोपश्रद्धेयापदेशं पण्यं हिरण्यनिक्षेपमृणप्रयोगं दायं वा याचेत । दासशब्देन वा दूष्यमालम्बेत । भार्यामस्य स्नुषां दुहितरं वा दासीशब्देन भार्याशब्देन वा । तं दूष्यगृहप्रतिद्वारि रात्रावुपशयानमन्यत्र वा वसन्तं तीक्ष्णो हत्वा ब्रूयात्—"हतोऽयमित्थं कामुकः" इति । तेन दोषेणेतरे पर्यादातव्याः ॥

सिद्धव्यञ्जनो वा दूष्यं जम्भकविद्याभिः प्रलोभयित्वा ब्रूयात् "अक्षयं हिरण्यं राजद्वारिकं स्त्रीहृदयमरिव्याधिकरमायुष्यं पुत्रीयं वा कर्म जानामि" इति । प्रतिपन्नं चैत्यस्थाने रात्रौ प्रभूतसुरामांसगन्धमुपहारं कारयेत् । एकरूपं चात्र

हिरण्यं पूर्वं निखातं प्रेताङ्गं प्रेतशिशुर्वा यत्र निहितस्स्यात् ततो हिरण्यमस्य दर्शयेदत्यल्पमिति च ब्रूयात् । "प्रभूतहिरण्यहेतोः पुनरुपहारः कर्तव्यः इति, स्वयमेवैतेन हिरण्येन श्वोभूते प्रभूतमौपचारिकं क्रीणीहीति" । तेन हिरण्येनौपहारिकक्रये गृह्येत ॥

मातृव्यञ्जनाया वा पुत्रो मे यव्याहत इत्यवरूपिता स्यात् । संसिद्धमेवास्य रात्रियोगे वनयागे वनक्रीडायां वा प्रवृत्तायास्तीक्ष्णा विशस्याभिसक्तमतिनयेयुः ।

दूष्यस्य वा भृतकव्यञ्जनो वेतनहिरण्ये कूटरूपं प्रक्षिप्य प्ररूपयेत् ।

कर्मकारव्यञ्जनो वा गृहे कर्म कुर्वाणस्तेन कूटरूपकारकोपकरणमपनिदध्यात् ।

चिकित्सकव्यञ्जनो वा गदमगदापदेशेन प्रत्यासन्नो वा दूष्यस्य सत्री प्रणिहितमभिषेकभाण्डममित्रशासनं च कापटिकमुखेन आचक्षीत, कारणं च ब्रूयात् । एवं दूष्येष्वधार्मिकेषु च वर्तेत । नेतरेषु ।

पक्वं पक्वमिवारामात् फलं राज्यादवाप्नुयात् ।
आमच्छेदभयादामं वर्जयेत्कोपकारकम् ॥

इति योगवृत्ते पञ्चमेऽधिकरणे कोशाभिसंहरणं द्वितीयोऽध्यायः
आदितो द्विनवतिः.

९१ प्रक. भृत्यभरणीयम्.

दुर्गजनपदशक्त्या भृत्यकर्म समुदायवादेन स्थापयेत् । कार्यसाधनसहेन वा भृत्यलाभेन शरीरमवेक्षेत । न धर्मार्थौ पीडयेत् ।

ऋत्विगाचार्यमन्त्रिपुरोहितसेनापतियुवराजराजमातृराजमहिष्योऽष्टचत्वारिंशत्साहस्राः । एतावता भरणेनानास्वाद्यत्वमकोपकं चैषां भवति ।

दौवारिकान्तर्वंशिकप्रशास्तृसमाहर्तृसन्निधातारश्चतुर्विंशतिसाहस्राः । एतावता कर्मण्या भवन्ति ।

कुमारकुमारमातृनायकपौरव्यावहारिककार्मान्तिकमन्त्रिपरिषद्राष्ट्रान्तपालान्तपालाश्च द्वादशसाहस्राः । स्वामिपरिबन्धबलसहाया ह्येतावता भवन्ति ।

श्रेणीमुख्या हस्त्यश्वरथमुख्याः प्रदेष्टारश्च अष्टसाहस्राः । स्ववर्गानुकर्षिणो ह्येतावता भवन्ति ।

पत्त्यश्वरथहस्त्यध्यक्षाः द्रव्यहस्तिवनपालाः चतुस्साहस्राः ।

रथिकानीकचिकित्सकाश्वदमकवर्धकयो योनिपोषकाश्च द्विसाहस्राः ।

कार्तान्तिकनैमित्तिकमौहूर्तिकपौराणिकसूतमागधाः पुरोहितपुरुषास्सर्वाध्यक्षाश्च साहस्राः ।

शिल्पवन्तः पादाताः सङ्ख्यायकलेखकादिवर्गः पञ्चशताः। कुशीलवास्त्वर्धतृतीयशताः। द्विगुणवेतनाश्चैषां तूर्यकराः। कारुशिल्पिनो विंशतिशतिकाः।

चतुष्पदद्विपदपरिचारकपारिकर्मिकौपस्थायिकपालकविष्टिबन्धकाः षष्टिवेतनाः।

आर्ययुक्तारोहकमाणवकशैलखनकास्सर्वोपस्थायिन आचार्या विद्यावन्तश्च पूजावेतनानि यथार्हं लभेरन्—पञ्चशतावरं सहस्रपरम्।

दशपणिको योजने दूतः मध्यमः; दशोत्तरे द्विगुणवेतन आ योजनशतादिति।

समानविद्येभ्यस्त्रिगुणवेतनो राजा राजसूयादिषु क्रतुषु राज्ञस्सारथिः साहस्रः।

कापटिकोदास्थितगृहपतिकवैदेहकतापसव्यञ्जनास्साहस्राः।

ग्रामभृतकसत्रीतीक्ष्णरसभिक्षुक्यः पञ्चशताः।

चारसञ्चारिणः तृतीयशताः प्रयासवृद्धवेतना वा।

शतवर्गसहस्रवर्गाणामध्यक्षा भक्तवेतनलाभमादेशं विक्षेपं च कुर्युः। अविक्षेपो राजपरिग्रहदुर्गराष्ट्ररक्षावेक्षणेषु च नित्यमुख्यास्स्युरनेकमुख्याश्च।

कर्मसु मृतानां पुत्रदारा भक्तवेतनं लभेरन्। बालवृद्धव्याधिताश्चैषामनुग्राह्याः। प्रेतव्याधितसूतिकाकृत्येषु चैषामर्थमानकर्म कुर्यात्।

अल्पकोशः कुप्यपशुक्षेत्राणि दद्यात्; अल्पं च हिरण्यम्। शून्यं वा निवेशयितुमभ्युत्थितो हिरण्यमेव दद्यात्; न ग्रामं ग्रामसजातव्यवहारस्थापनार्थम्। एतेन भृतानां च विद्याकर्मभ्यां भक्तवेतनविशेषं च कुर्यात्। षष्टिवेतनस्याढकं कृत्वा हिरण्यानुरूपं भक्तं कुर्यात्।

पत्त्यश्वरथद्विपाः सूर्योदये बहिस्सन्धिदिवसवर्जं शिल्पयोग्याः कुर्युः। तेषु राजा नित्ययुक्तस्स्यादभीक्ष्णं चैषां शिल्पदर्शनं कुर्यात्। कृतनरेन्द्राङ्कं शस्त्रावरणमायुधागारं प्रवेशयेत्। अशस्त्राश्चरेयुरन्यत्र मुद्रानुज्ञातात्। नष्टं विनष्टं वा द्विगुणं दद्यात्। विध्वस्तगणनां च कुर्यात्। सार्थिकानां शस्त्रावरणमन्तपाला गृह्णीयुः समुद्रमवचारयेयुर्वा। यात्रामभ्युत्थितो वा सेनामुद्योजयेत्। ततो वैदेहकव्यञ्जनास्सर्वपण्यान्यायुधीयेभ्यो यात्राकाले द्विगुणप्रत्यादेयानि दद्युः। एवं राजपण्यविक्रयो वेतनप्रत्यादानं च भवति।

एवमवेक्षितायव्ययः कोशदण्डव्यसनं नावाप्नोति।

इति भक्तवेतनविकल्पः।

सूत्रिणश्चायुधीयानां वेश्याः कारुकुशीलवाः।
दण्डवृद्धाश्च जानीयुश्शौचाशौचमतन्द्रिताः॥

इति योगवृत्ते पञ्चमेऽधिकरणे द्रव्यभरणीयं तृतीयोऽध्यायः
आदितस्त्रिणवतिः.

१२ प्रक. अनुजीविवृत्तम्.

लोकयात्राविद् राजानमात्मद्रव्यप्रकृतिसम्पन्नं प्रियहितद्वारेणाश्रयेत । यं वा मन्येत यथा—"अहमाश्रयेप्सुरेवमसौ विनयेप्सुराभिगामिकगुणयुक्तः" इति ॥

द्रव्यप्रकृतिहीनमप्येनमाश्रयेत । न त्वेवानात्मसम्पन्नम् । अनात्मवान् हि नीतिशास्त्रद्वेषादानर्थ्यसंयोगाद्वा प्राप्यापि महदैश्वर्यं न भवति । आत्मवति लब्धावकाशः शास्त्रानुयोगं दद्यात् । अविसंवादाद्धि स्थानस्थैर्यमवाप्नोति । मतिकर्मसु पृष्टः तदात्वे च आयत्यां च धर्मार्थसंयुक्तं समर्थं प्रवीणवदपरिषद्भीरुः कथयेत् । ईप्सितः पणेत—धर्मार्थानुयोगं अविशिष्टेषु बलवत्संयुक्तेषु दण्डधारणं, बलवत्संयोगे तदात्वे च दण्डधारणमिति, न कुर्याः; पक्षं वृत्तिं गुह्यं च मे नोपहन्याः; संज्ञया च त्वां कामक्रोधदण्डनेषु वारयेयम्" इति आदिष्टः प्रदिष्टायां भूमावनुज्ञातः प्रविशेत् । उपविशेच्च पार्श्वतस्सन्निकृष्टः विप्रकृष्टः परासनं, विगृह्य कथनमसभ्यप्रत्यक्षमश्रद्धेयमनृतं च वाक्यमुच्चैरनर्मणि हासं वातष्ठीवने च शब्दवती न कुर्यात् । मिथः कथनमन्येन, जनवादे द्वन्द्वकथनं, राज्ञो वेषमुद्धतकुहकानां च, रत्नातिशयप्रकाशाभ्यर्थनं एकाक्ष्योष्ठनिर्भोगं, भ्रुकुटीकर्म, वाक्यापक्षेपणं च ब्रुवति ; बलवत्संयुक्तविरोधं स्त्रीभिः स्त्रीदर्शिभिस्सामन्तदूतैर्द्वेष्यापक्षावक्षिप्तानर्थ्यैश्च प्रतिसंसर्गमेकार्थचर्यां सङ्घातं च वर्जयेत् ॥

अहीनकालं राजार्थं स्वार्थं प्रियहितैस्सह ।
परार्थदेशकाले च ब्रूयाद्धर्मार्थसंहितम् ॥

पृष्टः प्रियहितं ब्रूयान्न ब्रूयादहितं प्रियम् ।
अप्रियं वा हितं ब्रूयाच्छृण्वतोऽनुमतो मिथः ॥

तूष्णीं वा प्रतिवाक्ये स्यात् द्वेष्यादींश्च न वर्णयेत् ।
अप्रिया अपि दक्षास्स्युः तद्भावाद्ये बहिष्कृताः ॥

अनर्थ्यांश्च प्रिया दृष्ट्वा चित्ताज्ञानानुवर्तिनः ।
अलिहारस्य ष्वभिहष्वभिहारसद्धोरहासांश्च वर्जयेत्[1] ॥

परात्सङ्क्रामयेद्धोरं न च घोरं परे वदेत् ।
तितिक्षेतात्मनश्चैव क्षमावान् पृथिवीसमः ॥

आत्मरक्षा हि सततं पूर्वं कार्या विजानता ।
अग्नाविव हि संप्रोक्ता वृत्ती राजोपजीविनाम् ॥

एकदेशं दहेदग्निः शरीरं वा परं गतः ।
सपुत्रदारं राजा तु घातयेद्वर्धयेत वा ॥

इति योगवृत्ते अनुजीविवृत्तं चतुर्थोऽध्यायः
आदितश्चतुर्नवतिः

—✿✧○✧✿—

[1] उच्चैः प्रहसनं श्वासं ष्ठीवनं कुत्सनं तथा । जृम्भणं गात्रभङ्गं च पर्वास्फोटं च वर्जयेत् ॥ इति का. ९ सर्गे. अभिहासेष्वभिहसेद्धोरहासांश्च वर्जयेत्

१३ प्रक. समयाचारिकम्.

नियुक्तः कर्मसु व्ययविशुद्धमुदयं दर्शयेत् ॥

आभ्यन्तरं बाह्यं गुह्यं प्रकाश्यमात्ययिकमुपेक्षितव्यं वा कार्यं "इदमेवम्" इति शेषयेच्च ॥

मृगयाद्यूतमद्यस्त्रीषु प्रसक्तं चानुवर्तेत । प्रशंसाभिरासन्नश्चास्य व्यसनोपघाते प्रयतेत । परोपजापातिसन्धानोपाधिभ्यश्च रक्षेत् । इङ्गिताकारौ चास्य लक्षयेत् । कामद्वेषहर्षदैन्यव्यवसायभयद्वन्द्वविपर्यासमिङ्गिताकाराभ्यां हि मन्त्रसंवरणार्थमाचरति ॥

"प्रज्ञादर्शने प्रसीदति । वाक्यं प्रतिगृह्णाति । आसनं ददाति । विविक्तो दर्शयते । शङ्कास्थाने नातिशङ्कते । कथायां रमते । परिज्ञाप्येष्ववेक्षते । पथ्यमुक्तं सहते । स्मयमानो नियुङ्क्ते । हस्तेन स्पृशति । श्लाघ्ये नोपहसति । परोक्षं गुणं ब्रवीति । भक्ष्येषु स्मरति । सह विहारं याति । व्यसनेऽभ्यवपद्यते । तद्भक्तीन् पूजयति । गुह्यमाचष्टे । मानं वर्धयति । अर्थं करोति । अनर्थं प्रतिहन्ति" इति तुष्टज्ञानम् ॥

एतदेव विपरीतमतुष्टस्य ॥

भूयश्च वक्ष्यामः—सन्दर्शने कोपः, वाक्यस्याश्रवणप्रतिषेधौ, आसनचक्षुषोरदानं, वर्णस्वरभेदः, एकाक्षिभृकुट्यो-

ष्ठनिर्भेदः स्वेदश्च, श्वासस्मितानामस्थानोत्पत्तिपरिमन्त्रणं, अकस्माद्व्रजनं, वर्धनं अन्यस्य, भूमिगात्रविलेपनं, अन्यस्योपतोदनं, विद्यावर्णदेशकुत्सा, समदोषनिन्दा, प्रतिदोषनिन्दा, प्रतिलोमस्तवः, सुकृतानपेक्षणं, दुष्कृतानुकीर्तनं, प्रविष्टावधानः, अतित्यागः, मिथ्याभिभाषणं, राजदर्शिनां च तद्वृत्तान्यत्वं, वृत्तिविकारं चावेक्षेताप्यमानुषाणाम् ॥

"अयमुच्चैः सिञ्चतीति" कात्यायनः ॥

"प्रवव्राज क्रौञ्चोऽपसव्यम्" इति कणिङ्को भारद्वाजः ॥

"तृणमिति" दीर्घश्चारायणः ॥

"शीता शाटीति" घोटमुखः ॥

"हस्ती प्रत्यौक्षीदिति" किञ्जल्कः ॥

"रथाश्वं प्राशंसीत्" इति पिशुनः ॥

"प्रतिवरणे शूनम्" इति पिशुनपुत्रः ॥

अर्थमानापक्षेपे च परित्यागः । स्वामिशीलमात्मनश्च किल्बिषमुपलभ्य वा प्रतिकुर्वीत मित्रमुपकृष्टं वाऽस्य गच्छेत् ॥

तत्रस्थो दोषनिर्घातं मित्रैर्भर्तरि चाचरेत् ।
ततो भर्तरि जीवे वा मृते वा पुनराव्रजेत् ॥

इति योगवृत्ते समयाचारिकं पञ्चमोऽध्यायः-
आदितः पञ्चनवतिः

१४, १५ प्रक. राज्यप्रतिसन्धानमेकैश्वर्यं च.

राजव्यसनमेवममात्यः प्रतिकुर्वीत प्रागेव मरणाबाधभयाद्राज्ञः प्रियहितोपग्रहेण मासद्विमासान्तरं दर्शनं स्थापयेत् । "देशपीडापहममित्रापहमायुष्यं पुत्रीयं वा कर्म राजा साधयति" इत्यपदेशेन राजव्यञ्जनमनुरूपवेलायां प्रकृतीनां दर्शयेत्, मित्रामित्रदूतानां च । तैश्च यथोचितां सम्भाषां अमात्यमुखो गच्छेत् । दौवारिकान्तर्वंशिकमुखश्च यथोक्तं राजप्रणिधिमनुवर्तयेत् । अपकारिषु च हेडं प्रसादं वा प्रतिकान्तं दर्शयेत् । प्रसादमेवोपकारिषु । आप्तपुरुषाधिष्ठितौ दुर्गप्रत्यन्तस्थौ वा कोशदण्डावेकस्थौ कारयेत् । तुल्यकुमारमुख्यांश्चान्यापदेशेन ॥

यश्च मुख्यः पक्षवान् दुर्गाटवीस्थो वा वैगुण्यं भजेत तमुपग्राहयेत् । बाह्याबाधां वा यात्रां प्रेषयेत् मित्रकुलं वा ॥

यस्माच्च सामन्तादाबाधां पश्येत्तमुत्सवविवाहहस्तिबन्धनाश्वपण्यभूमिप्रदानापदेशेन अवग्राहयेत् ॥

स्वमित्रेण वा ततः सन्धिमदूष्यं कारयेत् ।

आटविकामित्रैर्वा वैरं ग्राहयेत् ।

तत्कुलीनमवरुद्धं वा भूम्येकदेशेनोपग्राहयेत् ॥

कुल्यकुमारमुख्योपग्रहं कृत्वा वा कुमारमभिषिक्तमेव दर्शयेत् । दाण्डकर्मिकवद्वा राज्यकण्टकानुद्धृत्य राज्यं कारयेत् ॥

यदि वा कश्चिन्मुख्यः सामन्तादीनामन्यतमः कोपं भजेत, तं "एहि राजानं त्वा करिष्यामि" इत्यावाहयित्वा घातयेत् । आपत्प्रतीकारेण वा साधयेत् ॥

युवराजे वा क्रमेण राज्यभारमारोप्य राजव्यसनं ख्यापयेत् ॥

परभूमौ राजव्यसने मित्रेणामित्रव्यञ्जनेन शत्रोस्सन्धिमवस्थाप्यापगच्छेत् । सामन्तादीनामन्यतमं वाऽस्य दुर्गे स्थापयित्वाऽपगच्छेत् । कुमारमभिषिच्य वा प्रतिव्यूहेत । परेणाभियुक्तो वा यथोक्तमापत्प्रतीकारं कुर्यात् ॥

एवमेकैश्वर्यममात्यः कारयेदिति—कौटिल्यः ॥

"नैवम्" इति भारद्वाजः—"प्रम्रियमाणे वा राजन्यमात्यः कुल्यकुमारमुख्यान् परस्परं मुख्येषु वा विक्रामयेत् । विक्रान्तं प्रकृतिकोपेन घातयेत् । कुल्यकुमारमुख्यानुपांशुदण्डेन वा साधयित्वा स्वयं राज्यं गृह्णीयात् । राज्यकारणाद्धि पिता पुत्रान् पुत्राश्च पितरमभिद्रुह्यन्ति; किमङ्ग पुनरमात्यप्रकृतिर्ह्येकप्रग्रहो राज्यस्य । तत्स्वयमुपस्थितं नावमन्येत । स्वयमारूढा हि स्त्री त्यज्यमानाऽभिशपतीति लोकप्रवादः ॥

कालश्च सकृदभ्येति यं नरं कालकाङ्क्षिणम् ।
दुर्लभस्स पुनस्तस्य कालः कर्म चिकीर्षतः ॥

"प्रकृतिकोपकर्माधर्मिष्ठमनैकान्तिकं चैतत्" इति कौटिल्यः—राजपुत्रमात्मसम्पन्नं राज्ये स्थापयेत् । संपन्नाभावे व्यसनिनं कुमारं राजकन्यां गर्भिणीं देवीं वा पुरस्कृत्य महामात्रान् सन्निपात्य ब्रूयात्—"अयं वो निक्षेपः, पितरमस्यावेक्षध्वं सत्त्वाभिजनमात्मनश्च; ध्वजमात्रोऽयं, भवन्त एव स्वामिनः; कथं वा क्रियाम्" इति । तथा ब्रुवाणं योगपुरुषा ब्रूयुः—"कोऽन्यो भवत्पुरोगादस्माद्राज्ञश्चातुर्वर्ण्यमर्हति पालयितुम्" इति । तथेत्यमात्याः कुमारं राजकन्यां गर्भिणीं देवीं वाऽधिकुर्वीत । बन्धुसम्बन्धिनां मित्रामित्रदूतानां च दर्शयेत् । भक्तवेतनविशेषममात्यानामायुधीयानां च कारयेत् । "भूयश्चाऽयं वृद्धः करिष्यति" इति ब्रूयात् । एवं दुर्गराष्ट्रमुख्यानाभाषेत । यथार्हं च मित्रामित्रपक्षम् । विनयकर्मणि च कुमारस्य प्रयतेत । कन्यायां समानजातीयादपत्यमुत्पाद्य वाऽभिषिञ्चेत् । मातुश्चित्तक्षोभभयात्कुल्यमल्पसत्वं छात्रं च लक्षण्यमुपनिदध्यात् । ऋतेन चैनां रक्षेत् । न चात्मार्थं कश्चिदुत्कृष्टमुपभोगं कारयेत् । राजार्थं तु यानवाहनाभरणवस्त्रस्त्रीवेश्मपरिवापान् कारयेत्—

यौव्वनं(स?) च याचेत विश्रमं चित्तकारणात् ।
परित्यजेदतुष्यन्तं तुष्यन्तं चानुपालयेत् ॥
निवेद्य पुत्ररक्षार्थं गूढासारपरिग्रहान् ।
अरण्यं दीर्घसत्रं वा सेवेतारुच्यतां गतः ॥

मुख्यैरवगृहीतं वा राजानं तत्प्रियाश्रितः ।
इतिवृत्तपुराणाभ्यां बोधयेदर्थशास्त्रवित् ॥
सिद्धव्यञ्जनरूपो वा योगमास्थाय पार्थिवम् ।
लभेत लब्ध्वा दूष्येषु दाण्डकर्मिकमाचरेत् ॥

इति योगवृत्ते पञ्चमेऽधिकरणे राज्यप्रतिसन्धानं एकैश्वर्यं षष्ठोऽध्यायः.

आदितष्षण्णवतिः एतावता कौटिलीयस्यार्थशास्त्रस्य योगवृत्तं पञ्चममधिकरणं समाप्तम्.

---

६ अधि. मण्डलयोनिः.

९६ प्रक. प्रकृतिसम्पदः.

स्वाम्यमात्यजनपददुर्गकोशदण्डमित्राणि प्रकृतयः ॥

तत्र स्वामिसम्पत्—महाकुलीनो दैवबुद्धिस्सत्त्वसम्पन्नो वृद्धदर्शी धार्मिकस्सत्यवागविसंवादकः कृतज्ञः स्थूललक्षो महोत्साहोऽदीर्घसूत्रश्शक्यसामन्तो दृढबुद्धिरक्षुद्रपरिषत्को विनयकाम इत्याभिगामिका गुणाः ॥

शुश्रूषाश्रवणग्रहणधारणविज्ञानोहापोहतत्त्वाभिनिवेशाः प्रज्ञागुणाः ॥

शौर्यममर्षः शीघ्रता दाक्ष्यं चोत्साहगुणाः ॥

प्रज्ञाप्रगल्भस्स्मृतिमतिबलवानुदग्रः स्ववग्रहः कृतशिल्पो व्यसने दण्डनाय्युपकारापकारयोर्दृष्टप्रतीकारी ह्रीमानात्मकृत्यो-र्विनियोक्ता दीर्घदूरदर्शी देशकालपुरुषकारकार्यप्रधानस्सन्धि-

विक्रमत्यागसंयमपणपरच्छिद्रविभागी संवृतादीनाभिहास्यजिह्मभ्रुकुटीक्षणः कामक्रोधलोभस्तम्भचापलोपतापपैशुन्यहीनः शक्ष्यस्मितोदग्राभिभाषी वृद्धोपदेशाचार इत्यात्मसम्पत् ॥

अमात्यसम्पदुक्ता पुरस्तान्मध्ये चान्ते च ॥

स्थानवानात्मधारणः परधारणश्चापदि स्वारक्षस्स्वाजीवः शत्रुद्वेषी शक्यसामन्तः पङ्कपाषाणोषरविषमकण्टकश्रेणीव्यालमृगाटवीहीनः कान्तस्सीताखनिद्रव्यहस्तिवनवान् गव्यः पौरुषेयो गुप्तगोचरः पशुमान् अदेवमातृको वारिस्थलपथाभ्यामुपेतः सारचित्रबहुपण्यो दण्डकरसहः कर्मशीलकर्षको बालिशस्वाम्यवरवर्णप्रायो भक्तशुचिमनुष्य इति जनपदसम्पत् ॥

दुर्गसम्पदुक्ता पुरस्तात् ॥

धर्माधिगतः पूर्वैः स्वयं वा हेमरूप्यप्रायश्चित्रस्थूलरत्नहिरण्यो दीर्घमप्यापदमनायतिं सहेतेति कोशसम्पत् ॥

पितृपैतामहो नित्यो वश्यस्तुष्टभृतपुत्रदारः प्रवासेष्वविसम्पादितः सर्वत्राप्रतिहतो दुःखसहो बहुयुद्धस्सर्वयुद्धप्रहरणविद्याविशारदः सहवृद्धिक्षयिकत्वादद्वैध्यः क्षत्रप्राय इति दण्डसम्पत् ॥

पितृपैतामहं नित्यं वश्यमद्वैध्यं महल्लघुसमुत्थमिति मित्रसम्पत् ॥

अराजबीजलुब्धः क्षुद्रपरिषत्को विरक्तप्रकृतिरन्यायवृत्तिरयुक्तो व्यसनी निरुत्साहो दैवप्रमाणो यत्किञ्चनकार्यगतिर-

ननुबन्धः क्लीबो नित्यापकारी चेत्यमित्रसम्पत् । एवंभूतो हि शत्रुस्सुखः समुच्छेत्तुं भवति ॥

अरिवर्जाः प्रकृतयः सप्तैतास्स्वगुणोदयाः ।
उक्ताः प्रत्यङ्गभूतास्ताः प्रकृता राजसम्पदः ॥
सम्पादयत्यसम्पन्नाः प्रकृतीरात्मवान्नृपः ।
विवृद्धाश्चानुरक्ताश्च प्रकृतीर्हन्त्यनात्मवान् ॥
ततस्स दुष्टप्रकृतिश्चातुरन्तोऽप्यनात्मवान् ।
हन्यते वा प्रकृतिभिर्याति वा द्विषतां वशम् ॥
आत्मवांस्त्वल्पदेशोऽपि युक्तः प्रकृतिसम्पदा ।
नयज्ञः पृथिवीं कृत्स्नां जयत्येव न हीयते ॥

इति मण्डलयोनौ षष्ठेऽधिकरणे प्रकृतिसम्पदः
प्रथमोऽध्यायः आदितस्सप्तनवतिः

---

१७. प्रक. शमव्यायामिकम्.

शमव्यायामौ योगक्षेमयोर्योनिः ॥

कर्मारम्भाणां योगाराधनो व्यायामः । कर्मफलोपभोगानां क्षेमाराधनश्शमः ॥

शमव्यायामयोर्योनिष्षाड्गुण्यम् ॥

क्षयस्स्थानं वृद्धिरित्युदयाः । तस्य मानुषं नयापनयौ दैवमयानयौ ॥

दैवमानुषं हि कर्म लोकं यापयति । अदृष्टकारितं दैवं, तस्मिन्निष्टेन फलेन योगोऽयः ।

दृष्टकारितं मानुषं, तस्मिन् योगक्षेमनिष्पत्तिर्नयः । विपत्तिरपनयः । तच्चिन्त्यम् । अचिन्त्यं दैवमिति ।

राजा आत्मद्रव्यप्रकृतिसम्पन्नो नयस्याधिष्ठानं विजिगीषुः । तस्य समन्ततो मण्डलीभूता भूम्यन्तरा अरिप्रकृतिः । तथैव भूम्येकान्तरा मित्रप्रकृतिः ।

अरिसम्पद्युक्तः सामन्तः शत्रुः ।

व्यसनी यातव्य अनपाश्रयो दुर्बलाश्रयो वोच्छेदनीयः । विपर्यये पीडनीयः कर्शनीयो वा ।

इत्यरिविशेषाः ।

तस्मान्मित्रमरिमित्रं मित्रमित्रं अरिमित्रमित्रं चानन्तर्येण भूमीनां प्रसज्यते पुरस्तात् ।

पश्चात्पार्ष्णिग्राह आक्रन्दः पार्ष्णिग्राहासार आक्रन्दासार इति ॥

भूम्यनन्तरं प्रकृत्यमित्रः तुल्याभिजनस्सहजः । विरुद्धो विरोधयिता वा कृत्रिमः ।

भूम्येकान्तरं प्रकृतिमित्रं मातापितृसम्बन्धं सहजं; धनजीवितहेतोराश्रितं कृत्रिममिति ।

अरिविजिगीष्वोर्भूम्यन्तरः संहतासंहतयोरनुग्रहसमर्थो निग्रहे चासंहतयोर्मध्यमः ।

अरिविजिगीषुमध्यानां बहिः प्रकृतिभ्यो बलवत्तरः संहतासंहतानामरिविजिगीषुमध्यमानामनुग्रहे समर्थो निग्रहे चासंहतानामुदासीनः ।

इति प्रकृतयः ।

विजिगीषुर्मित्रं मित्रमित्रं वाऽस्य प्रकृतयस्तिस्रः ताः पञ्चभिरमात्यजनपददुर्गकोशदण्डप्रकृतिभिरेकैकशः संयुक्ता मण्डलमष्टादशकं भवति ।

अनेन मण्डलपृथक्त्वं व्याख्यातं अरिमध्यमोदासीनानाम् ।

एवं चतुर्मण्डलसङ्क्षेपः; द्वादश राजप्रकृतयः; षष्टिर्द्रव्यप्रकृतयः; सङ्क्षेपेण द्विसप्ततिः ।

तासां यथास्वं सम्पदः शक्तिः सिद्धिश्च ।

बलं शक्तिः; सुखं सिद्धिः ।

शक्तिस्त्रिविधा—ज्ञानबलं मन्त्रशक्तिः; कोशदण्डबलं प्रभुशक्तिः; विक्रमबलमुत्साहशक्तिः;

एवं सिद्धिस्त्रिविधैव मन्त्रशक्तिसाध्या मन्त्रसिद्धिः; प्रभुशक्तिसाध्या प्रभुसिद्धिः; उत्साहशक्तिसाध्या उत्साहसिद्धिरिति ।

ताभिरभ्युच्छ्रितो ज्यायान् भवति । अपचितो हीनः । तुल्यशक्तिस्समः । तस्माच्छक्तिं सिद्धिं च घटेतात्मन्यावेशयितुम् । साधारणो वा द्रव्यप्रकृतिष्वानन्तर्येण शौचवशेन वा दूष्यामित्राभ्यां वाऽपकर्ष्टुं यतेत ।

यदि वा पश्येत्—"अमित्रो मे शक्तियुक्तो वाग्दण्डपारुष्यार्थदूषणैः प्रकृतीरुपहनिष्यति ; सिद्धियुक्तो वा मृगयाद्यूतमद्यस्त्रीभिः प्रमादं गमिष्यति ; स विरक्तप्रकृतिरुपक्षीणः प्रमत्तो वा साध्यो मे भविष्यति ; विग्रहाभियुक्तो वा सर्वसन्दोहेनैकस्थो दुर्गस्थो वा स्थास्यति ; ससंहितसैन्यो मित्रदुर्गवियुक्तस्साध्यो मे भविष्यति ; 'बलवान्वा राजा परतः शत्रुमुच्छेत्तुकामस्तमुच्छिद्यमानमुच्छिन्द्यादिति' बलवता प्रार्थितस्य मे विपन्नकर्मारम्भस्य वा साहाय्यं दास्यति ; मध्यमलिप्सायां चेति"। एवमादिषु कारणेष्वमित्रस्यापि शक्तिं सिद्धिं चेच्छेत् ।

नेमिमेकान्तराद्राज्ञः कृत्वा चानन्तरानरान् ।
नाभिमात्मानमायच्छेत् नेता प्रकृतिमण्डले ॥

मध्येऽभ्युपहितः शत्रुः नेतुः मित्रस्य चोभयोः ।
उच्छेद्यः पीडनीयो वा बलवानिव जायते ॥

इति मण्डलयोनौ षष्ठेऽधिकरणे शमव्यायामिकं
द्वितीयोऽध्यायः आदितोऽष्टनवतिः ।
एतावता कौटिलीयस्यार्थशास्त्रस्य मण्डलयोनिः
षष्ठमधिकरणं समाप्तम् .

—•❖•—

७. अधि. षाड्गुण्यम्.

१८–१९. प्रक. षाड्गुण्यसमुद्देशः, क्षयस्थानवृद्धिनिश्चयश्च.

षाड्गुण्यस्य प्रकृतिमण्डलं योनिः ॥

"सन्धिविग्रहासनयानसंश्रयद्वैधीभावाष्षाड्गुण्यम्" इत्याचार्याः ॥

"द्वैगुण्यम्" इति वातव्याधिः, "सन्धिविग्रहाभ्यां हि षाड्गुण्यं सम्पद्यते" इति ॥

"षाड्गुण्यमेवैतदवस्थाभेदात्" इति कौटिल्यः ॥

तत्र—पणबन्धः सन्धिः; अपकारो विग्रहः; उपेक्षणमासनं; अभ्युच्चयो यानं; परार्पणं संश्रयः; सन्धिविग्रहोपादानं द्वैधीभावः इति षड्गुणाः ॥

परस्माद्धीयमानः संदधीत ॥

अभ्युच्चीयमानो विगृह्णीयात् ॥

"न मां परो नाहं परमुपहन्तुं शक्तः" इत्यासीत ॥

गुणातिशययुक्तो यायात् ॥

शक्तिहीनस्संश्रयेत ॥

सहायसाध्यकार्ये द्वैधीभावं गच्छेत् ॥

इति गुणावस्थापनम् ॥

तेषां—यस्मिन् वा गुणे स्थितः पश्येत् "इह स्थः शक्ष्यामि दुर्गसेतुकर्मवणिक्पथशून्यनिवेशखनिद्रव्यहस्तिवनकर्माण्यात्मनः प्रवर्तयितुं परस्य चैतानि कर्माण्युपहन्तुम्" इति तमातिष्ठेत् ॥

"सा वृद्धिः आशुतरा; मे वृद्धिर्भूयस्तरा वृद्ध्युदयतरं वा भविष्यति विपरीता परस्य" इति ज्ञात्वा परवृद्धिमुपेक्षेत ॥

तुल्यकालफलोदयायां वृद्धौ सन्धिमुपेयात् ॥

यस्मिन् वा गुणे स्थितः स्वकर्मणामुपघातं पश्येन्नेतरस्य तस्मिन्न तिष्ठेत् । एष क्षयः ॥

"चिरतरेणाल्पतरं वृद्ध्युदयतरं वा क्षेष्ये; विपरीतं परः" इति ज्ञात्वा क्षयमुपेक्षेत ॥

तुल्यकालफलोदये वा क्षये सन्धिमुपेयात् ॥

यस्मिन् वा गुणे स्थितस्स्वकर्मवृद्धिं क्षयं वा नाभिपश्येदेतत् स्थानम् ॥

"ह्रस्वतरं वृद्ध्युदयतरं वा स्थास्यामि विपरीतं परः" इति ज्ञात्वा स्थानमुपेक्षेत ॥

"तुल्यकालफलोदये वा स्थाने सन्धिमुपेयात्" इत्याचार्याः ॥

"नैतद्विभाषितम्" इति कौटिल्यः ॥

यदि वा पश्येत्—"सन्धौ स्थितो महाफलैः स्वकर्मभिः परकर्माण्युपहनिष्यामि; महाफलानि वा स्वकर्माण्युपभोक्ष्ये; परकर्माणि वा; सन्धिविश्वासेन वा योगोपनिषत्प्रणिधिभिः परकर्माण्युपहनिष्यामि; सुखं वा सानुग्रहपरिहारसौकर्यं फललाभभूयस्त्वेन स्वकर्मणा परकर्मयोगावहजनमास्रावयिष्यामि; बलिनाऽतिमात्रेण वा संहितः परः स्वकर्मोपघातं प्राप्स्यति; येन वा विगृहीतो मया सन्धत्ते, तेन अस्य विग्रहं दीर्घं करिष्यामि; मया वा संहितस्य मद्द्वेषिणो जनपदं पीडयिष्यति; परोपहतो वाऽस्य जनपदो मामागमिष्यति; ततः कर्मसु वृद्धिं प्राप्स्यामि; विपन्नकर्मारम्भो वा विषमस्थः परः कर्मसु न मे विक्रमेत; परतः प्रवृत्तकर्मारम्भो वा ताभ्यां संहितः कर्मसु वृद्धिं प्राप्स्यामि; शत्रुप्रतिबद्धं वा शत्रुणा सन्धिं कृत्वा मण्डलं भेत्स्यामि; भिन्नमवाप्स्यामि; दण्डानुग्रहेण वा शत्रुमुपगृह्य मण्डललिप्सायां विद्वेषं ग्राहयिष्यामि; विद्विष्टं तेनैव घातयिष्यामि" इति सन्धिना वृद्धिमातिष्ठेत् ॥

यदि वा पश्येत्—"आयुधीयप्रायश्श्रेणीप्रायो वा मे जनपदश्शैलवननदीदुर्गैकद्वारारक्षो वा शक्ष्यति पराभियोगं प्रतिहन्तुमिति; विषयान्ते दुर्गमविषह्यमपाश्रितो वा शक्ष्यामि परकर्माण्युपहन्तुमिति; व्यसनपीडोपहतोत्साहो वा परसं-

प्राप्तकर्मोपघातकाल इति; विगृहीतस्यान्यतो वा शक्ष्यामि जनपदमपवाहयितुम्" इति विग्रहे स्थितो वृद्धिमातिष्ठेत् ॥

यदि वा मन्येत—"न मे शक्तः परः कर्माण्युपहन्तुं; नाहं तस्य कर्मोपघाती वा; व्यसनमस्य श्ववराहयोरिव कलहे वा स्वकर्मानुष्ठानपरो वा वर्धिष्ये" इत्यासनेन वृद्धिमातिष्ठेत् ॥

यदि वा मन्येत—"यानसाध्यः कर्मोपघातः शत्रोः, प्रतिविहितस्वकर्मारक्षश्चास्मि" इति यानेन वृद्धिमातिष्ठेत् ॥

यदि वा मन्येत—"नास्मि शक्तः परकर्माण्युपहन्तुं, स्वकर्मोपघातं वा त्रातुम्" इति बलवत्तमाश्रितः* स्वकर्मानुष्ठानेन क्षयात् स्थानं स्थानाद्वृद्धिं चाकाङ्क्षेत ॥

यदि वा मन्येत—"सन्धिनैकतः स्वकर्माणि प्रवर्तयिष्यमि विग्रहेणैकतः परकर्माण्युपहनिष्यामि" इति द्वैधीभावेन वृद्धिमातिष्ठेत् ॥

एवं षड्भिर्गुणैरेतैः स्थितः प्रकृतिमण्डले ।
पर्येषेत क्षयात् स्थानं स्थानाद्वृद्धिं च कर्मसु ॥

इति षाड्गुण्ये सप्तमेऽधिकरणे षाड्गुण्यसमुद्देशः

क्षयस्थानवृद्धिनिश्चयश्च प्रथमोऽध्यायः

आदितो नवनवतिः

———ഄ———

* बलवन्तमाश्रितः.

१०० प्रक. संश्रयवृत्तिः.

सन्धिविग्रहयोस्तुल्यायां वृद्धौ सन्धिमुपेयात् । विग्रहे हि क्षयव्ययप्रवासप्रत्यवाया भवन्ति ।

तेनासनयानयोरासनं व्याख्यातम् ।

द्वैधीभावसंश्रययोर्द्वैधीभावं गच्छेत् । द्वैधीभूतो हि स्वकर्मप्रधान आत्मन एवोपकरोति । संश्रितस्तु परस्योपकरोति, नात्मनः ।

यद्बलस्सामन्तः तद्विशिष्टबलमाश्रयेत । तद्विशिष्टबलाभावे तमेवाश्रितः कोशदण्डभूमीनामन्यतमेनास्योपकर्तुमदृष्टः प्रयतेत ॥ महादोषो हि विशिष्टबलसमागमो राज्ञामन्यत्रारिगृहीतात् ।

अशक्यो दण्डोपनतवद्वर्तेत ।

यदा चास्य प्राणहरं व्याधिमन्तःकोपं शत्रुवृद्धिं मित्रव्यसनमुपस्थितं वा तन्निमित्तामात्मनश्च वृद्धिं पश्येत्, तदा सम्भाव्यव्याधिधर्मकार्यापदेशेनापयायात् । स्वविषयस्थो वा नोपगच्छेत् ।

आसन्नो वाऽस्य छिद्रेषु प्रहरेत् ।

बलीयसोर्वा मध्यगतस्त्राणसमर्थमाश्रयेत् । यस्य वाऽन्तर्द्धिस्स्यात्; उभौ वा कपालसंश्रयस्तिष्ठेत् । मूलहरमितरस्येतरमपदिशेत् । भेदमुभयोर्वा परस्परापदेशं प्रयुञ्जीत । भिन्नयोरुपांशुदण्डम् । पार्श्वस्थो वा बलस्थयोरासन्नभयात् प्रतिकुर्वीत । दुर्ग-

पालाश्रयो वा द्वैधीभूतस्तिष्ठेत् । सन्धिविग्रहक्रमहेतुभिर्वा चेष्टेत । दूष्यामित्राटविकानुभयोरुपगृह्णीयात् । एतयोरन्यतरं गच्छंस्तैरेवान्यतरस्य व्यसने प्रहरेत् । द्वाभ्यामुपहितो वा मण्डलापाश्रयस्तिष्ठेत् । मध्यममुदासीनं वा संश्रयेत । तेन सहैकमुपगृह्येतरमुच्छिन्द्यादुभौ वा । द्वाभ्यामुच्छिन्नो वा मध्यमोदासीनयोस्तत्पक्षीयाणां वा राज्ञां न्यायवृद्धिमाश्रयेत; तुल्यानां वा । यस्य प्रकृतयः सुख्येयुरेनं यत्रस्थो वा शक्नुयादात्मानमुद्धर्तुं यत्र वा पूर्वपुरुषोचितागतिरासन्नः सम्बन्धो वा मित्राणि भूयांसीति शक्तिमन्ति वा भवेयुः ।

प्रियो यस्य भवेद्यो वा प्रियेऽस्य कतरस्तयोः ।
प्रियो यस्य स तं गच्छेदित्याश्रयगतिः परा ॥

इति षाड्गुण्ये सप्तमेऽधिकरणे संश्रयवृत्तिः द्वितीयोऽध्यायः
आदितः शततमः.

१०१–२ प्रक. समहीनज्यायसांगुणाभिनिवेशः हीनसन्धयश्च.

विजिगीषुः शक्त्यपेक्षः षाड्गुण्यमुपयुञ्जीत । समज्यायोभ्यां सन्धीयेत । हीनेन विगृह्णीयात् । विगृहीतो हि ज्यायसा हस्तिना पादयुद्धमिवाभ्युपैति । समेन चामं पात्रमामेनाहतमिवोभयतः

क्षयं करोति । कुम्भेनेवाश्मा हीनेनैकान्तः सिद्धिमवाप्नोति ।

ज्यायांश्चेन्न सन्धिमिच्छेत्, दण्डोपनतवृत्तमाबलीयसं वा योगमातिष्ठेत् ।

समश्चेन्न सन्धिमिच्छेत्, यावन्मात्रमपकुर्यात्तावन्मात्रमस्य प्रत्यपकुर्यात् । तेजो हि सन्धानकारणं ; नातप्तं लोहं लोहेन सन्धत्त इति ।

हीनश्चेत्सर्वत्रानुप्रणतस्तिष्ठेत्, सन्धिमुपेयात् । आरण्योऽग्निरिव हि दुःखामर्षजं तेजो विक्रमयति मण्डलस्य चानुग्राह्यो भवति ।

संहितश्चेत् "परप्रकृतयो लुब्धक्षीणापचारिताः प्रसादानभयाद्वा नोपगच्छन्ति" इति पश्येद्धीनोऽपि विगृह्णीयात् ।

विगृहीतश्चेत् "परप्रकृतयो लुब्धक्षीणापचारिताः विग्रहोद्विग्ना वा मा नोपगच्छन्ति" इति पश्येत्, ज्यायानपि सन्धीयेत ; विग्रहोद्वेगं वा शमयेत् ।

व्यसनयौगपद्ये—"गुरुव्यसनोऽस्मि, लघुव्यसनः परः, सुखेन प्रकृत्य व्यसनमात्मनोऽभियुञ्ज्यात्" इति पश्येत्, ज्यायानपि सन्धीयेत ॥

सन्धिविग्रहयोश्चेत् परकर्शनमात्मोपचयं वा नाभिपश्येत्, ज्यायानप्यासीत ॥

परव्यसनमप्रतिकार्यं चेत् पश्येत्, हीनोऽप्यभियायात् ॥

अप्रतिकार्यासन्नव्यसनो वा ज्यायानपि संश्रयेत ॥

सन्धिनैकतो विग्रहेणैकतश्चेत् कार्यसिद्धिं पश्येत्, ज्यायानपि द्वैधीभूतस्तिष्ठेदिति । एवं समस्य षाड्गुण्योपयोगः । तत्र तु प्रतिविशेषः—

प्रवृत्तचक्रेणाक्रान्तो राज्ञा बलवताऽबलः ।
सन्धिनोपनमेत्तूर्णं कोशदण्डात्मभूमिभिः ॥

स्वयं सङ्ख्यातदण्डेन दण्डस्य विभवेन वा ।
उपस्थातव्यमित्येष सन्धिरात्मामिषो[1] मतः ॥

सेनापतिकुमाराभ्यां उपस्थातव्यमित्ययम् ।
पुरुषान्तरसन्धिस्स्यान्नात्मनेत्यात्मरक्षणः ॥

एकेनान्यत्र यातव्यं स्वयं दण्डेन वेत्ययम् ।
अदृष्टपुरुषस्सन्धिर्दण्डमुख्यात्मरक्षणः ॥

मुख्यस्त्रीबन्धनं कुर्यात्पूर्वयोः पश्चिमे त्वरिम् ।
साधयेद्गूढमित्येते दण्डोपनतसन्धयः ॥

कोशदानेन शेषाणां प्रकृतीनां विमोक्षणम् ।
परिक्रयो भवेत्सन्धिस्स एव च यथासुखम् ॥

स्कन्धोपनेयो बहुधा ज्ञेयस्सन्धिरुपग्रहः ।

---

1 "स्वसैन्येन तु सन्धानमात्मामिष इति स्मृतः" — इति कामन्दकः.

निरुद्धो देशकालाभ्यां अत्ययस्स्यादुपग्रहः ॥
विषह्य दानादायत्यां क्षमस्त्रीबन्धनादपि ।
सुवर्णसन्धिर्विश्वासादेकीभावगतो भवेत् ॥
विपरीतः कपालस्स्यादत्यादानाभिभाषितः ।
पूर्वयोः प्रणयेत्कुप्यं हस्त्यश्वं वागुरान्वितम् ॥
तृतीये प्रणयेदर्थं कथयन् कर्मणां क्षयम् ।
तिष्ठेच्चतुर्थ इत्येते कोशोपनतसन्धयः ॥
भूम्येकदेशत्यागेन देशप्रकृतिरक्षणम् ।
आदिष्टसन्धिस्तत्रेष्टो गूढस्तेनोपघातिनः ॥
भूमीनामात्तसाराणां मूलवर्जं प्रणामनम् ।
उच्छिन्नसन्धिस्तत्रैष परव्यसनकाङ्क्षिणः ॥
फलदानेन भूमीनां मोक्षणं स्यादपक्रयः ।
फलातिभुक्तो भूमिभ्यः सन्धिस्स परिभूषणः ॥
कुर्यादपेक्षणं पूर्वं पश्चिमौ त्वाबलीयसम् ।
आदाय फलमित्येते देशोपनतसन्धयः ॥
स्वकार्याणां वशेनैते देशे काले च भाषिताः ।
आबलीयसिकाः कार्यास्त्रिविधा हीनसन्धयः ॥

इति षाड्गुण्ये समहीनज्यायसां गुणाभिनिवेशो
हीनसन्धयः तृतीयोऽध्यायः
आदित एकशतः.

—❖❖❖—

१०३-७ प्रक. विगृह्यासनं, सन्धायासनं, विगृह्ययानं, सन्धाययानं, सम्भूयप्रयाणं च.

सन्धिविग्रहयोरासनं यानं च व्याख्यातम् । स्थानमासनमुपेक्षणं चेत्यासनपर्यायाः । विशेषस्तु—गुणैकदेशे स्थानं; स्ववृद्धिप्राप्त्यर्थं आसनमासनं; अपायानमप्रयोग उपेक्षणमिति । सन्धानकामयोरपि विजिगीष्वोरुपहन्तुमशक्तयोर्विगृह्यासनं सन्धाय वा ।

यदा वा पश्येत्—"स्वदण्डैर्मित्राटवीदण्डैर्वा समं ज्यायांसं वा कर्शयितुमुत्सहे" इति, तदा कृतबाह्याभ्यन्तरकृत्यो विगृह्यासीत ॥

यदा वा पश्येत्—"उत्साहयुक्ता मे प्रकृतयस्संहता विवृद्धास्स्वकर्मण्यव्याहताश्चरिष्यन्ति, परस्य वा कर्माण्युपहनिष्यन्ति" इति तदा विगृह्यासीत ॥

यदा वा पश्येत्—"परस्यापचारिताः क्षीणा लुब्धाः स्वचक्रस्तेनाटवीव्यथिता वा प्रकृतयस्स्वयमुपजापेन वा मामेष्यन्तीति; सम्पन्ना मे वार्ता, विपन्ना परस्य, तस्य प्रकृतयो दुर्भिक्षोपहता मामेष्यन्ति; विपन्ना मे वार्ता, सम्पन्ना परस्य, तं मे प्रकृतयो न गमिष्यन्ति; विगृह्य चास्य धान्यपशुहिरण्यान्याहरिष्यामि; स्वपण्योपघातीनि वा परपण्या

नि निवर्तयिष्यामि; परवणिक्पथाद्वा सारवन्ति मामेष्यन्ति; विगृहीतेनेतरं दूष्यामित्राटवीनिग्रहं वा विगृहीतो न करिष्यति; तैरेव वा विग्रहं प्राप्स्यति; मित्रं मे मित्रभाव्यप्रयातो बह्लपकालं तनुक्षयव्ययमर्थं प्राप्स्यति; गुणवतीमादेयां वा भूमिं सर्वसंदोहेन वा मामनादृत्य प्रयातुकामः कथं न यायात्" इति परवृद्धिप्रतिघातार्थं प्रतापार्थं च विगृह्यासीत ॥

"तमेव हि प्रलावृत्तो ग्रसते" इत्याचार्याः ।

"न" इति कौटिल्यः—कर्शनमात्रमस्य कुर्यादव्यसनिनः। परिवृद्धया तु वृद्धस्समुच्छेदनम् ।

एवं परस्य यातव्योऽस्मै साहाय्यमविनष्टः प्रयच्छेत् । तस्मात्सर्वसन्दोहप्रकृतो विगृह्यासीत । विगृह्यासने तु प्रातिलोम्ये सन्धायासीत । विगृह्यासनहेतुभिरभ्युच्चितः सर्वसन्दोहवर्जं विगृह्य यायात् ।

यदा वा पश्येत्—"व्यसनी परः प्रकृतिव्यसनं वाऽस्य शेषप्रकृतिभिरप्रतिकार्यं स्वचक्रपीडिता विरक्ता वाऽस्य प्रकृतयः कर्शिता निरुत्साहाः परस्परात् भिन्नाः शक्या लोभयितुमग्न्युदकव्याधिमरकदुर्भिक्षनिमग्नः क्षीणयुग्यपुरुषनिचयरक्षाविधानः परः" इति, तदा विगृह्य यायात् ।

यदा वा पश्येत्—"मित्रमाक्रन्दश्च मे शूरवृद्धानुरक्तप्रकृतिर्विपरीतप्रकृतिः परः; पार्ष्णिग्रहश्चासारश्च; शक्यामि मित्रेणा-

सारमाक्रन्देन पार्ष्णिग्राहं वा विगृह्य यातुम्" इति, तदा विगृह्य यायात्।

यदा वा फलमेकहार्यमल्पकालं पश्येत्तदा पार्ष्णिग्राहासाराभ्यां विगृह्य यायात्। विपर्यये सन्धाय यायात्।

यदा वा पश्येत्—"न शक्यमेकेन यातुमवश्यं च यातव्यम्" इति, तदा समहीनज्यायोभिस्सामवायिकैस्सम्भूय यायात् एकत्र निर्दिष्टेनांशेनानेकत्रानिर्दिष्टेनांशेन। तेषामसमवाये दण्डमन्यतरस्मिन्निविष्टांशेन याचेत। संभूयाभिगमनेन वा निर्दिश्येत। ध्रुवे लाभे निर्दिष्टेनांशेनाध्रुवे लाभांशेन।

अंशो दण्डसमः पूर्वः प्रयाससम उत्तमः।
विलोपो वा यथालाभं प्रक्षेपसम एव वा॥

इति षाड्गुण्ये विगृह्यासनं सन्धायासनं विगृह्य यानं
सन्धाय यानं सम्भूय प्रयाणं चतुर्थोऽध्यायः
आदितो द्विशतः.

—✣✧•✣—

१०८—१० प्रक. यातव्यामित्रयोरभिग्रहचिन्ता, क्षयलोभविरागहेतवः, प्रकृतीनां सामवायिकविपरिमर्शश्च.

तुल्यसामन्तव्यसने यातव्यममित्रं वा? इत्यमित्रमभियायात्।

तत्सिद्धौ यातव्यम् । अमित्रसिद्धौ म यातव्यस्साहाय्यं दद्या-न्नामित्रो यातव्यसिद्धौ ।

गुरुव्यसनं यातव्यं, लघुव्यसनममित्रं वेति ?

"गुरुव्यसनं सौकर्यतो यायात्" इत्याचार्याः ।

"न" इति कौटिल्यः—लघुव्यसनममित्रं यायात् । लघ्वपि व्यसनमभियुक्तस्य कृच्छ्रं भवति । सत्यं गुर्वपि गुरुतरं भवति । अनभियुक्तस्तु लघुव्यसनः सुखेन व्यसनं प्रतिकृत्यामित्रो यातव्यमभिसरेत् । पार्ष्णिं गृह्णीयात् ।

यातव्ययौगपद्ये गुरुव्यसनं न्याय्यवृत्तिं लघुव्यसनमन्याय्यवृत्तिं विरक्तप्रकृतिं वेति ?

विरक्तप्रकृतिं यायात् । गुरुव्यसनं न्यायवृत्तिमभियुक्तं प्रकृतयोऽनुगृह्णन्ति । लघुव्यसनमन्यायवृत्तिमुपेक्षन्ते । विरक्ता बलवन्तमप्युच्छिन्दन्ति । तस्माद्विरक्तप्रकृतिमेव यायात् ।

क्षीणलुब्धप्रकृतिमपचरितप्रकृतिं वेति ?—"क्षीणलुब्धप्रकृतिं यायात् । क्षीणलुब्धा हि प्रकृतयस्सुखेनोपजापं पीडां वोपगच्छन्ति । नापचरिताः प्रधाना अवग्रहसाध्याः" इत्याचार्याः ।

"न" इति कौटिल्यः—क्षीणलुब्धा हि प्रकृतयो भर्तरि स्निग्धा भर्तृहिते तिष्ठन्ति । उपजापं वा विसंवादयन्ति, अनुरागे सार्वगुण्यमिति । तस्मादपचरितप्रकृतिमेव यायात् ।

बलवन्तमन्यायवृत्तिं दुर्बलं वा न्यायवृत्तिमिति?—बलवन्तमन्यायवृत्तिं यायात्। बलवन्तमन्यायवृत्तिं अभियुक्तं प्रकृतयो नानुगृह्णन्ति निष्पातयन्त्यमित्रं वाऽस्य भजन्ते। दुर्बलं तु न्यायवृत्तिमभियुक्तं प्रकृतयः परिगृह्णन्ति, अनुनिष्पतन्ति वा।

अपक्षेपेण हि सतामसतां प्रग्रहेण च।
अभूतानां च हिंसानां अधर्म्याणां प्रवर्तनैः॥

उचितानां चरित्राणां धर्मिष्ठानां निवर्तनैः।
अधर्मस्य प्रसङ्गेन धर्मस्यावग्रहेण च॥

अकार्याणां च करणैः कार्याणां च प्रणाशनैः।
अप्रदानैश्च देयानां अदेयानां च साधनैः॥

अदण्डनैश्च दण्ड्यानां दण्ड्यानां चण्डदण्डनैः।
अग्राह्याणामुपग्राहैर्ग्राह्याणां चानभिग्रहैः॥

अनर्थ्यानां च करणैरर्थ्यानां च विघातनैः।
अरक्षणैश्च चोरेभ्यः स्वानां च परिमोषणैः॥

पातैः पुरुषकाराणां कर्मणां गुणदूषणैः।
उपघातैः प्रधानानां मान्यानां चावमाननैः॥

विरोधनैश्च वृद्धानां वैषम्येणानृतेन च।
कृतस्याप्रतिकारेण स्थितस्याकरणेन च॥

राज्ञः प्रमादालस्याभ्यां योगक्षेमविधावपि।
प्रकृतीनां क्षयो लोभो वैराग्यं चोपजायते॥

क्षीणाः प्रकृतयो लोभं लुब्धा यान्ति विरागताम् ।
विरक्ता यान्त्यमित्रं वा भर्तारं घ्नन्ति वा स्वयम् ॥

तस्मात्प्रकृतीनां क्षयलोभविरागकारणानि नोत्पादयेत् । उत्पन्नानि वा सद्यः प्रतिकुर्वीत ॥

क्षीणा लुब्धा विरक्ता वा प्रकृतय इति?—क्षीणाः पीडनोच्छेदनभयात् सद्यस्सन्धिं युद्धं निष्पतनं वा रोचयन्ते । लुब्धा लोभेनासन्तुष्टाः परोपजापं लिप्सन्ते । विरक्ताः पराभियोगमभ्युत्तिष्ठन्ते । तासां हिरण्यधान्यक्षयः सर्वोपघाती कृच्छ्रप्रतीकारश्च; युग्यपुरुषक्षयो हिरण्यधान्यसाध्यः; लोभ ऐकदेशिको मुख्यायुक्तः परार्थेषु शक्यः प्रतिहन्तुमादातुं वा । विरागः प्रधानावग्रहसाध्यः; निष्प्रधाना हि प्रकृतयो भोग्या भवन्त्यनुपजाप्याश्चान्येषामनापत्सहास्तु प्रकृतिमुख्यप्रग्रहैस्तु बहुधा भिन्ना गुप्ता भवन्त्यापत्सहाश्च ॥

सामवायिकानामपि सन्धिविग्रहकारणान्यवेक्ष्य शक्तिशौचयुक्तौ सम्भूय यायात् । शक्तिमान् हि पार्ष्णिग्रहणे यात्रासाहाय्यदाने वा शक्तः; शुचिस्सिद्धौ चासिद्धौ च यथास्थितकारीति ॥

तेषां ज्यायसैकेन द्वाभ्यां समाभ्यां वा सम्भूय यातव्यमिति?—द्वाभ्यां समाभ्यां श्रेयः; ज्यायसा ह्यवगृहीतश्चरति समाभ्यामतिसन्धानाधिक्ये वा । तौ हि सुखौ भेदयितुम् ।

दुष्टश्चैको द्वाभ्यां नियन्तुं भेदोपग्रहं च गन्तुमिति ॥

समेनैकेन द्वाभ्यां हीनाभ्यां वेति?—द्वाभ्यां हीनाभ्यां श्रेयः तौ द्विद्विकार्यसाधकौ वश्यौ च भवतः । कार्यसिद्धौ तु कृतार्था ज्यायसो गूढस्सापदेशमपसृजेत् ॥

अशुचेश्शुचिवृत्तात्तु प्रतीक्षेताविसर्जनात् ।
सत्रादवसरेऽभ्यत्तः कळत्रमपनीय वा ॥

समादपि हि लब्धार्थाद्विश्वस्तस्य भयं भवेत् ।
ज्यायस्त्वे चापि लब्धार्थः समो विपरिकल्प्यते ॥

अभ्युच्चितश्चाविश्वास्यो वृद्धिश्चित्तविकारिणी ।
विशिष्टादमप्यंशं लब्ध्वा तुष्टमुखो व्रजेत् ॥

अनंशो वा ततोऽस्याङ्के प्रगृह्य द्विगुणं हरेत् ।
कृतार्थस्तु स्वयं नेता विसृजेत्सामवायिकान् ॥

अपि जीयेत न जयेन्मण्डलेष्टस्तथा भवेत् ।

इति षाड्गुण्ये यातव्यामित्रयोरभिग्रहाचिन्ता क्षय-
लोभाविरागहेतवः प्रकृतीनां सामवायिक-
विपरिमर्शः पञ्चमोऽध्यायः.
आदितस्त्रिशतः.

१११-१२ प्रक. संहितप्रयाणिकम्, परिपणितापरिपणितापसृतसन्धयश्च.

विजिगीषुर्द्वितीयां प्रकृतिमेवमतिसन्दध्यात् । सामन्तं संहितप्रयाणे योजयेत्—"त्वमितो याहि, अहमितो यास्यामि, समानो लाभ इति" ॥

लाभसाम्ये सन्धिः । वैषम्ये विक्रमः ॥

सन्धिः परिपणितश्चापरिपणितश्च ॥

"त्वमेतं देशं याह्यहमिमं देशं यास्यामीति" परिपणितदेशः ॥

"त्वमेतावन्तं कालं चेष्टस्व, अहमेतावन्तं कालं चेष्टिष्य इति" परिपणितकालः ॥

"त्वमेतावत्कार्यं साधय, अहमेतावत्कार्यं साधयिष्यामीति" परिपणितार्थः ॥

यदि वा मन्येत—"शैलवननदीदुर्गमटवीव्यवहितं छिन्नधान्यपुरुषवीवधासारमयवसेन्धनोदकमविज्ञातं प्रकृष्टमन्यभावदेशीयं वा सैन्यव्यायामानामलब्धभौमं वा देशं परो यास्यति, विपरीतमहम्" इत्येतस्मिन् विशेषे परिपणितदेशं सन्धिमुपेयात् ॥

यदि वा मन्येत—"प्रवर्षोष्णशीतमतिव्याधिप्रायमुपक्षीणाहारोपभोगं सैन्यव्यायामानां चौपरोधिकं कार्यसाधनानामूनमतिरिक्तं वा कालं परश्चेष्टिष्यते, विपरीतमहम्" इत्ये-

तस्मिन् विशेषे परिपणितकालं सन्धिमुपेयात् ॥

यदि वा मन्येत—"प्रत्यादेयं प्रकृतिकोपं दीर्घकालं महाक्षयव्ययमल्पमनर्थानुबन्धमकल्यमधर्म्यमध्यमोदासीनविरुद्धं मित्रोपघातकं वा कार्यं परस्साधयिष्यति, विपरीतमहम्" इत्येतस्मिन् विशेषे परिपणितार्थं सन्धिमुपेयात् ॥

एवं देशकालयोः कालकार्ययोर्देशकार्ययोर्देशकालकार्याणां चावस्थापनात् सप्तविधः परिपणितः । तस्मिन् प्रागेवारभ्य प्रतिष्ठाप्य च स्वकर्माणि, परकर्मसु विक्रमेत ॥

व्यसनत्वरावमानालस्ययुक्तमज्ञं वा शत्रुमतिसन्धातुकामो देशकालकार्याणामनवस्थापनात् "संहितौ स्वः" इति सन्धिविश्वासेन परच्छिद्रमासाद्य प्रहरेदित्यपरिपणितः ॥

तत्रैतद्भवति—

सामन्तेनैव सामन्तं विद्वानायोज्य विग्रहे ।
ततोऽन्यस्य हरेद्भूमिं जित्वा पक्षसमन्ततः ॥

सन्धेरकृतचिकीर्षा, कृतश्लेषणं कृतविदूषणमवशीर्णक्रिया च ॥

विक्रमस्य प्रकाशयुद्धं, कूटयुद्धं, तूष्णींयुद्धमिति, सन्धिविक्रमौ ॥

अपूर्वस्य सन्धेस्सानुबन्धैस्सामादिभिः पर्येषणं समहीनज्यायसां च यथाबलमवस्थापनमकृतचिकीर्षा ॥

कृतस्य प्रियहिताभ्यामुभयतः परिपालनं यथासम्भाषित-

स्य च निबन्धनस्यावर्तनं रक्षणं च "कथं परस्मान्न भिद्येत इति" कृतश्लेषणम् ॥

परस्य अवसन्धेयतां दूष्यातिसन्धानेन स्थापयित्वा व्यतिक्रमः कृतविदूषणम् ॥

भृत्येन मित्रेण वा दोषापसृतेन प्रतिसन्धानमवशीर्णक्रिया ॥

तस्यां गतागतश्चतुर्विधः—कारणात् गतागतः, विपरीतः, कारणात् गतोऽकारणादागतः, विपरीतश्चेति ॥

स्वामिनो दोषेण गतो गुणेनागतः परस्य गुणेन गतो दोषेणागत इति कारणात् गतागतस्सन्धेयः ॥

स्वदोषेण गतागतो गुणमुभयोः परित्यज्य अकारणात् गतागतश्चलबुद्धिरसन्धेयः ॥

स्वामिनो दोषेण गतः, परस्मात् स्वदोषेणागत इति कारणात् गतोऽकारणादागतस्तर्कयितव्यः ॥

"परप्रयुक्तः स्वेन वा दोषेणापकर्तुकामः परस्योच्छेत्तारममित्रं मे ज्ञात्वा प्रतिघातभयादागतः, परं वा मामुच्छेत्तुकामं परित्यज्यानृशंस्यादागतः" इति ज्ञात्वा कल्याणबुद्धिं पूजयेदन्यथाबुद्धिमपकृष्टं वासयेत् ॥

स्वदोषेण गतः परदोषेणागत इत्यकारणात् गतः कारणादागतस्तर्कयितव्यः—"छिद्रं मे पूरयिष्यत्युचितोऽयमस्य वासः परत्रास्य जनो न रमते; मित्रैर्मे संहितः शत्रुभिर्विगृहीतो लु-

ध्यक्रूरादाविग्नं शत्रुसंहिताद्वा परस्मात्'' इति ज्ञात्वा यथाबुद्ध्यवस्थापयितव्यः ॥

कृतप्रणाशः शक्तिहानिर्विद्यापण्यत्वमाशानिर्वेदो देशलौल्यमविश्वासो बलवद्विग्रहो वा परित्यागस्थानमित्याचार्याः ॥

भयमवृत्तिरमर्ष इति कौटिल्यः । इहापकारी त्याज्यः परापकारी सन्धेयः । उभयापकारी तर्कयितव्यः इति समानम् ॥

असन्धेयत्वेन त्ववश्यं सन्धातव्ये यतः प्रभावः ततः प्रतिविदध्यात् ॥

सोपकारं व्यवहितं गुप्तमायुःक्षयादिति ।
वासयेदरिपक्षीयमपशीर्णक्रियाविधौ ॥

विक्रामयेद्भर्तरि वा सिद्धं वा दण्डचारिणम् ।
कुर्यादमित्राटवीषु प्रत्यन्ते वाऽन्यतः क्षिपेत् ॥

पण्यं कुर्यादसिद्धं वा सिद्धं वा तेन संवृतम् ।
तस्यैव दोषेणादूष्यं परसन्धेयकारणात् ॥

अथ वा शमयेदेनमायत्यर्थमुपांशुना ।
आयत्यां च वधप्रेप्सुर्दृष्ट्वा हन्याद्गतागतम् ॥

अरितोऽभ्यागतो दोषः शत्रुसंवासकारितः ।
सर्पसंवासधर्मित्वान्नित्योद्वेगेन दूषितः ॥

जायते प्लक्षबीजाशात् कपोतादिव शाल्मलेः ।
उद्वेगजननो नित्यं पश्चादपि भयावहः ॥

प्रकाशयुद्धं निर्दिष्टे देशे काले च विक्रमः ।
विभीषणमवस्कन्दः प्रमादव्यसनार्दनम् ॥
एकत्र त्यागघातौ च कूटयुद्धस्य मातृका ।
योगगूढोपजापार्थं तूष्णींयुद्धस्य लक्षणम् ॥

इति षाड्गुण्ये सप्तमेऽधिकरणे संहितप्रयाणिकं परिपणितापरिपणितापसृताः षष्ठोऽध्यायः. आदितश्चतुश्शतः.

११३ प्रक. द्वैधीभाविकास्सन्धिविक्रमाः.

विजिगीषुर्द्वितीयां प्रकृतिमेवमुपगृह्णीयात्—सामन्तं सामन्तेन सम्भूय यायात् ॥

यदि वा मन्येत—"पार्ष्णिं मे न ग्रहीष्यति; यातव्यं नाभिसरिष्यति; बलवद्द्विगुणं मे भविष्यति; वीवधासारौ मे प्रवर्तयिष्यति; बहावाधे मेऽवनिकण्टकान् मर्दयिष्यति; दुर्गाटव्यपसारेषु दण्डेन चरिष्यति; यातव्यमविषह्ये दोषे सन्धौ वा स्थापयिष्यति; लब्धलाभांशो वा शत्रूनन्यान्मे विश्वासयिष्यतीति" ॥

द्वैधीभूतो वा कोशेन दण्डं दण्डेन कोशं सामन्तानामन्यतमाल्लिप्सेत । तेषां ज्यायसोऽधिकेनांशेन समात्समेन हीनाद्धीनेनेति समसन्धिः । विपर्यये विषमसन्धिः । तयोर्विशेषलाभादतिसन्धिः ॥

व्यसनिनमपायस्थाने सक्तमनर्थिनं वा ज्यायांसं हीनो बलसमेन लाभेन पणेत । पणितस्तस्यापकारसमर्थो विक्रमेत । अन्यथा सन्दध्यात् । एवंभूतो हीनशक्तिप्रतापपूरणार्थं सम्भाव्यार्थाभिसारी मूलपार्ष्णित्राणार्थं वा ज्यायांसं हीनो बलसमाद्विशिष्टेन लाभेन पणेत । पणितः कल्याणबुद्धिमनुगृह्णीयादन्यथा विक्रमेत ॥

जातव्यसनप्रकृतिरन्ध्रमुपस्थितानर्थं वा ज्यायांसं हीनो दुर्गमित्रप्रतिस्तब्धो वा ह्रस्वमध्वानं यातुकामः शत्रुमयुद्धमेकान्तसिद्धिं लाभमादातुकामो बलसमाद्धीनेन लाभेन पणेत । पणितस्तस्य अपकारसमर्थो विक्रमेत ; अन्यथा सन्दध्यात् ॥

अरन्ध्रव्यसनो वा ज्यायान् दुरारब्धकर्माणं भूयः क्षयव्ययाभ्यां योक्तुकामो दूष्यदण्डं प्रवासयितुकामो दूष्यदण्डमावाहयितुकामो वा पीडनीयमुच्छेदनीयं वा हीनेन व्यथयितुकामः सन्धिप्रधानो वा कल्याणबुद्धिः हीनं लाभं प्रतिगृह्णीयात् । कल्याणबुद्धिना सम्भूयार्थं लिप्सेत; अन्यथा विक्रमेत ॥

एवं समस्समप्रतिस्संदध्यात् ; अनुगृह्णीयाद्वा ॥

परानीकस्य प्रत्यनीकं मित्राटवीनां वा शत्रोर्विभूमीनां देशिकमूलपार्ष्णित्राणार्थं वा समस्समबलेन लाभेन पणेत । पणितः कल्याणबुद्धिमनुगृह्णीयात्; अन्यथा विक्रमेत ॥

जातव्यसनप्रकृतिरन्ध्रमनेकविरुद्धमन्यतो लभमानो वा समस्समबलाद्धीनेन लाभेन पणेत । पणितस्तस्यापकारसमर्थो विक्रमेत ; अन्यथा सन्दध्यात् ॥

एवंभूतो वा समस्सामन्तायत्तकार्यः कर्तव्यबलो वा बलसमाद्विशिष्टेन लाभेन पणेत । पणितः कल्याणबुद्धिमनुगृह्णीयात् ; अन्यथा विक्रमेत ॥

जातव्यसनप्रकृतिरन्ध्रमभिहन्तुकामः स्वारब्धमेकान्तसिद्धिं वाऽस्य कर्मोपहन्तुकामो मूले यात्रायां वा प्रहर्तुकामो यातव्यात् भूयो लभमानो वा ज्यायांसं हीनं समं वा भूयो याचेत । भूयो वा याचितः स्वबलरक्षार्थं दुर्धर्षमन्यदुर्गमासारमटवीं वा परदण्डेन मर्दितुकामः प्रकृष्टेऽध्वनि काले वा परदण्डं क्षयव्ययाभ्यां योक्तुकामः परदण्डेन वा विवृद्धस्तमेवोच्छेत्तुकामः परदण्डमादातुकामो वा भूयो दद्यात् ॥

ज्यायांसं वा हीनं वा यातव्यापदेशेन हस्ते कर्तुकामः परमुच्छिद्य वा तमेवोच्छेत्तुकामः त्यागं वा कृत्वा प्रत्यादातुकामो बलसमाद्विशिष्टेन लाभेन पणेत पणितस्तस्यापकारसमर्थो विक्रमेत ; अन्यथा सन्दध्यात् । यातव्यसंहितो वा तिष्ठेत् । दूष्यामित्राटवीदण्डं वाऽस्मै दद्यात् ॥

जातव्यसनप्रकृतिरन्ध्रो वा ज्यायान् हीनं बलसमेन लाभेन पणेत । पणितस्तस्यापकारसमर्थो विक्रमेत ; अन्यथा सन्दध्यात् ॥

एवंभूतं वा हीनं ज्यायान् बलसमाद्धीनेन लाभेन पणेत । पणितस्तस्यापकारसमर्थो विक्रमेत ; अन्यथा सन्दध्यात् ॥

आदौ बुद्ध्येत पणितः पणमानश्च कारणम् ।
ततो वितर्क्योभयतो यतः श्रेयस्ततो व्रजेत् ॥

इति षाड्गुण्ये संहितप्रयाणिकं द्वैधीभाविकाः
सन्धिविक्रमाः सप्तमोऽध्यायः.
आदितः पञ्चशतः.

११४–११५ प्रक. यातव्यवृत्तिः, अनुग्राह्यमित्रविशेषाश्च.

यातव्यो हि यास्यमानः सन्धिकारणमादातुकामो विहन्तुकामो सामवायिकानामन्यतमं लाभद्वैगुण्येन पणेत । प्रपणितः क्षयव्ययप्रवासप्रत्यवायपरोपकारशरीराबाधांश्चास्य वर्णयेत्। प्रतिपन्नमर्थेन योजयेत् । वैरं वा परैर्ग्राहयित्वा विसंवादयेत् ॥

दुरारब्धकर्माणं भूयः क्षयव्ययाभ्यां योक्तुकामस्स्वारब्धं वा यात्रासिद्धं विघातयितुकामो मूले यात्रायां वा प्रतिहर्तुकामो यातव्यसंहितः पुनर्याचितुकामः प्रत्युत्पन्नार्थकृच्छ्रस्तस्मिन् अविश्वस्तो वा तदात्वे लाभमल्पमिच्छेत् ॥

आयत्यां प्रभूतं मित्रोपकारममित्रोपघातं अर्थानुबन्धमवेक्ष-

माणः पूर्वोपकारकं कारयितुकामो भूयस्तदात्वे महान्तं लाभमुत्सृज्यायत्यामल्पमिच्छेत् ॥

दूष्यामित्राभ्यां मूलहरेण वा ज्यायसा विगृहीतं त्रातुकामस्तथाविधमुपकारं कारयितुकामः सम्बन्धावेक्षी वा तदात्वे च आयत्यां च लाभं न प्रतिगृह्णीयात् ॥

कृतसन्धिरतिक्रमितुकामः परस्य प्रकृतिकर्शनं मित्रामित्रसन्धिविश्लेषणं वा कर्तुकामः पराभियोगाच्छङ्कमानो लाभमप्राप्तमधिकं वा याचेत। तमितरस्तदात्वे च आयत्यां च क्रममपेक्षेत। तेन पूर्वे व्याख्याताः ॥

अरिविजिगीष्वोस्तु स्वं स्वं मित्रमनुगृह्णतोः शक्यकल्यभव्यारम्भिस्थिरकर्मानुरक्तप्रकृतिभ्यो विशेषः—शक्यारम्भी विषह्यं कर्मारभेत ; कल्यारम्भी निर्दोषं ; भव्यारम्भी कल्याणोदयं ; स्थिरकर्मा नासमाप्य कर्मोपरमते। अनुरक्तप्रकृतिः सुसहायत्वादल्पेनाप्यनुग्रहेण कार्यं साधयति। त एते कृतार्थाः सुखेन प्रभूतं चोपकुर्वन्ति। अतः प्रतिलोमे नानुग्राह्यः ॥

तयोरेकपुरुषानुग्रहे यो मित्रं मित्रतरं वाऽनुगृह्णाति सोऽतिसन्धत्ते। मित्रादात्मवृद्धिं हि प्राप्नोति। क्षयव्ययप्रवासपरोपकारान् इतरः ; कृतार्थश्च शत्रुर्वैगुण्यमेति ॥

मध्यमं चानुगृह्णतोर्यो मध्यमं मित्रं मित्रतरं वाऽनुगृह्णाति सोऽतिसन्धत्ते। मित्रादात्मवृद्धिं हि प्राप्नोति, क्षयव्ययप्रवासपरोप

कारान्तिरः ; मध्यमश्चेदनुगृहीतो विगुणः स्यादमित्रोऽतिसन्धत्ते । कृतप्रयासं हि मध्यमामित्रमपसृतमेकार्थोपगतं प्राप्नोति ।

तेनोदासीनानुग्रहो व्यख्यातः ॥

मध्यमोदासीनयोर्बलांशदाने यः शूरं कृतास्त्रं दुःखसहमनुरक्तं वा दण्डं ददाति, सोऽतिसन्धीयते । विपरीतोऽतिसन्धत्ते ।

यत्र तु दण्डः प्रतिहतस्तं वा चार्थमन्यांश्च साधयति, तत्र मौलभृतश्रेणीमित्राटवीबलानामन्यतममलब्धदेशकालं दण्डं दद्यात् । अमित्राटवीबलं वा व्यवहितदेशकालं यं तु मन्येत—"कृतार्थो मे दण्डं गृह्णीयात् अमित्राटव्यभूम्यनृतुषु वा वासयेदफलं वा कुर्यादिति." दण्डव्यासङ्गापदेशेनैनमनुगृह्णीयात् । एवमवश्यं त्वनुगृहीतव्ये तत्कालसहमस्मै दण्डं दद्यात् । आ समाप्तेश्चैनं वासयेद्योधयेच्च बलव्यसनेभ्यश्च रक्षेत् । कृतार्थाच्च सापदेशमवस्रापयेत् । दूष्यामित्राटवीदण्डं वाऽस्मै दद्यात् । यातव्येन वा सन्धायैनमतिसन्दध्यात् ॥

समे हि लाभे सन्धिस्स्याद्विषमे विक्रमो मतः ।
समहीनविशिष्टानामित्युक्तस्सन्धिविक्रमः ॥

इति षाड्गुण्ये यातव्यवृत्तिरनुग्राह्यमित्रविशेषा
अष्टमोऽध्यायः

आदितः षट्छतः.

११६ प्रक. मित्रसन्धिः, हिरण्यसन्धिश्च.

संहितप्रयाणे मित्रहिरण्यभूमिलाभानामुत्तरोत्तरो लाभः श्रेयान्। मित्रहिरण्ये हि भूमिलाभाद्भवतः मित्रहिरण्यलाभात् यो वा लाभः सिद्धः शेषयोरन्यतरं साधयति॥

"त्वं चाहं च मित्रं लभावहे" इत्येवमादिः समसन्धिः। त्वमित्रं इत्येवमादिर्विषमसन्धिः तयोर्विशेषलाभादतिसन्धिः।

समसन्धौ तु यस्सम्पन्नं मित्रं मित्रकृच्छ्रे वा मित्रमवाप्नोति सोऽतिसन्धत्ते आपद्धि सौहृदस्थैर्यमुत्पादयति।

मित्रकृच्छ्रेऽपि नित्यमवश्यमनित्यं वश्यं वेति? "नित्यमवश्यं श्रेयः; तद्ध्यनुपकुर्वदपि नापकरोति" इत्याचार्याः।

नेति कौटिल्यः—वश्यमनित्यं श्रेयः यावदुपकरोति तावन्मित्रं भवत्युपकारलक्षणं मित्रमिति।

वश्ययोरपि महाभोगमनित्यमल्पभोगं वा नित्यमिति? "महाभोगमनित्यं श्रेयः; महाभोगमनित्यमल्पकालेन महदुपकुर्वत् महान्ति व्ययस्थानानि प्रतिकरोति" इत्याचार्याः।

नेति कौटिल्यः—नित्यमल्पभोगं श्रेयः; महाभोगमनित्यमुपकारभयादपक्रामति; उपकृत्य वा प्रत्यादातुमीहते। नित्यमल्पभोगं सातत्यादल्पमुपकुर्वत् महता कालेन महदुपकरोति।

गुरुसमुत्थं महन्मित्रं लघुसमुत्थमल्पं वेति ?—"गुरुसमुत्थं महन्मित्रं प्रतापकरं भवति ; यदा चोत्तिष्ठते, तदा कार्यं साधयति" इत्याचार्याः ।

नेति कौटिल्यः—लघुसमुत्थमल्पं श्रेयः ; लघुसमुत्थाल्पं मित्रं कार्यकालं नातिपातयति दौर्बल्याच्च यथेष्टभोग्यं भवति नेतरत्प्रकृष्टभौमम् ।

विक्षिप्तसैन्यमवश्यसैन्यं वेति ? "विक्षिप्तं सैन्यं शक्यं प्रतिसंहर्तुं वश्यत्वात्" इत्याचार्याः ।

नेति कौटिल्यः—अवश्यसैन्यं श्रेयः अवश्यं हि शक्यं सामादिभिर्वश्यं कर्तुं ; नेतरत्कार्यव्यासक्तं प्रतिसंहर्तुम् ।

पुरुषभोगं हिरण्यभोगं वा मित्रमिति ? "पुरुषभोगमित्रं श्रेयः पुरुषभोगं मित्रं प्रतापकरं भवति । यदा चोत्तिष्ठते तदा कार्यं साधयति" इत्याचार्याः ।

नेति कौटिल्यः—हिरण्यभोगं मित्रं श्रेयः ; नित्यो हिरण्येन योगः कदाचिद्दण्डेन दण्डश्च हिरण्येनान्ये च कामाः प्राप्यन्त इति ।

हिरण्यभोगं भूमिभोगं वा मित्रमिति ?—"हिरण्यभोगं गतिमत्त्वात् सर्वव्ययप्रतीकारकरम्" इत्याचार्याः ।

नेति कौटिल्यः—"मित्रहिरण्ये हि भूमिलाभाद्भवतः" इत्युक्तं पुरस्तात् । तस्माद्भूमिभोगं मित्रं श्रेय इति ।

तुल्ये पुरुषभोगे विक्रमः क्लेशसहत्वमनुरागः सर्वबललाभो वा मित्रकुलाद्विशेषः ।

तुल्ये हिरण्यभोगे प्रार्थितार्थता प्राभूत्यमल्पप्रयासतासातत्या-च विशेषः ।

तत्रैतद्भवति—

नित्यं वश्यं लघूत्थानं पितृपैतामहं महत् ।
अद्वैध्यं चेति सम्पन्नं मित्रं षड्गुणमुच्यते ॥

ऋते यदर्थं प्रणयाद्रक्ष्यते यच्च रक्षति ।
पूर्वोपचितसम्बन्धं तन्मित्रं नित्यमुच्यते ॥

सर्वचित्रमहाभोगं त्रिविधं वश्यमुच्यते ।
एकतो भोग्युभयतः सर्वतोभोगि चापरम् ॥

आदातृ वा दातृपि वा जीवत्यरिषु हिंसया ।
मित्रं नित्यमवश्यं तद्दुर्गाटव्यपसारि च ॥

अन्यतो विगृहीतं वा लघुव्यसनमेव वा ।
सन्धत्ते चोपकाराय तत् मित्रं वश्यमध्रुवम् ॥

एकार्थेनार्थसम्बन्धमुपकार्यविकारि च ।
मित्रभावि भवत्येतन्मित्रमद्वैध्यमापदि ॥

मित्रभावाद्ध्रुवं मित्रं शत्रुसाधारणाच्चलम् ।
न कस्यचिदुदासीनं द्वयोरुभयभावि तत् ॥

विजिगीषोरमित्रं यन्मित्रमन्तर्धितां गतम् ।
उपकारे निविष्टं वा शक्तं वाऽनुपकारि तत् ॥

प्रियं परस्य वा रक्ष्यं पूज्यं सम्बन्धमेव वा ।
अनुगृह्णाति यन्मित्रं शत्रुसाधारणं हि तत् ॥

प्रकृष्टभौमं सन्तुष्टं बलवच्चालसं च यत् ।
उदासीनं भवत्येतद्व्यसनादवमानितम् ॥

अरेर्नेतुश्च यद्वृद्धिं दौर्बल्यादनुवर्तते ।
उभयस्याप्यविद्विष्टं विद्यादुभयभावि तत् ॥

कारणाकरणध्वस्तं कारणाकरणागतम् ।
यो मित्रं समुपक्षेत स मृत्युमुपगूहति ॥

क्षिप्रमल्पो लाभश्चिरान्महानिति वा?—"क्षिप्रमल्पो लाभः कार्यदेशकालसम्पादकः श्रेयान्" इत्याचार्याः ।

नेति कौटिल्यः – चिरादविनिपाती बीजसधर्मा महान् लाभः श्रेयान्विपर्यये पूर्वः ।

एवं दृष्ट्वा ध्रुवे लाभे लाभांशे च गुणोदयम् ।
स्वार्थसिद्धिपरो यायात्संहितस्सामवायिकैः ॥

इति षाड्गुण्ये मित्रहिरण्यभूमिकर्मसन्धौ मित्रसन्धिः हिरण्यसन्धिः नवमोऽध्यायः.

आदितः सप्तशतः.

११६–प्रक. भूमिसन्धिः.

"त्वं चाहं च भूमिं लभावहे" इति भूमिसन्धिः।

तयोर्यः प्रत्युपस्थितार्थसम्पन्नां भूमिमवाप्नोति सोऽतिसन्धत्ते। तुल्ये सम्पन्नालाभे यो बलवन्तमाक्रम्य भूमिमवाप्नोति सोऽतिसन्धत्ते भूमिलाभं। शत्रुकर्शनं प्रतापं च हि प्राप्नोति। दुर्बलाद्भूमिलाभे सत्यं सौन्दर्यं भवति। दुर्बल एव च भूमिलाभः तत्सामन्तश्च मित्रममित्रभावं गच्छति।

तुल्ये बलीयस्त्वे यस्स्थितशत्रुमुत्पाट्य भूमिमवाप्नोति सोऽतिसन्धत्ते; दुर्गावाप्तिर्हि स्वभूमिरक्षणं मित्राटवीप्रतिषेधं च करोति।

चलामित्रात् भूमिलाभे शक्यसामन्ततो विशेषः; दुर्बलसामन्ता हि क्षिप्राप्यायनयोगक्षेमा भवन्ति। विपरीता बलवत्सामन्ता कोशदण्डावच्छेदेन नीचभूमिर्भवति।

सम्पन्ना नित्यामित्रा मन्दगुणा वा भूमिरनित्यामित्रेति—"सम्पन्ना नित्यामित्रा श्रेयसी भूमिः; सम्पन्ना हि कोशदण्डौ सम्पादयति। तौ चामित्रप्रतिघातकौ" इत्याचार्याः।

नेति कौटिल्यः—नित्यामित्रालाभे भूयांश्छत्रुलाभो भवति। नित्यश्च शत्रुरुपकृते चापकृते च शत्रुरेव भवति। अनित्यस्तु शत्रुरुपकारादनपकाराद्वा शाम्यति। यस्या हि भूमेर्बहुदुर्गाश्चोरगणैर्म्लेच्छाटवीभिर्वा नित्याविरहिताः प्रत्यन्तास्सा नित्यामित्रा विपर्यये त्वनित्यामित्रेति।

अल्पा प्रत्यासन्ना महती व्यवहिता वा भूमिरिति ?—अल्पा प्रत्यासन्ना श्रेयसी सुखा हि प्राप्तुं पालयितुमभिसारयितुं च भवति ; विपरीता व्यवहिता ।

व्यवहिताव्यवहितयोरपि दण्डधारणात्मधारणा वा भूमिरिति ?—आत्मधारणा श्रेयसी ; सा हि स्वसमुत्थाभ्यां कोशदण्डाभ्यां धार्यते। विपरीता दण्डधारणदण्डस्थानमिति ।

बालिशात्प्राज्ञाद्वा भूमिलाभ इति ?—बालिशाद्भूमिलाभः श्रेयान् । सुप्राप्यानुपाल्या हि भवत्यप्रत्यादेया च । विपरीता प्राज्ञादनुरक्तेति ।

पीडनीयोच्छेदनीययोरुच्छेदनीयाद्भूमिलाभः श्रेयान् । उच्छेदनीयो ह्यनपाश्रयो दुर्बलापाश्रयो वाऽभियुक्तः कोशदण्डावादायापसर्तुकामः प्रकृतिभिस्त्यज्यते । न पीडनीयो दुर्गमित्रप्रतिस्तब्ध इति ।

दुर्गप्रतिस्तब्धयोरपि स्थलनदीदुर्गीयाभ्यां स्थलदुर्गीयात् भूमिलाभः श्रेयान । स्थलीयं हि सुरोधावमर्दास्कन्दमनिस्रावि शत्रु च । नदीदुर्गं तु द्विगुणक्लेशकरमुदकं च पातव्यं वृत्तिकरं चामित्रस्य ।

नदीपर्वतदुर्गीयाभ्यां नदीदुर्गीयाद्भूमिलाभः श्रेयान् । नदीदुर्गं हि हस्तिस्तम्भसङ्क्रमसेतुबन्धनौभिस्साध्यमनित्यगाम्भीर्यमपस्राव्युदकं च ; पार्वतन्तु स्वारक्षं दुरवरोधि कृच्छ्रा

रोहणं भग्ने चैकस्मिन् न सर्ववधः ; शिलावृक्षप्रमोक्षश्च महापकारिणाम् ।

निम्नस्थलयोधिभ्यो निम्नयोधिभ्यो भूलाभः श्रेयान् । निम्नयोधिनो ह्युपरुद्धदेशकालाः ; स्थलयोधिनस्तु सर्वदेशकालयोधिनः ।

खनकाकाशयोधिभ्यः खनकेभ्यो भूमिलाभः श्रेयान् । खनका हि खातेन शस्त्रेण चोभयथा युध्यन्ते ; शस्त्रेणैवाकाशयोधिनः ।

एवंविधेभ्यः पृथिवीं लभमानोऽर्थशास्त्रवित् ।
संहितेभ्यः परेभ्यश्च विशेषमधिगच्छति ॥

इति षाड्गुण्ये मित्रहिरण्यभूमिकर्मसन्धौ
भूमिसन्धिः दशमोऽध्यायः
आदितोऽष्टशतः.

११६–प्रक. अनवसितसन्धिः.

त्वं चाहं च शून्यं निवेशयावह इत्यनवसितसन्धिः । तयोर्यः प्रत्युपस्थितार्थो यथोक्तगुणां भूमिं निवेशयति सोऽतिसन्धत्ते ।

तत्रापि स्थलमौदकं वेति ?—महतः स्थलादल्पमौदकं श्रेयस्सातत्यादवस्थितत्वाच्च फलानाम् । स्थलयोरपि प्रभूतपूर्वा-

परमस्यमल्पवर्षपाकमसक्तारम्भं श्रेयः । औदकयोरपि धान्यवापमधान्यवापाच्छ्रेयः । तयोरल्पबहुत्वे धान्यकान्तादल्पान्महदधान्यकान्तं श्रेयः । महत्यवकाशे हि स्थाल्याश्चानूप्याश्चौषधयो भवन्ति । दुर्गादीनि च कर्माणि प्राभूत्येन क्रियन्ते। कृत्रिमा हि भूमिगुणाः ।

खनिधान्यभोगयोः खनिभोगः कोशकरः ; धान्यभोगः कोशकोष्ठागारकरः ; धान्यमूल्या हि दुर्गादीनां कर्मणामारम्भः ; महाविषयविक्रयो वा खनिभोगः श्रेयान् ॥

"द्रव्यहस्तिवनभोगयोर्द्रव्यवनभोगः सर्वकर्मणां योनिः प्रभूतनिधानक्षमश्च । विपरीतो हस्तिवनभोगः" इत्याचार्याः ॥

नेति कौटिल्यः—शक्यं द्रव्यवनमनेकमनेकस्यां भूमौ वापयितुं न हस्तिवनं ; हस्तिप्रधानो हि परानीकवध इति ॥

वारिस्थलपथभोगयोरनित्यो वारिपथभोगो नित्यस्स्थलपथभोग इति ॥

भिन्नमनुष्या श्रेणीमनुष्या वा भूमिरिति?—भिन्नमनुष्या श्रेयसी । भिन्नमनुष्या भोग्या भवत्यनुपजाप्या चान्येषाम् । अनापत्सहा तु विपरीता श्रेणीमनुष्या कोपे महादोषः ॥

तस्यां चातुर्वर्ण्याभिनिवेशे सर्वभोगसहत्वादवरवर्णप्राया श्रेयसी बाहुल्यात् ध्रुवत्वाच्च । कृष्याः कर्षणवतीः कृष्या

चान्येषां च आरम्भाणां प्रयोजकत्वात् । गोरक्षवती पण्यनिचयर्णानुग्रहादाढ्यवणिग्वती भूमिगुणानामपाश्रयः श्रेयान् ॥

दुर्गापाश्रया पुरुषापाश्रया वा भूमिरिति?—पुरुषापाश्रया श्रेयसी । पुरुषवद्धि राज्यम् । अपुरुषा गौर्वन्ध्येव किं दुहीत ॥

महाक्षयव्ययनिवेशात्तु भूमिमवाप्तुकामः पूर्वमेव क्रेतारं पणेत । दुर्बलमराजबीजिनं निरुत्साहमपक्षमन्यायवृत्तिं व्यसनिनं दैवप्रमाणं यत्किञ्चकारिणं वा ॥

महाक्षयव्ययनिवेशायां हि भूमौ दुर्बलोऽराजबीजी निविष्टस्सगन्धाभिः प्रकृतिभिस्सह क्षयव्ययेनावसीदति । बलवानराजबीजी क्षयभयादसगन्धाभिः प्रकृतिभिस्त्यज्यते ।

निरुत्साहस्तु दण्डवानपि दण्डस्याप्रणेता सदण्डः क्षयव्ययेनावभज्यते ।

कोशवानप्यपक्षः क्षयव्ययानुग्रहहीनत्वान्न कुतश्चित्प्राप्नोति ।

अन्यायवृत्तिं निविष्टमप्युत्थापयेत् स कथमनिविष्टं निवेशयेत् ।

तेन व्यसनी व्याख्यातः ।

दैवप्रमाणो मानुषहीनो निरारम्भो विपन्नकर्मारम्भो वाऽवसीदति ।

यत्किञ्चनकारी न किञ्चिदासादयति स चैषां पापिष्ठतमो भवति ।

"यत्किञ्चिदारभमाणो हि विजिगीषोः कदाचिच्छिद्रमासादयेत्" इत्याचार्याः ।

"यथा छिद्रं तथा विनाशमप्यासादयेत्" इति कौटिल्यः।

तेषामलाभे यथापार्ष्णिग्राहोपग्रहे वक्ष्यामस्तथा भूमिमवस्थापयेदित्यभिहितसन्धिः ।

गुणवतीमादेयां वा भूमिं बलवता क्रयेण याचितस्सन्धिमवस्थाप्य दद्यादित्यनिभृतसन्धिः ।

समेन वा याचितः कारणमवेक्ष्य दद्यात्—"प्रत्यादेया मे भूमिर्वश्या वाऽनया प्रतिबद्धः परो मे वश्यो भविष्यति भूमिविक्रयाद्वा मित्रहिरण्यलाभः कार्यसामर्थ्यकरो मे भविष्यति इति ।

तेन हीनः क्रेता व्याख्यातः ।

एवं मित्रं हिरण्यं च सजनामजनां च गाम् ।
लभमानोऽतिसन्धत्ते शास्त्रवित्सामवायिकान् ॥

इति षाड्गुण्ये मित्रहिरण्यभूमिकर्मसन्धौ अनवसितसन्धिः
एकादशोऽध्यायः.
आदितो नवशतः ।

११६–प्रक. कर्मसन्धिः.

"त्वं चाहं च दुर्गं कारयावहे" इति कर्मसन्धिः ।

तयोर्यो दैवकृतमविषह्यमल्पव्ययारम्भं दुर्गं कारयति सोऽतिसन्धत्ते ।

तत्रापि स्थलनदीपर्वतदुर्गाणामुत्तरोत्तरं श्रेयः।

सेतुबन्धयोरप्याहार्योदकात्सहोदकः श्रेयान्। सहोदकयोरपि प्रभूतवापस्थानः श्रेयान्।

द्रव्यवनयोरपि यो महत्सारवद्द्रव्याटवीकं विषयान्ते न[…]तृकं द्रव्यवनं छेदयति, सोऽतिसन्धत्ते। नदीमातृकं हि […]जीवमपाश्रयश्च आपदि भवति।

हस्तिमृगवनयोरपि यो बहुशूरमृगं दुर्बलप्रतिवे[…]तावक्लेशि विषयान्ते हस्तिवनं बध्नाति, सोऽतिसन्धत्ते।

तत्रापि—"बहुकुण्ठाल्पशूरयोरल्पशूरं श्रे[…] शूरेषु हि युद्धम्। अल्पाश्शूरा बहूनशूरान् भञ्जन्ति […]स्स्वसैन्यावघातिनो भवन्ति" इत्याचार्याः।

नेति कौटिल्यः—कुण्ठा बहवः श्रे[…]स्कन्धविनियोगादनेकं कर्म कुर्वाणाः स्वेषामपाश्रया […]परेषां दुर्धर्षा विभीषणाश्च। बहुषु हि कुण्ठेषु विनय[…]शक्यं शौर्यमाधातुं; न त्वेवाल्पेषु शूरेषु बहुत्वमिति।

खन्योरपि यः प्रभूतसारा[…]मल्पव्ययारम्भां खनिं खानयति, सोऽतिसन्धत्ते।

[…]ारं वा प्रभूतमिति? महासा-

तत्रापि—"महासार[…]हेमरूप्यधातुर्हि प्रभूतमल्पसार-

रमल्पं श्रेयः वज्रमणि[…]।

मत्यर्वेण ग्रसते" […]

नेति कौटिल्यः—चिरादल्पो महासारस्य क्रेता विद्यते । [illegible]भूतस्सातत्यादल्पसारस्य ।

[illegible]तेन वणिक्पथो व्याख्यातः ।

ते[illegible]पि—"वारिस्थलपथयोर्वारिपथः श्रेयान्, अल्पव्यय-व्याया[illegible]भूतपण्योदयश्च" इत्याचार्याः ।

नेति कौ[illegible]ल्यः—संरुद्धगतिरसार्वकालिकः प्रकृष्टभययोनिर्नि-ष्प्रतिकारश्च [illegible]पथः; विपरीतस्स्थलपथः ।

वारिपथे तु [illegible]संयानपथयोः कूलपथः पण्यपट्टणबाहुल्या-च्छ्रेयान्नदीपथो वा[illegible]त्याद्विषह्याबाधत्वाच्च ।

स्थलपथेऽपि—"[illegible] दक्षिणापथाच्छ्रेयान् हस्त्यश्वगन्धद-न्ताजिनरूप्यसुवर्णपण्य[illegible]वत्तराः" इत्याचार्याः ।

नेति कौटिल्यः—[illegible]जिनाश्वपण्यवर्जाः शङ्खवज्रमणिमु-क्तासुवर्णपण्याश्च प्रभूततर[illegible]ापथे ।

दक्षिणापथेऽपि बहुखनिर[illegible] प्रसिद्धगतिरल्पव्ययायामो वा वणिक्पथः श्रेयान् । प्र[illegible] वा फल्गुपण्यः ।

तेन पूर्वः पश्चिमश्च वणिक्पथ[illegible]ातः ।

तत्रापि चक्रपादपथयोश्चक्रपथो [illegible]म्भत्वाच्छ्रेयान् देश-कालसम्भावनो वा खरोष्ट्रपथः ।

आभ्यामंसपथो व्याख्यातः ।

परकर्मोदयो नेतुः क्षयो वृद्धिर्विपर्यये ।
तुल्ये कर्मपथे स्थानं ज्ञेयं स्वं विजिगीषुणा ॥

अल्पागमातिव्ययता क्षयो वृद्धिर्विपर्यये ।
समायव्ययता स्थानं कर्मसु ज्ञेयमात्मनः ॥

तस्मादल्पव्ययारम्भं दुर्गादिषु महोदयम् ।
कर्म लब्ध्वा विशिष्टस्स्यादित्युक्ताः कर्मसन्धयः ॥

इति षाड्गुण्ये मित्रहिरण्यभूमिकर्मसन्धौ कर्मसन्धिः
द्वादशोऽध्यायः,
आदितो दशशतः.

---

११७ प्रक. पार्ष्णिग्राहचिन्ता.

संहत्यारिविजिगीष्वोरमित्रयोः पराभियोगिनोः पार्ष्णि गृह्णतोर्यश्शक्तिसम्पन्नस्य पार्ष्णि गृह्णाति, सोऽतिसन्धत्ते शक्तिसम्पन्नो ह्यमित्रमुच्छिद्य पार्ष्णिग्राहमुच्छिन्द्यात् ;—न हीनशक्तिलब्धलाभ इति ।

शक्तिसाम्ये यो विपुलारम्भस्य पार्ष्णि गृह्णाति, सोऽतिसन्धत्ते विपुलारम्भो ह्यमित्रमुच्छिद्य पार्ष्णिग्राहमुच्छिन्द्यात्—नाल्पारम्भः सक्तचक्र इति ।

आरम्भसाम्ये यः सर्वसन्दोहेन प्रयातस्य पार्ष्णि गृह्णा

ति, सोऽतिसन्धत्ते शून्यमूलो ह्यस्य सुकरो भवति, नैकदेशबलप्रयातः कृतपार्ष्णिप्रतिविधान इति।

बलोपादानसाम्ये यश्चलामित्रं प्रयातस्य पार्ष्णिं गृह्णाति, सोऽतिसन्धत्ते चलामित्रं प्रयातो हि सुखेनावाप्तसिद्धिः पार्ष्णिग्राहमुच्छिन्द्यान्न स्थितामित्रं प्रयातोऽसौ हि दुर्गप्रतिहतः पार्ष्णिग्राहे च प्रतिनिवृत्तस्थितेनामित्रेणावगृह्यते।

तेन पूर्वे व्याख्याताः।

शत्रुसाम्ये यो धार्मिकाभियोगिनोः पार्ष्णिं गृह्णाति सोऽतिसन्धत्ते। धार्मिकाभियोगी हि स्वेषां च द्वेष्यो भवति। अधार्मिकाभियोगी सम्प्रियः।

तेन मूलहरतादात्विककदर्याभियोगिनां पार्ष्णिग्रहणं व्याख्यातम्।

मित्राभियोगिनोः पार्ष्णिग्रहणे त एव हेतवः।

मित्रममित्रं चाभियुञ्जानयोर्यो मित्राभियोगिनः पार्ष्णिं गृह्णाति, सोऽतिसन्धत्ते। मित्राभियोगी हि सुखेनावाप्तसन्धिः पार्ष्णिग्राहमुच्छिन्द्यात्। सुकरो हि मित्रेण सन्धिर्नामित्रेणेति।

मित्रममित्रं चोद्धरतोर्यो मित्रोद्धारिणः पार्ष्णिं गृह्णाति। सोऽतिसन्धत्ते वृद्धमित्रो ह्यमित्रोद्धारी पार्ष्णिग्राहमुच्छिन्द्यान्नेतरः स्वपक्षोपघाती।

तयोरलब्धलाभावगमने यस्यामित्रो महतो लाभात् वियु-

क्तः क्षयव्ययाधिको वा, स पार्ष्णिग्राहोऽतिसन्धत्ते । लब्धलाभावगमने यस्यामित्रो लाभेन शक्त्या हीनः, स पार्ष्णिग्राहोऽतिसन्धत्ते ।

यस्य वा यातव्यः शत्रोर्विग्रहापकारसमर्थस्स्यात्पार्ष्णिग्राहयोरपि यः शक्त्यारम्भबलोपादानाधिकस्स्थितशत्रुः पार्श्वस्थायी वा सोऽतिसन्धत्ते । पार्श्वस्थायी हि यातव्याभिसारो मूलाबाधकश्च भवति । मूलाबाधक एव पश्चात्स्थायी ।

पार्ष्णिग्राहास्त्रयो ज्ञेयाश्शत्रोश्चेष्टानिरोधकाः ।
सामन्तात्पृष्ठतो वर्गः प्रतिवेशौ च पार्श्वयोः ॥

अरेर्नेतुश्च मध्यस्थो दुर्बलोऽन्तर्धिरुच्यते ।
प्रतिघातो बलवतो दुर्गाटव्यपसारवान् ॥

मध्यमं त्वरिविजिगीष्वोर्लिप्समानयोर्मध्यमस्य पार्ष्णिं गृह्णतोः लब्धलाभावगमने यो मध्यमं मित्राद्वियोजयति, अमित्रं च मित्रमाप्नोति, सोऽतिसन्धत्ते । सन्धेयश्च शत्रुरुपकुर्वाणो न मित्रं मित्रभावादुत्क्रान्तम् ।

तेनोदासीनलिप्सा व्याख्याता ।

पार्ष्णिग्रहणाभियानयोस्तु मन्त्रयुद्धादभ्युच्चयः ।

"व्यायामयुद्धे हि क्षयव्ययाभ्यां उभयोरवृद्धिः । जित्वाऽपि हि क्षीणदण्डकोशः पराजितो भवति" इत्याचार्याः ।

नेति कौटिल्यः—सुमहताऽपि क्षयव्ययेन शत्रुविनाशोऽभ्युपगन्तव्यः ।

तुल्ये क्षयव्यये यः पुरस्ताद्दूष्यबलं घातयित्वा निश्शल्यः पश्चाद्वश्यबलो युध्येत, सोऽतिसन्धत्ते । द्वयोरपि पुरस्ताद्दूष्यबलघातिनोर्यो बहुलतरं शक्तिमत्तरमत्यन्तदूष्यं च घातयेत्, सोऽतिसन्धत्ते ।

तेनामित्राटवीबलघातो व्याख्यातः ।

पार्ष्णिग्राहोऽभियोक्ता वा यातव्यो वा यदा भवेत् ।
विजिगीषुस्तदा तत्र नेत्रमेतत्समाचरेत् ॥

पार्ष्णिग्राहो भवेन्नेता शत्रोर्मित्राभियोगिनः ।
विग्राह्य पूर्वमाक्रन्दं पार्ष्णिग्राहाभिसारिणा ॥

आक्रन्देनाभियुञ्जानः पार्ष्णिग्राहं निवारयेत् ।
तथाऽऽक्रन्दाभिसारेण पार्ष्णिग्राहाभिसारिणम् ॥

अरिमित्रेण मित्रं च पुरस्तादवघट्टयेत् ।
मित्रमित्रमरेश्चापि मित्रमित्रेण वारयेत् ॥

मित्रेण ग्राहयेत्पार्ष्णिमभियुक्तोऽभियोगिनः ।
मित्रमित्रेण चाक्रन्दं पार्ष्णिग्राहान्निवारयेत् ॥

एवं मण्डलमात्मार्थं विजिगीषुर्निवेशयेत् ।
पृष्ठतश्च पुरस्ताच्च मित्रप्रकृतिसम्पदा ॥

कृत्स्ने च मण्डले नित्यं दूतान् गूढांश्च वासयेत् ।
मित्रभूतस्सपत्नानां हत्वा हत्वा च संवृतः ॥
असंवृतस्य कार्याणि प्राप्तान्यपि विशेषतः ।
निस्संशयं विपद्यन्ते भिन्नप्लव इवोदधौ ॥

इति षाड्गुण्ये पार्ष्णिग्राहचिन्ता त्रयोदशोऽध्यायः
आदित एकादशशतः.

---

११८ प्रक. हीनशक्तिपूरणम्.

सामवायिकैरेवमभियुक्तो विजिगीषुर्यस्तेषां प्रधानस्तं ब्रूयात्—"त्वया मे सन्धिः; इदं हिरण्यमहं च मित्रं; द्विगुणा ते वृद्धिः; नार्हस्यात्मक्षयेण मित्रमुखानमित्रान् वर्धयितुम्; एते हि वृद्धास्त्वामेव परिभविष्यन्ति" ॥

भेदं वा ब्रूयात्—"अनपकारो यथाऽहमेतैस्सम्भूयाभियुक्तः तथा त्वामप्येते संहितबलास्स्वस्था व्यसने वाऽभियोक्ष्यन्ते: बलं हि चित्तं विकरोति; तदेषां विघातय" इति ॥

भिन्नेषु प्रधानमुपगृह्य हीनेषु विक्रमयेत् । हीनाननुग्राह्य वा प्रधाने । यथा वा श्रेयोऽभिमन्येत, तथा वैरं वा परैर्ग्राहयित्वा विसंवादयेत् । फलभूयस्त्वेन वा प्रधानमुपजाप्य सन्धिं कारयेत् ॥

अथोभयवेतनाः फलभूयस्त्वं दर्शयन्तस्सामवायिकान् "अतिसंहितास्स्थ" इत्युद्दूषयेयुः ॥

दुष्टेषु सन्धिं दूषयेत् । अथोभयवेतना भूयो भेदमेषां कुर्युः— "एवं तद्यदस्माभिर्दर्शितम्" इति ॥

भिन्नेष्वन्यतमोपग्रहेण वा चेष्टेत ॥

प्रधानभावे सामवायिकानामुत्साहयितारं स्थिरकर्माणमनुरक्तप्रकृतिं लोभाद्भयाद्वा सङ्घातमुपागतं विजिगीषोर्भीतं राज्यप्रतिसम्बन्धमित्रं चलामित्रं वा पूर्वान्यतराभावे साधयेत् ॥

उत्साहयितारमात्मनिसर्गेण स्थिरकर्माणं सान्त्वप्रणिपातेन अनुरक्तप्रकृतिं कन्यादानयौवनाभ्यां लुब्धमंशद्वैगुण्येन भीतमेभ्यः कोशदण्डानुग्रहेण स्वतोभीतं विश्वासयेत् (प्रतिभूप्रदानेन राज्यंप्रतिसम्बन्धमेकीभावोपगमनेन मित्रमुभयतः प्रियहिताभ्यामुपकारत्यागेन वा चलामित्रमवधृतम नपकारोपकाराभ्याम्) ॥

यो वा यथायोगं भजेत, तं तथा साधयेत् ॥

सामदानभेददण्डैर्वा यथाऽऽपत्सु व्याख्यास्यामः ॥

व्यसनोपघातत्वरितो वा कोशदण्डाभ्यां देशे काले कार्ये वाऽवधृतं सन्धिमुपेयात् । कृतसन्धिहीनमात्मानं प्रतिकुर्वीत । पक्षे हीनो बन्धुमित्रपक्षं कुर्वीत । दुर्गमविषह्यं वा । दुर्गमित्रप्रतिस्तब्धो हि स्वेषां परेषां च पूज्यो भवति ॥

मन्त्रशक्तिहीनः प्राज्ञपुरुषोपचयं विद्यावृद्धसंयोगं वा कुर्वीत । तथा हि सद्यः श्रेयः प्राप्नोति ॥

प्रभवहीनः प्रकृतियोगक्षेमसिद्धौ यतेत ॥

जनपदस्सर्वकर्मणां योनिः; ततः प्रभवः; तस्य स्थान मात्मनश्च आपदि दुर्गम् ॥

सेतुबन्धस्सस्यानां योनिः; नित्यानुषक्तो हि वर्षगुणलाभः सेतुवापेषु ॥

वणिक्पथः परातिसन्धानस्य योनिः; वणिक्पथेन हि दण्डगूढपुरुषातिनयनं शस्त्रावरणयानवाहनक्रयश्च क्रियते। प्रवेशो निर्णयनं च ॥

खनिस्सङ्ग्रामोपकरणानां योनिः; ॥

द्रव्यवनं दुर्गकर्मणां; यानरथयोश्च ॥

हस्तिवनं हस्तिनाम् ॥

गवाश्वरथोष्ट्राणां च व्रजः ॥

तेषामलाभे बन्धुमित्रकुलेभ्यः समार्जनं उत्साहहीनश्रेणीप्रवीरपुरुषाणां चोरगणाटविकम्लेच्छजातीनां परापकारिणां गूढपुरुषाणां च यथालाभमुपचयं कुर्वीत ॥

परमित्रा(श्रा)प्रतीकारमाबलीयसं वा परेषु प्रयुञ्जीत ॥

एवं पक्षेण मन्त्रेण द्रव्येण च बलेन च।
सम्पन्नः प्रतिनिर्गच्छेत् परावग्रहमात्मनः ॥

इति षाड्गुण्ये हीनशक्तिपूरणं चतुर्दशोऽध्यायः
आदितो द्वादशशतः.

११९-१२०. प्रक. बलवता विगृह्योपरोधहेतवः, दण्डोपनतवृत्तं च.

दुर्बलो राजा बलवताऽभियुक्तः तद्विशिष्टबलमाश्रयेत, यमितरो मन्त्रशक्त्या नातिसन्दध्यात् । तुल्यमन्त्रशक्तीनां आयत्तसम्पदो वृद्धसंयोगाद्वा विशेषः ॥

विशिष्टबलाभावे समबलैस्तुल्यबलसङ्घैर्वा बलवतस्सम्भूय तिष्ठेत्, यावन्न मन्त्रप्रभावशक्तिभ्यामतिसन्दध्यात् । तुल्यमन्त्रप्रभावशक्तीनां विपुलारम्भतो विशेषः ॥

समबलाभावे हीनबलैश्शुचिभिरुत्साहिभिः प्रत्यनीकभूतैर्बलवतस्सम्भूय तिष्ठेत्, यावन्न मन्त्रप्रभावोत्साहशक्तिभिरतिसन्दध्यात् । तुल्योत्साहशक्तीनां स्वयुद्धभूमिलाभाद्विशेषः । तुल्यभूमीनां स्वयुद्धकाललाभाद्विशेषः । तुल्यदेशकालानां युग्यशस्त्रावरणतो विशेषः ।

सहायाभावे दुर्गमाश्रयेत, यत्रामित्रः प्रभूतसैन्योऽपि भक्तयवसेन्धनोदकोपरोधं न कुर्यात् । क्षयव्ययाभ्यां युज्येत ।

तुल्यदुर्गाणां निचयापसारतो विशेषः । निचयापसारसम्पन्नं हि मनुष्यदुर्गमिच्छेदिति कौटिल्यः । तदेभिः कारणैराश्रयेत ।

"पार्ष्णिग्राहासारं मध्यममुदासीनं वा प्रतिपादयिष्यामि। सामन्ताटविकतत्कुलीनावरुद्धानामन्यतमेनास्य राज्यं हारयिष्यामि घातयिष्यामि वा। कृत्यपक्षोपग्रहेण वाऽस्य दुर्गे राष्ट्रे स्कन्धावारे वा कोपं समुत्थापयिष्यामि। शस्त्राग्निरसप्रणिधानैरौपानिषदिकैर्वा यथेष्टमासन्नं हनिष्यामि। स्वयमधिष्ठितेन वा योगप्रणिधानेन क्षयव्ययमेनमुपनेष्यामि। क्षयव्ययप्रवासोपतप्ते वाऽस्य मित्रवर्गे सैन्ये वा क्रमेणोपजापं प्राप्स्यामि। वीवधासारप्रसारवधेन वाऽस्य स्कन्धावारावग्रहं करिष्यामि। दण्डोपनयेन वाऽस्य रन्ध्रमुत्थाप्य सर्वसन्दोहेन प्रहरिष्यामि। प्रतिहतोत्साहेन वा यथेष्टं सन्धिमवाप्स्यामि। मयि प्रतिबन्धस्य वा सर्वतः कोपाः समुत्थास्यन्ति। निरासारं वाऽस्य मूलामित्राटवीदण्डैरुद्घातयिष्यामि। महतो वा देशस्य योगक्षेममिहस्थः पालयिष्यामि। स्वविक्षिप्तं मित्रविक्षिप्तं वा मे सैन्यमिहस्थस्यैकस्थमविषह्यं भविष्यति। निम्नखातरात्रियुद्धविशारदं वा मे सैन्यं पथ्याबाधमुक्तमासन्ने कर्मणि करिष्यति। विरुद्धदेशकालमिहागतो वा स्वयमेव क्षयव्ययाभ्यां न भविष्यति। महाक्षयव्ययाभिगम्योऽयं देशो दुर्गाटव्यपसारबाहुल्यात्। परेषां व्याधिप्रायसैन्यव्यायामानां अलब्धभौमश्च तमापतद्गतः प्रवेक्ष्यति। प्रविष्टो वा न निर्गमिष्यति" इति॥

कारणाभावे बलसमुच्छ्रये वा परस्य दुर्गमुन्मुच्यापगच्छेत्।

अग्निपतङ्गवदमित्रे वा प्रविशेत्।

" अन्यतरसिद्धिर्हि त्यक्तात्मनो भवति " इत्याचार्याः ।

नेति कौटिल्यः—" सन्धेयतामात्मनः परस्य चोपलभ्य सन्दधीत । विपर्यये विक्रमेण सन्धिमपसारं वा लिप्सेत । सन्धेयस्य वा दूतं प्रेषयेत् । तेन वा प्रेषितमर्थमानाभ्यां सत्कृत्य ब्रूयात् । इदं राज्ञः पण्यागारमिदं देवीकुमाराणां, देवीकुमारवचनादिदं राज्यमहं च दर्पणः " इति ।

लब्धसंश्रयः समयाचारिकवद्भर्तरि वर्तेत । दुर्गादीनि च कर्माण्यावाहविवाहपुत्राभिषेकाश्व पण्यहस्तिग्रहणसत्रयात्राविहारगमनानि चानुज्ञातः कुर्वीत । स्वभूम्यवस्थितप्रकृतिसन्धिमुपघातमपसृतेषु वा सर्वमनुज्ञातः कुर्वीत । दुष्टपौरजानपदो वा न्यायवृत्तिमन्यां भूमिं याचेत । दूष्यवदुपांशुदण्डेन वा प्रतिकुर्वीत । उचितां वा मित्राद्भूमिं दीयमानां न प्रतिगृह्णीयात् । मन्त्रिपुरोहितसेनापतियुवराजानामन्यतममदृश्यमाने भर्तरि पश्येत् । यथाशक्ति चोपकुर्यात् । दैवतस्वस्तिवाचनेषु तत्परा आशिषो वाचयेत् । सर्वत्रात्मनिसर्गं गुणं ब्रूयात् ।

संयुक्तबलवत्सेवी विरुद्धश्शङ्किताादिभिः ।
वर्तेत दण्डोपनतो भर्तर्येवमवस्थितः ॥

इति षाड्गुण्ये बलवता विगृह्योपरोधहेतवः
दण्डोपनतवृत्तं पञ्चदशोऽध्यायः
आदितस्त्रयोदशशतः.

—❦—

१२१ प्रक. दण्डोपनायिवृत्तम्.

अनुज्ञातस्तद्धिरण्योद्वेगकरं बलवान् विजिगीषमाणो यतस्सुभूमिस्स्वर्तुवृत्तिश्च स्वसैन्यानां अदुर्गापसारः शत्रुरपार्ष्णिरनपसारश्च, ततो यायात् विपर्यये कृतप्रतीकारो यायात् ।

सामदानाभ्यां दुर्बलानुपनमयेत् । भेददण्डाभ्यां बलवतः ।

नियोगविकल्पसमुच्चयैश्चोपायानामनन्तरैकान्तराः प्रकृतीस्साधयेत् ।

ग्रामारण्योपजीविव्रजवणिक्पथानुपालनमुज्झितापसृतापकारिणां चार्पणमिति सान्त्वमाचरेत् ।

भूमिद्रव्यकन्यादानमभयस्य चेति दानमाचरेत् ।

सामन्ताटविकतत्कुलीनावरुद्धानामन्यतमोपग्रहेण कोशदण्डभूमिदाययाचनमिति भेदमाचरेत् ।

प्रकाशकूटतूष्णींयुद्धदुर्गलम्भोपायैरमित्रप्रग्रहणमिति दण्डमाचरेत् ॥

एवमुत्साहवतो दण्डोपकारिणः स्थापयेत् ।

स्वप्रभाववतः कोशोपकारिणः प्रज्ञावतो भूम्युपकारिणः तेषां पण्यपत्तनग्रामखनिसञ्जातेन रत्नसारकूप्येन द्रव्यहस्तिवनव्रजसमुत्थेन यानवाहनेन वा यद्बहुश उपकरोति तच्चित्रभोगं यद्दण्डेन कोशेन वा महदुपकरोति तन्महाभोगं; य दण्डकोशभूमीरुपकरोति तत्सर्वभोगं; यदमित्रमेकतः प्रतिक-

रोति तदेकतोभोगि; यदमित्रमासारं चोपकरोति तदुभयतोभोगि यदमित्रासारप्रतिवेशाटविकान् सर्वतः प्रतिकरोति तत्सर्वतोभोगि ।

पार्ष्णिग्राहश्चाटविकश्शत्रुमुख्यश्शत्रुर्वा भूमिदानसाध्यः कश्चिदासाद्येत । निर्गुणया भूम्यैनमुपग्राहयेत्; अप्रतिसम्बद्धया दुर्गस्थं; निरुपजीव्ययाऽऽटविकं; प्रत्यादेयया तत्कुलीनमशत्रोः उपच्छिन्नया शत्रोरुपरुद्धं; नित्यामित्रया श्रेणीबलं; बलवत्सामन्तया संहतबलं उभाभ्यां युद्धे प्रतिलोमं; अलब्धव्यायामयोत्साहिनं; शून्ययाऽरिपक्षीयं; कर्शितयाऽपवाहितं; महाक्षयव्ययनिवेशया गतप्रत्यागतं अनुपाश्रयया प्रत्यपसृतं; परेणानधिवास्यया स्वयमेव भर्तारमुपग्राहयेत् ।

तेषां महोपकारं निर्विकारं चानुवर्तयेत् । प्रतिलोममुपांशुना साधयेत् । उपकारिणमुपकारशक्त्या तोषयेत् । प्रयासतश्चार्थमाने कुर्यात् । व्यसनेषु चानुग्रहं स्वयमागतानां यथेष्टदर्शनं प्रतिविधानं च कुर्यात् । परिभवोपघातकुत्सातिवादांश्चैषु न प्रयुञ्जीत । दत्वा चाभयं पितेवानुगृह्णीयात् । यस्याश्चापकुर्यात्तद्दोषमभिविख्याप्य प्रकाशमेनं घातयेत् । परोद्वेगकारणाद्वा दाण्डकर्मिकवच्चेष्टेत ।

न च हतस्य भूमिद्रव्यपुत्रदारानभिमन्येत ।

कुल्यानप्यस्य स्वेषु पात्रेषु स्थापयेत् ।

कर्मणि मृतस्य पुत्रं राज्ये स्थापयेत् । एवमस्य दण्डोपनताः पुत्रपौत्राननुवर्तन्ते ।

यस्तूपनतान् हत्वा बध्वा वा भूमिद्रव्यपुत्रदारानभिमन्येत, तस्योद्विग्नं मण्डलं अभावायोत्तिष्ठते ये चास्यामात्यास्स्वभूमिष्वायुक्तास्ते चास्योद्विग्ना मण्डलमाश्रयन्ते । स्वयं राज्यं प्राणान् वा स्याभिमन्यन्ते ।

स्वभूमिषु च राजानः तस्मात्साम्नाऽनुपालिताः ।
भवन्त्यनुगुणा राज्ञः पुत्रपौत्रानुवर्तिनः ॥

इति षाड्गुण्ये दण्डोपनायिवृत्तं षोडशोऽध्यायः ।
आदितश्चतुर्दशशतः

१२२-१२३ प्रक. सन्धिकर्म, सन्धिमोक्षश्च.

शमस्सन्धिस्समाधिरित्येकोऽर्थः । राज्ञां विश्वासोपगमः शमस्सन्धिस्समाधिरिति ।

"सत्यं शपथो वा चालसन्धिः । प्रतिभूः प्रतिग्रहो वा स्थावरः" इत्याचार्याः ।

नेति कौटिल्यः—सत्यं शपथो वा परत्रेह च स्थावरस्सन्धिः; इहार्थ एव प्रतिभूः प्रतिग्रहो वा बलापेक्षः ।

"संहितास्स्मः" इति सत्यसन्धाः पूर्वे राजानः सत्येन सन्दधिरे । "तस्यातिक्रमे शपथेन अग्न्युदकसीताप्राकारलोष्टहस्तिस्कन्धाश्वपृष्ठरथोपस्थशस्त्ररत्नबीजगन्धरससुवर्णहिरण्यान्यालेभिरे । हन्युरेतानि त्यजेयुश्चैनं यश्शपथमतिक्रामेत्" इति ।

शपथातिक्रमे महतां तपस्विनां मुख्यानां वा प्रातिभाव्यबन्धः प्रतिभूः । तस्मिन्यः परावग्रहसमर्थान्प्रतिभुवो गृह्णाति, सोऽतिसन्धत्ते । विपरीतोऽतिसन्धीयते ।

बन्धुमुख्यप्रग्रहः प्रतिग्रहः; तस्मिन्यो दूष्यापत्यं वा ददाति सोऽतिसन्धत्ते । विपरीतोऽतिसन्धीयते । प्रतिग्रहग्रहणविश्वस्तस्य हि परः छिद्रेषु निरपेक्षः प्रहरति ।

अपत्यसमाधौ तु कन्यापुत्रदाने ददत्तु कन्यामतिसन्धत्ते। कन्या ह्यादाय परेषामेवानर्थाय क्लेशाय च विपरीतः पुत्रः ।

पुत्रयोरपि जात्यं शूरं प्राज्ञं कृतास्त्रमेकपुत्रं वा ददाति, सोऽतिसन्धीयते । विपरीतोऽतिसन्धत्ते । जात्यादजात्यो हि लुप्तदायादसन्तानत्वादाधातुं श्रेयान् । प्राज्ञादप्राज्ञो मन्त्रशक्तिलोपात् । शूरादशूर उत्साहशक्तिलोपात् । कृतास्त्रादकृतास्त्रः प्रहर्तव्यसम्पल्लोपात् । एकपुत्रादनेकपुत्रो निरपेक्षत्वात् ।

जात्यप्राज्ञयोरजात्यमप्राज्ञमैश्वर्यप्रकृतिरनुवर्तते । प्राज्ञमजात्यं मन्त्राधिकारः । मन्त्राधिकारेऽपि वृद्धसंयोगाज्जात्यकः प्राज्ञमतिसन्धत्ते ।

प्राज्ञशूरयोः प्राज्ञमशूरं मतिकर्मणां योगोऽनुवर्तते । शूरमप्राज्ञं विक्रमाधिकारः ।

विक्रमाधिकारेऽपि हस्तिनमिव लुब्धकः प्राज्ञोऽशूरमतिसन्धत्ते ।

शूरकृतास्त्रयोरशूरमकृतास्त्रं विक्रमव्यवसायोऽनुवर्तते ।

कृतास्त्रमशूरं लक्षलम्भाधिकारः ।

लक्षलम्भाधिकारेऽपि स्थैर्यप्रतिपत्त्यसंमोषैः शूरः कृतास्त्रमतिसन्धत्ते ।

बह्वेकपुत्रयोर्बहुपुत्र एकं दत्वा शेषप्रवृत्तिस्तब्धः सन्धिमतिक्रामति नेतरः ।

पुत्रसर्वस्वदाने सन्धिश्चेत् पुत्रफलतो विशेषः । सफलयोश्शक्तप्रजननतो विशेषः । शक्तप्रजननयोरप्युपस्थितप्रजननतो विशेषः

शक्तिमत्येकपुत्रे तु लुप्तपुत्रोत्पत्तिरात्मानमादध्यात्, न चैकपुत्रमिति ।

अभ्युच्चीयमानः समाधिमोक्षं कारयेत् । कुमारासन्नास्सत्रिणः कारुशिल्पिव्यञ्जनाः कर्माणि कुर्वाणाः सुरङ्गया रात्रावुपखानयित्वा कुमारमपहरेयुः । नटनर्तकगायनवादकवाग्जीवनकुशीलवप्लवकसौभिका वा पूर्वप्रणिहिताः परमुपतिष्ठेरन् । ते कुमारं परम्परयोपतिष्ठेरन् । तेषामनियतकालप्रवेशस्थाननिर्गमनानि स्थापयेत् । ततस्तद्व्यञ्जनो वा रात्रौ प्रतिष्ठेत ॥

तेन रूपाजीवा भार्याव्यञ्जनाश्च व्याख्याताः । तेषां वा तूर्यभाण्डफेलां गृहीत्वा निर्गच्छेत् ॥

सूदाराळिकस्नापकसंवाहकास्तरककल्पकप्रसाधकोदकपरिचारकैर्वा द्रव्यवस्त्रभाण्डफेलाशयनासनसम्भोगैर्निर्ह्रीयेत । परिचारकात्मना वा किञ्चिदरूपवेलायामादाय निर्गच्छेत् ॥

सुरङ्गामुखेन वा निशोपहारेण तोयाशये वा वारुणं योगमातिष्ठेत् । वैदेहकव्यञ्जना वा पक्वान्नफलव्यवहारेणारक्षिषु समवचारयेयुः ॥

दैवतोपहारश्राद्धप्रवहणनिमित्तमारक्षिषु मदनयोगयुक्तमन्नपानरसं वा प्रयुज्यापगच्छेत् । आरक्षकप्रोत्साहनेन वा नागरककुशीलवचिकित्सकापूपिकव्यञ्जना वा रात्रौ समृद्धगृहाण्यादीपयेयुः । आरक्षिणां वैदेहकव्यञ्जना वा पण्यसंस्थामादीपयेयुः । अन्यद्वा शरीरं निक्षिप्य स्वगृहमादीपयेदनुपातभयात् । ततः सन्धिच्छेदखातसुरुङ्गाभिरपगच्छेत् ॥

काचकुम्भभाण्डभारव्यञ्जनो वा रात्रौ प्रतिष्ठेत । मुण्डजटिलानां प्रवासनान्यनुप्रविष्टो वा रात्रौ तद्व्यञ्जनः प्रतिष्ठेत ॥ विरूपव्याधिकरणारण्यचरच्छद्मनामन्यतमेन वा प्रेतव्यञ्जनो वा गूढैर्निर्ह्रीयेत ॥

प्रेतं वा स्त्रीवेषेणानुगच्छेत् ॥

वनचरव्यञ्जनाश्चैनमन्यतोऽपदिशेयुः । ततोऽन्यतो गच्छेत् ॥

चक्रचराणां वा शकटवाटैरपगच्छेत् । आसन्ने चानुपाते सत्रं वा गृह्णीयात् । सत्राभावे हिरण्यं रसविद्धं वा भक्ष्यजातमुभयतः पन्थानमुत्सृजेत् । ततोऽन्यतोऽपगच्छेत् ॥

गृहीतो वा सामादिभिरनुपातमतिसन्दध्यात् । रसविद्धेन वा पथ्यदानेन वारुणयोगाग्निदाहेषु वा शरीरमन्यदाधाय शत्रुमभियुञ्जीत—"पुत्रो मे त्वया हतः" इति ॥

उपात्तच्छन्नशस्त्रो वा रात्रौ विक्रम्य रक्षिषु ।
शीघ्रपातैरपसरेत् गूढप्रणिहितैस्सह ॥

इति षाड्गुण्ये सप्तमेऽधिकरणे सन्धिकर्मसन्धिमोक्षः सप्तदशोऽध्यायः.

आदितः पञ्चदशशतः ।

१२४–१२६ प्रक. मध्यमोदासीनमण्डलचरितानि.

मध्यमस्यात्मतृतीया पञ्चमी च प्रकृती प्रकृतयः । द्वितीया च चतुर्थी षष्ठी च विकृतयः । तच्चेदुभयं मध्यमोऽनुगृह्णीयात्, विजिगीषुर्मध्यमानुलोमस्स्यात् । न चेदनुगृह्णीयात् प्रकृत्यनुलोमस्स्यात् ॥

मध्यमश्चेद्विजिगीषोः मित्रं मित्रभावि लिप्सेत, मित्रस्यात्मनश्च मित्राण्युत्थाप्य मध्यमाच्च मित्राणि भेदयित्वा मित्रं त्रायेत । मण्डलं वा प्रोत्साहयेत्—"अतिप्रवृद्धोऽयं मध्यम

स्सर्वेषां नो विनाशाय अभ्युत्थितः सम्भूयास्य यात्रां विहनाम" इति । तच्चेन्मण्डलमनुगृह्णीयान्मध्यमावग्रहेणात्मानमुपबृंहयेत् । न चेदनुगृह्णीयात्, कोशदण्डाभ्यां मित्रमनुगृह्य ये मध्यमद्वेषिणो राजानः परस्परानुगृहीता वा बहवस्तिष्ठेयुः एकसिद्धौ वा बहवस्सिद्ध्येयुः परस्पराद्वा शङ्किता नोत्तिष्ठेरन्, तेषां प्रधानमेकमासन्नं वा सामदानाभ्यां लभेत । द्विगुणो द्वितीयं त्रिगुणस्तृतीयम् । एवमभ्युच्चितो मध्यममपगृह्णीयात् ॥

देशकालातिपत्तौ वा सन्धाय मध्यमेतरमित्रस्य साचिव्यं कुर्यात् । दूष्येषु वा कर्मसन्धिं कर्शनीयं वाऽस्य मित्रं मध्यमो लिप्सेत, प्रतिस्तम्भयेदेनम् "अहं त्वा त्रायेय" इत्याकर्शनात् । कर्शितमेतं त्रायेत । उच्छेदनीयं वाऽस्य मित्रं मध्यमो लिप्सेत । कर्शितमेतं त्रायेत । मध्यमवृद्धिभयात् उच्छिन्नं वा भूम्यनुग्रहेण हस्ते कुर्यादन्यत्रापसारभयात् ॥

कर्शनीयोच्छेदनीययोश्चेन्मित्राणि मध्यमस्य साचिव्यकराणि स्युः, पुरुषान्तरेण सन्धीयेत । विजिगीष्वोस्तयोर्मित्राण्यवग्रहसमर्थानि स्युः, सन्धिमुपेयात् । एवं स्वार्थश्च कृतो भवति मध्यमस्य प्रियं च ।

मध्यमश्चेत्स्वमित्रं मित्रभावि लिप्सेत, पुरुषान्तरेण सन्दध्यात् "सापेक्षं वा नार्हसि मित्रमुच्छेत्तुम्" इति वारयेदुपेक्षेत वा— "मण्डलमस्य कुप्यतु स्वपक्षवधात्" इति । अमित्रमात्मनो वा मध्यमो लिप्सेत । कोशदण्डाभ्यामेनमदृश्यमानोऽनुगृह्णीयात् ।

उदासीनं वा मध्यमो लिप्सेत—"उदासीनाच्छिद्यताम्" इति ॥

मध्यमोदासीनयोर्यो मण्डलस्याभिप्रेतस्तमाश्रयेत । मध्यमचरितेनोदासीनचरितं व्याख्यातम् ॥

उदासीनश्चेत् मध्यमं लिप्सेत, यतश्शत्रुमतिसन्दध्यान्मित्रस्योपकारं कुर्यादुदासीनं वा दण्डोपकारिणं लभेत, ततः परिणमेत । एवमुपगृह्यात्मानमरिप्रकृतिं कर्शयेत् । मित्रप्रकृतिं चोपगृह्णीयात्सत्यप्यमित्रभावे ॥

तस्यानात्मवान्नित्यापकारी शत्रुः शत्रुसहितः पार्ष्णिग्राहो वा व्यसनी यातव्यो व्यसने वा नेतुरभियोक्तेत्यरिभाविनः ।

एकार्थाभिप्रयातः पृथगर्थाभिप्रयातः सम्भूययात्रिकः संहितप्रयाणिकः स्वार्थाभिप्रयातः सामुत्थायिकः कोशदण्डयोरन्यतरस्य क्रेता विक्रेता द्वैधीभाविक इति मित्रभाविनः ॥

सामन्तो बलवतः प्रतिघातोऽन्तर्धिप्रतिवेशो वा बलवतः पार्ष्णिग्राहो वा स्वयमुपनतः प्रतापोपनतो वा दण्डोपनत इति भृत्यभाविनस्सामन्ताः । तैर्भूम्येकान्तरा व्याख्याताः ॥

तेषां शत्रुविरोधे यन्मित्रमेकार्थतां व्रजेत् ।
शक्त्या तदनुगृह्णीयाद्विषहेत तया परम् ॥

प्रसाध्य शत्रुं यन्मित्रं वृद्धं गच्छेदवश्यताम् ।
सामन्तैकान्तराभ्यां तत्प्रकृतिभ्यां विरोधयेत् ॥

तत्कुलीनावरुद्धाभ्यां भूमिं वा तस्य हारयेत् ।
यथा वाऽनुग्रहापेक्षं वश्यं तिष्ठेत्तथा चरेत् ॥
नोपकुर्यादमित्रं वा गच्छेद्यदतिकर्शितम् ।
तदहीनमवृद्धं च स्थापयेन्मित्रमर्थवित् ॥
अर्थयुक्त्या चलं मित्रं सन्धिं यदुपगच्छति ।
तस्यापगमने हेतुं विहन्यान्न चलेद्यथा ॥
अरिसाधारणं यद्वा तिष्ठेत्तदरितः शठम् ।
भेदयेद्भिन्नमुच्छिन्द्यात्ततश्शत्रुमनन्तरम् ॥
उदासीनं च यत्तिष्ठेत्सामन्तैस्तद्विरोधयेत् ।
ततो विग्रहसन्तप्तमुपकारे निवेशयेत् ॥
अमित्रं विजिगीषुं च यत्सञ्चरति दुर्बलम् ।
तद्बलेनानुगृह्णीयाद्यथा स्यान्न पराङ्मुखम् ॥
अपनीय ततोऽन्यस्यां भूमौ वा सन्निवेशयेत् ।
निवेश्य पूर्वं तत्रान्यद्दण्डानुग्रहहेतुना ॥
अपकुर्यात्समर्थं वा नोपकुर्याद्यदापदि ।
उच्छिन्द्यादेव तन्मित्रं विश्वस्याङ्कमुपस्थितम् ॥
अमित्रव्यसनो वाऽरिरुत्तिष्ठेद्योऽनवग्रहः ।
मित्रेणैव भवेत्साध्यः छादितव्यसनेन सः ॥
अमित्रव्यसनान्मित्रमुत्थितं सद्विरज्यति ।
अरिव्यसनसिद्ध्या तच्छत्रुणैव प्रसिद्ध्यति ॥

वृद्धिं क्षयं च स्थानं च कर्शनोच्छेदनं तथा ।
सर्वोपायान् समादध्यादेतान्यर्थशास्त्रवित् ॥

एवमन्योन्यसञ्चारं षाड्गुण्यं योऽनुपश्यति ।
स बुद्धिनिगलैर्बद्धैरिष्टं क्रीडति पार्थिवैः ॥

इति षाड्गुण्ये मध्यमचरितमुदासीनचरितं
मण्डलचरितमष्टादशोऽध्यायः.
आदितः षोडशशतः.

एतावता कौटिल्यस्यार्थशास्त्रस्य षाड्गुण्यं
सप्तमाधिकरणं समाप्तम्.

८ अधि. व्यसनाधिकारिकम्.

१२७ प्रक. प्रकृतिव्यसनवर्गः.

व्यसनयौगपद्ये सौकर्यतो "यातव्यं रक्षितव्यं च" इति व्यसनचिन्ता ॥

दैवं मानुषं वा प्रकृतिव्यसनमनयापनयाभ्यां सम्भवति । गुणप्रातिलोम्यमभावः प्रदोषः प्रसङ्गपीडा वा व्यसनं "व्यस्यत्येनं श्रेयसः" इति व्यसनम् ॥

स्वाम्यमात्यजनपददुर्गकोशदण्डमित्रव्यसनानां पूर्वं पूर्वं गरीय इत्याचार्याः ॥

नेति भारद्वाजः—"स्वाम्यमात्यव्यसनयोरमात्यव्यसनं गरीय इति । मन्त्रो मन्त्रफलावाप्तिः कर्मानुष्ठानमायव्ययकर्मदण्डाप्रणयनममित्राटवीप्रतिषेधो राज्यरक्षणं व्यसनप्रतीकारः कुमाररक्षणमभिषेकश्च कुमाराणामायत्तममात्येषु । तेषां अभावे तदभावश्छिन्नपक्षस्येव राज्ञश्चेष्टानाशो व्यसनेषु चासन्नाः परोपजापाः । वैगुण्ये च प्राणबाधः प्राणान्तिकचरत्वाद्राज्ञ इति ॥

"न" इति कौटिल्यः—मन्त्रिपुरोहितादिभृत्यवर्गमध्यक्षप्रचारं पुरुषद्रव्यप्रकृतिव्यसनप्रतीकारमेधनं च राजैव करोति व्यसनिषु वाऽमात्येष्वन्यानव्यसनिनः करोति । पूज्यपूजने दूष्यावग्रहे च नित्ययुक्तस्तिष्ठति । स्वामी च सम्पन्नः स्वसम्पद्भिः प्रकृतीस्सम्पादयति । स्वयं यच्छीलस्तच्छीलाः प्रकृतयो भवन्ति; उत्थाने प्रमादे च तदायत्तत्वात् । तत्कूटस्थानीयो हि स्वामीति ॥

"अमात्यजनपदव्यसनयोर्जनपदव्यसनं गरीयः" इति विशालाक्षः । कोशदण्डः कुप्यं विष्टिर्वाहनं निचयाश्च जनपदादुत्तिष्ठन्ते । तेषामभावो जनपदाभावे स्वाम्यमात्ययोश्चानन्तर इति ॥

नेति कौटिल्यः—अमात्यमूलास्सर्वारम्भाः । जनपदस्य

कर्मसिद्धयः स्वतः परतश्च योगक्षेमसाधनं व्यसनप्रतीकारः शून्यनिवेशोपचयौ दण्डकरानुग्रहश्चेति ॥

"जनपददुर्गव्यसनयोर्दुर्गव्यसनम्" इति पाराशराः। "दुर्गे हि कोशदण्डोत्पत्तिरापदि स्थानं च जनपदस्य, शक्तिमत्तराश्च पौरजानपदेभ्यो नित्याश्चापदि सहाया राज्ञो जानपदास्त्वमित्रसाधारणाः" इति ॥

नेति कौटिल्यः—जनपदमूला दुर्गकोशदण्डाः सेतुवार्तारम्भाः शौर्यं स्थैर्यं दाक्ष्यं बाहुल्यं च; जानपदेषु पर्वतान्तर्द्वीपाश्च दुर्गा नाध्युष्यन्ते जनपदाभावात् । कर्षकप्राये तु दुर्गव्यसनमायुधीयप्राये तु जनपदे जनपदव्यसनमिति ॥

"दुर्गकोशव्यसनयोः कोशव्यसनम्" इति पिशुनः—"कोशमूलो हि दुर्गसंस्कारो दुर्गरक्षणं च; दुर्गः कोशादुपजाप्यः परेषां; जनपदमित्रामित्रनिग्रहो देशान्तरितानामुत्साहनं दण्डबलव्यवहारः। कोशमादाय च व्यसने शक्यमपयातुं न दुर्गम्" इति ॥

नेति कौटिल्यः—दुर्गार्पणः कोशो दण्डस्तूष्णींयुद्धं स्वपक्षनिग्रहो दण्डबलव्यवहारः आसारप्रतिग्रहः परचक्राटवीप्रतिषेधश्च; दुर्गाभावे च कोशः परेषां; दृश्यते हि दुर्गवतामनुच्छित्तिरिति ॥

"कोशदण्डव्यसनयोर्दण्डव्यसनम्" इति कौणपदन्तः "दण्डमूलो हि मित्रामित्रनिग्रहः परदण्डोत्साहनं स्वदण्डप्रतिग्र-

हश्च । दण्डाभावे च ध्रुवं कोशविनाशः । कोशाभावे च शक्यः कुप्येन भूम्या परभूमिस्वयंग्रहेण वा दण्डः परं गच्छति । स्वामिनं वा हन्ति । सर्वाभियोगकरश्च । कोशो धर्मकाम हेतुः देशकालकार्यवशेन तु कोशदण्डयोरन्यतरः प्रमाणीभवति । लम्भपालनो हि दण्डः कोशस्य । कोशः कोशदण्डस्य च भवति । सर्वद्रव्यप्रयोजकत्वात् कोशव्यसनं गरीयः" इति ॥

"दण्डमित्रव्यसनयोर्मित्रव्यसनम्" इति वातव्याधिः—"मित्रमभृतं व्यवहितं च कर्म करोति; पार्ष्णिग्राहमासारममित्रमाटविकं च प्रतिकरोति; कोशदण्डभूमिभिश्चोपकरोति व्यसनावस्थायोगमिति ॥

नेति कौटिल्यः—दण्डवतो मित्रं मित्रभावे तिष्ठत्यमित्रो वा मित्रभावे, दण्डमित्रयोस्तु साधारणे कार्ये सारतः स्वयुद्धदेशकाललाभाद्विशेषः । शीघ्राभियाने त्वमित्राटविकाभ्यन्तरकोपे च न मित्रं विद्यते । व्यसनयौगपद्ये परवृद्धौ च मित्रमर्थयुक्तौ तिष्ठति । प्रकृतिव्यसनसम्प्रधारणमुक्तमिति ॥

प्रकृत्यवयवानां तु व्यसनस्य विशेषतः ।
बहुभावोऽनुरागो वा सारो वा कार्यसाधकः ॥
द्वयोस्तु व्यसने तुल्ये विशेषो गुणतः क्षयात् ।
शेषप्रकृतिसाद्गुण्यं यदि स्यान्नाभिधेयकम् ॥

शेषप्रकृतिनाशस्तु यत्रैकव्यसनाद्भवेत् ।
व्यसनं तद्गरीयस्स्यात् प्रधानस्येतरस्य वा ॥

इति व्यसनाधिकारिकेऽष्टमेऽधिकरणे प्रकृतिव्यसनवर्गः
प्रथमोऽध्यायः.
आदितस्सप्तदशशतः

—❀❖○❖❀—

१२८ प्रक. राजराज्ययोर्व्यसनचिन्ता.

राजा राज्यमिति प्रकृतिसंक्षेपः ॥

राज्ञोऽभ्यन्तरो बाह्यो वा कोप इति । अहिभयादभ्यन्तरः कोपो बाह्यकोपात्पापीयान् । अन्तरमात्यकोपश्चान्तः कोपात् । तस्मात्कोशदण्डशक्तिमात्मसंस्थां कुर्वीत ॥

द्वैराज्यवैराज्ययोः द्वैराज्यमन्योन्यपक्षद्वेषानुरागाभ्यां परस्परसङ्घर्षेण वा विनश्यति । वैराज्यं तु जीवतः परस्याच्छिद्य "नैतन्मम" इति मन्यमानः कर्शयत्यपवाहयति; पण्यं वा करोति; विरक्तं वा परित्यज्य अपगच्छतीति ॥

अन्धश्चलितशास्त्रो वा राजेति?—"अशास्त्रचक्षुरन्धो यत्किञ्चनकारी दृढाभिनिवेशी परप्रणेयो वा राज्यमन्यायेनोपहन्ति; चलितशास्त्रस्तु यत्र शास्त्राच्चलितमतिर्भवति, शक्यानुनयो भवतीत्याचार्याः ॥

नेति कौटिल्यः—अन्धो राजा शक्यते सहायसम्पदा यत्र

तत्र वा पर्यवस्थापयितुमिति । चलितशास्त्रस्तु शास्त्रादन्यथाऽभिनिविष्टबुद्धिरन्यायेन राज्यमात्मानं चोपहन्तीति ॥

व्याधितो नवो वा राजेति ?—"व्याधितो राजा राज्योपघातममात्यमूलं प्राणाबाधं वा राज्यमूलमवाप्नोति ; नवस्तु राजा स्वधर्मानुग्रहपरिहारदानमानकर्मभिः प्रकृतिरञ्जनोपकारैश्चरतीत्याचार्याः ॥

नेति कौटिल्यः—व्याधितो राजा यथाप्रवृत्तं राजप्रणिधिमनुवर्तयति । नवस्तु राजा बलावर्जितं "ममेदं राज्यम्" इति यथेष्टमनवग्रहश्चरति । सामुत्थायकैरवगृहीतो वा राज्योपघातं मर्षयति । प्रकृतिष्वरूढः सुखमुच्छेत्तुं भवति । व्याधिते विशेषः—पापरोग्यपरोगी च ; नवेऽप्यभिजातोऽनभिजात इति ॥

दुर्बलोऽभिजातो बलवाननभिजातो राजेति ?—"दुर्बलस्याभिजातस्योपजापं दौर्बल्यापेक्षाः प्रकृतयः कृच्छ्रेणोपगच्छन्ति । बलवतश्चानभिजातस्य बलापेक्षास्सुखेन" इत्याचार्याः ॥

नेति कौटिल्यः—दुर्बलमभिजातं प्रकृतयस्स्वयमुपनमन्ति । जात्यमैश्वर्यप्रकृतिरनुवर्तत इति । बलवतश्चानभिजातस्योपजापं विसंवादयन्ति—"अनुरागे सार्गुण्यम्" इति ॥

प्रयासवधात्सस्यवधो मुष्टिवधात्पापीयान्निराजीवत्वादवृष्टिरतिवृष्टित इति ॥

द्वयोर्द्वयोर्व्यसनयोः प्रकृतीनां बलाबलम् ।
पारम्पर्यक्रमेणोक्तं याने स्थाने च कारणम् ॥

इति व्यसनाधिकारिके
राजराज्ययोर्व्यसनचिन्ता द्वितीयोऽध्यायः
आदितोऽष्टादशशतः

१२९ प्रक. पुरुषव्यसनवर्गः.

अविद्याविनयः पुरुषव्यसनहेतुः । अविनीतो हि व्यसनदोषान् न पश्यति ॥

तानुपदेक्ष्यामः—"कोपजस्त्रिवर्गः; कामजश्चतुर्वर्गः; तयोः कोपो गरीयान्; सर्वत्र हि कोपश्चरति; प्रायशश्च कोपवशा राजानः प्रकृतिकोपैर्हताः श्रूयन्ते । कामवशाः क्षयव्ययनिमित्तमतिव्याधिभिः" इति ॥

नेति भारद्वाजः—"सत्पुरुषाचारः कोपो वैरायतनमवज्ञातवधो भीतमनुष्यता च; नित्यश्च कोपसम्बन्धः पापप्रतिषेधार्थः कामास्सिद्धिर्लाभः सान्त्वं त्यागशीलता सम्प्रियभावश्च; नित्यश्च कामेन सम्बन्धः कृतकर्मणः फलोपभोगार्थ इति ॥

नेति कौटिल्यः—द्वेष्यता शत्रुवेदनं दुःखसङ्गतश्च कोपः परिभवो द्रव्यनाशः पाटच्चरद्यूतकारलुब्धकगायनवादकैश्चानर्थ्यै-

स्संयोगः कामः । तयोः परिभवाद्द्वेष्यता गरीयसी ; परिभूतस्स्वैः परैश्चापगृह्यते । द्वेष्यस्समुच्छिद्यत इति । द्रव्यनाशाच्छत्रुवेदनं गरीयः ; द्रव्यनाशः कोशाबाधकः ; शत्रुवेदनं प्राणबाधकमिति । अनर्थ्यसंयोगाद्दुःखसंयोगो गरीयान् । अनर्थ्यसंयोगो मुहूर्त-प्रतीकारो दीर्घक्लेशकरो दुःखानामासङ्ग इति । तस्मात्कोपो गरीयान् ॥

वाक्पारुष्यमर्थदूषणं दण्डपारुष्यमिति । "वाक्पारुष्यार्थ-दूषणयोर्वाक्पारुष्यं गरीयः" इति विशालाक्ष—"परुषमुक्तो हि तेजस्वी तेजसा प्रत्यारोहति । दुरुक्तशल्यं हृदि निखातं तेजस्सन्दीपनमिन्द्रियोपतापि च" इति ॥

नेति कौटिल्यः—अर्थपूजा वाक्छल्यमपहन्ति ; वृत्तिवि-लोपस्त्वर्थदूषणं दानमादानं विनाशः परित्यागो वा अर्थस्येत्यर्थ-दूषणम् ।

"अर्थदूषणदण्डपारुष्ययोरर्थदूषणं गरीयः" इति पाराश राः—"अर्थमूलौ धर्मकामौ । अर्थप्रतिबन्धश्च लोको वर्तते ; तस्योपघातो गरीयान्" इति ॥

नेति कौटिल्यः—सुमहताऽप्यर्थेन न कश्चन शरीरविना शमिच्छेत् । दण्डपारुष्याच्च तमेव दोषमन्येभ्यः प्राप्नोति ॥

इति कोपजस्त्रिवर्गः ॥

कामजस्तु—मृगया द्यूतं स्त्रियः पानमिति चतुर्वर्गः ॥

"तस्य मृगयाद्यूतयोः मृगया गरीयसी" इति पिशुनः— "स्तेनामित्रव्याळदावप्रस्खलनभयदिङ्मोहाः क्षुत्पिपासे च प्राणाबाधस्तस्याम् । द्यूते तु जितमेवाक्षविदुषा यथा जयत्सेनदुर्योधनाभ्याम्" इति ॥

नेति कौटिल्यः—तयोरप्यन्यतरपराजयोऽस्तीति नलयुधिष्ठिराभ्यां व्याख्यातम् । तदेव विजितद्रव्यमामिषं वैरबन्धश्च सतोऽर्थस्य विप्रतिपत्तिरसतश्चार्जनमप्रतिभुक्तनाशो मूत्रपुरीषधारणबुभुक्षादिभिश्च व्याधिलाभ इति द्यूतदोषः । मृगयायां तु व्यायामः श्लेष्मपित्तमेदस्स्वेदनाशश्चले स्थिरे च काये लक्षपरिचयः कोपस्थाने हि तेषु च मृगाणां चित्तज्ञानमनित्ययानं चेति[1] ॥

"द्यूतस्त्रीव्यसनयोः कैतवव्यसनम्" इति कौणपदन्तः— "मातत्येन हि निशि प्रदीपे मातरि च मृतायां दीव्यत्येव कितवः; कृच्छ्रे च प्रतिपृष्टः कुप्यति; स्त्रीव्यसनेषु तु स्नानप्रतिकर्मभोजनभूमिषु भवत्येव धर्मार्थपरिप्रश्नः; शक्या च स्त्री राजहिते नियोक्तुमुपांशुदण्डेन; व्याधिना वा व्यावर्तयितुमवस्रावयितुं वा" इति ॥

नेति कौटिल्यः—सप्रत्यादेयं द्यूतं निष्प्रत्यादेयं स्त्रीव्यसनमदर्शनं कार्यातिपातनादनर्थधर्मलोपश्च तन्त्रदौर्बल्यं पानानुबन्धश्चेति ॥

---

[1] शाकुन्तलद्वितीयाङ्के 25 तमश्लोकेऽयमेवार्थो वर्णितः.

"स्त्रीपानव्यसनयोः स्त्रीव्यसनम्" इति वातव्याधिः—"स्त्रीषु हि बालिश्यमनेकविधं निशान्तप्रणिधौ व्याख्यातम्। पाने तु शब्दादीनामिन्द्रियार्थानामुपभोगः प्रीतिदानं परिजनपूजनं कर्मश्रमवधश्च" इति ॥

नेति कौटिल्यः—स्त्रीव्यसने भवत्यपत्योत्पत्तिरात्मरक्षणं चान्तर्दारेषु विपर्ययो वा बाह्येषु अगम्येषु सर्वोच्छित्तिः; तदुभयं पानव्यसने; पानसम्पत्—संज्ञानाशः अनुन्मत्तस्योन्मत्तत्वमप्रेतस्य प्रेतत्वं कौपीनदर्शनं श्रुतप्रज्ञाप्राणवित्तमित्रहानिस्सद्भिर्वियोगोऽनर्थ्यसंयोगस्तंत्रीगीतनैपुण्येषु चार्थघ्नेषु प्रसङ्ग इति ॥

द्यूतमद्ययोः द्यूतमेकेषां पणनिनिमित्तो जयः पराजयो वा; प्राणिषु निश्चेतनेषु वा पक्षद्वैधेन प्रकृतिकोपं करोति; विशेषतश्च सङ्घानां सङ्घधर्मिणां च राजकुलानां द्यूतनिमित्तो भेदः; तन्निमित्तो विनाश इत्यसत्प्रग्रहः पापिष्ठतमो व्यसनानां तन्त्रदौर्बल्यादिति ॥

असतां प्रग्रहः कामः कोपश्चावग्रहस्सताम्।
व्यसनं दोषबाहूल्यादत्यन्तमुभयं मतम् ॥
तस्मात्कोपं च कामं च व्यसनारम्भमात्मवान्।
परित्यजेन्मूलहरं वृद्धसेवी जितेन्द्रियः ॥

इति व्यसनाधिकारिके पुरुषव्यसनवर्गस्तृतीयोऽध्यायः.

आदित एकोनविंशशतोऽध्यायः.

१३०–१३२ प्रक. पीडनवर्गः, स्तम्भवर्गः, कोशसङ्गवर्गश्च.

दैवपीडनमग्निरुदकं व्याधिर्दुर्भिक्षं मरक इति ॥

अग्न्युदकयोरग्निपीडनमप्रतिकार्यं; सर्वं हि च शक्योपशमनं तार्याबाधकमुदकं उदकपीडनमित्याचार्याः ॥

नेति कौटिल्यः—अग्निर्ग्राममर्धग्रामं वा दहति; उदकवेगस्तु ग्रामशतप्रवाहीति ।

व्याधिदुर्भिक्षयोर्व्याधिः प्रेतव्याधितापसृष्टपरिचारकव्यायामोपरोधेन कर्माण्युपहन्ति ।

"दुर्भिक्षं पुनरकर्मोपघाति हिरण्यपशुकरदायि च" इत्याचार्याः।

नेति कौटिल्यः—एकदेशपीडनो व्याधिः शक्यप्रतीकारश्च; सर्वदेशपीडनं दुर्भिक्षं प्राणिनामजीवनायेति ।

तेन मरको व्याख्यातः ।

"क्षुद्रकमुख्यक्षययोः क्षुद्रकक्षयः कर्मानुष्ठानोपरोधधर्मा" इत्याचार्याः ।

नेति कौटिल्य—शक्यं क्षुद्रक्षयः प्रतिसन्धातुं बाहुल्यात् । क्षुद्रकारणान्न मुख्यक्षयः । सहस्रेषु हि मुख्यो भवत्येको न वा सत्त्वप्रज्ञाधिक्यादाश्रयत्वात् क्षुद्रकाणामिति ॥

"स्वचक्रपरचक्रयोस्स्वचक्रमतिमात्राभ्यां अपकाराभ्यां पीडयत्यशक्यं च वारयितुं; परचक्रं तु शक्यं प्रतियोद्धुमपसारेण सन्धिना वा मोक्षयितुम्" इत्याचार्याः ।

नेति कौटिल्यः—स्वचक्रपीडनं प्रकृतिपुरुषमुख्योपग्रहविघाताभ्यां शक्यते वारयितुमेकदेशं वा पीडयति; सर्वदेशपीडनं तु परचक्रं विलोपघातदाहविध्वंसनोपवाहनैः पीडयतीति ।

प्रकृतिराजविवादयोः प्रकृतिविवादः प्रकृतीनां भेदकः पराभियोगानावहति । राजविवादस्तु प्रकृतीनां द्विगुणभक्तवेतनपरिहारकरो भवतीत्याचार्याः ।

नेति कौटिल्यः—शक्यः प्रकृतिविवादः प्रकृतिमुख्योपग्रहेण कलहस्थानापनयनेन वा वारयितुं; विवदमानास्तु प्रकृतयः परस्परसङ्घर्षेणोपकुर्वन्ति । राजविवादस्तु पीडनोच्छेदनाय प्रकृतीनां द्विगुणव्यायामसाध्य इति ।

"देशराजविहारयोः देशविहारस्त्रैकाल्येन कर्मफलोपघातं करोति; राजविहारस्तु कारुशिल्पिकुशीलववाग्जीवनवैदेहकोपकारं करोति" इत्याचार्याः ।

नेति कौटिल्यः—देशविहारः कर्मश्रमवधार्थमल्पं भक्षयति; भक्षयित्वा च भूयः कर्मसु योगं गच्छति; राजविहारस्तु स्वयं वल्लभैश्च स्वयंग्राहप्रणयपण्यागारकार्योपग्रहैः पीडयतीति ।

"सुभगाकुमारयोः कुमारस्स्वयंवल्लभैश्च स्वयंग्राहप्रणयपण्यागारकार्योपग्रहैः पीडयति । सुभगा विलासोपभोगेन" इत्याचार्याः ।

नेति कौटिल्यः—शक्यः कुमारो मन्त्रिपुरोहिताभ्यां वारयितुं न सुभगा, बालिश्यादनर्थ्यजनसंयोगाच्चेति ।

"श्रेणीमुख्ययोः श्रेणी बाहुल्यादनवग्रहास्तेयसाहसाभ्यां पीडयति; मुख्यः कार्यावग्रहविघाताभ्याम्" इत्याचार्याः ।

नेति कौटिल्यः—सुव्यावर्त्या श्रेणी समानशीलव्यसनत्वात् । श्रेणीमुख्यैकदेशोपग्रहेण वा स्तम्भयुक्तो मुख्यः परप्राणद्रव्योपघाताभ्यां पीडयतीति ।

"सन्निधातृसमाहर्त्रोस्सन्निधाता कृतविदूषणात्ययाभ्यां पीडयति। समाहर्ता करणाधिष्ठितः प्रदिष्टफलोपभोगी भवति" इत्याचार्याः ।

नेति कौटिल्यः—सन्निधाता कृतावस्थमन्यैः कोशप्रवेश्यं प्रतिगृह्णाति । समाहर्ता पूर्वमर्थमात्मनः कृत्वा पश्चाद्राजार्थं करोति, प्रणाशयति वा परस्वादाने च स्वप्रत्ययश्चरतीति ।

"अन्तपालवैदेहकयोरन्तपालश्चोरप्रसर्गदेयात्यादानाभ्यां वणिक्पथं पीडयाति। वैदेहकस्तु पण्यप्रतिपण्यानुग्रहैः प्रसाधयति" इत्याचार्याः ।

नेति कौटिल्यः—अन्तपालः पण्यसम्पातानुग्रहेण वर्तयाति । वैदेहकास्तु सम्भूय पण्यानामुत्कर्षापकर्षं कुर्वाणाः "पणे पणशतं, कुम्भे कुम्भशतम्" इत्याजीवन्ति ।

"अभिजातोपरुद्धा भूमिः पशुव्रजोपरुद्धा वेति.—अभिजातोपरुद्धा भूमिः महाफलाऽप्यायुधीयोपकारिणी न क्षमा मोक्षयितुं व्यसनाबाधभयात् । पशुव्रजोपरुद्धा तु कृषियोग्या क्षमा मोक्षयितुं; विवीतं हि क्षेत्रेण बाध्यते" इत्याचार्याः।

नेति कौटिल्यः—अभिजातोपरुद्धा भूमिरत्यन्तमहोपकाराऽपि क्षमा मोक्षयितुं व्यसनाबाधभयात् । पशुव्रजोपरुद्धा तु कोशवाहनोपकारिणी न क्षमा मोक्षयितुमन्यत्र सस्यवापोपरोधादिति।

"प्रतिरोधकाटविकयोः प्रतिरोधका रात्रिसत्रीपराश्शरीराक्रामिणो नित्याश्शतसहस्रापहारिणः । प्रधानकोपकाव्यवहिताः प्रत्यन्तारण्यचराश्चाटविकाः प्रकाशादृश्याश्चरन्त्येकदेशघातकाश्च" इत्याचार्याः ।

नेति कौटिल्यः—प्रतिरोधकाः प्रमत्तस्यापहरन्ति; कल्पाः कुण्ठाः सुखात् ज्ञातुं गृहीतुं च; स्वदेशस्थाः प्रभूता विक्रान्ताश्चाटविकाः प्रकाशयोधिनोऽपहर्तारो हन्तारश्च देशानां राजसधर्माण इति ।

"मृगहस्तिवनयोः मृगाः प्रभूताः प्रभूतमांसचर्मोपकारिणो मन्दग्रासावक्लेशिनस्सुनियम्याश्च । विपरीता हस्तिनो गृह्यमाणाः दुष्टाश्च देशविनाशायेति ।

स्वपरस्थानीयोपकारयोः स्वस्थानीयोपकारो धान्यपशुहिरण्यकुप्योपकारो जानपदानामापद्यात्मधारणः । विपरीतः परस्थानीयोपकार इति पीडनानि ।

आभ्यन्तरो मुख्यस्तम्भो बाह्यो मित्राटवीस्तम्भ इति स्तम्भवर्गः । ताभ्यां पीडनैर्यथोक्तैश्च पीडितस्सक्तो मुख्येषु परिहारोपहतः प्रकीर्णो मिथ्यासम्भृतः सामन्ताटवीभृत इति कोशसङ्गः ।

पीडनानामनुत्पत्तौ उत्पन्नानां च वारणे ।
यतेत देशवृद्ध्यर्थं नाशे च स्तम्भसङ्गयोः ॥

इति व्यसनाधिकारिके पीडनवर्गः स्तम्भवर्गः कोशसङ्गवर्गः चतुर्थोऽध्यायः

आदितो विंशतिशतोऽध्यायः.

प्रक. १३३-१३४. बलव्यसनवर्गः, मित्रव्यसनवर्गश्च.

बलव्यसनानि—अमानितं विमानितं अभृतं व्याधितं नवागतं दूरयातं परिश्रान्तं परिक्षीणं प्रतिहतं हताग्रवेगं अनृतुप्राप्तं अभूमिप्राप्तं आशानिर्वेदि परिसृप्तं कलत्रगर्हि अन्तश्शल्यं कुपितमूलं भिन्नगर्भं अतिसृतं, अतिक्षिप्तं उपनिविष्टं समाप्तं उपरुद्धं उपाक्षिप्तं छिन्नधान्यपुरुषवीवधं स्वविक्षिप्तं मित्रविक्षिप्तं दूष्ययुक्तं दुष्टपार्ष्णिग्राहं शून्यमूलं अस्वामिसंहतं भिन्नकूटं अन्धमिति ।

तेषाममानितविमानितयोरमानितं कृतार्थमानं युध्येत न विमानितमन्तःकोपम् ।

अभृतव्याधितयोरभृतं तदात्वकृतवेतनं युध्येत, न व्याधितमकर्मण्यम् ।

नवागतदूरयातयोर्नवागतमन्यत उपलब्धदेशमनवमिश्रं युध्येत, न दूरयातमायतगतपरिक्लेशम् ।

परिश्रान्तपरिक्षीणयोः परिश्रान्तं स्नानभोजनस्वप्नलब्धविश्रमं युध्येत न परिक्षीणयुग्यपुरुषम् ।

प्रतिहतहताग्रवेगयोः प्रतिहतमग्रपातभग्नं प्रवीरपुरुषसंहतं युध्येत, न हताग्रवेगमग्रपातहतप्रवीरम् ।

अनृत्वभूमिप्राप्तयोरनृतुप्राप्तं यथर्तुयोग्यशस्त्रावरणं युध्येत, नाभूमिप्राप्तमवरुद्धप्रसारव्यायामम् ॥

आशानिर्वेदिपरिसृप्तयोराशानिर्वेदि लब्धाभिप्रायं युध्येत, न परिसृप्तमपसृतम् ।

कळत्रगर्ह्यन्तश्शल्ययोः कळत्रगर्ह्युन्मुच्य कळत्रं युध्येत, नान्तश्शल्यमन्तरामित्रम् ।

कुपितमूलभिन्नगर्भयोः कुपितमूलं प्रशमितकोपं सामादिभिर्युध्येत न भिन्नगर्भमन्योन्यस्माद्भिन्नम् ।

अपसृतातिक्षिप्तयोरपसृतमेकराज्यातिक्रान्तममन्त्रव्यायामाभ्यां सत्रिमित्रापाश्रयं युध्येत, नातिक्षिप्तमनेकराज्यातिक्रान्तं बह्वाबाधत्वात् ।

उपनिविष्टसमाप्तयोरुपनिविष्टं पृथक्ज्ञानस्थानमतिस्कन्धावारं* युध्येत, न समाप्तं परिणतैकस्थानयानम् ।

---

* मतिसन्धावारम्.

उपरुद्धपरिक्षिप्तयोरुपरुद्धमन्यतो निष्क्रम्योपरोद्धारं प्रतियुध्येत, न परिक्षिप्तं सर्वतः प्रतिरुद्धम्।

छिन्नधान्यपुरुषवीवधयोः छिन्नधान्यमन्यतो धान्यमानीय जङ्गमस्थावराहारं वा युध्येत, न छिन्नपुरुषवीवधमनभिसारम्।

स्वविक्षिप्तमित्रविक्षिप्तयोः स्वविक्षिप्तं स्वभूमौ विक्षिप्तं सैन्यमापदि शक्यमपस्रावयितुं, न मित्रविक्षिप्तं विप्रकृष्टदेशकालत्वात्।

दूष्ययुक्तदुष्टपार्ष्णिग्राहयोर्दूष्ययुक्तमाप्तपुरुषाधिष्ठितमसंहतं युध्येत, न दुष्टपार्ष्णिग्राहं पृष्ठाभिघातत्रस्तम्।

शून्यमूलास्वामिसंहतयोः शून्यमूलं कृतपौरजानपदारक्षं सर्वसन्दोहेन युध्येत, नास्वामिसंहतं राजसेनापतिहीनम्।

भिन्नकूटान्धयोर्भिन्नकूटमन्याधिष्ठितं युध्येत, नान्धमदेशिकमिति॥

दोषशुद्धिर्बलावापः सत्रस्थानातिसन्धानम्।
सन्धिश्चोत्तरपक्षस्य बलव्यसनसाधनम्॥
रक्षेत्स्वदण्डं व्यसने शत्रुभ्यो नित्यमुत्थितः।
प्रहरेद्दण्डरन्ध्रेषु शत्रूणां नित्यमुत्थितः॥
यतो निमित्तं व्यसनं प्रकृतीनामवाप्नुयात्।
प्रागेव प्रतिकुर्वीत तन्निमित्तमतन्द्रितः॥
अभियातं स्वयं मित्रं सम्भूयान्यवशेन वा।
परित्यक्तमशक्त्या वा लोभेन प्रणयेन वा॥
विक्रीतमभियुञ्जाने सङ्ग्रामे वाऽपवर्तिना।

द्वैधीभावेन वा मित्रं यास्यता वाऽन्यमन्यतः ॥
पृथग्वा सहयाने वा विश्वासेनातिसंहितम् ।
भयावमानलास्यैर्वा व्यसनान्न प्रमोक्षितम् ॥
अवरुद्धं स्वभूमिभ्यः समीपाद्वा भयाद्गतम् ।
आच्छेदनाददानाद्वा दत्वा वाऽप्यवमानितम् ॥
अत्याहारितमर्थं वा स्वयं परमुखेन वा ।
अतिभारे हि युक्तं वा भक्त्वा परमवस्थितम् ॥
उपेक्षितमशक्त्या वा प्रार्थयित्वा विरोधितम् ।
कृच्छ्रेण साध्यते मित्रं सिद्धं चाशु विरज्यति ॥
कृतप्रयासं मान्यं वा मोहान्मित्रममानितम् ।
मानितं वा न सदृशं शक्तितो वा निवारितम् ॥
मित्रोपघातत्रस्तं वा शङ्कितं वाऽरिसंहितात् ।
दूष्यैर्वा भेदितं मित्रं साध्यं सिद्धं च तिष्ठति ॥
तस्मान्नोत्पादयेदेनान् दोषान् मित्रोपघातकान् ।
उत्पन्नान्वा प्रशमयेत् गुणैर्दोषोपघातिभिः ॥

इति व्यसनाधिकारिके अष्टमाधिकरणे बलव्यसनवर्गः, मित्रव्यसनवर्गः पञ्चमोऽध्यायः.

आदित एकविंशतिशतोऽध्यायः.

एतावता कौटिलीयस्यार्थशास्त्रस्य व्यसनाधिकारिकं अष्टममधिकरणं समाप्तम्.

९. अधि. अभियास्यत्कर्म.

१३५–१३६ प्रक. शक्तिदेशकालबलाबलज्ञानं, यात्राकालाश्च.

विजिगीषुरात्मनः परस्य च बलाबलं शक्तिदेशकालयात्राकालबलसमुत्थानकालपश्चात्कोपक्षयव्ययलाभापदां ज्ञात्वा विशिष्टबलो यायात् । अन्यथाऽऽसीत ॥

उत्साहप्रभावयोरुत्साहः श्रेयान् । स्वयं हि राजा शूरो बलवानरोगः कृतास्त्रो दण्डद्वितीयोऽपि शक्तः प्रभाववन्तं राजानं जेतुं अल्पोऽपि चास्य दण्डस्तेजसा कृत्यकरो भवति ॥

"निरुत्साहस्तु प्रभाववान्राजा विक्रमाभिपन्नो नश्यति" इत्याचार्याः ॥

नेति कौटिल्यः—प्रभाववानुत्साहवन्तं राजानं प्रभावेनातिसन्धत्ते । तद्विशिष्टमन्यं राजानं आवाह्य हृत्वा क्रीत्वा प्रवीरपुरुषान् प्रभूतप्रभावहयहस्तिरथोपकरणसम्पन्नश्चास्य दण्डस्सर्वत्राप्रतिहतश्चरति । उत्साहवन्तश्च प्रभाववन्तो जित्वा क्रीत्वा च "स्त्रियो बालाः पङ्गवोऽन्धाश्च पृथिवीं जिग्युः" इति ॥

"प्रभावमन्त्रयोः प्रभावः श्रेयान् । मन्त्रशक्तिसम्पन्नो हि वन्ध्यबुद्धिरप्रभावो भवति; मन्त्रकर्म चास्य निश्चितमप्रभावो गर्भधान्यमवृष्टिरिवोद्गमति" इत्याचार्याः ॥

नेति कौटिल्यः—मन्त्रशक्तिश्श्रेयसी; प्रज्ञाशास्त्रचक्षुर्हि राजा अल्पेनापि प्रयत्नेन मन्त्रमाधातुं शक्तः; परानुत्साहप्रभाववतश्च सामादिभिर्योगोपनिषद्भ्यां चातिसन्धातुं; एवमुत्साहप्रभावमन्त्रशक्तीनामुत्तरोत्तराधिकोऽतिसन्धत्ते ॥

देशः पृथिवी; तस्यां हिमवत्समुद्रान्तरमुदीचीनं योजनसहस्रपरिमाणमतिर्यक्चक्रवर्तिक्षेत्रं तत्रारण्यो ग्राम्यः पात औदको भौमस्समो विषम इति विशेषाः । तेषु यथास्वबलवृद्धिकरं कर्म प्रयुञ्जीत । यत्रात्मनस्सैन्यव्यायामानां भूमिः अभूमिः परस्य, स उत्तमो देशः विपरीतोऽधमः साधारणं मध्यमः ॥

कालः शीतोष्णवर्षात्मा; तस्य रात्रिरहः पक्षो मास ऋतुरयनं संवत्सरो युगमिति विशेषाः । तेषु यथास्वबलवृद्धिकरं कर्म प्रयुञ्जीत । यत्रात्मनस्सैन्यव्यायामानामृतुः अनृतुः परस्य; स उत्तमः कालः विपरीतोऽधमः । साधारणो मध्यमः ॥

"शक्तिदेशकालानां तु शक्तिः श्रेयसी" इत्याचार्याः —शक्तिमान् हि निम्नस्थलवतो देशस्य शीतोष्णवर्षवतश्च कालस्य शक्तः प्रतीकारे भवति ॥

"देशः श्रेयान्" इत्येके—स्थलगतो हि श्वा नक्रं विकर्षति; निम्नगतो नक्रश्श्वानमिति ॥

"कालश्श्रेयान" इत्येके–"दिवा काकः कौशिकं हन्ति । रात्रौ कौशिकः काकम्" इति ॥

नेति कौटिल्यः–परस्परसाधका हि शक्तिदेशकालाः; तैरभ्युच्छ्रितः तृतीयं चतुर्थं वा दण्डस्यांशमूले पार्ष्ण्यां प्रत्यन्ताटवीषु च रक्षा विधाय कार्यसाधनसहं कोशदण्डं चादाय दक्षिणपुराणभक्तमगृहीतनवभक्तमसंस्कृतदुर्गममित्रं, वार्षिकं चास्य सस्यं, हैमनं च मुष्टिमुपहन्तुं मार्गशीर्षीं यात्रां यायात् । हैमनं चास्य सस्यं वासन्तिकं च मुष्टिमुपहन्तुं चैत्रीं यात्रां यायात् । क्षीणतृणकाष्ठोदकमसंस्कृतदुर्गममित्रं, वासन्तिकं च अस्य सस्यं वार्षिकीं वा मुष्टिमुपहन्तुं ज्येष्ठामूलीयां यात्रां यायात् । अत्युष्णमल्पयवसेन्धनोदकं वा देशं हेमन्ते यायात् ॥

तुषारदुर्दिनमगाधनिम्नप्रायं गहनतृणवृक्षं वा देशं ग्रीष्मे यायात् ॥

स्वसैन्यव्यायामयोग्यं परस्यायोग्यं वर्षति यायात् ।

मार्गशीर्षीं तैषीं चान्तरेण दीर्घकालां यात्रां यायात् । चैत्रीं वैशाखीं चान्तरेण मध्यमकालां; ज्येष्ठामूलीयामाषाढीं चान्तरेण ह्रस्वकालामुपोषिष्यन् व्यसने चतुर्थीं ॥

व्यसनाभियानं विगृह्य याने व्याख्यातम् ॥

"प्रायशश्च" इत्याचार्याः—"परव्यसने यातव्यम्" इत्युपदिशन्ति ॥

"शक्त्युदये यातव्यमनैकान्तिकत्वात् व्यसनानाम्" इति कौटिल्यः ॥

यदा वा प्रयातः कर्शयितुमुच्छेत्तुं वा शक्नुयादमित्रं, तदा यायात् ॥

अत्युष्णोपक्षीणे काले हस्तिबलप्रायो यायात् । हस्तिनो ह्यन्तरस्वेदाः कुष्ठिनो भवन्ति;—अनवगाहमानास्तोयमपिबन्तश्चान्तरपक्षारा चण्डीभवन्ति । तस्मात् प्रभूतोदके देशे, वर्षति च हस्तिबलप्रायः यायात् । विपर्यये खरोष्ट्राश्वबलप्रायः देशमल्पवर्षपङ्कम् । वर्षति मरुप्रायं चतुरङ्गबलो यायात्। समविषमनिम्नस्थलह्रस्वदीर्घवशेन वाऽध्वनो यात्रां विभजेत् ।

सर्वा वा ह्रस्वकालास्स्युर्यातव्याः कार्यलाघवात् ।
दीर्घाः कार्यगुरुत्वाद्वा वर्षावासः परत्र च ॥

इत्यभियास्यत्कर्मणि नवमेऽधिकरणे शक्तिदेशकाल-
बलाबलज्ञानं यात्राकालाः प्रथमोऽध्यायः
आदितो द्वाविंशशतोऽध्यायः.

१३७-१३९ प्रक. बलोपदानकालाः, सन्नाहगुणाः, प्रतिबलकर्म च.

मौलभृतकश्रेणीमित्रामित्राटवीबलानां समुदानकालाः ।

मूलरक्षणादतिरिक्तं मौलबलम् "अत्यावापयुक्ता वा मौला मूले विकुर्वीरन्" इति "बहुलानुरक्तमौलबलः सारबलो वा

प्रतियोद्धा व्यायामेन योद्धव्यम्" इति, "प्रकृष्टेऽध्वनि काले वा क्षयव्ययसहत्वान्मौलानाम्" इति "बहुलानुरक्तसम्पादिते च यातव्यस्योपजापभयादन्यसैन्यानां भृतादीनामविश्वासे, बल-क्षये वा सर्वसैन्यानाम्" इति, मौलबलकालः ॥

"प्रभूतं मे भृतबलमल्पं च मौलबलम्" इति; "परस्याल्पं विरक्तं वा मौलबलं, फल्गुप्रायमसारं वा भृतसैन्यम्" इति; "मन्त्रेण योद्धव्यमल्पव्यायामेन" इति "ह्रस्वो देशः कालो वा तनुक्षयव्ययः" इति "अल्पस्वापं शान्तोपजापमविश्वस्तं वा मे सैन्यम्" इति "परस्याल्पः प्रसारो हन्तव्यः" इति; भृतबलकालः ॥

"प्रभूतं मे श्रेणीबलं शक्यं मूले यात्रायां चाधातुम्" इति, "ह्रस्वः प्रवासः श्रेणीबलप्रायः प्रतियोद्धा मन्त्रव्यायामा-भ्यां प्रतियोद्धुकामो दण्डबलव्यवहारः" इति श्रेणीबलकालः ॥

"प्रभूतं मे मित्रबलं शक्यं मूले यात्रायां चाधातुमल्पः प्रवासो मन्त्रयुद्धाच्च भूयोव्यायामयुद्धम्" इति; "मित्रबलेन वा पूर्वमटवीनगरीस्थानमासारं वा योधयित्वा पश्चात् स्वबलेन योधयिष्यामि, मित्रसाधारणं वा मे कार्यं, मित्रायत्ता वा मे कार्यसिद्धिः, आसन्नमनुग्राह्यं वा मे मित्रमत्यावापं वाऽस्य साधयिष्यामि" इति मित्रबलकालः ॥

"प्रभूतं मे शत्रुबलं शत्रुबलेन योधयिष्यामि, नगरस्थान-

मटवीं वा ; तत्र मे श्ववराहयोः कलहे चण्डालस्येवान्यतरसिद्धिर्भविष्यति, आसाराणामटवीनां वा कण्टकमर्दनमेतत् करिष्यामि, अत्युपचितं वा कोपभयान्नित्यमासन्नमरिबलं वासयेदन्यत्राभ्यन्तरकोपशङ्कायाश्शत्रुयुद्धावरयुद्धकालश्च" इत्यमित्रबलकालः ॥

तेनाटवीबलकालो व्याख्यातः ॥

"मार्गदेशिकं परभूमियोग्यमरियुद्धमतिलोममटवीबलप्रायश्शत्रुर्वा बिल्वं बिल्वेन हन्यतामल्पः प्रसारो हन्तव्यः" इत्यटवीबलकालः ॥

सैन्यमनेकमनेकजातीयस्थमुक्तमनुक्तं वा विलोपार्थं यदुत्तिष्ठति, तदौत्साहिकमभक्तवेतनं विलोमदृष्टिप्रतापकरं भेद्यं परेषामभेद्यं तुल्यदेशजातिशिल्पप्रायं संहतं महदिति बलोपादानकालाः ॥

तेषां कुप्यभूतममित्राटवीबलं विलोपभृतं वा कुर्यात् । अमित्रस्य वा बलकाले प्रत्युत्पन्ने शत्रुमपगृह्णीयात् । अन्यत्र वा प्रेषयेत् । अफलं वा कुर्यात् । विक्षिप्तं वासयेत् । काले वाऽतिक्रान्ते विसृजेत् । परस्य चैतत् बलसमुद्दानं विघातयेत् । आत्मनस्सम्पादयेत् ॥

पूर्वंपूर्वं चैषां श्रेयस्सन्नाहयितुम् । तद्भावभावित्वान्नित्यसंस्कारानुगमाच्च मौलबलं भृतबलाच्छ्रेयः ।

नित्यानन्तरं क्षिप्रोत्थायि वश्यं च भृतबलं श्रेणीबलाच्छ्रेयः ॥

जानपदमेकार्थोपगतं तुल्यसङ्घर्षामर्षसिद्धिलाभं च श्रेणीबलं मित्रबलाच्छ्रेयः, अपरिमितदेशकालमेकार्थोपगमाच्च मित्रबलाच्छ्रेयः॥

आर्याधिष्ठितममित्रबलमटवीबलाच्छ्रेयः । तदुभयं विलोपार्थं अविलोपे व्यसने च । ताभ्यामहिभयं स्यात् ॥

"ब्राह्मणक्षत्रियवैश्यशूद्रसैन्यानां तेजःप्राधान्यात् पूर्वंपूर्वं श्रेयः सन्नाहयितुम्" इत्याचार्याः ॥

नेति कौटिल्यः—प्रणिपातेन ब्राह्मबलं परोऽभिहारयेत्। प्रहरणविद्याविनीतं तु क्षत्रियबलं श्रेयः; बहुलसारं वा वैश्यशूद्रबलमिति॥

तस्मादेवंबलः परः "तस्यैतत्प्रतिबलम्" इति बलसमुद्दानं कुर्यात्—हस्तियन्त्रशकटगर्भकुन्तप्रासखर्वटकवेणुशल्यवद्धस्तिबलस्य प्रतिबलम् ॥

तदेव पाषाणलगुडावरणाङ्कुशकचग्रहणीप्रायं रथबलस्य प्रतिबलम् ॥

तदेवाश्वानां प्रतिबलं, वर्मिणो वा हस्तिनोऽश्वा वा वर्मिणः ॥

कवचिनो रथा आवरणिनः पत्तयश्चतुरङ्गबलस्य प्रतिबलम् ॥

एवं बलसमुद्दानं परसैन्यनिवारणम् ।
विभवेन स्वसैन्यानां कुर्यादङ्गविकल्पशः ॥

इत्यभियास्यत्कर्मणि नवमेऽधिकरणे बलोपदानकालास्सन्नाहगुणाः प्रतिबलकर्म
द्वितीयोऽध्यायः.
आदितस्त्रयोविंशशतोऽध्यायः.

———

१४०–१४१ प्रक. पश्चात्कोपचिन्ता, बाह्याभ्यन्तरप्रकृतिकोपप्रतीकारश्च.

"अल्पः पश्चात्कोपो महान् पुरस्ताल्लाभः" इति, अल्पः पश्चात्कोपो गरीयान् । अल्पं पश्चात्कोपं प्रयातस्य दूष्यामित्राटविका हि सर्वतः समेधयन्ति । प्रकृतिकोपो वा लब्धमपि च महान्तं पुरस्ताल्लाभम् ॥

एवंभूते भृते भृत्यमित्रक्षयव्ययान् प्रयुञ्जीत । पुरस्ताल्लाभे सेनापतिं कुमारं वा दण्डचारिणं कुर्वीत ॥

बलवान्वा राजा पश्चात्कोपावग्रहसमर्थः पुरस्ताल्लाभमादातुं यायात् । आभ्यन्तरकोपशङ्कायां शङ्कितानादाय यायात् ॥

बाह्यकोपशङ्कायां वा पुत्रदारमेषामभ्यन्तरावग्रहं कृत्वा शून्यपालमनेकबलवर्गमनेकमुख्यं च स्थापयित्वा यायात् । न यायाद्वा– "अभ्यन्तरकोपो बाह्यकोपात् पापीयान्" इत्युक्तं पुरस्तात् ॥

मन्त्रिपुरोहितसेनापतियुवराजानामन्यतरकोपोऽभ्यन्तरकोपः । तमात्मदोषत्यागेन परशक्त्यपराधवशेन वा साधयेत् । महापराधेऽपि पुरोहिते संरोधनमपस्रावणं वा सिद्धिः; युवराजे संरोधनं निग्रहो वा गुणवत्यन्यस्मिन्सति पुत्रे ॥

ताभ्यां मन्त्रिसेनापती व्याख्यातौ ॥

पुत्रं भ्रातरमन्यं वा कुल्यं राज्यग्राहिणमुत्साहेन साधयेत् । उत्साहाभावे गृहीतानुवर्तनसन्धिकर्मभ्यामरिसन्धानभयादन्येभ्यस्तद्विधेभ्यो वा भूमिदानैर्विश्वासयेदेनं; तद्विशिष्टं

स्वयंग्राहं दण्डं वा प्रेषयेत् । सामन्ताटविकान्वा तैर्विगृहीतमतिसन्दध्यात् । अवरुद्धादानं पारग्रामिकं वा योगमातिष्ठेत् ॥

एतेन मन्त्रिसेनापती व्याख्यातौ ॥

मादिवर्जानामन्तरमात्यानामन्यतरकोपोऽन्तरमात्यकोपः तत्रापि यथार्हमुपायान् प्रयुञ्जीत ॥

राष्ट्रमुख्यान्तपालाटविकदण्डोपनतानामन्यतमकोपो बाह्यकोपः तमन्योन्येनावग्राहयेत् । अतिदुर्गप्रतिस्तब्धं वा सामन्ताटविकतत्कुलीनावरुद्धानामन्यतमेनावग्राहयेत् । मित्रेणोपग्राहयेद्वा। यथा नामित्रं गच्छेत् ॥

अमित्रात्सत्री भेदयेदेनं "अयं त्वा योगपुरुषं मन्यमानो भर्तर्येव विक्रमयिष्यति; अवाप्तार्थो दण्डचारिणममित्राटविकेषु कृच्छ्रे वा प्रवासे योक्ष्यति; विपुत्रदारमन्ते वा वासयिष्यति प्रतिहतविक्रमं त्वां भर्तरि पण्यं करिष्यति; त्वया वा सन्धिं कृत्वा भर्तारमेव प्रसादयिष्यति; मित्रमुपकृष्टं वाऽस्य गच्छेत्" इति प्रतिपन्नमिष्टाभिप्रायैः पूजयेत् । अप्रतिपन्नस्य संश्रयं "भेदोऽसौ ते योगपुरुषप्रणिहितः" इति । सत्री चैनमभिव्यक्तशासनैर्घातयेत्; गूढपुरुषैर्वा सहप्रस्थायिनो वाऽस्य प्रवीरपुरुषान्यथाभिप्रायकरणेन वाहयेत् । तेन प्रणिहितान् सत्री ब्रूयादिति सिद्धिः । परस्य चैनान् कोपानुत्थापयेत् । आत्मनश्च शमयेत् ॥

यः कोपं कर्तुं शमयितुं वा शक्तः, तत्रोपजापः कार्यः; यस्सत्यसन्धः शक्तः कर्मणि फलावाप्तौ चानुगृहीतुं विनिपाते च त्रातुं तत्र प्रतिजापः कार्यः, तर्कयितव्यश्च—"कल्याणबुद्धिरुताहो शठः" इति ॥

शठो हि बाह्योऽभ्यन्तरमेवमुपजपति—"भर्तारं चेद्धत्वा मां प्रतिपादयिष्यति, शत्रुवधो भूमिलाभश्च मे द्विविधो लाभो भविष्यति; अथ वा शत्रुरेनमाहनिष्यतीति । हतबन्धुपक्षस्तुल्यदोषदण्डेन वा उद्विग्नश्च मे भूयात् । न कृत्यपक्षो भविष्यति; तद्विधे वाऽन्यस्मिन् अविशङ्कितो भविष्यति; अन्यमन्यं चास्य मुख्यमभिव्यक्तशासनेन घातयिष्यामि" इति ॥

अभ्यन्तरो वा शठो बाह्यमेवमुपजपति—"कोशमस्य हरिष्यामि; दण्डं वाऽस्य हनिष्यामि; दुष्टं वा भर्तारमनेन घातयिष्यामि; प्रतिपन्नं बाह्यममित्राटविकेषु विक्रमयिष्यामि; चक्रमस्य सज्यतां; वैरमस्य प्रसज्यतां; ततस्साध्वीनो मे भविष्यति; ततो भर्तारमेव प्रसादयिष्यामि; स्वयं वा राज्यं गृहीष्यामि; बध्वा वा बाह्यभूमिं भर्तृभूमिं चोभयमवाप्स्यामि; विरुद्धं वा वाहयित्वा बाह्यं विश्वस्तं घातयिष्यामि; शून्यं वाऽस्य मूलं हरिष्यामि" इति ॥

कल्याणबुद्धिस्तु सहजीव्यर्थमुपजपति । कल्याणबुद्धिना सन्दधीत । शठं "तथा" इति प्रतिगृह्यातिसन्दध्यात् ॥

इत्येवमुपलभ्यम् ॥

परे परेभ्यस्स्वे स्वेभ्यः स्वे परेभ्यस्स्वतः परे।
रक्ष्यास्स्वेभ्यः परेभ्यश्च नित्यमात्मा विपश्चिता ॥

इत्याभियास्यत्कर्मणि पश्चात्कोपचिन्ता, बाह्याभ्यन्तर-
प्रकृतिकोपप्रतीकारश्च तृतीयोऽध्यायः
आदितश्चतुर्विंशशतोऽध्यायः.

१४२ प्रक. क्षयव्ययलाभविपरिमर्शः

युग्यपुरुषापचयः क्षयः ॥

हिरण्यधान्यापचयो व्ययः ॥

ताभ्यां बहुगुणविशिष्टे लाभे यायात् ॥

आदेयः, प्रत्यादेयः, प्रसादकः, कोपको, ह्रस्वकालः, तनुक्षयः, अल्पव्ययो, महान् वृद्धयुदयः, कल्यो, धर्म्यः, पुरोगश्चेति लाभसम्पत् ॥

सुप्राप्यानुपाल्यः परेषामप्रत्यादेय इति आदेयः; विपर्यये प्रत्यादेयः। तमाददानस्तत्रस्थो वा विनाशं प्राप्नोति ॥

यदि वा पश्येत्–"प्रत्यादेयमादाय कोशदण्डनिचयरक्षाविधानान्यवस्रावयिष्यामि; खनिद्रव्यहस्तिवनसेतुबन्धवणिक्पथानुद्धृतसारान् करिष्यामि; प्रकृतीरस्य कर्शयिष्यामि; अपवाहयिष्याम्यायोगेनाराधयिष्यामि वा; ताः परः प्रयोगेण

कोपयिष्यति; प्रतिपक्षे वाऽस्य पण्यमेनं करिष्यामि; तदमित्रं विरक्तं तत्कुलीनं प्रतिपत्स्यते सत्कृत्य वाऽस्मै भूमिं दास्यामीति संहितसमुत्थितं मित्रं मे चिराय भविष्यति" इति प्रत्यादेयमपि लाभमाददीत ॥

इत्यादेयप्रत्यादेयौ व्याख्यातौ ॥

अधार्मिकाद्धार्मिकस्य लाभो लभ्यमानः स्वेषां परेषां च प्रसादको भवति । विपरीतः प्रकोप इति ॥

मन्त्रिणामुपदेशाल्लाभो लभ्यमानः कोपको भवति, "अयमस्माभिः क्षयव्ययो ग्राहितः" इति । दूष्यमन्त्रिणामनादराल्लाभो लभ्यमानः कोपको भवति, "सिद्धार्थोऽयमस्मान् विनाशयिष्यति" इति विपरीतः प्रसादकः ॥

इति प्रसादकोपकौ व्याख्यातौ ॥

गमनमात्रसाध्यत्वाद्ध्रस्वकालः ॥

मन्त्रसाध्यत्वात्तनुक्षयः ॥

भक्तमात्रव्ययत्वादल्पव्ययः ॥

तदात्ववैपुल्यान्महान् ॥

अर्थानुबन्धकत्वाद्वृद्ध्युदयः ॥

निराबाधकत्वात्कल्यः ॥

प्रशस्तोपादानाद्धर्म्यः ॥

सामवायिकानामनिर्बन्धगामित्वात् पुरोग इति ॥

तुल्ये लाभे, देशकालौ शक्त्युपायौ प्रियाप्रियौ जवाजवौ सामीप्यविप्रकर्षौ तदात्वानुबन्धौ सारत्वसारत्वासातत्ये बाहुल्यबाहुगुण्ये च विमृश्य बहुगुणयुक्तं लाभमाददीत ॥

लाभविघ्नः—कामः कोपः साध्वसं कारुण्यं ह्रीः अनार्यभावो मानः सानुक्रोशता परलोकापेक्षा धार्मिकत्वं अत्याहितत्वं दैन्यं असूया हस्तगतावमानोदारात्मिकमविश्वासे भयमान्नितिकारश्शीतोष्णवर्षाणामाक्षम्यं मङ्गलतिथिनक्षत्रेष्टित्वमिति[1] ॥

नक्षत्रमतिपृच्छन्तं बालमर्थोऽतिवर्तते ।
अर्थो ह्यर्थस्य नक्षत्रं किं करिष्यन्ति तारकाः ॥
साधनाः प्राप्नुवन्त्यर्थान् नरा यत्नशतैरपि ।
अर्थैरर्थाः प्रबध्यन्ते गजाः प्रतिगजैरिव ॥

इत्यभियास्यत्कर्माणि नवमेऽधिकरणे क्षयव्यय-
लाभविपरिमर्शः चतुर्थोऽध्यायः.

आदितः पञ्चविंशशतः.

—❋❖○❖❋—

---

[1] "कामोऽक्षमा दक्षिणताऽनुकम्पा ह्रीस्साध्वसं क्रौर्यमनार्यता च । दम्भोऽभिमानोप्यतिधार्मिकत्वं दैन्यं स्वयूथस्य विमाननं च ॥ द्रोहो भयं शश्वदुपेक्षणं च शीतोष्णवर्षाप्रसहिष्णुता च । एतानि काले समुपाहितानि कुर्वन्त्यवश्यं खलु सिद्धिविघ्नम्" ॥ इति पञ्चदशसर्गे नीतिसारे कामन्दकः

१४३ प्रक. बाह्याभ्यन्तराश्चापदः

सन्ध्यादीनामयथोद्देशावस्थापनमपनयः ॥

तस्मादापदः सम्भवन्ति ॥

बाह्योत्पत्तिराभ्यन्तरप्रतिजापा, आभ्यन्तरोत्पत्तिर्बाह्यप्रतिजापा, बाह्योत्पत्तिर्बाह्यप्रतिजापा अभ्यन्तरोत्पत्तिरभ्यन्तरप्रतिजापा इत्यापदः ॥

यत्र बाह्या अभ्यन्तरानुपजपन्ति, अभ्यन्तरा वा बाह्यान् तत्रोभययोगप्रतिजपतः सिद्धिर्विशेषवती । सुव्याजा हि प्रतिजपितारो भवन्ति; नोपजपितारः । तेषु प्रशान्तेषु नान्यांच्छक्नुयुरुपजपितुमुपजपितारः । कृच्छ्रोपजापा हि बाह्यानामभ्यन्तरास्तेषामितरे वा महतश्च प्रयत्नस्य वधः परेषां अर्थानुबन्धश्चात्मन इति ॥

अभ्यन्तरेषु प्रतिजपत्सु सामदाने प्रयुञ्जीत । स्थानमानकर्म सान्त्वम् । अनुग्रहपरिहारौ कर्मस्वायोगो वा दानम् ॥

बाह्येषु प्रतिजपत्सु भेददण्डौ प्रयुञ्जीत । सत्रिणो मित्रव्यञ्जना बाह्यानां चारमेषां ब्रूयुः "अयं वो राजदूष्यव्यञ्जनैरतिसन्धातुकामो बुध्यध्वम्" इति । दूष्येषु वा दूष्यव्यञ्जनाः प्रणिहिता दूष्यान् बाह्यैर्भेदयेयुः बाह्यान्वा दूष्यैः । दूष्याननुप्रविष्टा वा तीक्ष्णाश्शस्त्ररसाभ्यां हन्युः । आहूय वा बाह्यान् घातयेयुरिति ॥

यत्र बाह्या बाह्यानुपजपन्ति, अभ्यन्तरान् अभ्यन्तरा वा,

तत्रैकान्तयोगमुपजपितुः सिद्धिर्विशेषवती । दोषशुद्धौ हि दूष्या न विद्यन्ते । दूष्यशुद्धौ हि दोषः पुनरन्यान् दूषयति ॥

तस्माद्बाह्येषूपजपत्सु भेददण्डौ प्रयुञ्जीत । सत्रिणो मित्रव्यञ्जना वा ब्रूयुः "अयं वो राजा स्वयमादातुकामो विगृहीता स्थानेन राज्ञा बुध्यध्वम्" इति । प्रतिजपितुर्वा ततो दूतदण्डाननुप्रविष्टास्तीक्ष्णाः शस्त्ररसादिभिरेषां छिद्रेषु प्रहरेयुः ॥

ततः सत्रिणः प्रतिजपितारमभिशंसेयुः ॥

अभ्यन्तरानभ्यन्तरेषूपजपत्सु यथार्हमुपायं प्रयुञ्जीत । तुष्टलिङ्गमतुष्टं विपरीतं वा साम प्रयुञ्जीत ॥

शौचसामर्थ्यापदेशेन व्यसनाभ्युदयावेक्षणेन वा प्रतिपूजनमिति दानम् । मित्रव्यञ्जनो वा ब्रूयादेतान्—"चित्तज्ञानार्थमुपधास्यति वो राजा; तदस्याख्यातव्यम्" इति । परस्पराद्वा भेदयेदेनान्—"असौ च वो राजन्येवमुपजपति" भेदो दाण्डकार्मिकवच्च दण्डः ॥

एतासां चतसृणामापदामभ्यन्तरामेव पूर्वं साधयेत् । "अहिभयादभ्यन्तरकोपो बाह्यकोपात् पापीयान्" इत्युक्तं पुरस्तात् ॥

पूर्वां पूर्वां विजानीयाल्लघ्वीमापदमापदाम् ।
उत्थितां बलवद्भ्यो वा गुर्वीं लघ्वीं विपर्यये ॥

इत्यभियास्यत्कर्मणि बाह्याभ्यन्तराश्च
आपदः पञ्चमोऽध्यायः
आदितः षड्विंशशतः

१४४ प्रक. दूष्यशत्रुसंयुक्ताः

दूष्येभ्यः शत्रुभ्यश्च द्विविधाः शुद्धाः ॥

दूष्यशुद्धायां पौरेषु जानपदेषु वा दण्डवर्जानुपायान्प्रयुञ्जीत । दण्डो हि महाजने क्षेप्तुमशक्यः; क्षिप्तो वा तं चार्थं न कुर्यात् । अन्यं चानर्थमुत्पादयेत् । मुख्येषु त्वेषां दाण्डकार्मिकवच्चेष्टेतेति ॥

शत्रुशुद्धायां यतः शत्रुप्रधानः कार्यो वा, ततस्सामादिभिः सिद्धिं लिप्सेत ॥

स्वामिन्यायत्ता प्रधानसिद्धिः; मन्त्रिष्वायत्ता यत्नसिद्धिः; उभयायत्ता प्रधानायत्ता सिद्धिः ॥

दूष्यादूष्याणामामिश्रितत्वादामिश्रा । आमिश्रायामदूष्यतस्सिद्धिः । आलम्बनाभावे ह्यालम्बिता न विद्यते । मित्रामित्राणामेकीभावात् परमिश्रा । परमिश्रायां मित्रतस्सिद्धिः । सुकरो हि मित्रेण सिद्धिर्नामित्रेणेति ॥

मित्रं चेन्न सन्धिमिच्छेत्, अभीक्ष्णमुपजपेत्; ततस्सत्रिभिरमित्रात् भेदयित्वा मित्रं लभेत । मित्रसङ्घस्य वा योऽन्तस्स्थायी तं लभेत । अन्तस्स्थायिनि लब्धे मध्यस्थायिनो भिद्यन्ते । मध्यस्थायिनं वा लभेत । मध्यस्थायिनि वा लब्धे नान्तस्स्थायिनः संहन्यन्ते । यथा चैषामाश्रयभेदः तानुपायान् प्रयुञ्जीत ॥

धार्मिकं जातिकुलश्रुतवृत्तस्तवेन सम्बन्धेन पूर्वेषां त्रैकाल्योपकारानपकाराभ्यां वा सान्त्वयेत् ॥

निवृत्तोत्साहं विग्रहश्रान्तप्रतिहतोपायं क्षयव्ययाभ्यां प्रवासेन चोपतप्तं शौचेनान्यं लिप्समानमन्यस्माद्वा शङ्कमानं मैत्रीप्रधानं वा कल्याणबुद्धिं साम्ना साधयेत् ॥

लुब्धं क्षीणं वा तपस्विमुख्यावस्थापनापूर्वं दानेन साधयेत् ॥

तत्पञ्चविधं देयविसर्गो, गृहीतानुवर्तनं, आत्तप्रतिदानं, स्वद्रव्यदानं, अपूर्वं परस्वेषु स्वयंग्राहदानं चेति दानकर्म ॥

परस्परद्वेषवैरभूमिहरणशङ्कितं अतोऽन्यतमेन भेदयेत् । भीरुं वा प्रतिघातेन—"कृतसन्धिरेष त्वयि कर्म करिष्यति; मित्रमस्य निसृष्टं सन्धौ वा नाभ्यन्तर" इति ॥

यस्य वा स्वदेशादन्यदेशाद्वा पण्यानि पण्यागारतया गच्छेयुः तान्यस्य "यातव्यालब्धानि" इति सत्रिणश्चारयेयुः बहुलीभूते शासनमभिव्यक्तेन प्रेषयेत्—"एतत्ते पण्यं पण्यागारं वा मया ते प्रेषितं; सामवायिकेषु विक्रमस्व, अपगच्छ वा ततः पणशेषमवाप्स्यसि" इति । ततस्सत्रिणः परेषु ग्राहयेयुः—"एतदरिप्रदत्तम्" इति ॥

शत्रुप्रख्यातं वा पण्यमविज्ञातं विजिगीषुं गच्छेत् । तदस्य

वैदेहकव्यञ्जनाश्शत्रुमुख्येषु विक्रीणीरन् ततस्सत्रिणः परेषु ग्राहयेयुः—"एतत्पण्यमरिप्रदत्तम्" इति ॥

महापराधानर्थमानाभ्यामुपगृह्य वा शस्त्ररसाग्निभिरमित्रेण प्रणिदध्यात् । अथैकममात्यं निष्पातयेत् । तस्य पुत्रदारमुपगृह्य रात्रौ हतमिति ख्यापयेत् । अथामात्यः शत्रोस्तानेकैकशः प्ररूपयेत् । ते चेद्यथोक्तं कुर्युः न चैनान् ग्राहयेत् । अशक्तिमतो वा ग्राहयेत् । आप्तभावोपगतो मुख्यादस्यात्मानं रक्षणीयं कथयेत्; अथामित्रशासनममुख्यायोपघाताय प्रेषितमुभयवेतनो ग्राहयेत् ॥

उत्साहशक्तिमतो वा प्रेषयेत्—"अमुष्य राज्यं गृहाण यथास्थितो नस्सन्धिः" इति । ततस्सत्रिणः परेषु ग्राहयेयुः । एकस्य स्कन्धावारं विविधमासारं वा घातयेयुः । इतरेषु मैत्रीं ब्रुवाणाः "त्वमेतेषां घातयितव्यः" इत्युपजपेयुः ॥

यस्य वा प्रवीरपुरुषो हस्ती हयो वा म्रियेत, गूढपुरुषैर्हन्येत, ह्रियेत वा, तं सत्रिणः परस्परोपहतं ब्रूयुः । ततः शासनमभिशस्तस्य प्रेषयेत्—"भूयः कुरु ततः पणशेषमवाप्स्यसि" इति । तदुभयवेतना ग्राहयेयुः भिन्नेष्वन्यतमं लभेत ।

तेन सेनापतिकुमारदण्डचारिणो व्याख्याताः ॥

साङ्घिकं च भेदं प्रयुञ्जीतेति भेदकर्म ॥

तीक्ष्णं मुक्त्वा हीनं व्यसनिनं स्थितशत्रुं वा गूढपुरुषाः शस्त्राग्निरसादिभिस्साधयेयुः । सौकर्यतो वा तेषामन्यतमः । तीक्ष्णो

ह्येकः शस्त्ररसाग्निभिस्साधयेत् । अयं सर्वसन्दोहकर्मविशिष्टं वा करोतीत्युपायचतुर्वर्गः ।

पूर्वः पूर्वश्चास्य लघिष्ठः । "सान्त्वमेकगुणम् । दानं द्विगुणं सान्त्वपूर्वम् । भेदस्त्रिगुणः सान्त्वदानपूर्वः । सान्त्वदण्डश्चतुर्गुणः सान्त्वदानभेदपूर्वः" इत्यभियुञ्जानेषूक्तम् ।

स्वभूमिष्ठेषु तु त एवोपायाः । विशेषस्तु—स्वभूमिष्ठानामन्यतमस्य पण्यागारैरभिज्ञातान् दूतमुख्यानभीक्ष्णं प्रेषयेत्, त एनं सन्धौ परहिंसायां वा योजयेयुः; अप्रतिपाद्यमानं "कृतो नस्सिद्धिः" इत्यावेदयेयुः तामितरेषामुभयवेतनास्सङ्क्रामयेयुः—"अयं वो राजा दुष्टः" इति । यस्य वा यस्माद्भयं वैरद्वेषो वा, तं तस्माद्भेदयेयुः "अयं ते शत्रुणा सन्धत्ते; पुरा त्वामतिसन्धत्ते क्षिप्रतरं सन्धीयस्व; निग्रहे चास्य प्रयतस्व इति" । आवाहविवाहाभ्यां वा कृत्वा संयोगमसंयुक्तान् भेदयेत् । सामन्ताटविकतत्कुलीनावरुद्धैश्चैषां राज्यान्निघातयेत् । सार्थव्रजाटवीभिर्वा दण्डं वाऽभिसृतं परस्परापाश्रयाश्चैषां जातिसङ्घच्छिद्रेषु प्रहरेयुः । गूढाश्चाग्निरसशस्त्रेण ॥

पीतं सगळवच्चारीन्योगैराचरितैश्शठम् ।
घातयेत्परमिश्रायां विश्वासेनामिषेण च ॥

इत्याभियास्यत्कर्मणि दूष्यशत्रुसंयुक्ताष्षष्ठोऽध्यायः
आदतः सप्तविंशशतः

१४५-१४६ प्रक. अर्थानर्थसंशययुक्ताः, तासामुपायविकल्पजास्सिद्धयश्च.

कामादिरुत्सेकः स्वाः प्रकृतीः कोपयति । अपनयो बाह्या स्तदुभयमासुरी वृत्तिः । स्वजनविकारः कोपः । परवृद्धिहेतुषु—आपदर्थोऽनर्थस्संशय इति ।

योऽर्थः शत्रुवृद्धिमवाप्तः करोति; प्राप्तः प्रत्यादेयः परेषां भवति; प्राप्यमाणो वा क्षयव्ययोदयो भवति, स भवत्यापदर्थः । यथा—सामन्तानामामिषभूतः सामन्तव्यसनजो लाभः, शत्रुप्रार्थ्यो वा स्वभावाधिगम्यो वा लाभः, पश्चात्कोपेन पार्ष्णिग्राहेण वा विगृहीतः पुरस्ताल्लाभः, मित्रोच्छेदेन सन्धिव्यतिक्रमेण वा मण्डलविरुद्धो लाभ इत्यापदर्थः ।

स्वतः परतो वा भयोत्पत्तिरित्यनर्थः ।

तयोः "अनर्थो न वा"? इति, "अर्थोऽनर्थः"? इति, "अनर्थः अर्थः"? इति संशयः ।

शत्रुं मित्रमुत्सहयितुमर्थो न वेति संशयः ।

शत्रुबलमर्थमानाभ्यामावाहयितुमनर्थो न वेति संशयः ।

तेषामर्थसंशयमुपगच्छेत् ।

अर्थोऽर्थानुबन्धः, अर्थो निरनुबन्धः, अर्थोऽनर्थानुबन्धः, अनर्थोऽर्थानुबन्धः, अनर्थो निरनुबन्धः; अनर्थोऽनर्थानुबन्ध इत्यनर्थषड्वर्गः—शत्रुमुत्पाट्य पार्ष्णिग्राहादानमर्थोऽर्थानुबन्धः ।

उदासीनस्य दण्डानुग्रहफलेन अर्थो निरनुबन्धः ।

परस्यान्तरुच्छेदनमर्थोऽनर्थानुबन्धः ।

शत्रुप्रातिवेशस्यानुग्रहः कोशदण्डाभ्यामनर्थोऽर्थानुबन्धः ।

हीनशक्तिमुत्साह्य निवृत्तिरनर्थो निरनुबन्धः ।

ज्यायांसमुत्थाप्य निवृत्तिरनर्थोऽनर्थानुबन्धः ।

तेषां पूर्वः पूर्वः श्रेयानुपसम्प्रातुम् ।

इति कार्यावस्थापनम् ।

समन्ततो युगपदर्थोत्पत्तिस्समन्ततो ऽर्थाद्भवति ।

सैव पार्ष्णिग्राहाविगृहीता समन्ततोऽर्थसंशयापद्भवति ।

तयोर्मित्राक्रन्दोपग्रहात्सिद्धिः ।

समन्ततः शत्रुभ्यो भयोत्पत्तिस्समन्ततोऽनर्थापद्भवति ।

सैव मित्रगृहीता समन्ततोऽनर्थसंशयापद्भवति ।

तयोश्चलामित्राक्रन्दोपग्रहात्सिद्धिः ।

परमिश्राप्रतिकारो वा इतो लाभ इतरतो लाभ इत्युभयतोऽर्थापद्भवति ।

तस्यां समन्ततोऽर्थायां च लाभगुणयुक्तमर्थमादातुं यायात् । तुल्ये लाभगुणे प्रधानमासन्नमनतिपातनमूनोपायेन भवेत्, तमादातुं यायात् ।

इतोऽनर्थ इतरतोऽनर्थ इत्युभयतोऽनर्थापत् ।

तस्यां समन्ततोऽनर्थायां च मित्रेभ्यस्सिद्धिं लिप्सेत । मित्राभावे प्रकृतीनां लघीयस्यैकतोऽनर्थान् साधयेत् । उभयतोऽनर्थान्

ज्यायस्या, समन्ततोऽनर्थान् मूलेन प्रतिकुर्यात् । अशक्ये समुत्सृज्यावगच्छेत् । दृष्टा हि जीवतः पुनरावृत्तिः यथा सुयात्रोदयनाभ्याम् ।

इतो लाभ इतरतो राज्याभिमर्श इत्युभयतोऽर्थानर्थापद्भवति । तस्यामनर्थसाधको योऽर्थः, तमादातुं यायात् अन्यथा हि राज्याभिमर्शं वारयेत् ।

एतया समन्ततः अर्थानर्थापद्व्याख्याता ।

इतोऽनर्थ इतरतोऽर्थसंशय इत्युभयतोऽनर्थार्थसंशयः । तस्यां पूर्वमनर्थं साधयेत् । तत्सिद्धावर्थसंशयम् ।

एतया समन्ततोऽनर्थार्थसंशयो व्याख्यातः ।

इतोऽर्थ इतरतोऽनर्थसंशय इयुभयतोऽनर्थार्थसंशयो भवति ।

एतया समन्ततोऽर्थानर्थसंशया व्याख्याताः ।

तस्यां पूर्वां पूर्वां प्रकृतीनामनर्थसंशयान्मोक्षयितुं यतेत । श्रेयो हि मित्रमनर्थसंशये तिष्ठन्नदण्डः दण्डो वा न कोश इति ।

समग्रमोक्षणाभावे प्रकृतीनामवयवान्मोक्षयितुं यतेत । तत्र पुरुषप्रकृतीनां च बहुलमनुरक्तं वा तीक्ष्णलुब्धवर्जं द्रव्यप्रकृतीनां सारं महोपकारं वा सन्धिनाऽऽसनेन द्वैधीभावेन वा लघूनि, विपर्ययैः गुरूणि ।

क्षयस्थानवृद्धीनां चोत्तरोत्तरं लिप्सेत । प्रातिलोम्येन वा क्षयादीनामायत्यां विशेषं पश्येत् ।

इति देशावस्थापनम् ।

एतेन यात्रामध्यान्तेष्वर्थानर्थसंशयानामुपसंप्राप्तिर्व्याख्याता ।

निरन्तरयोगित्वाच्चार्थानर्थसंशयानां यात्रादावर्थः श्रेयानुपसम्प्राप्तुं पार्ष्णिग्राहासारप्रतिघातक्षयव्ययप्रवासप्रत्यादेयमूलरक्षणेषु च भवति । तथाऽनर्थस्संशयो वा स्वभूमिषु ह्यविषह्यो भवति।

एतेन यात्रामध्येऽनर्थसंशयानामुपसम्प्राप्तिर्व्याख्याता ।

यातृयात्रान्ते तु कर्शनीयमुच्छेदनीयं वा कर्शयित्वोच्छिद्य वाऽर्थः श्रेयानुपसम्प्राप्तुं नानर्थस्संशयो वा, पराबाधभयात् ।

सामवायिकानामपुरोगस्य तु यात्रामध्यान्तगोऽनर्थस्संशयो वा श्रेयानुपसम्प्राप्तुमनिबन्धगामित्वात् ।

अर्थो धर्मः काम इत्यर्थत्रिवर्गः ।

तस्य पूर्वः पूर्वश्श्रेयानुपसम्प्राप्तुम् ।

अनर्थोऽधर्मश्शोक इत्यनर्थत्रिवर्गः ।

तस्य पूर्वः पूर्वः श्रेयान् प्रतिकर्तुम् ।

अर्थोऽनर्थ इति, धर्मोऽधर्म इति, कामः शोक इति संशयत्रिवर्गः ।

तस्योत्तरपक्षसिद्धौ पूर्वपक्षश्श्रेयानुपसम्प्रातुम् ।

इति कालावस्थापनम् ।

इत्यापदः ।

तासां सिद्धिः–पुत्रभ्रातृबन्धुषु सामदानाभ्यां सिद्धिरनुरूपा, पौरजानपददण्डमुख्येषु दानभेदाभ्यां, सामन्ताटविकेषु भेददण्डाभ्याम् ।

एषाऽनुलोमा विपर्यये प्रतिलोमा ।

मित्रामित्रेषु व्यामिश्रा सिद्धिः, परस्परसाधका ह्युपायाः ।

शत्रोः शङ्कितामात्येषु सान्त्वं प्रयुक्तं शेषप्रयोगं निवर्तयाति दूष्यामात्येषु दानं; सङ्घातेषु भेदः; शक्तिमत्सु दण्ड इति ।

गुरुलाघवयोगाच्चापदां नियोगविकल्पसमुच्चया भवन्तिः ।

"अनेनैवोपायेन नान्येन" इति नियोगः ।

"अनेन वाऽन्येन व" इति विकल्पः ।

"अनेनान्येन च" इति समुच्चयः ।

तेषामेकयोगाश्चत्वारस्त्रियोगाश्च; द्वियोगाष्षद् एकश्चतुर्योग इति पञ्चदशोपायाः । तावन्तः प्रतिलोमाः ।

तेषामेकेनोपायेन सिद्धिरेकसिद्धिः द्वाभ्यां द्विसिद्धिः त्रिभिस्त्रिसिद्धिः । चतुर्भिश्चतुस्सिद्धिरिति ।

धर्ममूलत्वात् कामफलत्वाच्चार्थस्य धर्मार्थकामानुबन्धायार्थस्य सिद्धिस्सा सर्वार्थसिद्धिः ।

इति सिद्धयः ।

दैवादग्निरुदकं व्याधिः प्रमारो विद्रवो दुर्भिक्षमासुरी सृष्टिः इत्यापदः ।

तासां दैवतब्राह्मणप्रणिपाततः सिद्धिः ।

अस्ट्रष्टिरतिस्ट्रष्टिर्वा स्ट्रष्टिर्वा याऽऽसुरी भवेत् ।
तस्यामाथर्वणं कर्म सिद्धारम्भाश्च सिद्धयः ॥

इत्यभियास्यत्कर्मणि अर्थानर्थसंशययुक्तास्तासामुपाय विकल्पजास्सिद्धयश्च सप्तमोऽध्यायः आदितोऽष्टाविंशशतः।

एतावता कौटिलीयस्यार्थशास्त्रस्य अभियास्यत्कर्म नवममाधिकरणं समाप्तम्

१० अधि. सांग्रामिकम्.

१४७–प्रक. स्कन्धावारनिवेशः

वास्तुकप्रशस्तवास्तुनि नायकवर्धकिमौहूर्तिकाः स्कन्धावारं वृत्तं दीर्घं चतुरश्रं वा, भूमिवशेन वा चतुर्द्वारं षट्पथं नवसंस्थानं मापयेयुः ॥

खातवप्रसालद्वाराट्टालकसम्पन्नं भये स्थाने च मध्यमस्योत्तरे नवभागे राजवास्तुकं धनुश्शतायाममर्धविस्तारं, पश्चिमार्धे तस्यान्तःपुरमन्तर्वंशिकसैन्यं चान्ते निविशेत । पुरस्तादुपस्थानं, दक्षिणतः कोशशासनकार्यकरणानि, वामतो राजोपवाह्यानां हस्त्यश्वरथानां स्थानं, अतो धनुश्शतान्तराश्चत्वारश्शकटमेथीप्रततीस्तम्भसालपरिक्षेपाः । प्रथमे पुरस्तान्मन्त्रिपुरोहितौ, दक्षिणतः कोष्ठागारं महानसं च, वामतः कुप्यायुधागारं; द्वितीये मूलभृतानां स्थानं अश्वरथानां, बाह्यतः लुब्धकश्वगणिनः सतू-

र्यामयः गूढाश्चारक्षाश्शत्रूणामापाते कूपकूटावपातकण्टकिनीश्च स्थापयेत् । अष्टादशवर्गाणामात्मरक्षविपर्यासं कारयेत् । दिवायामं च कारयेदपसर्पज्ञानार्थम् ॥

विवादसौरिकसमाजद्यूतवारणं च कारयेत् । मुद्राक्षरणं च । सेनानीवृत्तमायुधीयमशासनमन्तपालोऽनुबध्नीयात् ॥

पुरस्तादध्वनस्सम्यक्प्रशास्ता ग्रहणानि च ।
यायाद्वर्धकिविष्टिभ्यामुदकानि च कारयेत् ॥

इति साङ्ग्रामिके दशमेऽधिकरणे स्कन्धावारनिवेशः प्रथमोऽध्यायः आदित एकोनत्रिंशच्छतः.

१४८-१४९ प्रक. स्कन्धावारप्रयाणम्, बलव्यसनावस्कन्दकालरक्षणं च.

ग्रामारण्यानामध्वनिवेशान् यवसेन्धनोदकवशेन परिसङ्ख्याय स्थानासनगमनकालं च यात्रां यायात् । तत्प्रतीकाराद्द्विगुणं भक्तोपकरणं वाहयेत् । अशक्तो वा सैन्येष्व........प्रयोजयेत् । अन्तरेषु वा निचिनुयात् ॥

पुरस्तान्नायकः; मध्ये कळत्रं स्वामी च, पार्श्वयोरश्वा बाहूत्सारः, चक्रान्तेषु हस्तिनः प्रसारवृद्धिर्वा, सर्वतो वनाजीवः प्रसारः । स्वदेशादन्वायतिर्वीवधो मित्रबलमासारः स्वभूमितां यायात् । अभूमिष्ठानां हि स्वभूमिष्ठा युद्धे प्रतिलोमा भवन्ति । योजनमधमाः, अध्यर्धं मध्यमाः, द्वियोजनमुत्तमा-

ससम्भाव्या चागतिः पश्चात्सेनापतिर्यायात्, निविशेत पुरस्तात् अभ्याघाते मकरेण यायात्, पश्चाच्छकटेन, पार्श्वयोर्वज्रेण, समन्ततः सर्वतोभद्रेणैकायने सूच्या पथि द्वैधीभावे । आश्रयकारी सम्पन्नघाती पार्ष्णिरासारो मध्यम उदासीनो वा प्रतिकर्तव्यः । सङ्कटो मार्गः शोधयितव्यः । कोशो दण्डमित्रामित्राटवीबलं वृष्टि ऋतुर्वा प्रतीक्ष्याः ।

"कृतदुर्गकर्मनिचयरक्षाक्षयः क्रीतबलनिर्वेदो मित्रबलनिर्वेदश्चागमिष्यति उपजापितारो वा नातित्वरयन्ति, शत्रुरभिप्रायं वा पूरयिष्यति" इति शनैर्यायात् । विपर्यये शीघ्रम् ।

हस्तिस्तम्भसङ्क्रमसेतुबन्धनौकाष्ठवेणुसङ्घातैः, अलाबुचर्मकरण्डदृतिप्लवगण्डिकावेणिकाभिश्चोदकानि तारयेत् ।

तीर्थाभिग्रहे हस्त्यश्वैरन्यतो रात्रावुत्तार्य सत्रं गृह्णीयात् ।

अनुदके चक्रिचतुष्पदं चाध्वप्रमाणे शक्त्योदकं वाहयेत् ।

दीर्घकान्तारमनुदकं यवसेन्धनोदकहीनं वा कृच्छ्राध्वानमभियोगप्रस्कन्दनं क्षुत्पिपासाध्वक्लान्तं पङ्कतोयगम्भीराणां वा नदीदरीशैलानामुद्यानापयाने व्यासक्तं एकायनमार्गे शैलविषमे सङ्कटे वा बहुलीभूतं, निवेशे प्रस्थितेऽपि सन्नाहं भोजनव्यासक्तं, आयतगतपरिश्रान्तमवसुप्तं व्याधिमरकदुर्भिक्षपीडितं व्याधितपत्त्यश्वद्विपमभूयिष्ठं वा बलव्यसनेषु वा स्वसैन्यं रक्षेत् । परसैन्यं चाभिहन्यात् ।

एकायनमार्गप्रयातस्य सेनानीश्चाहारग्रासशय्याप्रस्ताराग्निनिधानध्वजायुधसङ्ख्यानेन परबलज्ञानं तदात्मनो गूहयेत् ।

पार्वतं वा नदीदुर्गं सापसारप्रतिग्रहम् ।
स्वभूमौ पृष्ठतः कृत्वा युध्येत निविशेत च ॥

इति साङ्ग्रामिके दशमेऽधिकरणे स्कन्धावारप्रयाणं, बलव्यसनावस्कन्दकालरक्षणं च द्वितीयोऽध्यायः आदितस्त्रिंशच्छतः.

१५०–१५२ प्रक. कूटयुद्धविकल्पाः, स्वसैन्योत्साहनं, स्वबलान्यबलव्यायोगश्च.

बलविशिष्टः कृतोपजापः प्रतिविहितकर्तुस्स्वभूम्यां प्रकाशयुद्धमुपेयात् विपर्यये शकटयुद्धम् ।

बलव्यसनावस्कन्दकालेषु परमभिहन्यात् । अभूमिष्ठं वा स्वभूमिष्ठः ।

प्रकृतिप्रग्रहो वा स्वभूमिष्ठं दूष्यामित्राटवीबलैर्वा भङ्गं दत्वा विभूमिप्राप्तं हन्यात् । संहतानीकं हस्तिभिर्भेदयेत् । पूर्वं भङ्गप्रदानेनानुप्रलीनं भिन्नमभिन्नं प्रतिनिवृत्य हन्यात् ।

पुरस्तादभिहत्य प्रचलं विमुखं वा पृष्ठतो हस्त्यश्वेनाभिहन्यात् । पुरस्ताद्विषमायां पृष्ठतोऽभिहन्यात् । पृष्ठतो विषमायां पुरस्तादभिहन्यात् । पार्श्वतो विषमायां इतरतोऽभिहन्यात् ।

दूष्यामित्राटवीबलैर्वा पूर्वं योधयित्वा श्रान्तमश्रान्तः परमभिहन्यात् । दूष्यबलेन वा स्वयं भङ्गं दत्वा "जितम्" इति विश्व-

स्तमविश्वस्तः सत्रापाश्रयोऽभिहन्यात् । सार्थव्रजस्कन्धावारसंवाहविलोपप्रमत्तमप्रमत्तोऽभिहन्यात् । फल्गुबलावच्छन्नस्सारबलो वा परवीराननुप्रविश्य हन्यात् । गोत्रग्रहणेन श्वापदवधेन वा परवीरानाकृष्य सत्रच्छन्नोऽभिहन्यात् ।

रात्रावस्कन्देन जागरयित्वा निद्राक्रान्तानतप्रस्तप्तान्वा दिवा हन्यात् । सपादचर्मकोशैर्वा हस्तिभिस्सौप्तिकं दद्यात् । अहस्सन्नाहपरिश्रान्तानपराह्णेऽभिहन्यात् । प्रतिसूर्यपातं वा सर्वमभिहन्यात् ।

धान्वनसङ्कटपङ्कशैलनिम्नविषमनावो गावश्शकटव्यूहो नीहारो रात्रिरिति सत्राणि ।

पूर्वे च प्रहरणकालाः कूटयुद्धहेतवः ।

सङ्ग्रामस्तु–निर्दिष्टदेशकालो धर्मिष्ठस्संहत्य दण्डं ब्रूयात्— "तुल्यवेतनोऽस्मि; भवद्भिस्सह भोग्यमिदं राज्यं; मयाऽभिहितः परोऽभिहन्तव्यः" इति; वेदेष्वप्यनुश्रूयते—'समाप्तदक्षिणानां यज्ञानामवभृथेषु सा ते गतिर्या शूराणाम्' इति; अपीह श्लोकौ भवतः—

यान्यज्ञसङ्घैस्तपसा च विप्राः
स्वर्गैषिणः पात्रचयैश्च यान्ति ।
क्षणेन तानप्यतियान्ति शूराः
प्राणान् सुयुद्धेषु परित्यजन्तः ॥

नवं शरावं सलिलस्य पूर्णं सुसंस्कृतं दर्भकृतोत्तरीयम् ।
तत्तस्य माभून्नरकं च गच्छेद्यो भर्तृपिण्डस्य कृते न युध्येत् ॥
इति मन्त्रिपुरोहिताभ्यामुत्साहयेद्योधान् ।

व्यूहसम्पदा कार्तान्तिकादिश्चास्य वर्गः सर्वज्ञदैवसंयोगख्यापनाभ्यां स्वपक्षमुद्धर्षयेत् । परपक्षं चोद्वेजयेत् । "श्वो युद्धम्" इति कृतोपवासः शस्त्रवाहनं चाधिशयीत । अथर्वभिश्च जुहुयात् । विजययुक्तास्स्वर्गीयाश्चाशिषो वाचयेत् । ब्राह्मणेभ्यश्चात्मानमातिसृजेत् । शौर्यशिल्पाभिजनानुरागयुक्तमर्थमानाभ्यामविसंवादितमनीकगर्भं कुर्वीत—पितृपुत्रभ्रातृकाणामायुधीयानामध्वजमुण्डानीकं राजस्थानं हस्ती रथो वा राजवाहनमश्वानुबन्धे यत्प्रायस्सैन्यो यत्र वा विनीतः स्यात्तदधिरोहयेत् । राजव्यञ्जनो व्यूहानुष्ठानमायोज्यः ।

सूतमागधाः शूराणां स्वर्गमस्वर्गं भीरूणां जातिसङ्घकुलकर्मवृत्तस्तवं च योधानां वर्णयेयुः । पुरोहितपुरुषाः कृत्याभिचारं ब्रूयुः । सत्रिकवर्धकिमौहूर्तिकास्स्वकर्मसिद्धिमसिद्धिं परेषाम् ।

सेनापतिरर्थमानाभ्यामभिसंस्कृतमनीकमाभाषेत—"शतसाहस्रो राजवधः, पञ्चाशत्साहस्रः सेनापतिकुमारवधः, दशसाहस्रः प्रवीरमुख्यवधः, पञ्चसाहस्रो हस्तिरथवधः, साहस्रोऽश्ववधः, शत्यः पत्तिमुख्यवधः, शिरो विंशतिकं, भोगद्वैगुण्यं स्वयंग्राहश्च" इति । तदेषां दशवर्गाधिपतयो विद्युः ।

चिकित्सकाः शस्त्रयन्त्रागदस्नेहवस्त्रहस्ताः, स्त्रियश्चान्नपानरक्षिण्यपुरुषाणामुद्धर्षणीयाः पृष्ठतस्तिष्ठेयुः ।

अदक्षिणामुखं पृष्ठतस्सूर्यमनुलोमपातमनीकं स्वभूमौ व्यूहेत । परभूमिव्यूहे चाश्वांश्चारयेयुः ।

यत्र स्थानं प्रजवश्चाभूमिव्यूहस्य, तत्र स्थितः प्रजवितश्चोभयथा जीयेत । विपर्यये जयति । उभयथा स्थाने प्रजवे च ।

समा विषमा व्यामिश्रा वा भूमिरिति, पुरस्तात्पार्श्वाभ्यां पश्चाच्च ज्ञेया । समायां दण्डमण्डलव्यूहाः, विषमायां भोगसंहतव्यूहाः ।

विशिष्टबलं भङ्क्त्वा सन्धिं याचेत । समबलेन याचितः सन्दधीत । हीनमनुहन्यात् । न त्वेव स्वभूमिप्राप्तं त्यक्तात्मानं वा ।

पुनरावर्तमानस्य निराशस्य च जीविते ।
अधार्यो जायते वेगस्तस्माद्भग्नं न पीडयेत् ॥

इति साङ्ग्रामिके कूटयुद्धविकल्पास्स्वसैन्योत्साहनं स्वबलान्यबलव्यायोगश्च तृतीयोऽध्यायः
आदित एकात्रिंशच्छतः.

१५३–१५४ प्रक. युद्धभूमयः, पत्त्यश्वरथहस्तिकर्माणि च.

स्वभूमिः पत्त्यश्वरथद्विपानामिष्टा युद्धे निवेशे च । धान्वनवननिम्नस्थलयोधिनां खनकाकाशदिवारात्रियोधिनां च पुरुषाणां

नादेयपर्वतानूपसारसानां च हस्तिनामश्वानां च यथास्वमिष्टा युद्धभूमयः कालाश्च ।

समा स्थिराभिकाशा निरुत्खातिन्यचक्रखुराऽनक्षग्राहिणी अवृक्षगुल्मप्रतती स्तम्भकेदारश्वभ्रवल्मीकसिकताभङ्गभङ्गुरादरणहीना च रथभूमिः ।

हस्त्यश्वयोर्मनुष्याणां च समे विषमे हिता युद्धे निवेशे च ।

अण्वश्मवृक्षा स्वलङ्घनीयश्वभ्रा मन्ददरणदोषा चाश्वभूमिः ।

स्थूलस्थाण्वश्मवृक्षप्रतती वल्मीकगुल्मा पदातिभूमिः ।

गम्यशैलविषमा निम्नविषमा मर्दनीयवृक्षा छेदनीयप्रतती पङ्कभङ्गुरा दरणहीना च हस्तिभूमिः ।

अकण्टकिन्यबहुविषमा प्रत्यासारवतीति पदातीनामतिशयः ।

द्विगुणप्रत्यासारा कर्दमोदकखञ्जनहीना निश्शर्करेति वाजिनामतिशयः ।

पांसुकर्दमोदकनळशराश्रयवती श्वदंष्ट्रहीना महावृक्षशाखाघातवियुक्तेति हस्तिनामतिशयः ।

तोयाशयाश्रयवती निरुत्खातिनी केदारहीना व्यावर्तनसमर्थेति रथानामतिशयः ।

उक्ता सर्वेषां भूमिः ।

एतया सर्वबलानिवेशा युद्धानि च व्याख्यातानि भवन्ति ।

भूमिवासवननिचयो विषमतोयतीर्थवातरश्मिग्रहणं, वीव-

धासारयोर्घातो रक्षा वा, विशुद्धिस्थापना च बलस्य, प्रसारवृद्धिर्बाहूत्सारः, पूर्वप्रहारो, व्यावेशनं, व्यावेधनमाश्वासो ग्रहणं मोक्षणं मार्गानुसारविनिमयः कोशकुमाराभिहरणं जघनकोट्यभिघातो हीनानुसारणमनुयानं समाजकर्मेत्यश्वकर्माणि ।

पुरोयानमकृतमार्गवासतीर्थकर्म बाहूत्सारस्तोयतरणावतरणे स्थानगमनावतरणं विषमसम्बाधप्रवेशोऽग्निदानशमनमेकाङ्गविजयः भिन्नसन्धानमभिन्नभेदनं व्यसने त्राणमभिघातो विभीषिका त्रासनमौदार्यं ग्रहणं मोक्षणं सालद्वाराट्टालकभञ्जनं कोशवाहनमिति हस्तिकर्माणि ।

स्वबलरक्षा चतुरङ्गबलप्रतिषेधः सङ्ग्रामे ग्रहणं मोक्षणं भिन्नसन्धानमभिन्नभेदनं त्रासनमौदार्यं भीमघोषश्चेति रथकर्माणि ।

सर्वदेशकालशस्त्रवहनं व्यायामश्चेति पदातिकर्माणि ।

शिबिरमार्गसेतुकूपतीर्थशोधनकर्मयन्त्रायुधावरणोपकरणग्रासवहनमायोधनाच्च प्रहरणावरणप्रतिविद्धापनयनमिति विष्टिकर्माणि ।

कुर्याद्गवाश्वव्यायोगं रथेष्वल्पहयो नृपः ।
खरोष्ट्रशकटानां वा गर्भमल्पगजस्तथा ॥

इति साङ्ग्रामिके दशमेऽधिकरणे युद्धभूमयः, पत्त्यश्वरथहस्तिकर्माणि

चतुर्थोऽध्यायः आदितो द्वात्रिंशशतः.

१५५–१५७ प्रक. पक्षकक्षोरस्यानां बलाग्रतो व्यूहविभागः, सारफल्गुबलविभागः, पत्त्यश्वरथहस्तियुद्धानि च.

पञ्चधनुश्शतापकृष्टदुर्गमवस्थाप्य युद्धमुपेयात् । भूमिवशेन वा विभक्तमुख्यामचक्षुर्विषये मोक्षयित्वा सेनां सेनापतिनायकौ व्यूहेयाताम् । शमान्तरं पत्तिं स्थापयेत् । त्रिशमान्तरमश्वं, पञ्चशमान्तरं रथं, हस्तिनं वा द्विगुणान्तरं त्रिगुणान्तरं वा व्यूहेत । एवं यथासुखमसम्बाधं युध्येत ।

पञ्चारत्नि धनुः; तस्मिन् धन्विनं स्थापयेत् । त्रिधनुष्यश्वं, पञ्चधनुषि रथं हस्तिनं वा ।

पञ्चधनुरनीकसन्धिः पक्षकक्षोरस्यानां; अश्वस्य त्रयः पुरुषाः प्रतियोद्धारः; पञ्चदश रथस्य हस्तिनो वा पञ्च चाश्वाः; तावन्तः पादगोपाः वाजिरथद्विपानां विधेयाः ।

त्रीणि त्रिकाण्यनीकं रथानामुरस्यं स्थापयेत् । तावत्कक्षं, पक्षं चोभयतः पञ्चचत्वारिंशत्, एवं रथा व्यूहे भवन्ति ।

द्वे शते पञ्चविंशतिश्चाश्वाः, षट्शतानि पञ्चसप्ततिश्च पुरुषाः प्रतियोद्धारः, तावन्तः पादगोपा वाजिरथद्विपानां; एष समव्यूहः तस्य द्विरथो वृद्धिः एकविंशतिरथादित्येवमोजा दश विषमव्यूहप्रकृतयो भवन्ति । अतस्सैन्यानां व्यूहशेषमावापः कार्यः ।

रथानां द्वौ त्रिभागावङ्गेष्वावापयेत् । शेषमुरस्यं स्थापयेत् । एवं त्रिभागोनो रथानामावापः कार्यः ।

तेन हस्तिनामश्वानां आवापो व्याख्यातः ।

यावदश्वरथद्विपानां युद्धसम्बाधं न कुर्यात्, तावदावापः कार्यः ।

दण्डबाहुल्यमावापः । पत्त्यबाहुल्यं प्रत्यावापः । एकाङ्गबाहुल्यमन्वावापः । दूष्यबाहुल्यमत्यावापः । परवापात् प्रत्यावापादाचतुर्गुणादाऽष्टगुणादिति वा विभवतस्सैन्यानामावापः कार्यः ।

रथव्यूहेन हस्तिव्यूहो व्याख्यातः । व्यामिश्रो वा हस्तिरथाश्वानाम् । चक्रान्तेषु हस्तिनः, पार्श्वयोरश्वाः मुख्या रथा उरस्यहस्तिनामुरस्यं रथानां कक्षावश्वानां पक्षाविति मध्यभेदी ; विपरीतोऽन्तभेदी । हस्तिनामेव तु शुद्धः सान्नाह्यानामुरस्यं, अपवाह्यानां जघनं, व्याळानां कोट्याविति ।

अश्वव्यूहो वर्मिणामुरस्यं शुद्धानां कक्षपक्षाविति ।

पत्तिव्यूहः पुरस्तादावरणिनः पृष्ठतो धन्विन इति । शुद्धाः पत्तयः पक्षयोरश्वाः पार्श्वयोर्हस्तिनः पृष्ठतो रथाः पुरस्तात्परव्यूहवशेन वा विपर्यास इति द्व्यङ्गबलविभागः । तेन त्र्यङ्गबलविभागः व्याख्यातः ।

दण्डसम्पत्सारबलं पुंसां हत्स्यश्वयोर्विशेषः । कुलं जातिस्सत्त्वं वयस्थता प्राणो वर्षजवस्तेजश्शिल्पं स्थैर्यमुदग्रता विधेयत्वं सुव्यञ्जनाचारतेति पत्त्यश्वरथद्विपानाम् ।

सारत्रिभागमुरस्यं स्थापयेत् । द्वौ त्रिभागौ कक्षं पक्षं चोभयतः अनुलोममनुसारं प्रतिलोमं तृतीयसारफल्गुप्रतिलोममेवं सर्वमुपयोगं गमयेत् ।

फल्गुबलमन्तेष्ववधाय वेगाभिहूलितो भवति । सारबलमग्रतः कृत्वा कोटीष्वनुसारं कुर्यात् । जघने तृतीयसारं, मध्ये फल्गुबलमेतत् सहिष्णुर्भवति । व्यूहं तु स्थापयित्वा पक्षकक्ष्योरस्यानामेकेन द्वाभ्यां वा प्रहरेत् । शेषैः प्रतिगृह्णीयात् ।

यस्य परस्य दुर्बलं वीतं हस्त्यश्वं दूष्यामात्यकृतोपजापं वा, तत्प्रभूतसारेणाभिहन्यात् । यद्वा परस्य सारिष्ठं, तद्द्विगुणसारेणाभिहन्यात् । यदङ्गमल्पसारमात्मनस्तद्बहुनोपचिनुयात् । यतः परस्यापचयस्ततोऽभ्याशे व्यूहेत, यतो वा भयंस्यात् ।

अभिसृतं परिसृतमातिसृतमपसृतमुन्मथ्यावधानं बलयोगो मूत्रिकामण्डलं प्रकीर्णका व्यावृत्तपृष्ठमनुवंशमग्रतः पार्श्वाभ्यां पृष्ठतो भग्नरक्षा भग्नानुपातः इत्यश्वयुद्धानि ।

प्रकीर्णिकावर्जान्येतान्येव, चतुर्णामङ्गानां व्यस्तसमस्तानां वा घातः, पक्षकक्षोरस्यानां च प्रभञ्जनमवस्कन्दः सौप्तिकं चेति हस्तियुद्धानि ।

उन्मथ्यावधानवर्जान्येतान्येव स्वभूमावभियानापयानस्थितयुद्धानीति रथयुद्धानि ।

सर्वदेशकालप्रहरणमुपांशुदण्डश्चेति पत्तियुद्धानि ।

एतेन विधिना व्यूहानोजान्युग्मांश्च कारयेत् ।
विभवो यावदङ्गानां चतुर्णां सदृशो भवेत् ॥
द्वे शते धनुषां गत्वा राजा तिष्ठेत्प्रतिग्रहः ।
भिन्नसङ्घातनं तस्मान्न युध्येताप्रतिग्रहः ॥

इति साङ्ग्रामिके पक्षकक्षोरस्यानां बलाग्रतो व्यूहविभागः, सारफल्गुबलविभागः, पत्त्यश्वरथहास्तयुद्धानि च पञ्चमोऽध्यायः आदितस्त्रयस्त्रिंशच्छतः.

१५८–१५९ प्रक. दण्डभोगमण्डलासंहतव्यूहनं, तस्य प्रतिव्यूहस्थापनं च.

"पक्षावुरस्यं प्रतिवृत्तिर्भोगः, पक्षौ कक्षावुरस्यं प्रतिग्रहः" इति बार्हस्पत्याः ।

प्रपक्षकक्षोरस्या उभयोः दण्डभोगमण्डलासंहताः प्रकृतिव्यूहाः ।

तत्र तिर्यग्वृत्तिर्दण्डः ।

समस्तानामन्वावृत्तिर्भोगः ।

सुतरां सर्वतोवृत्तिः मण्डलः ।

स्थितानां पृथगनीकवृत्तिरसंहतः ।

पक्षकक्षोरस्यैस्समं वर्तमानो दण्डः । स कक्षातिक्रान्तः प्रदरः; स एव पक्षकक्षाभ्यां प्रतिक्रान्तो दृढकः, स एव निष्क्रान्तः पक्षाभ्यामसह्यः; पक्षाववस्थाप्योरस्यातिक्रान्तः श्येनः; विपर्यये

चापं; चापकुक्षिः प्रतिष्ठः सुप्रतिष्ठश्च । चापपक्षस्सञ्जयः; स एवे.रस्यातिक्रान्तो विजयः स्थूलकर्णपक्षः स्थूलकर्णः; द्विगुणपक्षस्स्थूलो विशालविजयस्त्र्यभिक्रान्तपक्षश्चमूमुखः; विपर्यये झषास्यः ।

ऊर्ध्वा राजिर्दण्डः सूची; द्वौ दण्डौ वलयः; चत्वारो दुर्जय इति दण्डव्यूहाः ।

पक्षकक्षोरस्यैर्विषमं वर्तमानो भोगस्स सर्पसारी, गोमूत्रिका वा, स युग्मोरस्यो दण्डपक्षः शकटः; विपर्यये मकरः; हस्त्यश्वरथैर्व्यतिकीर्णः शकटः वारिपतन्तक इति भोगव्यूहाः ।

पक्षकक्षोरस्यानां एकीभावे मण्डलं स सर्वतोमुखः, सर्वतोभद्रः, अष्टानीको दुर्जय इति मण्डलव्यूहाः ।

पक्षकक्षोरस्यानां असंहतादसंहतः ।

स पञ्चानीकानामाकृतिस्थापनाद्वज्रो गोधा वा ।

चतुर्णामुद्यानकः काकपदी वा

त्रयाणमर्धचन्द्रिकः कर्काटकशृङ्गी वेत्यसंहतव्यूहाः ।

रथोरस्यो हस्तिकक्षोऽश्वपृष्ठोऽरिष्टः ।

पत्तयोऽश्वा रथा हस्तिनश्चानुपृष्ठमचलः ।

हस्तिनोऽश्वा रथाः पत्तयश्चानुपृष्ठममातिहतः ।

तेषां प्रदरं दृढकेन घातयेत् दृढकमसह्येन । श्येनं चापेन । प्रतिष्ठं सुप्रतिष्ठेन । सञ्जयं विजयेन । स्थूलकर्णं विशालवि-

जययेन । पारिपतन्तकं सर्वतोभद्रेण । दुर्जयेन सर्वान् प्रतिव्यूहेत ।

पत्त्यश्वरथद्विपानां पूर्वं पूर्वमुत्तरेण घातयेत् । हीनाङ्गमधिकाङ्गेन चेति । अङ्गदशकस्यैकः पतिः पदिकः; पदिकदशकस्यैकः सेनापतिः; तद्दशकस्यैको नायक इति । स तूर्यघोषध्वजपताकाभिः व्यूहाङ्गानां संज्ञास्स्थापयेत् । अङ्गविभागे सङ्घाते स्थाने गमने व्यावर्तने प्रहरणे च समे व्यूहे देशकालयोगात्सिद्धिः ।

दण्डैरुपनिषद्योगैः तीक्ष्णैर्व्यासक्तघातिभिः ।
मायाभिर्दैवसंयोगैः शकटैर्हस्तिभूषणैः ॥
भूष्यप्रकोपैर्गोयूथैस्स्कन्धावारप्रदीपनैः ।
कोटीजघनघातैर्वा दूतव्यञ्जनभेदनैः ॥
दुर्गं दग्धं हृतं वा ते कोपः कुल्यः समुत्थितः ।
शत्रुराटविको वेति परस्योद्वेगमाचरेत् ॥
एकं हन्यान्न वा हन्यादिषुः क्षिप्तो धनुष्मता ।
प्राज्ञेन तु मतिः क्षिप्ता हन्याद्गर्भगतानपि ।

इति साङ्ग्रामिके दण्डभोगमण्डलसंहतव्यूहव्यूहनं तस्य प्रतिव्यूहस्थापनं च षष्ठोऽध्यायः । आदितश्चतुस्त्रिंशच्छतः

एतावता कौटिलीयस्यार्थशास्त्रस्य सांग्रामिकं दशममधिकरणं समाप्तम्

११ अधि. संघवृत्तम्.

१६०–१६१ प्रक. भेदोपादानानि, उपांशुदण्डश्च.

सङ्घलाभो दण्डमित्रलाभानामुत्तमः । सङ्घाभिसंहतत्वादधृष्यान् परेषांताननुगुणान् भुञ्जीत सामदानाभ्याम् । द्विगुणान् भेददण्डाभ्याम् ।

काम्भोजसुराष्ट्रक्षत्रियश्रेण्यादयो वार्ताशस्त्रोपजीविनः ।

लिच्छिविकवृजिकमल्लकमद्रककुकुरकुरुपाञ्चालादयो राजशब्दोपजीविनः ।

सर्वेषामासन्नाः सत्रिणः सङ्घानां परस्परन्यङ्गद्वेषवैरकलहस्थानान्युपलभ्य क्रमाभिनीतं भेदमपचारयेयुः–"असौ त्वा विजल्पति" इति । एवमुभयतोबद्धरोषाणां विद्याशिल्पद्यूतवैहारिकेष्वाचार्यव्यञ्जना बालकलहानुत्पादयेयुः । वेशशौण्डिकेषु वा प्रतिलोमप्रशंसाभिः सङ्घमुख्यमनुष्याणां तीक्ष्णाः कलहानुत्पादयेयुः । कृत्यपक्षोपग्रहेण वा कुमारकान् विशिष्टच्छिन्दिकया हीनच्छिन्दिकानुत्साहयेयुः । विशिष्टाश्चैकपात्रं विवाहहीनेभ्यो वारयेयुः । हीनान् वा विशिष्टैरेकपात्रे विवाहे वा योजयेयुः । अवहीनान् वा तुल्यभावोपगमने कुलतः पौरुषतः स्थानविपर्यासतो वा व्यवहारमवस्थितं वा प्रतिलोमस्थापनेन निशामयेयुः । विवादपदेषु वा द्रव्यपशुमनुष्याभिघातेन रात्रौ तीक्ष्णाः कलहानुत्पादयेयुः । सर्वेषु च कलहस्थानेषु हीनपक्षं राजा

कोशदण्डाभ्यामुपगृह्य प्रतिपक्षवधे योजयेत्, भिन्नानपवाहयेद्वा। एकदेशे समस्तान् वा निवेश्य भूमौ चैषां पञ्चकुलीं दशकुलीं वा कृष्यायां निवेशयेत्। एकस्था हि शस्त्रग्रहणसमर्थास्स्युः। समवाये चैषामत्ययं स्थापयेत्। राजशब्दिभिरवरुद्धमवक्षिप्तं वा कुल्यमभिजातं राजपुत्रत्वे स्थापयेत्। कार्तान्तिकादिश्चास्य वर्गो राजलक्षण्यतां सङ्घेषु प्रकाशयेत्। सङ्घमुख्यांश्च धर्मिष्ठानुपजपेत्—"स्वधर्मममुष्य राज्ञः पुत्रे श्रोतरि वा प्रतिपद्यध्वम्" इति। प्रतिपन्नेषु कृत्यपक्षोपग्रहार्थमर्थं दण्डं च प्रेषयेत्। विक्रमकाले शौण्डिकव्यञ्जनाः पुत्रदारप्रेतापदेशेन "नैषेचनिकम्" इति मदनरसयुक्तान् मद्यकुम्भान शतशः प्रयच्छेयुः। चैत्यदैवतद्वाररक्षास्थानेषु च सत्रिणः समयकर्मनिक्षेपं सहिरण्याभिज्ञानमुद्राणि हिरण्यभाजनानि च प्ररूपयेयुः। दृश्यमानेषु च सङ्घेषु "विक्रीताः" इत्यावेदयेयुः। अथावस्कन्दं दद्यात्। सङ्घानां वा वाहनहिरण्यकालिके गृहीत्वा सङ्घमुख्याय प्रख्यातं द्रव्यं प्रयच्छेत्। तदेषां याचिते "दत्तममुष्मै मुख्याय" इति ब्रूयात्।

एतेन स्कन्धावाराटविभेदो व्याख्यातः।

सङ्घमुख्यपुत्रमात्मसम्भावितं वा सत्री ग्राहयेत्—"अमुष्य राज्ञः पुत्रस्त्वं शत्रुभयादिह न्यस्तोऽसि" इति। प्रतिपन्नं राजा कोशदण्डाभ्यां उपगृह्य सङ्घेषु विक्रमयेत्। अवाप्तार्थस्तमपि प्रवासयेत्।

वन्धकिपोषकाः प्लवकनटनर्तकसौभिका वा प्रणिहिताः स्त्रीभिः परमरूपयौवनाभिस्सङ्घमुख्यानुन्मादयेयुः । जातकामानाम न्यतमस्य प्रत्ययं कृत्वाऽन्यत्र गमनेन प्रसभहरणेन वा कलहानु त्पादयेयुः । कलहे तीक्ष्णाः कर्म कुर्युः—"हतोऽयमित्थं कामुकः" इति ।

विसंवादितं वा मर्षयमाणमभिसृत्य स्त्री ब्रूयात्—"असौ मां मुख्यस्त्वयि जातकामां बाधते; तस्मिन् जीवति नेह स्थास्यामि" इति । घातमस्य प्रयोजयेत् ।

प्रसह्यापहृता वा उपवनान्ते क्रीडागृहे वाऽपहर्तारं रात्रौ तीक्ष्णेन घातयेत् । स्वयं वा रसेन । ततः प्रकाशयेत्—"अमुना मे प्रियो हतः" इति । जातकामं वा सिद्धव्यञ्जनः सांवननिकीभिरौषधीभिस्संवास्य रसेनातिसन्धायापगच्छेत् । तस्मिन्नपक्रान्ते सत्त्रिणः परप्रयोगमभिशंसेयुः—"अस्य विधवा गूढाजीवा योगस्त्रियो वा राजनिक्षेपार्थं विवदमानास्सङ्घमुख्यानुन्मादयेयुः" इति । कौशिकस्त्रियो नर्तकी गायना वा प्रतिपन्नात् गूढवेश्मसु रात्रिसमागमप्रविष्टास्तीक्ष्णा हन्युर्बद्ध्वा हरेयुर्वा । सत्त्री वा स्त्रीलोलुपं सङ्घमुख्यं प्ररूपयेत्—"अमुष्मिन् ग्रामे दरिद्रकुलमपसृतं; तस्य स्त्री राजार्हा गृहाणैनाम्" इति । गृहीतायामर्धमासान्तरं सिद्धव्यञ्जनो दूष्यसङ्घमुख्यं मध्ये प्रक्रोशेत्—"असौ मे मुख्यो भार्यां स्नुषां भगिनीं दुहितरं वाऽधिचरति" इति । तं चेत्सङ्घो निगृह्णीयात्, राजैनमुपगृह्य विगुणेषु विक्रमयेत् ।

अनिशं हि ते सिद्धव्यञ्जनं हि रात्रौ तीक्ष्णाः प्रवासयेयुः । तत्त द्व्यञ्जनाः प्रक्रोशेयुः—"असौ ब्रह्महा ब्राह्मणीजारश्च" इति ।

कार्तान्तिकव्यञ्जनो वा कन्यामन्येन वृतामन्यस्य प्ररूपयेत्—"अमुष्य कन्या राजपत्नी राजप्रसविनी च भविष्यति; सर्वस्वेन प्रसह्य वैनां लभस्व" इति । अलभ्यमानायां परपक्षमुद्धर्षयेत् । लब्धायां सिद्धः कलहः ।

भिक्षुकी वा प्रियभार्यं मुख्यं ब्रूयात्—"असौ ते मुख्यो यौवनोद्रिक्तो भार्यायां मां प्रहिणोत्; तस्याहं भयाल्लेख्यमाभरणं गताऽस्मि; निर्दोषा ते भार्या; गूढमस्मिन् प्रतिकर्तव्यमहमपि तावत् प्रतिपत्स्यामि" इति । एवमादिषु कलहस्थानेषु स्वयमुत्पन्ने वा कलहे तीक्ष्णैरुत्पादिते वा हीनपक्षं राजा कोशदण्डाभ्यामुपगृह्य विगुणेषु विक्रमयेदपवाहयेद्वा ।

सङ्घेष्वेवमेकराजो वर्तेत । सङ्घाश्चाप्येवमेकराजाः तेभ्योऽतिसन्धानेभ्यो रक्षेयुः ।

सङ्घमुख्यश्च सङ्घेषु न्यायवृत्तिर्हितः प्रियः ।
दान्तो युक्तजनस्तिष्ठेत्सर्वचित्तानुवर्तकः ॥

इति सङ्घवृत्ते भेदोपादानानि उपांशुदण्डश्च प्रथमोऽध्यायः ।
आदितः पञ्चत्रिंशच्छतः । एतावता कौटिलीयस्यार्थशास्त्रस्य सङ्घवृत्तमेकादशमधिकरणं समाप्तम्

१२ अधि. आबलीयसम्.

१६२ प्रक. दूतकर्माणि.

बलीयसाऽभियुक्तो दुर्बलस्सपुत्रानुप्रणतो वेतसधर्मा तिष्ठेत् ॥

"इन्द्रस्य हि स प्रणमति, यो बलीयसो नमति" इति भारद्वाजः॥

"सर्वसन्दोहेन बलानां युध्येत ; पराक्रमो हि व्यसनमपहन्ति ; स्वधर्मश्चैष क्षत्रियस्य ; युद्धे जयः पराजयो वा" इति विशालाक्षः ॥

नेति कौटल्यः—सर्वत्रानुप्रणतः कूलैडक इव निराशो जीविते वसति । युध्यमानश्चाल्पसैन्यस्समुद्रमिवाप्लवोऽवगाहमानस्सीदति । तद्विशिष्टं तु राजानमाश्रितो दुर्गमविषह्यं वा चेष्टेत । त्रयोऽभियोक्तारो धर्मासुरलोभविजयिन इति ॥

तेषामभ्यवपत्त्या धर्मविजयी तुष्यति ; तमभ्यवपद्येत ॥

परेषामपि भयात् भूमिद्रव्यहरणेन लोभविजयी तुष्यति ; तमर्थेनाभ्यवपद्येत ॥

भूमिद्रव्यपुत्रदारप्राणहरणेन असुरविजयी; तं भूमिद्रव्याभ्यामुपगृह्याग्राह्यः प्रतिकुर्वीत ॥

तेषामन्यतममुत्तिष्ठमानं सन्धिना मन्त्रयुद्धेन कूटयुद्धेन वा प्रतिव्यूहेत । शत्रुपक्षस्य सामदानाभ्यां; स्वपक्षं भेददण्डाभ्यां ; दुर्गं राष्ट्रं स्कन्धावारं वाऽस्य गूढाश्शस्त्ररसाग्निभिस्साधयेयुः

सर्वतः पार्ष्णिमस्य ग्राहयेत् । अटवीभिर्वा राज्यं घातयेत् । तत्कुलीनावरुद्धाभ्यां वा हारयेत् । अपकारान्तेषु चास्य दूतं प्रेषयत् । अनपकृत्य वा सन्धानम् । तथाऽप्यभिप्रयान्तं कोशदण्डयोः पादोत्तरमहोरात्रोत्तरं वा सन्धिं याचेत ॥

स चेद्दण्डसन्धिं याचेत, कुण्डमस्मै हस्त्यश्वं दद्यादुत्साहितं वा गरयुक्तम् ॥

पुरुषसन्धिं याचेत, दूष्यामित्राटवीबलमस्यै दद्यात् योगपुरुषाधिष्ठितम् । तथा कुर्याद्यथोभयविनाशस्स्यात् । तीक्ष्ण बलं वाऽस्मै दद्यात् । अवमानितं विकुर्वीत मौलमनुरक्तं वा यदस्य व्यसनेऽपकुर्यात् ॥

कोशसन्धिं याचेन, सारमस्मै दद्यात्, यस्य क्रेतारं नाधिगच्छेत् ; कुप्यमयुद्धयोग्यं वा ॥

भूमिसन्धिं याचेत, प्रत्यादेयां नित्यामित्रामनपाश्रयां महा क्षयव्ययनिवेशां वाऽस्मै भूमिं दद्यात् ॥

सर्वस्वेन वा राजधानीवर्जेन सन्धिं याचेत ॥

बलीयसः—

यत्प्रसह्य हरेदन्यः तत्प्रयच्छेदुपायतः ।
रक्षेत्स्वदेहं न धनं का ह्यनित्ये धने दया ॥

इत्याबलीयसे द्वादशेऽधिकरणे दूतकर्माणि सन्धियाचनं प्रथमोऽध्यायः आदितः षट्त्रिंशच्छतः.

—❖❖❖—

१६३ प्रक. मन्त्रयुद्धम्.

स चेत्सन्धौ नावतिष्ठेत, ब्रूयादेनं—"इमे षड्वर्गवशगा राजानो विनष्टाः तेषामनात्मवतां नार्हसि मार्गमनुगन्तुं; धर्ममर्थं चावेक्षस्व; मित्रमुख्या ह्यमित्रास्ते, ये त्वा साहसमधर्ममर्थातिक्रमं च ग्राहयन्ति; शूरैस्त्यक्तात्मभिः सह योद्धुं साहसं; जनक्षयमुभयतः कर्तुमधर्मः; दृष्टमर्थं मित्रमदुष्टं च त्यक्तुमर्थातिक्रमः, मित्रवांश्च स राजा भूयश्चैतेन अर्थेन मित्राण्युद्योजयिष्यति, यानि त्वा सर्वतोऽभियास्यन्ति; न च मध्यमोदासीनयोर्मण्डलस्य वा परित्यक्तः; भवांस्तु परित्यक्तो ये त्वा समुद्युक्तमुपप्रेक्षन्ते–'भूयः क्षयव्ययाभ्यां युज्यतां; मित्राच्च भिद्यतां; अथैनं परित्यक्तमूलं सुखेनोच्छेत्स्यामहे' इति; स भवान्नार्हति मित्रमुखानाममित्राणां श्रोतुं; मित्राण्युद्वेजयितुममित्रांश्च श्रेयसा योक्तुं; प्राणसंशयमनर्थं चोपगन्तुम्" इति ॥

गच्छेत् तथा विप्रतिष्ठमानस्य; प्रकृतिकोपमस्य कारयेद्यथासङ्घवृत्ते व्याख्यातं, योगवामने च । तीक्ष्णरसदप्रयोगं च, यदुक्तमात्मरक्षितके रक्ष्यं, तत्र तीक्ष्णान् रसदांश्च प्रयुञ्जीत । बन्धकीपोषकाः परमरूपयौव्वनाभिः स्त्रीभिस्सेनामुख्यानुन्मादयेयुः । बहूनामेकस्य द्वयोर्वा मुख्ययोः कामे जाते तीक्ष्णाः कलहानुत्पादयेयुः । कलहेऽपराजितपक्षं परत्रावगमने यात्रासाहाय्यदाने वा भर्तुर्योजयेयुः ॥

कामवशान्वा सिद्धव्यञ्जनाः सांवननिकीभिरोषधीभिरभिसन्धानाय मुख्येषु रसं दापयेयुः ॥

वैदेहकव्यञ्जना वा राजमहिष्यास्सुभगायाः प्रेष्यामासन्नां कामनिमित्तमर्थेन अभिवृष्य परित्यजेत् । तस्यैव परिचारकव्यञ्जनोपदिष्टव्यञ्जनस्सांवननिकीमौषधीं दद्याद्वैदेहकशरीरेऽवधातव्येति । सिद्धेस्सुभगाया अप्येनं योगमुपदिशेद्राजशरीरेऽवधातव्या इति । ततो रसेनातिसन्दध्यात् ॥

कार्तान्तिकव्यञ्जनो वा महामात्रं राजलक्षणसम्पन्नं क्रमाभिनीतं ब्रूयात्—भार्यामस्य भिक्षुकी—"राजपत्नी राजप्रसविनी वा भविष्यसि" इति । भार्याव्यञ्जना वा महामात्रं ब्रूयात्—"राजा किल मामवरोधयिष्यति; तवान्तिकाय पत्रलेख्यमाभरणं चेदं परिव्राजकयाऽऽहृतम्" इति ।

सूदारालिकव्यञ्जनो वा रणप्रयोगार्थं राजवचनादर्थं चास्य लोभनीयमभिनयेत् । तदस्य वैदेहकव्यञ्जनः प्रतिसन्दध्यात् । कार्यसिद्धिं च ब्रूयात् । एवमेकेन द्वाभ्यां त्रिभिरित्युपायैरेकैकस्य महामात्रं विक्रमायापगमनाय वा योजयेदिति ॥

दुर्गेषु चास्य शून्यपालासन्नास्सत्रिणः पौरजानपदेषु मैत्रीनिमित्तमावेदयेयुः । शून्यपालेनोक्ता योधाश्च अधिकरणस्थाश्च—"कृच्छ्रागतो राजा जीवन्नागमिष्यति; न वा प्रसह्य वित्त-

मार्जयध्वममित्रांश्च हत" इति । बहुलीभूते तीक्ष्णाः पौरा न्निशास्वाहारयेयुः, मुख्यांश्चाभिहन्युः—"एवं क्रियन्ते, ये शून्यपालस्य न शुश्रूषन्ते" इति । शून्यपालस्थानेषु च सशोणितानि शस्त्रवित्तबन्धनान्युत्सृजेयुः । ततस्सत्रिणः—"शून्यपालो घातयति, विलोपयति च" इत्यावेदयेयुः । एवं जानपदान् समाहर्तुर्भेदयेयुः ॥

समाहर्तृपुरुषांस्तु—ग्राममध्येषु रात्रौ तीक्ष्णा गत्वा ब्रूयुः–"एवं क्रियन्ते; ये जनपदमधर्मेण बाधन्ते" इति । समुत्पन्ने दोषे शून्यपालं समाहर्तारं वा प्रकृतिकोपेन घातयेयुः तत्कुलीनमवरुद्धं वा प्रतिपादयेयुः ॥

अन्तःपुरपुरद्वारं द्रव्यधान्यपरिग्रहान् ।
दहेयुस्तांश्च हन्युर्वा ब्रूयुरस्यार्तवादिनः ॥

इत्याबलीयसे द्वादशेऽधिकरणे दूतकर्माणि वाक्ययुद्धं दूतकर्म; समाप्तं मन्त्रयुद्धम् द्वितीयोऽध्यायः आदितस्सप्तत्रिंशच्छतः.

—:०:—

१६४–१६५ प्रक. सेनामुख्यवधः मण्डलप्रोत्साहनं च

राज्ञो राजवल्लभानां चासन्नास्सत्रिणः "पत्त्यश्वरथद्विपमुख्यानां राजा क्रुद्धः" इति सुहृद्विश्वासेन मित्रस्थानीयेषु क-

थयेयुः । बहुलीभूते तीक्ष्णाः कृतरात्रिचारप्रतीकाराः "गृहे-स्वामिवचनेन आगम्यताम्" इति ब्रूयुः तान्निर्गच्छत एवाभि-हन्युः । "स्वामिसन्देशः" इति चासन्ना ब्रूयुः । ये च प्रवा-सितास्तान् सत्रिणो ब्रूयुः—"एतत्तद्यदस्माभिः कथितं जी-वितुकामेन अपक्रान्तव्यम्" इति ॥

येभ्यश्च राजा याचितो न ददाति तान् सत्रिणो ब्रूयुः—"उक्तः शून्यपालो राज्ञा अयाच्यमर्थमसौ चासौ मा याचते मया प्रत्याख्याताः शत्रुसंहिताः; तेषामुद्धरणे प्रयतस्व" इति। ततः पूर्ववदाचरेत् ॥

येभ्यश्च राजा याचितो ददाति, तान् सत्रिणो ब्रूयुः—"उक्तः शून्यपालो राज्ञा—याच्यमर्थमसौ चासौ च मा याचते; तेभ्यो मया-सोऽर्थो विश्वासार्थं दत्तः; शत्रुसंहितास्तेषामुद्धरणे प्रयतस्व" इति । ततः पूर्ववदाचरेत् ॥

ये चैनं याच्यमर्थं न याचन्ते, तान् सत्रिणो ब्रूयुः—"उक्तः शून्य-पालो राज्ञा—याच्यमर्थमसौ चासौ च मा न याचते; किमन्यत्? स्व-दोषशङ्कितत्वात्; तेषामुद्धरणे प्रयतस्व" इति । ततः पूर्ववदाचरेत् ॥

एतेन सर्वः कृत्यपक्षो व्याख्यातः ॥

प्रत्यासन्नो वा राजानं सत्री ग्राहयेत्—"असौ चासौ च ते महामात्रः शत्रुपुरुषैस्सम्भाष्यते" इति । प्रतिपन्ने दूष्यानस्य शास नहरान् दर्शयेत्—"एतत्तत्" इति ॥

सेनामुख्यप्रकृतिपुरुषान् वा भूम्या हिरण्येन वा लोभयित्वा स्वेषु विक्रमयेदपवाहयेद्वा । योऽस्य पुत्रस्समीपे दुर्गे वा प्रतिवसति, तं सत्रिणोपजापयेत्—"आत्मसम्पन्नतरस्त्वं पुत्रः तथाऽप्यन्तर्हितः; तत्किमुपेक्षसे? विक्रम्य गृहाण; पुरा त्वा युवराजो विनाशयति" इति ॥

तत्कुलीनमवरुद्धं वा हिरण्येन प्रतिलोभ्य ब्रूयात्—"अन्तर्बलं प्रत्यन्तस्कन्धमन्तं वाऽस्य प्रमृद्नीहि" इति ॥

आटविकानर्थमानाभ्यामुपगृह्य राज्यमस्य घातयेत् । पार्ष्णिग्राहं वाऽस्य ब्रूयात्—"अहं वः सेतुः; मयि विभिन्ने सर्वानेष प्लवो राजा प्लावयिष्यति" इति । "सम्भूय वाऽस्य यात्रां विहनाम" इति । तत् संहतानामसंहतानां च प्रेषयेत्—"एष खलु राजा मामुत्पाट्य भवत्सु कर्म करिष्यति बुध्यध्वं अहं वः श्रेयानभ्यवपत्तुम् इति ।

मध्यमस्य प्रहिणुयादुदासीनस्य वा पुनः ।
यथाऽऽसन्नस्य मोक्षार्थं सर्वस्वेन तदर्पणम् ॥

इत्याबलीयसे सेनामुख्यवधः, मण्डलप्रोत्साहनं च तृतीयोऽध्यायः
आदितोऽष्टत्रिंशच्छतः

१६६–१६७ प्रक. शस्त्राग्निरसप्रणिधयः, वीवधासारप्रसारवधश्च.

ये चास्य दुर्गेषु वैदेहकव्यञ्जनाः, ग्रामेषु गृहपतिकव्यञ्जनाः,

जनपदसन्धिषु गोरक्षकतापसव्यञ्जनाः, ते सामन्ताटाविकतत्कुलीनावरुद्धानां पण्यागारपूर्वं प्रेषयेयुः—"अयं देशो हार्यः' इति । आगतांश्चैषां दुर्गे गूढपुरुषानर्थमानाभ्यां अभिसत्कृत्य प्रकृतिच्छिद्राणि प्रदर्शयेयुः । तेषु तैस्सह प्रहरेयुः ।

स्कन्धावारे वाऽस्य शौण्डिकव्यञ्जनः पुत्रमभित्यक्तं स्थापयित्वा अवस्कन्दकाले रसेन प्रवासयित्वा "नैषेचनिकम्" इति मदनरसयुक्तान् मद्यकुम्भांच्छतशः प्रयच्छेत् । शुद्धं वा मद्यं माद्यं वा मद्यं दद्यादेकमहः उत्तरं रससिद्धं प्रयच्छेत् । शुद्धं वा मद्यं दण्डमुख्येभ्यः प्रदाय मदकाले रससिद्धं प्रयच्छेत् ।

दण्डमुख्यव्यञ्जनो वा "पुत्रमभित्यक्तम्" इति—समानम् ।

पक्वमांसिकौदनिकशौण्डिकापूपिकव्यञ्जना वा पण्यविशेषमवघोषयित्वा परस्परसङ्घर्षेण कालिकसमर्घतरमिति वा परानाहूय रसेन स्वपण्यान्यपचारयेयुः । सुराक्षीरदधिसर्पिस्तैलानि वा तद्व्यवहर्तृषु गृहीत्वा स्त्रियो बालाश्च रसयुक्तेषु स्वभाजनेषु परिकिरेयुः । "अनेनार्घेण विशिष्टं वा भूयो दीयताम्" इति तत्रैवावाकिरेयुः । एतान्येव वैदेहकव्यञ्जनाः पण्यविक्रयेणाहर्तारो वा हस्त्यश्वानां विधायवसेषु रसमासन्ना दद्युः ।

कर्मकरव्यञ्जना वा रसाक्तं यवसमुदकं वा विक्रीणीरन् । चिरसंसृष्टा वा गोवाणिजका गवामजावीनां वा यूथान्यवस्कन्दकालेषु परेषां मोहस्थानेषु प्रमुञ्चेयुः । अश्वखरोष्ट्रमहिषादीनां दुष्टांश्च तद्व्यञ्जना वा चुचुन्दरीशोणिताक्ताक्षान्; लुब्धकव्यञ्जना वा व्यालमृगान् पञ्जरेभ्यः प्रमुञ्चेयुः; सर्पग्राहा वा सर्पानुग्रविषान्; हस्तिजीविनो वा हस्तिनः; अग्निजीविनो वा अग्निमवसृजेयुः । गूढपुरुषा वा विमुखान् पत्त्यश्वरथद्विपमुख्यानभिहन्युः; आदीपयेयुर्वा मुख्यावासान्; दूष्यामित्राटविकव्यञ्जनाः प्रणिहिताः पृष्ठाभिघातमवस्कन्धप्रतिग्रहं वा कुर्युः । वनगूढा वा प्रत्यन्तस्कन्धमुपनिष्कृष्याभिहन्युः । एकायने वीवधासारप्रसारान् वा ससङ्केतं वा रात्रियुद्धे भूरितूर्यमाहत्य ब्रूयुः—“अनुप्रविष्टास्स्मो लब्धं राज्यम्” इति । राजावासमनुप्रविष्टा वा सङ्कुलेषु राजानं हन्युः । सर्वतो वा प्रयातमेनं म्लेच्छाटविकदण्डचारिणः सत्रापाश्रयस्तम्भवाटापाश्रया वा हन्युः । लुब्धकव्यञ्जना वाऽवस्कन्दसङ्कुलेषु गूढयुद्धहेतुभिरभिहन्युः । एकायने वा शैलस्तम्भपटखञ्जनान्तरुदके वा स्वभूमिबलेनाभिहन्युः । नदीसरस्तटाकसेतुबन्धभेदवेगेन वा प्लावयेयुः । धान्वनवनदुर्गनिम्नदुर्गस्थं वा योगाग्निधूमाभ्यां नाशयेयुः । सङ्कटगतमग्निना, धान्वनगतं धूमेन, निधानगतं रसेन; तोयावगाढं दुष्टग्राहैरुदकचरणैर्वा तीक्ष्णास्साधयेयुः । आदीप्तावासात् निष्पतन्तं वा—

योगवामनयोगाभ्यां योगेनान्यतमेन वा ।
अमित्रमतिसन्दध्यात् सक्तमुक्तासु भूमिषु ॥

इत्याबलीयसे शस्त्राग्निरसप्रणिधयः, वीवधासारप्रसारवधश्च चतुर्थोऽध्यायः । आदित एकोनचत्वारिंशच्छतः

१६८–१७० प्रक. योगातिसन्धानं, दण्डातिसन्धानं, एकविजयश्च.

दैवतेज्यायां यात्रायाममित्रस्य बहूनि पूज्यामगमस्थानानि भक्तितस्तत्रास्य योगमुञ्जयेत् । देवतागृहमात्रिष्टस्योपरि यन्त्रमोक्षणेन गूढभित्तिं शिलां वा पातयेत् । शिलाशस्त्रवर्षमुत्तमागारात्, कवाटमवपातितं वा, भित्तिप्रणिहितमेकदेशबन्धं वा परिघं मोक्षयेत् । देवतादेहस्थप्रहरणानि वाऽस्योपरिष्टात् पातयेत् । स्थानासनगमनभूमिषु वाऽस्य गोमयप्रदेहेन शुद्धोदकप्रसेकेन वा रसमतिचारयेत् । पुष्पचूर्णोपहारेण वा गन्धमतिच्छिन्नं वाऽस्य तीक्ष्णं धूममतिनयेत् । शूलकूपमवपातनं वा शयनासनस्याधस्ताद्यन्त्रबद्धतलमेनं कीलमोक्षणेन प्रवेशयेत् । प्रत्यासन्ने वाऽटव्यमित्रे जनपदाच्चानवरोधक्षममतिनयेत् । दुर्गाच्चानवरोधक्षममपनयेत् मत्यादेयमरिविषयं वा प्रेषयेत् । जनपदं चैकस्थं शैलवननदीदुर्गेष्वटवीव्यवहितेषु वा पुत्रभ्रातृपरिगृहीतं स्थापयेत् ।

उपरोधहेतवो दण्डोपनतवृत्ते व्याख्याताः ।

तृणकाष्ठमायोजनाद्दाहयेत् । उदकानि च दूषयेत्; अवास्रावयेच्च । कूटकूपावपातकण्टकिनीश्च बहिरुज्बयेत् । सुरङ्गाममित्रस्थाने बहुमुखीं कृत्वा निचयमुख्यानभिहारयेत्; अमित्रं वा । परप्रयुक्तायां वा सुरङ्गायां परिखामुदकान्तिकीं खानयेत् । कूपशालामनुसालं वा अतोयकुम्भान् कांस्यभाण्डानि वा शङ्कास्थानेषु स्थापयेत् वाताभिज्ञानार्थम् । ज्ञाते सुरङ्गापथे प्रतिसुरङ्गां कारयेत् । मध्ये भित्वा धूममुदकं वा प्रयच्छेत् । प्रतिविहितदुर्गो वा मूले दायादं कृत्वा प्रतिलोमस्य दिशं गच्छेत्, यतो वा मित्रैर्बन्धुभिराटविकैर्वा संसृज्येत, परस्य मित्रैर्दूष्यैर्वा महद्भिः, यतो वा मतोऽस्य मित्रैर्वियोगं कुर्यात्; पार्ष्णिं वा गृह्णीयात्; राज्यं वाऽस्य हारयेत्, वीवधासारप्रसारान् वा वारयेत्; यतो वा शक्नुयात् आक्षिकवादपक्षेपेणास्य प्रहर्तुं; यतो वा स्वं राज्यं त्रायेत, मूलस्योपचयं वा कुर्यात्; यतस्सन्धिमाभिप्रेतं लभते, ततो वा गच्छेत् ।

सहप्रस्थायिनो वाऽस्य प्रेषयेयुः--"अयं ते शत्रुरस्माकं हस्तगतः; पण्यं विप्रकारं वाऽपदिश्य हिरण्यमन्तस्सारबलं प्रेषय स्वैनमर्पयेम बद्धं प्रवासितं वा" इति । प्रतिपन्ने हिरण्यं सारबलं चाददीत ।

अन्तपालो वा दुर्गसम्प्रदानेन बलैकदेशमतिनीय विश्वस्तं घातयेत् । जनपदमेकस्थं वा घातयितुममित्रानीकमावाहयेत् । तदवरुद्धदेशमतिनीय विश्वस्तं घातयेत् ।

मित्रव्यञ्जनो वा बाह्यस्य प्रेषयेत्—"क्षीणमस्मिन् दुर्गे धान्यं स्नेहाः क्षारो लवणं वा; तदमुष्मिन् देशे काले च प्रवेक्ष्यति; तदुपगृहाण" इति । ततो रसविद्धधान्यस्नेहं क्षारं लवणं वा दूष्यामित्राटविकाः प्रवेशयेयुः; अन्ये वा अभिव्यक्ताः ।

तेन सर्वभाण्डवीवधग्रहणं व्याख्यातम् ।

सन्धिं वा कृत्वा हिरण्यैकदेशमस्मै दद्यात् । विलम्बमानश्शेषम् । ततो रक्षाविधानान्यवस्रावयेत्; अग्निरसशस्त्रैर्वा प्रहरेत्; हिरण्यप्रतिग्राहिणो वाऽस्य वल्लभाननुगृह्णीयात् ।

परिक्षीणो वाऽस्मै दुर्गं दत्वा निर्गच्छेत् । सुरुङ्गया कुक्षिप्रदरेण वा प्राकारभेदेन निर्गच्छेत् ।

रात्राववस्कन्दं दत्वा सिद्धस्तिष्ठेत् । असिद्धः पार्श्वेनापगच्छेत् । पाषण्डच्छद्मना मन्दपरिवारो निर्गच्छेत् । प्रेतव्यञ्जनो वा गूढैर्निर्ह्रियेत । स्त्रीवेषधारी वा प्रेतमनुगच्छेत् । दैवतोपहारश्राद्धप्रहवणेषु वा रसविद्धमन्नपानमवसृज्य कृतोपजापो दूष्यव्यञ्जनैर्निष्पत्य गूढसैन्योऽभिहन्यात् । एवं गृहीतदुर्गो वा प्राश्य प्राशं चैत्यमुपस्थाप्य दैवतप्रतिमाच्छिद्रं प्रविश्यासीत; मूढभित्तिं वा दैवतप्रतिमायुक्तं वा भूमिगृहम् । विस्मृते सुरुङ्गया रात्रौ राजावासमनुप्रविश्य सुप्तममित्रं हन्यात् । यन्त्रविश्लेषणं वा विश्लेष्याधस्तादवपातयेत् । रसाग्नियोगेनावलिप्तं गृहं जतुगृहं वाऽधिशयानममित्रमादीपयेत् । प्रमदवनविहाराणामन्य

तमे वा विहारस्थाने प्रमत्तं भूमिगृहसुरङ्गागूढभित्तिप्रविष्टास्तीक्ष्णा हन्युः । गूढप्रणिहिता वा रसेन स्वपतो वा निरुद्धे देशे गूढास्स्त्रियः सर्परसाग्निधूमानुपरि मुञ्चेयुः । प्रत्युत्पन्ने वा कारणे यद्यदुपपद्येत तत्तदमित्रेऽन्तःपुरगते गूढसञ्चारः प्रयुञ्जीत । ततो गूढमेवापगच्छेत् । स्वजनसंज्ञां च प्ररूपयेत् ।

द्वास्थान्वर्षपरांश्चान्यान् निगूढोपहितान् परैः ।
तूर्यसंज्ञाभिराहूय द्विषच्छेषाणि कारयेत् ॥

इत्याबलीयसे योगातिसन्धानं, दण्डातिसन्धानं, एकविजयश्च पञ्चमोऽध्यायः, आदितश्चत्वारिंशच्छतः । एतावता कौटिलीयस्यार्थशास्त्रस्य आबलीयसं द्वादशमधिकरणं समाप्तम्.

---

१३ अधि. दुर्गलम्भोपायः.

१७१ प्रक. उपजापः.

विजिगीषुः परग्राममवाप्तुकामः सर्वज्ञदैवतसंयोगख्यापनाभ्यां स्वपक्षमुद्धर्षयेत् । परपक्षं चोद्वेजयेत् ।

सर्वज्ञख्यापनं तु—गृहगुह्यप्रवृत्तिज्ञाने प्रत्यादेशो मुख्यानां; कण्टकशोधनापसर्पागमेन प्रकाशनं राजद्विष्टकारिणां; विज्ञाप्येवानयख्यापनमदृष्टसंसर्गविद्यासंज्ञादिभिः; विदेशिप्रवृत्तिज्ञानं तदहरेव गृहकपोतेन मुद्रासंयुक्तेन ।

दैवतसंयोगाख्यापनं तु—सुरुङ्गामुखेनाग्निचैत्यदैवतप्रतिमाच्छिद्रानुप्रविष्टैरग्निचैत्यदैवतव्यञ्जनैस्संभाषणं पूजनं च; उदकादुत्थितैर्वा नागवरुणव्यञ्जनैस्संभाषा पूजनं च; रात्रावन्तरुदके समुद्रवालुकाकोशं प्रणिधायाग्निमालादर्शनं; शिलाशिक्यावगृहीते प्लवके स्थानं; उदकवस्तिना जरायुणा वा शिरोऽवगूढनासः पृषतान्त्रकुळीरनक्रशिंशुमारोद्रवसाभिर्वा शतपाक्यं तैलं नस्तः प्रयोगः—तेन "रात्रिर्गणश्चरति" इत्युदकचरणानि; तैर्वरुणनागकन्यावाक्यक्रियासम्भाषणं च; कोपस्थानेषु मुखादग्निधूमोत्सर्गः; तदस्य स्वविषये कार्तान्तिकनैमित्तिकमौहूर्तिकपौराणिकक्षणिकगूढपुरुषसाचिव्यकरास्तद्दर्शिनश्च प्रकाशयेयुः। परस्य विषये दैवतदर्शनं दिव्यकोशदण्डोत्पत्तिं च अस्य ब्रूयुः। दैवतप्रश्ननिमित्ता वा साङ्गविद्याः स्वपनमृगपक्षिव्याहारेषु चास्य विजयं ब्रूयुः; विपरीतममित्रस्य। सदुन्दुभिमुल्कां च परस्य नक्षत्रे दर्शयेयुः। परस्य मुख्यामित्रत्वेनोपदिशन्तो दूतव्यञ्जनास्स्वामिसत्कारं ब्रूयुः। स्वपक्षबलाधारं परपक्षप्रतिघातं च तुल्ययोगक्षेमममात्यानामायुधीयानां च कथयेयुः। तेषु व्यसनाभ्युदयापेक्षणमपत्यपूजनं च प्रयुञ्जीत।

तेन परपक्षमुत्साहयेद्यथोक्तं पुरस्तात्; भूयश्च वक्ष्यामः— "साधारणगर्दभेन दक्षान्; लकुटशाखाहननाभ्यां दण्डचारणान्; कूलैलकेन चोद्विग्नान्; अशनिवर्षेण विमानितान्; विदुलेनावकेशिना वायसपिण्डेन कैतवजमेघेनेति विहताशान्; दुर्भगा-

लङ्कारेण द्वेषिणोऽतिपूजाफलान्; व्याघ्रचर्मणा मृत्युकूटेन चोपहितान्; पीलुविखादनेन करकयोष्ट्र्या गर्दभीक्षीराभिमन्थनेनेति ध्रुवापकारिणः" इति। प्रतिपन्नान् अर्थमानाभ्यां योजयेत्। द्रव्यभक्तच्छिद्रेषु चैनान् द्रव्यभक्तादानैरनुगृह्णीयात् । अप्रतिगृह्णतां स्त्रीकुमारालङ्कारानभिहरेयुः ।

दुर्भिक्षस्तेनाटव्युपघातेषु च पौरजानपदानुत्साहयन्तः मन्त्रिणो ब्रूयुः—"राजानमनुग्रहं याचामहे; निरनुग्रहाः परत्र गच्छामः" इति ।

तथेति प्रतिपन्नेषु द्रव्यधान्यपरिग्रहैः ।
साचिव्यं कार्यमित्येतदुपजापाद्भुतं महत् ॥

इति दुर्गलम्भोपाये त्रयोदशेऽधिकरण उपजापाः प्रथमोऽध्यायः
आदित एकचत्वारिंशच्छतः.

१७२ प्रक. योगवामनम्.

मुण्डो जटिलो वा पर्वतगुहावासी चतुर्वर्षशतायुः ब्रुवाणः प्रभूतजाटिलान्तेवासी नगराभ्याशे तिष्ठेत् । शिष्याश्चास्य मूलफलोपगमनैरमात्यान्राजानं च भगवद्दर्शनाय योजयेयुः । समागतश्च राज्ञा पूर्वराजदेशाभिज्ञानानि कथयेत्—"शते शते च वर्षाणां पूर्णेऽहमग्निं प्रविश्य पुनर्बालो भवामि; तदिह भवत्समीपे चतुर्थमग्निं प्रवेक्ष्यामि; अवश्यं मे भवाना-

नयितव्यः; त्रीन् वरान् वृणीष्व" इति। प्रतिपन्नं ब्रूयात्— "सप्तरात्रमिह सपुत्रदारेण प्रेक्षाप्रहवणपूर्वं वस्तव्यम्" इति। वसन्तमवस्कन्देत।

मुण्डो वा जटिलो वा स्थानिकव्यञ्जनः प्रभूतजटिलान्तेवासी वस्त्रशोणितादिग्धां वेणुशलाकां सुवर्णचूर्णेनावलिप्य वल्मीके निदध्यात्, उपजिह्वाकानुसरणार्थं स्वर्णनालिकां वा। ततस्सत्री राज्ञः कथयेत्—"असौ सिद्धः पुष्पितं निधिं जानाति" इति। स राज्ञा पृष्टः "तथा" इति ब्रूयात्। तच्चाभिज्ञानं दर्शयेत्। भूयो वा हिरण्यमन्तराधाय ब्रूयाच्चैनं—"नागरक्षितोऽयं निधिः प्रणिपातसाध्यः" इति। प्रतिपन्नं ब्रूयात्—"सप्तरात्रं" इति समानम्।

स्थानिकव्यञ्जनं वा रात्रौ तेजनाग्नियुक्तमेकान्ते तिष्ठन्तं सत्रिणः क्रमाभिनीतं राज्ञः कथयेयुः—"असौ सिद्धस्सामेधिकः" इति। तं राजा यमर्थं याचेत, तमस्य करिष्यमाणः, "सप्तरात्रं"—इति समानम्।

सिद्धव्यञ्जनो वा राजानं जम्भकविद्याभिः प्रलोभयेत्। "तं राजा" इति समानम्।

सिद्धव्यञ्जनो वा देशदेवतामभ्यर्हितामाश्रित्य प्रहवणैरभीक्ष्णं प्रकृतिमुख्यानभिसंवास्य क्रमेण राजानमतिसन्दध्यात्।

जटिलव्यञ्जनमन्तरुदकवासिनं वा सर्पचैत्यसुरङ्गाभूमिगृहापसर-

णं वरुणं नागराजं वा मन्त्रिणः क्रमाभिनीतं राज्ञः कथयेयुः । "तं राजा" इति समानम् ।

जनपदान्तवासी सिद्धव्यञ्जनो वा राजानं शत्रुदर्शनाय योजयेत् । प्रतिपन्नं बिम्बं कृत्वा शत्रुमावाहयित्वाऽनिरुद्धे देशे घातयेत् ।

अश्वपण्योपयाता वैदेहकव्यञ्जनाः पण्योपायानिमित्तमाहूय राजानं पण्यपरीक्षायामासक्तमश्वव्यतिकीर्णं वा हन्युरश्वैश्च प्रहरेयुः ।

नगराभ्याशे वा चैत्यमारुह्य रात्रौ तीक्ष्णाः कुम्भेषु नालीन्वा विदुलानि धमन्तः—"स्वामिनो मुख्यानां वा मांसानि भक्षयिष्यामः पूजा नो वर्तताम्" इत्यव्यक्तं ब्रूयुः । तदेषां नैमित्तिकमौहूर्तिकव्यञ्जनाः ख्यापयेयुः । मङ्गल्ये वा ह्रदे तटाके मध्ये वा रात्रौ तेजनतैलाभ्यक्ता नागरूपिणः शक्तिमुसलान्ययोमयानि निष्पेषयन्तस्तथैव ब्रूयुः । ऋक्षचर्मकञ्चुकिनो वा अग्निधूमोत्सर्गयुक्ता रक्षोरूपं वहन्तस्त्रिरपसव्यं नगरं कुर्वाणाः शिवासृगालवाशितान्तरेषु तथैव ब्रूयुः । चैत्यदैवतप्रतिमां वा तेजनतैलेनाभ्रपटलच्छन्नेनाग्निना वा रात्रौ प्रज्वाल्य तथैव ब्रूयुः । तदन्ये ख्यापयेयुः । दैवतप्रतिमानामभ्यर्हितानां वा शोणितेन प्रस्रावमतिमात्रं कुर्युः । तदन्ये देवरुधिरसंस्रावेऽत्र शूरवादिकोऽन्यतमो वा द्रष्टुमागच्छेत् । तमन्ये लोहमुसलैर्हन्युः, यथा रक्षोभिर्हतः

इति ज्ञायेत । तदद्भुतं राज्ञः तद्दर्शिनः सत्रिणश्च कथयेयुः । ततो नैमित्तिकमौहूर्तिकव्यञ्जनाः शान्तिं प्रायश्चित्तं ब्रूयुः, "अन्यथा महदकुशलं राज्ञो देशस्य च" इति । प्रतिपन्नं "एतेषु सप्तरात्रमेकैकमन्त्रबलिहोमं स्वयं राज्ञा कर्तव्यम्" इति ब्रूयुः । "ततः" समानम् ।

एतान्वा योगानात्मनि दर्शयित्वा प्रतिकुर्वीत । परेषामुपदेशार्थम् । ततः प्रयोजयेद्योगान् । योगदर्शनप्रतीकारेण वा कोशाभिसंहरणं कुर्यात् । हस्तिकामं वा नागवनपालहस्तिना लक्षण्येन प्रलोभयेयुः । प्रतिपन्नं गहनमेकायनं वाऽतिनीय घातयेयुः, बध्वा वाऽपहरेयुः । तेन मृगयाकामा व्याख्यातः ।

द्रव्यस्त्रीलोलुपमाढ्यविधवाभिर्वा परमरूपयौवनाभाभिस्स्त्रीभिर्दायादानिक्षेपार्थमुपनीताभिः सत्रिणः प्रलोभयेयुः । प्रतिपन्नं रात्रौ सत्रिच्छन्नाः समागमे शस्त्ररसाभ्यां घातयेयुः ।

सिद्धप्रव्रजितचैत्यस्तूपदैवतप्रतिमानामभीक्ष्णाभिगमनेषु वा भूमिगृहसुरङ्गागूढभित्तिप्रविष्टास्तीक्ष्णाः परमभिहन्युः ।

येषु देशेषु याः प्रेक्षाः प्रेक्षते पार्थिवस्स्वयम् ।
यात्राविहारे रमते यत्राक्रीडति वाऽम्भसि ॥
धिगुक्त्यादिषु सर्वेषु यज्ञप्रवहणेषु वा ।
सूतिकाप्रेतरोगेषु प्रीतिशोकभयेषु वा ॥
प्रमादं याति यस्मिन् वा विश्वासात्स्वजनोत्सव ।

यत्रास्यारक्षिसञ्चारो दुर्दिने सङ्कुलेषु वा ॥
विप्रस्थाने प्रदीप्ते वा प्रविष्टे निर्जनेऽपि वा ।
वस्त्राभरणमाल्यानां फेलाभिः शयनासनैः ॥
मद्यभोजनफेलाभिस्तूर्यैर्वाऽभिहतैस्सह ।
प्रहरेयुररींस्तीक्ष्णाः पूर्वप्रणिहितैस्सह ॥
यथैव प्रविशेयुश्च द्विषतस्सत्रहेतुभिः ।
तथैव चापगच्छेयुरित्युक्तं योगवामनम् ॥

इति दुर्गलम्भोपाये योगवामनं द्वितीयोऽध्यायः
आदितो द्विचत्वारिंशच्छतः.

१७३ प्रक. अपसर्पप्रणिधिः.

श्रेणीमुख्यमाप्तं निष्पातयेत् । स परमाश्रित्य पक्षापदेशेन स्वविषयात्साचिव्यकरसहायोपादानं कुर्वीत । कृतोपसर्पोपचयो वा परमनुमान्य स्वामिनो दूष्यग्रामं वीतहस्त्यश्वदूष्यामात्यं दण्डमाक्रन्दं वा हत्वा परस्य प्रेषयेत् । जनपदैकदेशं श्रेणीमटवीं वा सहायोपदानार्थं संश्रयेत । विश्वासमुपगतस्स्वामिनः प्रेषयेत्ततस्स्वामी हस्तिबन्धनमटवीघातं वाऽपदिश्य गूढमेव प्रहरेत् ।

एतेनामात्याटविका व्याख्याताः ।

शत्रुणा मैत्रीं कृत्वा अमात्यानवक्षिपेत् । ते तच्छत्रोः प्रेषयेयुः—"भर्तारं नः प्रसादय" इति । स्वयं दूतं प्रेषयेत् । तमुपालम्भेत—"भर्ता ते मामतूल्यैर्भेदयति ; न च पुनरिहागन्तव्यम्"

इति । अथैकममात्यं निष्पातयेत्; स परमाश्रित्य योगापसर्पापरक्तदूष्यानशक्तिमतः स्तेनाटविकानुभयोपघातकान् वा परस्योपहरेत् । आप्तभावोपगतः प्रवीरपुरुषोपघातमस्योपहरेत् अन्तपालमाटविकं दण्डचारिणं वा—"दृढमसौ चासौ च ते शत्रुणा सन्धत्तं" इति । अथ पश्चादभिव्यक्तशासनैरेनान् घातयेत् । "दण्डबलव्यवहारोऽपकरोति; तमेहि सम्भूय हनिष्यावः; भूमौ हिरण्ये वा ते परिग्रहः" इति । प्रतिपन्नमभिसत्कृत्यागतमवस्कन्देन प्रकाशयुद्धेन वा शत्रुणा घातयेत् । अभिविश्वासनार्थं भूमिदानपुत्राभिषेकरक्षाऽपदेशेन वा ग्राहयेत् । अविषह्यमुपांशुदण्डेन वा घातयेत् । स चेद्दण्डं न स्वयमागच्छेत्, तमस्य वैरिणा घातयेत् । दण्डेन वा प्रयातुमिच्छेत् न विजिगीषुणा, तथाऽप्येनमुभयतस्संपीडनेन घातयेत् । अविश्वस्तो वा प्रत्येकशो यातुमिच्छेत्, राज्यैकदेशं वा यातव्यस्य आदातुकामः, तथाऽप्येनं वैरिणा सर्वसन्दोहेन वा घातयेत् । वैरिणा वा सक्तस्य दण्डोपनयेन मूलमन्यतो हारयेत्; शत्रुभूम्या वा मित्रं पणेत । मित्रभूम्या वा शत्रुम् । ततः शत्रुभूमिलिप्सायां मित्रेणात्मन्यपकारयित्वाऽभियुञ्जीतेति,—समानाः पूर्वेण सर्वे एव योगाः ।

शत्रुं वा मित्रभूमिलिप्सायां प्रतिपन्नं दण्डेनानुगृह्णीयात् । ततो मित्रं तमतिसन्दध्यात् । ततः प्रतिविधानेन वा व्यसनमात्मनो दर्शयित्वा मित्रेणामित्रमुत्साहयित्वा आत्मानमभियोजयेत् । ततस्संपीडनेन घातयेत् । जीवग्राहेण वा राज्यविनिमयं कारयेत् ।

मित्रेणाश्रितश्चेच्छत्रुरग्राह्ये स्थातुमिच्छेत्, सामन्तादिभिः मूलमस्य हारयेत्; दण्डेन वा त्रातुमिच्छेत्, तमस्य घातयेत् तौ चेन्न भिद्येयातां प्रकाशमेवान्योन्यस्य भूम्यां पणेत । ततः परस्परं मित्रव्यञ्जनोभयवेतनात् वा दूतान् प्रेषयेयुः—"अयं ते राजा भूमिं लिप्सते शत्रुसंहितः" इति । तयोरन्यतरो जातशङ्कारोषः पूर्ववच्चेष्टेत, दुर्गराष्ट्रदण्डमुख्यान् वा कृत्यपक्षहेतुभिरभिविख्याप्य प्रव्राजयेत्, ते युद्धावस्कन्दावरोधव्यसनेषु शत्रुमतिसन्दध्युः । भेदं वाऽस्य स्ववर्गेभ्यः कुर्युः । अभिव्यक्तशासनैः प्रतिसमानयेयुः ।

लुब्धकव्यञ्जना वा मांसविक्रयेण द्वास्स्था दौवारिकापाश्रया-श्चोराभ्यागमं परस्य द्विस्त्रिरिति निवेद्य लब्धप्रत्यया भर्तुरनीकं द्विधा निवेश्य ग्रामवधेऽवस्कन्दे च द्विषतो ब्रूयुः—"आसन्नश्चोरगणः, महांश्चाक्रन्दः; प्रभूतं सैन्यमागच्छतु" इति । तदर्पयित्वा ग्रामघातदण्डस्य सैन्यमितरदादाय रात्रौ दुर्गद्वारेषु ब्रूयुः—"हतश्चोरगणः; सिद्धयात्रमिदं सैन्यमागतं; द्वारमपाव्रियताम्" इति । प्रणिहिता वा द्वाराणि दद्युः; तैस्सह प्रहरेयुः ।

कारुशिल्पिपाषण्डकुशीलववैदेहकव्यञ्जनाननायुधीयान् वा परदुर्गे प्रणिदध्यात् । तेषां गृहपतिकव्यञ्जनाः काष्ठतृणधान्यपण्यशकटैः प्रहरणवारणान्यभिहरेयुः; देवध्वजप्रतिमाभिर्वा । ततस्तद्व्यञ्जनाः प्रमत्तवधमवस्कन्दप्रतिग्रहमभिप्रहरणं पृष्ठतः

शङ्खदुन्दुभिशब्देन वा प्रविष्टमित्यावेदयेयुः । प्राकारद्वाराट्टालकदानमनीकभेदं पातं वा कुर्युः ।

सार्थगणवासिभिरातिवाहिकैः कन्यावाहिकैरश्वपण्यव्यवहारिभिरुपकरणहारकैर्धान्यक्रेतृविक्रेतृभिर्वा प्रव्रजितलिङ्गिभिर्दूतैश्च दण्डातिनयनं सन्धिकर्मविश्वासनार्थमिति राजापसर्पाः ।

एत एवाटवीनामपसर्पाः कण्टकशोधनोक्ताश्च व्रजमटव्यासन्नमपसर्पास्सार्थं वा चोरैर्घातयेयुः । कृतसङ्केतमन्नपानं चात्र मदनरसविद्धं वा कृत्वाऽपगच्छेयुः । गोपालकवैदेहकाश्च ततश्चोरागृहीतलोप्त्रभाराः मदनरसविकारकालेऽवस्कन्दयेयुः । सङ्कर्षणदैवतीयोगो वा मुण्डजटिलव्यञ्जनः प्रवहणकर्मणा मदनरसयोगमातिसन्दध्यात् । अथावस्कन्दं दद्यात् । शौण्डिकव्यञ्जनो वा दैवतप्रेतकार्योत्सवसमाजेष्वाटविकान् सुराविक्रयोपायननिमित्तं मदनरसयोगाभ्यामातिसन्दध्यात् । अथावस्कन्दं दद्यात् ।

ग्रामघातप्रविष्टां वा विक्षिप्य बहुधाऽटवीम् ।
घातयेदिति चोराणामपसर्पाः प्रकीर्तिताः ॥

इति दुर्गलम्भोपाये अपसर्पप्रणिधिस्तृतीयोऽध्यायः आदितस्त्रिचत्वारिंशच्छतः.

१७४–१७५ प्रक. पर्युपासनकर्म, अवमर्दश्च.

कर्शनपूर्वं पर्युपासनं कर्म । जनपदं यथानिविष्टमभयं स्वापयेत् । उत्थितमनुग्रहपरिहाराभ्यां निवेशयेदन्यत्रापसरतः; सङ्ग्राममन्यस्यां भूमौ निवेशयेदेकस्यां वा वासयेत् । न ह्यजनो जनपदो राज्यं जनपदं वा भवतीति कौटिल्यः ।

विषमस्थस्य मुष्टिं सस्यं वा हन्याद्वीवधप्रसारौ च—

प्रसारवीवधच्छेदान्मुष्टिसस्यवधादपि ।
वमनात् गूढघाताच्च जायते प्रकृतिक्षयः ॥

"प्रभूतगुणवद्धान्यकुप्ययन्त्रशस्त्रावरणविष्टिरश्मिसमग्रं मे सैन्यमृतुश्च पुरस्तात्; अपर्तुः परस्य व्याधिदुर्भिक्षनिचयरक्षाक्षयः क्रीतबलनिर्वेदो मित्रबलनिर्वेदश्च" इति पर्युपासीत ।

कृत्वा स्कन्धावारस्य रक्षां वीवधासारयोः पथश्च; परिक्षिप्य दुर्गं खातसालाभ्यां दूषयित्वोदकमवस्राव्य; परिखास्संपूरयित्वा वा, सुरुङ्गाबलकुटिकाभ्यां वप्रप्राकारौ हारयेत् ।

दारं च बहुलेन निम्नं वा पांसुमालयाऽऽच्छादयेत् । बहुलारक्षं यन्त्रैर्घातयेत् । निष्कुरादुपनिष्कृष्याश्वैश्च प्रहरेयुः । विक्रमान्तरेषु च नियोगविकल्पसमुच्चयैश्चोपायानां सिद्धिं लिप्सेत ।

दुर्गवासिनः श्येनकाकनप्तृभासशुकशारिकोलूककपोतान् ग्राहयित्वा पुच्छेष्वग्नियोगयुक्तान् परदुर्गे विसृजेयुः । अपकृष्ट-

स्कन्धावारादुच्छ्रितध्वजधन्वारक्षा वा मानुषेणाग्निना परदुर्गमादीपयेयुः ।

गूढपुरुषाश्चान्तदुर्गपालका नकुलवानरबिडालशुनां पुच्छेष्वग्नियोगमाधाय काण्डनिचयरक्षाविधानवेश्मसु विसृजेयुः ।

शुष्कमत्स्यानामुदरेष्वग्निमाधाय भल्लूकरेवावायसोपहारेण वयोभिर्हारयेयुः ।

सरळदेवदारुपूतितृणगुग्गुलुश्रीवेष्टकसर्ज्जरसलाक्षागुळिकाः खरोष्ट्राजावीनां लण्डं चाग्निधारणम् ।

प्रियाळचूर्णमवल्गुजमषिमधूच्छिष्टमश्वखरोष्ट्रगोलण्डमित्येष क्षेप्योऽग्नियोगः ।

सर्वलोहचूर्णमग्निवर्णं वा कुम्भीसीसत्रपुचूर्णं वा पारिभद्रकपलाशपुष्पकेशमषीतैलमधूच्छिष्टकश्रीवेष्टकयुक्तोऽग्नियोगः, विश्वासघाती वा । तेनावलिप्तः शणत्रपुसीसवल्कवेष्टितो बाण इत्याग्नियोगः ।

न त्वेव विद्यमाने पराक्रमेऽग्निमवसृजेत् । अविश्वास्यो ह्यग्निः दैवपीडनं च । अप्रतिसङ्ख्यातप्राणिधान्यपशुहिरण्यकुप्यद्रव्यक्षयकरः । क्षीणनिचयं चावाप्तमपि राज्यं क्षयायैव भवति ।

इति पर्युपासनकर्म ॥

"सर्वारम्भोपकरणविष्टिसम्पन्नोऽस्मि ; व्याधितः पर उप-

धाविरुद्धप्रकृतिरकृतदुर्गकर्मनिचयो वा निरासारस्सासारो वा पुरा मित्रैस्सन्धत्ते" इत्यवमर्दकालः ।

स्वयमग्नौ जाते समुत्थापिते वा प्रवहणे प्रेक्षानीकदर्शनसङ्ग-सौरिककलहेषु नित्ययुद्धश्रान्तबले बहुलयुद्धप्रतिविद्धप्रेतपुरुषे जागरणक्लान्तसुप्तजने दुर्दिने नदीवेगे वा नीहारसम्प्लवे वाऽवमृद्नीयात् ।

स्कन्धावारमुत्सृज्य वा वनगूढः शत्रुं निष्क्रान्तं घातयेत् ।

मित्रासारमुख्यव्यञ्जनोपसंशुद्धेन मैत्रीं कृत्वा दूतमभिव्यक्तं प्रेषयेत्—"इदं ते छिद्रम्; इमे दूष्याः; संरोद्धुर्वा छिद्रमयं ते कृत्यपक्षः" इति । तं प्रतिदूतमादाय निर्गच्छन्तं विजिगीषुर्गृहीत्वा दोषमभिविख्याप्य प्रवास्यापगच्छेत् । ततो मित्रासारव्यञ्जनो वा संरुद्धं ब्रूयात्—"मां त्रातुमुपनिर्गच्छ; मया वा सह संरोद्धारं जहि" इति । प्रतिपन्नमुभयतस्संपीडनेन घातयेत्; जीवग्राहेण वा राज्यविनिमयं कारयेत्; नगरं वाऽस्य प्रमृद्नीयात्; सारबलं वाऽस्य वमयित्वाऽभिहन्यात् ।

तेन दण्डोपनताटविका व्याख्याताः ।

दण्डोपनताटविकयोरन्यतरो वा संरुद्धस्य प्रेषयेत्—"अयं संरोद्धा व्याधितं पार्ष्णिग्राहेणाभियुक्तश्छिद्रमन्यदुत्थितमन्यस्यां भूमावपयातुकामः" इति । प्रतिपन्ने संरोद्धा स्कन्धावारमादीप्यापयायात्—ततः पूर्ववदाचरेत् ।

पण्यसम्पातं वा कृत्वा पण्येनैनं रसविद्धेनातिसंन्दध्यात् ।

आसारव्यञ्जनो वा संरुद्धस्य दूतं प्रेषयेत्—"मया वा ह्यभिहतमुपनिर्गच्छाभिहन्तुम्" इति । प्रतिपन्नं पूर्ववदाचरेत् ।

मित्रं बन्धुं वाऽपदिश्य योगपुरुषाः शासनमुद्राहस्ताः प्रविश्य दुर्गं ग्राहयेयुः ।

आसारव्यञ्जनो वा संरुद्धस्य प्रेषयेत्—"अमुष्मिन् देशे काले च स्कन्धावारमभिहनिष्यामि; युष्माभिरपि योद्धव्यम्" इति । प्रतिपन्नं यथोक्तमत्याघातसंकुलं दर्शयित्वा रात्रौ दुर्गान्निष्क्रान्तं घातयेत् ।

यद्वा मित्रमावाहयेत्; आटविकं वा तमुत्साहयेत्—"विक्रम्य संरुद्धे भूमिमस्य प्रतिपद्यस्व" इति । विक्रान्तं प्रकृतिभिर्दूष्यमुख्योपग्रहेण वा घातयेत् । स्वयं वा "रसेन मित्रघातकोऽयम्" इत्यवाप्तार्थो विक्रमितुकामं वा मित्रव्यञ्जनः परस्याभिशंसेत् । आप्तभावोपगतः प्रवीरपुरुषानस्योपघातयेत् । सन्धिं वा कृत्वा जनपदमेनं निवेशयेत् । निविष्टमन्यजनपदमविज्ञातो हन्यात् । अपकारयित्वा दूष्याटविकेषु वा बलैकदेशमतिनीय दुर्गमवस्कन्देन हारयेत् । दूष्यामित्राटविकद्वेष्यप्रत्यवसृताश्च कृतार्थमानसंज्ञाचिह्नाः परदुर्गमवस्कन्देयुः ।

परदुर्गमवस्कन्द्य स्कन्धावारं वा पतितपराङ्मुखाभिपन्नमुक्तकेशशस्त्रभयविरूपेभ्यश्चाभयमयुध्यमानेभ्यश्च दद्युः । परदुर्गमवाप्य विशुद्धशत्रुपक्षं कृतोपांशुदण्डप्रतीकारमन्तर्बहिश्च प्रविशेत् ।

एवं विजिगीषुरमित्रभूमिं लब्ध्वा मध्यमं लिप्सेत । तत्सिद्धावुदासीनम् । एष प्रथमो मार्गः पृथिवीं जेतुम् ।

मध्यमोदासीनयोरभावे गुणातिशयेनारिप्रकृतीस्साधयेत् । तत उत्तराः प्रकृतीः । एष द्वितीयो मार्गः ।

मण्डलस्याभावे शत्रुणा मित्रं मित्रेण वा शत्रुमुभयतः सम्पीडनेन साधयेत् । एष तृतीयो मार्गः ।

अशक्यमेकं वा सामन्तं साधयेत्; तेन द्विगुणो द्वितीयं त्रिगुणस्तृतीयम् । एष चतुर्थो मार्गः पृथिवीं जेतुम् ।

जित्वा च पृथिवीं विभक्तवर्णाश्रमां स्वधर्मेण भुञ्जीत ।

उपजापोपसर्पौ च वामनं पर्युपासनम् ।
अवमर्दश्च पञ्चैते दुर्गलम्भस्य हेतवः ॥

इति दुर्गलम्भोपाये पर्युपासनकर्म, अवमर्दश्च चतुर्थोऽध्यायः
आदितश्चतुश्चत्वारिंशच्छतः.

१७६ प्रक. लब्धप्रशमनम्.

द्विविधं विजिगीषोः समुत्थानम्—अटव्यादिकमेकग्रामादिकं च।

त्रिविधश्चास्य लम्भः—नवो, भूतपूर्वः, पित्र्य इति । नवमवाप्य लम्भं परदोषान् स्वगुणैश्छादयेत । गुणान् गुणद्वैगुण्येन स्वधर्मकर्मानुग्रहपरिहारदानमानकर्मभिश्च प्रकृतिप्रियहितान्यनुवर्तेत । यथासम्भाषितं च कृत्यपक्षमुपग्राहयेत् । भूयश्च कृतप-

यासम् । अविश्वास्यो हि विसंवादकस्स्वेषां परेषां च भवति; प्रकृतिविरुद्धाचारश्च । तस्मात्समानशीलवेषभाषाचारतामुपगच्छेत् । देशदैवतसमाजोत्सवविहारेषु च भक्तिमनुवर्तेत । देशग्रामजातिसङ्घमुख्येषु चाभीक्ष्णं सत्रिणः परस्यापचारं दर्शयेयुः। माहाभाग्यं भक्तिं च तेषु स्वामिनः स्वामिसत्कारं च विद्यमानम्। उचितैश्चैनान् भोगपरिहाररक्षावेक्षणैः भुञ्जीत सर्वत्राश्रमपूजनं च विद्यावाक्यधर्मशूरपुरुषाणां च भूमिद्रव्यदानपरिहारान् कारयेत । सर्वबन्धनमोक्षणमनुग्रहं दीनानाथव्याधितानां च । चातुर्मास्येष्वर्धमासिकमघातं; पौर्णमासीषु च चातूरात्रिकं; राजदेशनक्षत्रेष्वेकरात्रिकं; योनिबालवधं पुंस्त्वोपघातं च प्रतिषेधयेत् । यच्च कोशदण्डोपघातिकमधर्मिष्ठं वा चारित्रं मन्येत, तदपनीय धर्मव्यवहारं स्थापयेत् । चोरप्रकृतीनां म्लेच्छजातीनां च स्थानविपर्यासमनेकस्थं कारयेत् । दुर्गराष्ट्रदण्डमुख्यानां च परोपगृहीतानां च मन्त्रिपुरोहितादीनां परस्य प्रत्यन्तेष्वनेकस्थं वासं कारयेत् । अपकारसमर्थाननुक्षियतो वा भर्तृविनाशमुपांशुदण्डेन प्रशमयेत् । स्वदेशीयान्वा परेण वाऽवरुद्धानपवाहितस्थानेषु स्थापयेत् । यश्च तत्कुलीनः प्रत्यादेयमादातुं शक्तः प्रत्यन्ताटवीस्थो वा प्रबाधितुमभिजातः, तस्मै विगुणां भूमिं प्रयच्छेत्; गुणवत्याश्चतुर्भागं वा । कोशदण्डदानमवस्थाप्य यदुपकुर्वाणः पौरजानपदान् कोपयेत्, कुपितैस्तैरेनं घातयेत्। प्रकृतिभिरुपक्रुष्टमपनयेत । औपघातिके वा देशे निवेशयेदिति।

भूतपूर्वे—येन दोषेणापवृत्तः, तं प्रकृतिदोषं छादयेत् । येन च गुणेनोपावृत्तः, तं तीव्रीकुर्यादिति ।

पित्र्ये—पितृदोषांश्छादयेत् । गुणांश्च प्रकाशयेदिति ।

चरित्रमकृतं धर्म्यं कृतं चान्यैः प्रवर्तयेत् ।
प्रवर्तयेन्न चाधर्म्यं कृतं चान्यैर्निवर्तयेत् ॥

इति दुर्गलम्भोपाये त्रयोदशेऽधिकरणे लब्धप्रशमनं पञ्चमोऽध्यायः । आदितः पञ्चचत्वारिंशच्छतः । एतावता कौटिलीयस्यार्थशास्त्रस्य दुर्गलम्भोपायस्त्रयोदशाधिकरणं समाप्तम्.

—o—

१४ अधि. औपनिषदिकम्.

१७७ प्रक. परघातप्रयोगः.

चातुर्वर्ण्यरक्षार्थमौपनिषदिकमधर्मिष्ठेषु प्रयुञ्जीत ।

कालकूटादिः विषवर्गः श्रद्धेयदेशवेषशिल्पभाजनापदेशैः कुब्जवामनकिरातमूकबधिरजडान्धच्छद्मभिः म्लेच्छजातीयैरभिप्रेतैः स्त्रीभिः पुंभिश्च परशरीरोपभोगेष्वाधातव्यः ।

राजक्रीडाभाण्डनिधानद्रव्योपभोगेषु गूढाश्शस्त्रनिधानं कुर्युः; सत्राजीविनश्च रात्रिचारिणोऽग्निजीविनश्चाग्निनिधानम् ।

चित्रभेककौण्डिन्यककृकणपञ्चकुष्ठशतपदीचूर्णमुच्चिदिङ्गकं बलीशतकन्देध्मकृकलासचूर्णं गृहगौलिकान्धाहिककृकण्ठकपूतिकीट-

गोमारिकाचूर्णं भल्लातकावल्गुकारसयुक्तं सद्यः प्राणहरमेतेषां वा धूमः ।

कीटो वाऽन्यतमस्तप्तः कृष्णसर्पप्रियङ्गुभिः ।
शोषयेदेष संयोगस्सद्यः प्राणहरो मतः ॥

धामार्गवयातुधानमूलं भल्लातकपुष्पचूर्णयुक्तमार्धमासिकः ।

व्याघातकमूलं भल्लातकपुष्पचूर्णयुक्तं कीटयोगो मासिकः—कलामात्रं पुरुषाणां द्विगुणः खराश्वानां चतुर्गुणं हस्त्युष्ट्राणाम् ।

शतकर्दमोच्चिदिङ्गकरवीरकटुतुम्बीमत्स्यधूमो मदनकोद्रवपलालेन हस्तिकर्णपलाशपलालेन वा प्रवातानुवाते प्रणीते यावच्चरति तावन्मारयति ।

पूतिकीटमत्स्यकटुतुम्बीशतकर्दमेध्मेन्द्रगोपचूर्णं पूतिकीटक्षुद्रारालाहेमविदारीचूर्णं वा बस्तशृङ्गखुरचूर्णयुक्तमन्धीकरो धूमः । पूतिकरञ्जपत्रहारितालमनश्शिलागुञ्जारक्तकार्पासपलालान्यास्फोटकाचगोशकृद्रसपिष्टमन्धीकरो धूमः । सर्पनिर्मोकं गोऽश्वपुरीषमन्धाहिकाशिरश्चान्धीकरो धूमः ।

पारावतप्लवकक्रव्यादानां हस्तिनरवराहाणां च मूत्रपुरीषं कासीसहिङ्गुयवतुषकणतण्डुलाः कार्पासकुटजकोशातकीनां च बीजानि गोमूत्रिकाभाण्डीमूलं निम्बशिग्रुफणर्जकाक्षीवपीलुकभाङ्गः सर्पशफरीचर्महस्तिनखशृङ्गचूर्णमित्येष धूमो मदनकोद्रवपलालेन हस्तिकर्णपलाशपलालेन वा प्रणीतः प्रत्येकशो यावच्चरति ताव-

न्मारयति । कालिकुष्ठनडशतावरीमूलं सर्पप्रचलाककृकणपञ्च कुष्ठचूर्णं वा धूमः पूर्वकल्केनार्द्रशुष्कपलालेन वा प्रणीतस्सङ्ग्रा- मावतरणावस्कन्दनकालेषु कृतेनाञ्जनोदकाक्षिप्रतीकारैः प्रणीत स्सर्वप्राणिनां नेत्रघ्नः ।

शारिकाकपोतबकबलाकालण्डपङ्काक्षीपीलुकस्नुहिक्षीरपिष्टम- न्धीकरणमञ्जनमुदकदूषणं च ।

यवकशालमूलमदनफलजातीपत्रनरमूत्रयोगाः प्लक्षविदारीमूल युक्तो मूकोदुम्बरमदनकोद्रवकाथयुक्तो हस्तिकर्णपलाशकाथयुक्तो वा मदनयोगः । शृङ्गिगौमेवृक्षकण्टकारमयूरपदीयोगो गुञ्जाला- ङ्गलीविषमूलिकेङ्गुदीयोगः करवीराक्षिपीलुकार्कमृगमारणीयोगो मदनकोद्रवकाथयुक्तो हस्तिकर्णपलाशकाथयुक्तो वा मदनयोगः । समस्ता वा यवसेन्धनोदकदूषणाः ।

कृतपण्डककृकलासगृहगोलिकान्धाहिकधूमो नेत्रवधमुन्मादं च करोति ।

कृकलासगृहगोलिकायोगः कुष्ठकरः ।

स एव चित्रभेकान्त्रमधुयुक्तः प्रमेहमापादयति । मनुष्यलो- हितयुक्तः शोषम् ।

दूषीविषं मदनकोद्रवचूर्णमपजिह्विकायोगः ।

मातृवाहकाञ्जलिकारप्रचलाकभेकाक्षिपीलुकयोगो विषूचि- काकरः ।

पञ्चकुष्ठककौण्डिण्यकराजवृक्षमधुपुष्पमधुयोगो ज्वरकरः ।

भाजनकुलजिह्वाग्रन्थकायोगः खरीक्षीरपिष्टो मूकबधिरकरः ।

मासार्धमासिकः कलामात्रं पुरुषाणामिति–समानं पूर्वेण ।

भङ्गक्वाथोपनयनमौषधानां चूर्णं प्राणभृतां सर्वेषां वा क्वाथोपनयनमेवं वीर्यवत्तरं भवतीति योगसम्पत् ।

शाल्मलीविदारीधान्यसिद्धो मूलवत्सनाभसंयुक्तश्चुचुन्दरीशोणितप्रलेपेन सिद्धो बाणो यं विध्यति ; स विद्धोऽन्यान् दशपुरुषान् दशति ; ते दष्टाश्चान्यान् दशन्ति पुरुषान् ।

भल्लातकयातुधानावानुधायामार्गवबाणानां पुष्पैरेलकाक्षिगुग्गुलुहालाहलानां च कषायं वस्तनरशोणितयुक्तं दंशयोगः । ततोऽर्धधरणिको योगस्सक्तुपिण्याकाभ्यामुदकप्रणीतो धनुश्शतायाममुदकाशयं दूषयति ; मत्स्यपरम्परा ह्येतेन दष्टाऽभिमृष्टा वा विषीभवन्ति ; यश्चैतदुदकं पिबति स्पृशति वा ।

रक्तश्वेतसर्षपैर्गोधात्रीपक्षमुष्टिकायां भूमौ निखातायां निहिता वद्ध्यैनोद्धृता यावत्पश्यति, तावन्मारयति ।

कृष्णः सर्पो वा विद्युत्प्रदग्धोऽङ्गारोज्ज्वलो वा विद्युत्प्रदग्धैः काष्ठैर्गृहीतश्चानुवासितः कृत्तिकासु भरणीषु वा रौद्रेण कर्मणाऽभिहुतोऽग्निः प्रणीतश्च निष्प्रतीकारो दहति ।

कर्मारादग्निमाहृत्य क्षौद्रेण जुहुयात्पृथक् ।
सुरया शौण्डिकादग्निं मार्गं योऽग्निं घृतेन च ॥

माल्येन चैकपत्न्यग्निं पुंश्चल्यग्निं च सर्षपैः ।
दध्ना च सूतिकास्वग्निमाहिताग्निं च तण्डुलैः ॥

चण्डालाग्निं च मांसेन चिताग्निं मानुषेण च ।
समस्तान् बस्तवसया मानुषेण ध्रुवेण च ॥

जुहुयादग्निमन्त्रेण राजवृक्षकदारुभिः ।
एष निष्प्रतिकारोऽग्निर्द्विषतां नेत्रमोहनः ॥

अदिते नमस्ते अनुमते नमस्ते सरस्वति नमस्ते सवितर्नमस्ते; अग्नये स्वाहा; सोमाय स्वाहा; भूस्स्वाहा भुवस्स्वाहा ।

इत्यौपनिषदिके चतुर्दशेऽधिकरणे पररूयातप्रयोगः प्रथमोऽध्यायः
आदितः षट्चत्वारिंशदुत्तरशतः

---

१७८ प्रक. प्रलम्भने अद्भुतोत्पादनम्.

शिरीषोदुम्बुरशमीचूर्णं सर्पिषा हृत्वार्धमासिकः क्षुद्योगः ।

कशेरुकोत्पलकन्देक्षुमूलबिसदूर्वाक्षीरघृतमण्डसिद्धो मासिकः ।

माषयवकुलुत्थदर्भमूलचूर्णं वा क्षीरघृताभ्यां; वल्लीक्षीरघृतं वा समसिद्धं सालपृश्निपर्णीमूलकल्कं पयसा पीत्वा; पयो वा तत्सिद्धमधुघृताभ्यामाशित्वा; मासमुपवसति ।

श्वेतबस्तमूत्रे सप्तरात्रोषितैः सिद्धार्थकैस्सिद्धं तैलं कटुकालाबौ मासार्धमासास्थितं चतुष्पदद्विपदानां विरूपकरणम् ।

तक्रयवभक्षस्य सप्तरात्रादूर्ध्वं श्वेतगर्दभस्य लण्डयवैस्सिद्धं गौरसर्षपतैलं विरूपकरणम् ।

एतयोरन्यतरस्य मूत्रलण्डरससिद्धं सिद्धार्थतैलमर्कतूलपतङ्गपूर्णप्रतिवापं श्वेतीकरणम् ।

श्वेतकुक्कुटाजगरलण्डयोगः श्वेतीकरणम् । श्वेतबस्तमूत्रे श्वेतसर्षपाः सप्तरात्रोषितास्तक्रमर्कक्षीरलवणं धान्यं च पक्षस्थितो योगः श्वेतीकरणम् ।

कटुकालाबूवल्लीगते गतमर्धमासस्थितं गौरसर्षपपिष्टं रोम्णां श्वेतीकरणम् ।

अलाबुनेति कीटः श्वेता च गृहगोलिकाः ।
एतेन पिष्टेनाभ्यक्ताः केशास्स्युः शङ्खपाण्डराः ॥

गोमयेन तिन्दुकारिष्टकल्केन वा मर्दिताङ्गस्य भल्लातकरसानुलिप्तस्य मासिकः कुष्ठयोगः ।

कृष्णसर्पमुखे गृहगौलिकामुखे वा सप्तरात्रोषिता गुञ्जाः कुष्ठयोगः ।

शुकपित्ताण्डरसाभ्यङ्गः कुष्ठयोगः ।

कुष्ठस्य प्रियालकल्ककषायाः प्रतीकारः ।

कुक्कुटकोशातकीशतावरीमूलयुक्तमाहारयमाणो मासेन गौरो भवति ।

वटकषायस्नातः सहचरकल्कादिग्धः कृष्णो भवति ।

शकुनकङ्गुतैलयुक्ता हरितालमनःशिलाः श्यामीकरणम् ।

खद्योतचूर्णं सर्षपतैलयुक्तं रात्रौ ज्वलति । खद्योतगण्डूपदचूर्णं समुद्रजन्तूनां भृङ्गकपालानां खदिरकर्णिकाराणां पुष्पचूर्णं वा शकुनकङ्गुतैलयुक्तं तेजनचूर्णम् ।

पारिभद्रकत्वङ्मषी मण्डूकवसया युक्ता गात्रप्रज्वालनमग्निना ।

पारिभद्रकत्वाक्तिलकल्कप्रदिग्धं शरीरमग्निना ज्वलति ।

पीलुत्वङ्मषीमयः पिण्डो हस्ते ज्वलति ।

मण्डूकवसादिग्धोऽग्निना ज्वलति ।

तेन प्रदिग्धमङ्गं कुशाम्रफलतैलसिक्तं समुद्रमण्डूकीफेनकसर्जरसचूर्णयुक्तं वा ज्वलति ।

मण्डूकवसाकुळीरादीनां वसया समभागं तैलं सिद्धमभ्यङ्गो गात्राणामग्निप्रज्वालनम् ।

मण्डूकवसादिग्धोऽग्निना ज्वलति ।

वेणुमूलशैवललिप्तमङ्गं मण्डूकवसादिग्धमग्निना ज्वलति ।

पारिभद्रकप्रतिवलावञ्जुळवज्रकदळीमूलकल्केन मण्डूकवसादिग्धेन तैलेनाभ्यक्तपादोऽङ्गारेषु गच्छति ।

उपोदका प्रतिबला वञ्जुलः पारिभद्रकः ।
एतेषां मूलकल्केन मण्डूकवसया सह ॥
साधयेत्तैलमेतेन पादावभ्यज्य निर्मले ।
अङ्गारराशौ विचरेद्यथा कुसुमसञ्चये ॥

हंसक्रौञ्चमयूराणां अन्येषां वा महाशकुनीनां उदकप्लवानां पुच्छेषु बद्धा नळदीपिका रात्रावुल्कादर्शनम् ।

वैद्युतं भस्माग्निशमनम् ।

स्त्रीपुष्पपायिता माषा व्रजकुलीमूलमण्डूकवसामिश्रं चुल्ल्यां दीप्तायामपाचनम् ।

चुल्लीशोधनं प्रतीकारः ।

पीलुमयो मणिरग्निगर्भः सुवर्चलामूलग्रन्थिः सूत्रग्रन्थिर्वा पिचुपरिवेष्टितो मुखादग्निधूमोत्सर्गः ।

कुशाम्रफलतैलसिक्तोऽग्निर्वर्षप्रवातेषु ज्वलति ।

समुद्रफेनकस्तैलयुक्तोऽम्भसि प्लवमानो ज्वलति ।

प्लव(ङ्ग)मानामस्थिषु कल्माषवेणुना निर्मथितोऽग्निर्नोदकेन शाम्यत्युदकेन ज्वलति ।

शस्त्रहतस्य शूलप्रोतस्य वा पुरुषस्य वामपार्श्वपर्शुकास्थिषु कल्माषवेणुना निर्मथितोऽग्निः स्त्रियाः पुरुषस्य वाऽस्थिषु मनुष्यपर्शुकया निर्मथितोऽग्निर्यत्र त्रिरपसव्यं गच्छति, न चात्रान्योऽग्निर्ज्वलति ।

चुचुन्दरी खञ्जरीटः खारकीटश्च पिष्यते ।
अश्वमूत्रेण संसृष्टा निगळानां तु भञ्जनम् ॥

अयस्कान्तो वा पाषाणः कुलिन्ददर्दुरखारक्रीटवसाप्रदेहेन द्विगुणो नारकगर्भः कङ्कभासपार्श्वोत्पलोदकपिष्टश्चतुष्पदद्विपदा-

नां पादलेपः उलूकगृध्रवसाभ्यामुष्ट्रचर्मोपनाहावभ्यज्य वटपत्रैः प्रतिच्छाद्य पञ्चाशद्योजनान्यश्रान्तो गच्छति । श्येनकङ्ककाकगृध्रहंसक्रौञ्चवीचिरल्लानां मज्जानो रेतांसि वा योजनशताय । सार्षपार्णिकानि गर्भपानान्युष्ट्रिकायामाभिषूय श्मशाने प्रेतशिशून्वा तत्समुत्थितमेदो योजनशताय ।

अनिष्टैरद्भुतोत्पातैः परस्योद्वेगमाचरेत् ।
आराज्यायेति निर्वादः समानः कोप उच्यते ॥

इत्यौपनिषदिके चतुर्दशेऽधिकरणे प्रलम्भने अद्भुतोत्पादनं द्वितीयोऽध्यायः आदितस्सप्तचत्वारिंशदुत्तरशतः

१७८ प्रक. प्रलम्भने भैषज्यमन्त्रयोगः.

मार्जारोष्ट्रवृकवराहश्वाविध्वागुलीनप्तृकोलूकानां अन्येषां वा निशाचराणां सत्त्वानामेकस्य द्वयोर्बहूनां वा दक्षिणानि वामानि वाऽक्षीणि गृहीत्वा द्विधा चूर्णं कारयेत् । ततो दक्षिणं वा वामेन वामं दक्षिणेन समभ्यज्य रात्रौ तमसि च पश्यति ।

एकाम्लकं वराहाक्षि खद्योतः कालशारिवा ।
एतेनाभ्यक्तनयनो रात्रौ रूपाणि पश्यति ॥

त्रिरात्रोपोषितः पुष्ये शस्त्रहतस्य शूलप्रोतस्य वा पुंसः शिरःकपाले मृत्तिकायां यवानां वस्ताविक्षीरेण सेचयेत्; ततो यव विरूढमालामाबद्ध्य नष्टच्छायारूपश्चरति ।

त्रिरात्रोपोषितः पुष्येण श्वमार्जारोलूकवागुलीनां दक्षिणानि वामानि चाक्षीणि द्विधा चूर्णं कारयेत्। ततो यथास्वमभ्यक्ताक्षो नष्टच्छायारूपश्चरति।

त्रिरात्रोपोषितः पुष्येण पुरुषघातिनः काण्डकस्य शलाकां च कारयेत्। ततो निशाचराणां सत्त्वानां अन्यतमस्य शिरःकपालमञ्जनेन पूरयित्वा मृतायास्स्त्रियो योनौ प्रवेश्य दाहयेत्; तदञ्जनं पुष्येणोद्धृत्य तस्यामञ्जन्यां निदध्यात्। तेनाभ्यक्ताक्षो नष्टच्छायारूपश्चरति।

यत्र ब्राह्मणमाहिताग्निं दग्धं दह्यमानं वा पश्येत्, तत्र त्रिरात्रोपोषितः पुष्येण स्वयं मृतस्य वाससा प्रसेवं कृत्वा चिताभस्मना पूरयित्वा तमावध्य नष्टच्छायारूपश्चरति।

ब्राह्मणस्य प्रेतकार्ये यो गौः मार्यते, तस्य अस्थिमज्जाचूर्णपूर्णाहिभस्त्रा पशूनामन्तर्धानम्।

सर्पदष्टस्य भस्मना पूर्णा प्रचलाकभस्त्रा मृगाणामन्तर्धानम्।

उलूकवागुलीपुच्छपुरीषजान्वस्थिचूर्णपूर्णाहिभस्त्रा पक्षिणामन्तर्धानम्।

इत्यष्टावन्तर्धानयोगाः।

बलिं वैरोचनं वन्दे शतमायं च शम्बरम्।
भण्डीरपाकं नरकं निकुम्भं कुम्भमेव च॥
देवलं नारदं वन्दे वन्दे सावर्णिगालवम्।

एतेषामनुयोगेन कृतं ते स्वापनं महत् ॥

यथा स्वपन्त्यजगरास्स्वपन्त्यापि चमूखलाः ।
तथा स्वपन्तु पुरुषा ये च ग्रामे कुतूहलाः ॥
भण्डकानां सहस्रेण रथनेमिशतेन च ।
इमं गृहं प्रवेक्ष्यामि तूष्णीमासन्तु भाण्डकाः ॥
नमस्कृत्वा च मनवे बध्वा शुनकफेलकाः ।
ये देवा देवलोकेषु मानुषेषु च ब्राह्मणाः ॥
अद्धयनपारगास्सिद्धाः ये च कैलासतापसाः ।
एतेभ्यस्सर्वसिद्धेभ्यः कृतं ते स्वापनं महत् ॥
अतिगच्छति चमर्यपगच्छन्तु संहताः ।
अलिते पलिते मनवे स्वाहा ॥

एतस्य प्रयोगः—त्रिरात्रोपोषितः कृष्णचतुर्दश्यां पुष्ययोगिन्यां श्वपाकीहस्ताद्विलखावलेखनं क्रीणीयात् । तन्माषैस्सह कण्डोलिकायां कृत्वा असङ्कीर्णे आदहने निखानयेत् । द्वितीयस्यां चतुर्दश्यामुद्धृत्य कुमार्या पेषयित्वा गुळिकाः कारयेत् । तत एकां गुळिकामभिमन्त्रयित्वा यत्रैतेन मन्त्रेण क्षिपति, तत्सर्वं प्रस्वापयति । एतेनैव कल्पेन श्वाविधः शल्यकं त्रिकालं त्रिश्वेतमसङ्कीर्णे आदहने निखानयेत् । द्वितीयस्यां चतुर्दश्यां उद्धृत्य दहनभस्मना सह यत्रैतेन मन्त्रेण क्षिपति, तत्सर्वं प्रस्वापयति ।

सुवर्णपुष्पीं ब्रह्माणीं ब्रह्माणं च कुशध्वजम् ।
सर्पांश्च देवता वन्दे वन्दे सर्वांश्च तापसान् ॥
वशं मे ब्राह्मणा यान्तु भूमिपालाश्च क्षत्रियाः ।
वशं वैश्याश्च शूद्राश्च वशतां यान्तु मे सदा ॥

स्वाहा अमिले किमिले वयुजारे प्रयोगे फके कवयुश्वे विहाले दन्तकटके स्वाहा ।

सुखं स्वपन्तु शुनका ये च ग्रामे कुतूहलाः ।
श्वाविधः शल्यकं चैतत्त्रिश्वेतं ब्रह्मनिर्मितम् ॥
प्रसुप्तास्सर्वसिद्धा हि एतत्ते स्वापनं कृतम् ।
यावद्ग्रामस्य सीमन्तः सूर्यस्योद्गमनादिति ॥

स्वाहा ।

एतस्य प्रयोगः—श्वाविधः शल्यकानि त्रिश्वेतानि सप्तरात्रोषितः कृष्णचतुर्दश्यां खादिराभिस्समिधाभिरग्निमेतेन मन्त्रेणाष्टशतसंपातं कृत्वा मधुघृताभ्यां अभिजुहुयात् । तत एकमेतेन मन्त्रेण ग्रामद्वारि गृहद्वारि वा यत्र निखन्यते, तत्सर्वं प्रस्वापयति।

बलिं वैरोचनं वन्दे शतमायं च शम्बरम् ।
निकुम्भं नरकं कुम्भं तन्तुकच्छं महासुरम् ॥
अर्मालवं प्रमीलं च मण्डोलूकं घटोद्बलम् ।
कृष्णकंसोपचारं च पौलोमीं च यशस्विनीम् ॥
अभिमन्त्रयित्वा गृह्णामि सिद्धार्थं शवसारिकाम् ।

जयन्तु जयति च नमः शलकभूतेभ्यः स्वाहा ।

मुखं स्वपन्तु शुनका ये च ग्रामे कुतूहलाः ॥

सुखं स्वपन्तु सिद्धार्था यमर्थं मार्गयामहे ।

यावदस्तमयादुदयो यावदर्थं फलं मम ॥

इति स्वाहा ।

एतस्य प्रयोगः—चतुर्भक्तोपवासी कृष्णचतुर्दश्यामसङ्कीर्ण आदहने बलिं कृत्वा एतेन मन्त्रेण शवशारिकां गृहीत्वा पौत्रीपोट्टलिकां बध्नीयात् । तन्मध्ये श्वाविधः शल्यकेन विध्वा यत्रैतेन मन्त्रेण निखन्यते, तत्सर्वं प्रस्वापयति ।

उपैमि शरणं चाग्निं दैवतानि दिशो दश ।

अपयान्तु च सर्वाणि वशतां यान्तु मे सदा ॥

स्वाहा ।

एतस्य प्रयोगः—त्रिरात्रोपोषितः पुष्येण शर्करा एकविंशतिसंपातं कृत्वा मधुघृताभ्यां अभिजुहुयात् । ततो गन्धमाल्येन पूजयित्वा निखानयेत् । द्वितीयेन पुष्येणोद्धृत्यैकां शर्करामभिमन्त्रय्य कवाटमाहन्यात् । अभ्यन्तरं चतसृणां शर्कराणां द्वारमपात्रियते ।

चतुर्भक्तोपवासी कृष्णचतुर्दश्यां पुरुषस्यास्थ्ना ऋषभं कारयेत् । अभिमन्त्रयेच्च । एतेन द्विगोयुक्तं गोयानमाहृतं भवति । ततः परमाकाशे विक्रामति; रविसन्धपरिख्यातिं सर्वं भणाति।

चण्डालीकुम्बीतुम्भकटुकसारीघः सनारीभगोऽसि स्वाहा; तालोद्घाटनं प्रस्वापनं च ।

त्रिरात्रोपोषितः पुष्येण शस्त्रहतस्य शूलप्रोतस्य वा पुंसः शिरः-कपाले मृत्तिकायां यवीरावास्योदकेन सेचयेत् । जातानां पुष्येणैव गृहीत्वा रज्जुकां वर्तयेत् । ततस्सज्यानां धनुषां यन्त्राणां च पुरस्ताच्छेदनं ज्याच्छेदनं करोति । उदकाहिभस्त्रामुच्छ्वासमृत्तिकया स्त्रियाः पुरुषस्य वा पूरयेत्, नासिकावर्धनम् ।

मुखगृहश्ववराहवस्तिमुच्छ्वासमृत्तिकया पूरयित्वा मर्कटस्नायुनाऽवबध्नीयात्; अनाहकारणम् ।

कृष्णचतुर्दश्यां शस्त्रहताया गोः कपिलायाः पित्तेन राजवृक्षमयीममित्रप्रतिमां मञ्जयात्; अन्धीकरणम् ।

चतुर्भक्तोपवासी कृष्णचतुर्दश्यां बलिं कृत्वा शूलप्रोतस्य पुरुषस्यास्थ्ना कीलकान् कारयेत् । एतेषामेकः पुरीषे मूत्रे वा निखात आनाहं करोति । पादेऽस्यासने वा निखातं शोषेण मारयति । आपणे क्षेत्रे गृहे वा वृत्तिच्छेदं करोति ।

एतेन लेपकल्केन विद्युद्दण्डस्य वृक्षस्य कीलका व्याख्याताः ।

पुनर्नवमवाचीनं निम्बः काममधुश्च यः ।
कपिरोममनुष्यास्थि बध्वा मृतकवाससा ॥
निखन्यते गृहे यस्य दृष्ट्वा वा यं पदानयेत् ।
सपुत्रदारस्सधनस्त्रीन्पक्षान्नातिवर्तते ॥

पुनर्नवमवाचीनं निम्बः कार्ममधुश्च यः ।
स्वयं गुप्तामनुष्यास्थि पदे यस्य निखन्यते ॥
पारे गृहस्य सेनाया ग्रामस्य नगरस्य वा ।
सपुत्रदारस्सधनः त्रीन् पक्षान्नातिवर्तते ॥
अजमर्कटरोमाणि मार्जारनकुलस्य च ।
ब्राह्मणानां श्वपाकानां काकोलूकस्य चाहरेत् ॥
एतेन विष्ठाऽवक्षुण्णा सद्य उत्सादकारिका ।
प्रेतनिर्मालिकाकिण्वं रोमाणि नकुलस्य च ॥
वृश्चिकाल्यहिकृत्तिश्च पदे यस्य निखन्यते ।
भवत्यपुरुषस्सद्यो यावत्तन्नापनीयते ॥

त्रिरात्रोपोषितः पुष्येण शस्त्रहतस्य शूलप्रोतस्य वा पुंसः शिरःकपाले मृत्तिकायां गुञ्जा आवास्योदकेन च सेचयेत् । जातानाममावास्यायां पौर्णमास्यां वा पुष्ययोगिन्यां गुञ्जावल्लीर्ग्राहयित्वा मण्डलिकानि कारयेत् तेष्वन्नपानं भाजनानि न्यस्तानि न क्षीयन्ते ।

रात्रिप्रेक्षायां प्रवृत्तायां प्रदीपाग्निषु मृतधेनोस्स्तनानुत्कृत्य दाहयेत् । दग्धान् वृषमूत्रेण पेषयित्वा नवकुम्भमन्तर्लेपयेत्; तं ग्राममपसव्यं परिणीय तत्र न्यस्तं नवनीतमेषां तत्सर्वमागच्छतीति ।

कृष्णचतुर्दश्यां पुष्ययोगिन्यां शुनो लग्नकस्य योनौ कटला-

यस्मै मुद्रिकां प्रेषयेत्; तां स्वयं पतितां गृह्णीत; यन्त्रक्षफलान्याकारितान्यागच्छन्ति।

मन्त्रभैषज्यसंयुक्ता योगमायाकृताश्च ये।
उपहन्यादमित्रांस्तैस्स्वजनं चाभिपालयेत्॥

इत्यौपनिषदिके चतुर्दशेऽधिकरणे प्रलम्भने भैषज्यमन्त्रयोगः तृतीयोऽध्यायः आदितोऽष्टचत्वारिंशच्छतः.

१७९ प्रक. स्वबलोपघातप्रतीकारः.

स्वपक्षे परप्रयुक्तानां दूषिविषगराणां प्रतीकारे—श्लेष्मातककपिमदन्तिदन्तशठगोजिगीविषपाटलीबलास्योनागापुनर्नवाश्वेतावरणक्वाथयुक्तं चन्दनसालावृकीलोहितयुक्तं तेजनोदकं; राजोपभोग्यानां गुह्यप्रक्षाळनं; स्त्रीणां सेनायाश्च विषप्रतीकारः।

पृषतनकुलनीलकण्ठगोधापित्तयुक्तमषीराजिपूर्णं सिन्धुवारितवरणवारुणीतण्डुलीयकशतपर्वाग्रपिण्डीतकयोगो मदनदोषहरः।

सृगालविन्नामदनसिन्दुवारितगरणवल्लीमूलकषायाणामन्यतमस्य समस्तानां वा क्षीरयुक्तं पानं मदनदोषहरम्।

कैडर्यपूतितैलमुन्मादहरम्।

नस्तःकर्म—प्रियङ्गुनक्तमालयोगः कुष्ठहरः।

कुष्ठलोध्रयोगः पाकशोषघ्नः।

कटफलद्रवन्तिविळङ्गपूर्णं नस्तःकर्म शिरोरोगहरः।

प्रियङ्गुमाञ्जिष्ठतगरलाक्षारसमधुकहरिद्राक्षौद्रयोगो रज्जूदकविषप्रहारपतनानिस्संज्ञानां पुनः प्रत्यानयनाय । मनुष्याणामक्षमात्रं; गवाश्वानां द्विगुणं; चतुर्गुणं हस्त्युष्ट्राणां;

रुक्मगर्भश्चैषा मणिस्सर्वविषहरः ।

जीवन्तीश्वेतामुष्ककपुष्पवन्दाकानामक्षिपे जातस्य अश्वत्थस्य मणिः सर्वविषहरः ।

तूर्याणां तैः प्रलिप्तानां शब्दो विषविनाशनः ।
लिप्तध्वजं पताकं वा दृष्ट्वा भवति निर्विषः ॥
एतैः कृत्वा प्रतीकारं स्वसैन्यानामथात्मनः ।
अमित्रेषु प्रयुञ्जीत विषधूमाम्बुदूषणात् ॥

इत्यौपनिषदिके चतुर्दशेऽधिकरणे स्वबलोपघातप्रतीकारः चतुर्थोऽध्यायः । आदित एकोनपञ्चाशच्छतः । एतावता कौटिलीयस्यार्थशास्त्रस्यौपनिषदिकं चतुर्दशमधिकरणं समाप्तम्.

१५ अधि. तन्त्रयुक्तिः.

१८० प्रक. तन्त्रयुक्तयः

मनुष्याणां वृत्तिरर्थः; मनुष्यवती भूमिरित्यर्थः; तस्याः पृथिव्या लाभपालनोपायः शास्त्रमर्थशास्त्रमिति ।

तत् द्वात्रिंशद्युक्तियुक्तं—अधिकरणं, विधानं, योगः, पदार्थः, हेत्वर्थः, उद्देशः, निर्देशः, उपदेशः, अपदेशः, अतिदेशः,

प्रदेशः, उपमानं, अर्थापत्तिः, संशयः, प्रसङ्गः, विपर्ययः, वाक्यशेषः, अनुमतं, व्याख्यानं, निर्वचनं, निदर्शनं, अपवर्गः, स्वसंज्ञा, पूर्वपक्षः, उत्तरपक्षः, एकान्तः, अनागतावेक्षणं, अतिक्रान्तावेक्षणं, नियोगः, विकल्पः, समुच्चयः, ऊह्यमिति ।

यमर्थमधिकृत्योच्यते तदधिकरणम्—"पृथिव्या लाभे पालने च यावन्त्यर्थशास्त्राणि पूर्वाचार्यैः प्रस्थापितानि प्रायशस्तानि संहृत्यैकमिदमर्थशास्त्रं कृतम्" इति[1] ।

शास्त्रस्य प्रकरणानुपूर्वी विधानम्—"विद्यासमुद्देशः, वृद्धसंयोगः, इन्द्रियजयः, अमात्योत्पत्तिः"[2] इति ।

एवमादिकमिति वाक्ययोजना योगः—"चतुर्वर्णाश्रमो लोकः"[3] इति ।

पदावधिकः पदार्थः—"मूलहरः" इति पदम् । "यः पितृपैतामहमर्थमन्यायेन भक्षयति स मूलहरः"[4] इत्यर्थः ।

हेतुरर्थसाधको हेत्वर्थः—"अर्थमूलौ हि धर्मकामौ" इति ।

समासवाक्यमुद्देशः—"विद्याविनयहेतुरिन्द्रियजयः"[6] इति ।

व्यासवाक्यं निर्देशः—"कर्णत्वगक्षिजिह्वाघ्राणेन्द्रियाणां शब्दस्पर्शरूपरसगन्धेष्वविप्रतिपत्तिरिन्द्रियजयः"[7] इति ।

[1] अधिकरणं. 1 अध्यायः 1
[2] अधिकरणं. 1 अध्यायः. 1
[3] अधि. I, अध्या. 4
[4] अधि. II, अध्या 9
[5] अधि. I, अध्या. 7
[6] अधि. I, अध्या 6
[7] ,, ,,

एवं वर्तितव्यमित्युपदेशः—"धर्मार्थाविरोधेन कामं सेवेत न निस्सुखस्स्यात्"[1] इति।

एवमसावाहेत्यपदेशः—"मन्त्रिपरिषदं द्वादशामात्यान् कुर्वीतेति मानवाः; षोडशेति बार्हस्पत्याः; विंशतिमित्यौशनसाः; यथासामर्थ्यमिति कौटिल्यः"[2]।

उक्तेन साधनमतिदेशः—"दत्तस्याप्रदानमृणादानेन व्याख्यातम्"[3] इति।

वक्तव्येन साधनं प्रदेशः—"सामदानभेददण्डैर्वा यथापत्सु व्याख्यास्यामः"[4] इति।

दृष्टेनादृष्टस्य साधनमुपमानम्—"निवृत्तपरिहारान् पितेवानुगृह्णीयात्"[5] इति।

यदनुक्तमर्थादापद्यते साऽर्थापत्तिः—"लोकयात्राविद्राजानमात्मप्रकृतिसम्पन्नं प्रियहितद्वारेणाश्रयेत नाप्रियहितद्वारेणाश्रयेतेत्यर्थादापन्नं भवति"[6] इति।

उभयतोहेतुमानर्थस्संशयः—"क्षीणलुब्धप्रकृतिमपचरितप्रकृतिं वा"[7] इति।

---

[1] अधि. I, अध्या. 7
[2] अधि. I, अध्या. 15
[3] अधि. III, अध्या. 16
[4] अधि. VII, अध्या. 14
[5] अधि. I, अध्या. 1
[6] अधि. V, अध्या. 4
[7] अधि. VII, अध्या. 5

प्रकरणान्तरेण समानोऽर्थः प्रसङ्गः—"कृषिकर्मप्रदिष्टायां भूमाविति समानं पूर्वेण"[1] इति।

प्रतिलोमेन साधनं विपर्ययः—"विपरीतमतुष्टस्य"[2] इति।

येन वाक्यं समाप्यते, स वाक्यशेषः—"छिन्नपक्षस्येव राज्ञश्चेष्टानाशश्चेति"[3] तत्र शकुनेरिति वाक्यशेषः।

परवाक्यमप्रतिषिद्धमनुमतम्—"पक्षावुरस्यं प्रतिग्रह इत्यौशनसो व्यूहविभागः"[4] इति।

अतिशयवर्णना व्याख्यानम्—"विशेषतश्च सङ्घानां सङ्घधर्मिणां च राजकुलानां द्यूतनिमित्तो भेदः तन्निमित्तो विनाश इत्यसत्प्रग्रहः पापिष्ठतमो व्यसनानां तन्त्रदौर्बल्यात्"[5] इति।

गुणतः शब्दनिष्पत्तिर्निर्वचनम्—"व्यस्यत्येनं श्रेयस इति व्यसनम्"[6] इति।

दृष्टान्तो दृष्टान्तयुक्तो निदर्शनम्—'विगृहीतो हि ज्यायसा हस्तिनः पादयुद्धमिवाभ्युपैति"[7]।

अभिप्लुतव्यपकर्षणमपवर्गः—"नित्यमासन्नमरिबलं वासयेदन्यत्राभ्यन्तरकोपशङ्कायाः"[8] इति।

---

[1] अधि. I, अध्या. 11
[2] अधि I, अध्या. 16.
[3] अधि. VIII, अध्या. 1
[4] अधि. X, अध्या. 6 ?
[5] अधि. VIII, अध्या. 3
[6] अधि. VIII, अध्या. 1
[7] अधि. VII, अध्या. 3
[8] अधि. IX, अध्या. 2

परैरसमितश्शब्दः स्वसंज्ञा—"प्रथमा प्रकृतिस्तस्य भूम्यनन्तरा द्वितीया, भूम्येकान्तरा तृतीया"[1] इति।

प्रतिषेद्धव्यं वाक्यं पूर्वपक्षः—"स्वाम्यमात्यव्यसनयोरमात्यव्यसनं गरीयः"[2] इति।

तस्य निर्णयनवाक्यमुत्तरपक्षः—"[3]तदायत्तत्वात्; कूटस्थानीयो हि स्वामी"[3] इति।

सर्वत्रायत्तमेकान्तः—"तस्मादुत्थानमात्मनः कुर्वीत"[4] इति।

पश्चादेवं विहितमित्यनागतावेक्षणम्—"तुलाप्रतिमानं पौतवाध्यक्षे वक्ष्यामः"[5] इति।

पुरस्तादेवं विहितमित्यतिक्रान्तावेक्षणम्—"अमात्यसम्पदुक्ता पुरस्तात्"[6] इति।

एवं नान्यथेति नियोगः—"तस्माद्धर्ममर्थं चास्योपदिशेन्नाधर्ममनर्थं च"[7] इति।

अनेन वाऽनेन वेति विकल्पः—"दुहितरो वा धर्मिष्ठेषु विवाहेषु जाताः"[8] इति।

---

[1] अधि. VI, अध्या. 2 ?
[2] अधि. VIII, अध्या. I
[3] अधि. VIII, अध्या. 1
[4] अधि. I, अध्या. 19
[5] अधि. II, अध्या. 10
[6] अधि. VI, अध्या. 1
[7] अधि. I, अध्या. 17
[8] अधि. III, अध्या. 4

अनेन चानेन चेति समुच्चयः—"स्वसञ्जातः पितृबन्धूनां च दायादः"[1] इति ।

अनुक्तकरणमूह्यम्—"यथावद्दाता प्रतिगृहीता च नोपहतौ स्यातां तथाऽनुशयं कुशलाः कल्पयेयुः"[2] इति ।

एवं शास्त्रमिदं युक्तं एताभिस्तन्त्रयुक्तिभिः ।
अवाप्तौ पालने चोक्तं लोकस्यास्य परस्य च ॥
धर्ममर्थं च कामं च प्रवर्तयाति पाति च ।
अधर्मानर्थविद्वेषानिदं शास्त्रं निहन्ति च ॥
येन शास्त्रं च शस्त्रं च नन्दराजगता च भूः ।
अमर्षेणोद्धृतान्याशु तेन शास्त्रमिदं कृतम् ॥

इति तन्त्रयुक्तौ पञ्चदशेऽधिकरणे तन्त्रयुक्तयः प्रथमोऽध्यायः । आदितः पञ्चाशच्छततमोऽध्यायः । एतावता कौटिलीयस्यार्थशास्त्रस्य तन्त्रयुक्तिः पञ्चदशमधिकरणं समाप्तम्

———o———

दृष्ट्वा विप्रतिपत्तिं बहुधा शास्त्रेषु भाष्यकाराणाम् ।
स्वयमेव विष्णुगुप्तश्चकार सूत्रं च भाष्यं च ॥

[1] अधि. III, अध्या. 7 [2] अधि, III, अध्या. 16

शुद्धाशुद्धम्.

पत्रम्	पङ्क्तिः	अशुद्धम्	शुद्धम्
2	5	पण्याध्यक्षः । आयुधागारा-ध्यक्षः	पण्याध्यक्षः । कुप्याध्यक्षः । आयुधागाराध्यक्षः
4	19	पक्षरक्षोरस्यानाम्	पक्षकक्षोरस्यानाम्
10	7	यथा स्व	यथास्व
31	15	वायाम	व्यायाम
34	16	सेनापत्ये	सैनापत्ये
36	2	पक्षोपगृहं	पक्षोपग्रहं
36	18	शीलाभ	शीलाभि
41	13	वैरन्त्य	वैरन्त्यं
44	19	च ल लक्ष	चललक्ष
48	1	दवेद्र	देवद्र
49	10	गुल्फ	गुल्म
56	,,	सर्पस्त्रे	सर्पिस्त्रे
61	11	प्रसृत	प्रस्मृत
69	18	उत्तराध्यक्षः	उत्तराध्यक्षाः
72	6	इतिंशब्दौ	इतिशब्दो
75	2	सप्रव	सम्प्लव
79	,,	रक्तपीतकः	रक्तपीतकः
82	12	मत्स्यण्डिका वर्णाः	मत्स्यण्डिकावर्णाः
94	15	मार्द्रिकं	माद्वीकं
95	4	शुल्क	शुष्क
,,	11	शैभ्यानां	शैब्यानां
,,	,,	मसूरामाणां	मसूराणां
95	16	मपरात्रं	मवरात्रं
98	14	सभ्योपकारि	सह्योपकारि
102	9	लोहचालिका	लोहजालिका

पत्रम्	पङ्क्तिः	अशुद्धम्	शुद्धम्
102	16	व्याजमुद्देयं	व्याधिमद्दृयं
103	20	रयेत्	कारयेत्
105	10	कुडुवस्य	कुडुम्वस्य
109	13	अहच्छेदं	अहश्छेद
110	19	आनुग्रीहकाणां	आनुग्राहिकाणां
,,	20	अतिक्रमांतानां	अतिक्रान्तानां
115	17	सर्वग्रा	सर्पग्रा
116	16	श्लेम्व्याः	शैब्याः
121	8	कळागयव	कलाययव
,,	9	राजजपेयां	राजपेयां
122	5	षक्षिणां	पक्षिणां
123	1	षादास्थि	पादास्थि
126	20	चरतः	तरतः
134	7	पद्मापाणिः	पद्मपाणिः
150	19	प्रमाणां	प्रमाणं
152	13	कुडुम्वकामा	कुटुम्वकामा
153	12	धनमर्धे	धनमर्थे
,,	18	साधुं	निन्दुं
156	6	र्थेऽनज्ञा	र्थेनाज्ञा
157	1	ध्यार्ति	ध्याति
,,	13	शक्यो	शत्यो
159	14	तुल्यं	कुल्यं
160	5	दित्रयंश	दित्यंश
164	9	ग्रहे	गृहे
166	4	यथा सेतु	यथासेतु
,,	11	मत्सर्थम	मत्स्यधर्म
170	5	द्वैर्वाषिकः	द्वैवार्षिकः
,,	7	यर्ण	वर्ण
171	10	वात्सतो	वात्स्यो

पत्रम्	पङ्क्तिः	अशुद्धम्	शुद्धम्
172	4	पशालं	पसालं
,,	7	गवाश्वख	गवाश्वख
,,	,,	शोडश	षोडश
,,	12	सह्योप	सस्योप
174	8	वुपार्थाव	वुपार्थाव
177	14	सार्धव्रज	सार्थव्रज
,,	16	कूप्य	कुप्य
179	4	सार्थेन	सार्थेना
182	1	बन्धन आर्या	बन्धनतूर्या
184	11	याञ्चा	याच्ना
,,	12	करकल्पो	करकल्पे
189	8	द्वा भय	द्वाभय
,,	9	दो.दानं	गोषदानं
191	5	अल्पा	अल्पां
192	18	बार्हस्पत्या	बार्हस्पत्याः
195	13	दुख्ख	दुःख
196	15	दण्ड	दण्डः
197	1,3	दुखो	दुःखो
198	7	दण्ड	दण्डः
199	16	सीरोजन	स्तिरोजन
201	21	स्तल	स्थूल
206	16	न्यर्थनीरा	न्यर्थनीग
,,	18	पगृहं	पग्रहं
210	7	सूलिङ्ग	स्वलिङ्गं
212	1	वनचोरा	वनचरा
,,	2	सार्ध	सार्थ
,,	11	ग्रह	ग्रहं
,,	,,	दया	दाय
214	13	णापाय	णोपाय

पत्रम्	पङ्क्तिः	अशुद्धम्	शुद्धम्
215	6	पैारं	चेारं
216	13	दुख्खो	दुःखो
221	7	कुल्या	कुप्या
,,	11	गृहेषु	ग्रहेषु
222	6	हरतो धर्मे	हरतोऽर्ध
,,	14	त्यपृच्छं	त्यपृच्छयं
223	17	टयतो	चयतो
224	9	चराणं	चराणां
,,	16	पपात्रेषु	वपातेषु
228	9	पधाति	पघाति
232	6	नोऽपि रात्रा	नो विरात्रा
237	2	सा र्धा	सार्था
238	5	प्राणिहिता	प्रणिहिता
240	2	आयस्त्यां	आयत्यां
241	,,	शेयकौषय	शेयकौषध
242	13	कोपेनाग	कोपे नाग
244	6	य व्याहत	व्याहत
245	2	समुदाय	समुदय
,,	6	त्साहल्ला	त्साहल्लाः
246	13	सत्री	सत्रि
248	21	मेकार्ध	मेकार्थ
250	1	समाया	समया
251	,,	त्पत्तिप	त्पत्तिः प
,,	2	द्रूजनं	द्रूज्जिनं
252	10	तुल्य	कुल्य
253	20	दुर्ल भ	दुर्लभ
260	16	ने तु	नेतुः
278	3	मधर्म्यमध्य	मधर्म्ये मध्य
291	5	लाभं । शत्रु	लाभं शत्रु

पत्रम्	पङ्क्तिः	अशुद्धम्	शुद्धम्
292	6	धारणदण्ड	धारणा दण्ड
296	4	यथापा	यर्था पा
300	17	यों मित्रो	योंऽमित्रो
304	6	सम्बन्धमित्रं	सम्बन्धं मित्रं
,,	9	येत् (प्रति........राभ्याम्)	येत् प्रति........राभ्याम्
,,	,,	राज्यं	राज्य-
305	4	नुपक्तो	नुषंक्तो
308	8	भिषेकाश्च	भिषेकांश्च
311	7	वा स्याभि	वास्याभि
313	17	सौहिक	सौभिक
314	12	आरक्षिणा	आरक्षिणो
316	13	षसार	पसार
317	18	वरम्	परम्
318	11	जिगुंषुं	जिगीषुं
319	8	लस्यार्थ	लीयस्यार्थ
320	10	खनप्र	सनप्र
322	2	षरं	परं
323	16	न्याय्येनो	न्यायेनो
325	11	क्षयव्य	क्षयव्यय
326	20	द्यतं	द्यूतं
327	3	द्यते	द्यूते
328	11	पणनिनिमित्तो	पणनिमित्तो
354	12	विविध	वीवध
358	7	मन्ततः अर्था	मन्ततोऽर्था
362	4	क्षरणं	रक्षणं
367	7	षुरस्ता	पुरस्ता
369	,,	विभीषि	बिभीषि
374	9	वारिप	पारिप
375	1	जययेन	जयेन

पत्रत्	पङ्क्तिः	अशुद्धम्	शुद्धम्
375	11	भूष्य	दूष्य
,,	17	मण्डलसं	मण्डलासं
376	14	च्छिन्दिकया	च्छन्दिकया
,,	15	च्छिन्दिका	च्छन्दिका
377	17	टविभेदो	टवीभेदो
,,	18	सङ्क्य	सङ्क
378	1	वन्धकि	बन्धकि
379	,,	व्यञ्जनं हि रात्रौ	व्यञ्जनं रात्रौ
381	2	तत्कूलीन	तत्कुलीना
,,	5	कुण्ड	दण्ड
382	15	थासङ्ग	था सङ्ग
383	5	मौपधीं	मौषधीं
385	20	शास नह	शासनह
388	9	स्मन्ध	स्कन्द
,,	11	माहात्य	माहल्य
392	6	न्वर्षपरां	न्वर्षवरां
395	,,	जिह्वाका	जिह्विका
396	15	शिवास्स्त	शिवास्त
400	4	वेतनात्	वेतनान्
402	2	सनं कर्म	सनकर्म
,,	14	सुरुङ्गावल	सुरङ्गाबिल
403	9	मषि	मषी
415	19	कोट	कीट
416	3	शताय । सार्प	शताय । सिंहव्याघ्रद्वीपिकोल्- कानां मज्जानो रेतांसि वा सार्प
,,	11	विध्वागु	विद्रागु
423	14	गरण	वारण